东莞统计年鉴 2021

（总第31期 NO.31）

东莞市统计局
国家统计局东莞调查队 编

Compiled by Dongguan Municipal Bureau of Statistics
Survey Office of the National Bureau of Statistics in Dongguan

中国统计出版社
China Statistics Press

图书在版编目（CIP）数据

东莞统计年鉴. 2021 / 东莞市统计局，国家统计局东莞调查队编. -- 北京 : 中国统计出版社，2021.9
ISBN 978-7-5037-9556-5

Ⅰ. ①东… Ⅱ. ①东… ②国… Ⅲ. ①统计资料一东莞一2021一年鉴 Ⅳ. ①C832.653-54

中国版本图书馆 CIP 数据核字(2021)第 139601 号

东莞统计年鉴一 2021

作　　者/ 东莞市统计局　国家统计局东莞调查队
责任编辑/ 钟　钰
校　　对/ 蔡盟芳　陈兴荣
装帧设计/ 陈文东
出版发行/ 中国统计出版社有限公司
地　　址/ 北京市丰台区西三环南路甲 6 号
邮政编码/ 100073
电　　话/ 邮购（010）63376909　书店（010）68783171
网　　址/ http://www.zgtjcbs.com
印　　刷/ 东莞市本色印刷有限公司
经　　销/ 新华书店
开　　本/ 890mm×1240mm　1/16
字　　数/ 1100 千字
印　　张/ 30
版　　别/ 2021 年 9 月第 1 版
版　　次/ 2021 年 9 月第 1 次印刷
定　　价/ 450.00 元

本书附同版本 CD-ROM 一张，光盘内容以书面文字为准。
如有印装差错，由本社发行部调换。

编委 《东莞统计年鉴—2021》

编委会和编辑出版人员

编者说明

Editor's note

一、《东莞统计年鉴—2021》是一本反映东莞国民经济和社会发展情况的资料性年刊，系统收录了东莞2020年经济社会各方面的统计数据以及历年主要指标数据，旨在全面反映东莞经济和社会发展变化情况。

二、本年鉴正文内容分为三部分，即：第一部分概述，包括统计公报和政府工作报告。第二部分统计资料，具体分为：1. 综合；2. 人口与劳动力；3. 农业；4. 工业；5. 固定资产投资与建筑业；6. 规模以上服务业；7. 运输邮电；8. 国内贸易；9. 价格指数；10. 对外经济贸易与旅游；11. 财政、金融与保险；12. 人民生活；13. 社会事业；14. 能源；15. 镇街主要指标；16. 村（居）委会主要指标；17. 历年国民经济和社会发展主要指标；18.东莞与全国、全省、部分大中城市、三角洲城市、港澳台及粤港澳大湾区主要指标比较18个篇章。第三部分基本单位情况。

为方便读者使用，各篇章末附有《主要统计指标解释》。

三、本年鉴资料主要来自东莞市统计局和国家统计局东莞调查队的统计调查资料，部分资料来自中央省驻莞单位和市直属各部门，港澳台数据根据国家统计局有关资料整理。

四、本年鉴中涉及到的历史数据，均以最新出版的本年鉴数据为准；本年鉴中部分数据合计数或相对数由于单位取舍不同而产生的计算误差，均未做机械调整。

五、本年鉴统计表中的符号说明："…"表示该项统计指标数据不足本表最小单位数；"#"表示其中主要项；"空格"表示该项统计指标数据不详或无该项数据。

六、与《东莞统计年鉴—2020》相比，本年鉴主要做了如下修订：在内容编排上，"人口与劳动力"篇删除"工业、建筑业年末城镇在岗职工人数"表；"镇街主要指标"篇新增近10年"镇街常住人口"和反映第七次全国人口普查结果的总户数、总人口和性别比表、主要年龄段人口数表、每10万人口中拥有的各种受教育程度人数表；"珠江三角洲国民经济和社会发展主要指标"表新增"快递业务量、快递业务收入"指标。根据第七次全国人口普查结果，对本年鉴2011–2019年年末常住人口数据进行修订，与人口相关的人均指标数据根据修正结果进行调整。修订篇幅涉及"综合"篇的"人均地区生产总值""国民经济主要指标人均水平"，"人口与劳动力"篇的"常住人口"和"历年国民经济和社会发展主要指标"篇的与人口相关的指标数据；另根据最新的部门报表制度对个别专业内容及相关统计指标进行了调整。在排版设计上对彩图版面进行调整和升级，丰富页面层次，优化视觉风格，使版面更加美观，数据展示更直观、生动。

本年鉴在编辑出版过程中，得到省统计局、全市各镇街（园区）和有关部门的大力支持，在此我们表示衷心感谢。本年鉴如有疏漏之处，敬请批评指正，我们将进一步改进年鉴编辑工作，更好地为广大读者服务。

目　　录

CONTENTS

第一部分　概述
Part One　Outline

第二部分　统计资料
Part Two　Statistics

一、综合
General Survey

二、人口与劳动力

Population and Labor Force

三、农业
Agriculture

四、工业

Industry

五、固定资产投资与建筑业

Investment in Fixed Assets and Construction

六、规模以上服务业
Service Enterprises above Designated Size

七、运输邮电
Transport, Postal and Telecommunication Services

八、国内贸易
Domestic Trade

九、价格指数
Price Indices

十、对外经济贸易与旅游
Foreign Trade and Tourism

十一、财政、金融与保险
Finance, Banking and Insurance

十二、人民生活
People' s Living Conditions

十三、社会事业
Social Undertakings

十四、能源
Energy

十五、镇街主要指标
Main Indicators of Towns

十六、村（居）委会主要指标

Main Indicators of Villagers'（Neighborhood）Committees

十七、历年国民经济和社会发展主要指标
Main Indicators of National Economy and Social Development over Years

十八、东莞与全国、全省、部分大中城市、三角洲城市、港澳台及粤港澳大湾区主要指标比较
Comparison of Main Indicators between Dongguan and China, Guangdong Province, Large and Medium-Sized Cities, the Cities of the Pearl River Delta, Hong Kong, Macao, Taiwan and the Guangdong-Hong Kong-Marco Greater Bay Area.

第三部分　基本单位情况
Part Three　Basic Units

1978-2020年东莞地区生产总值走势图

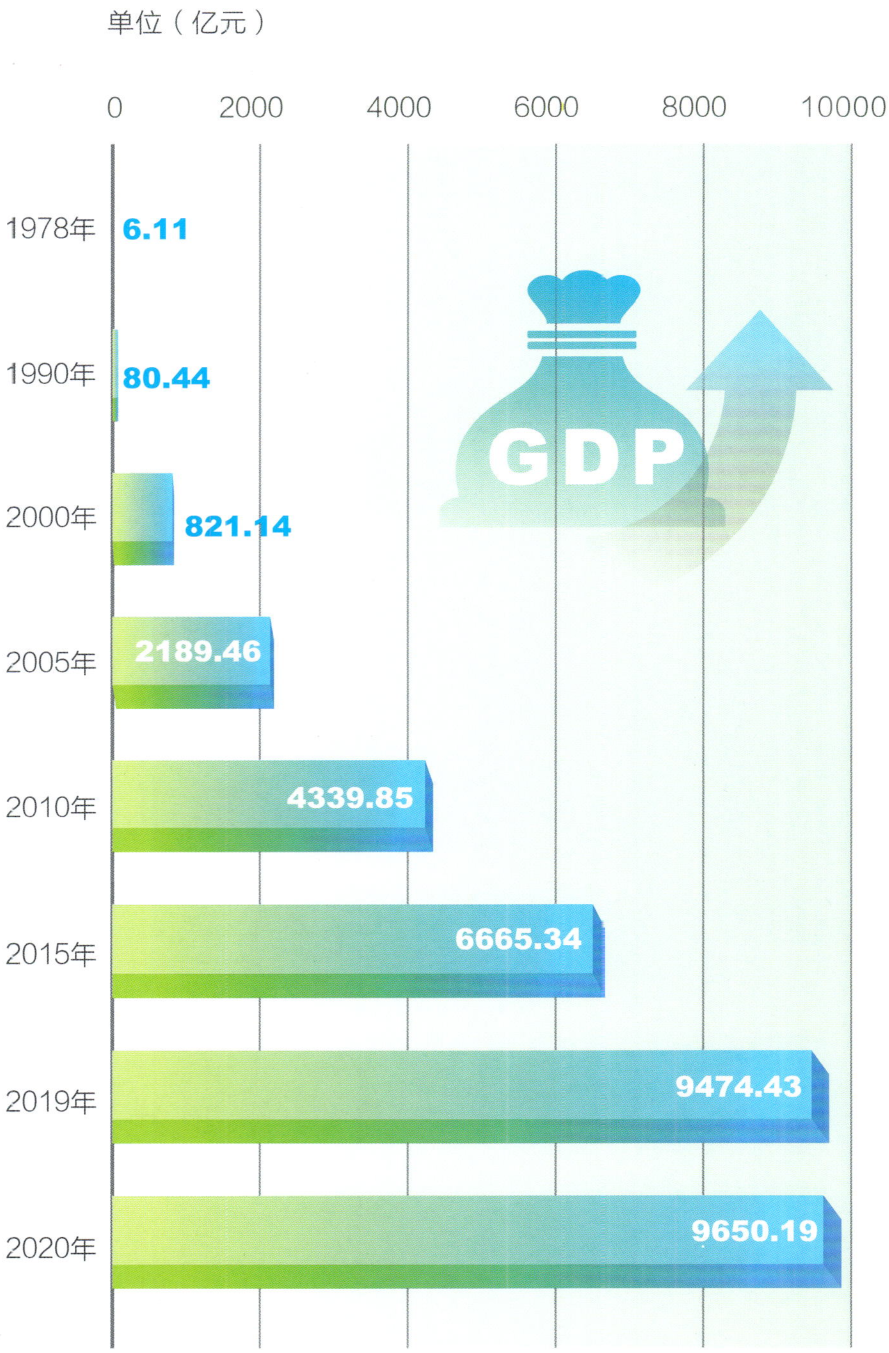

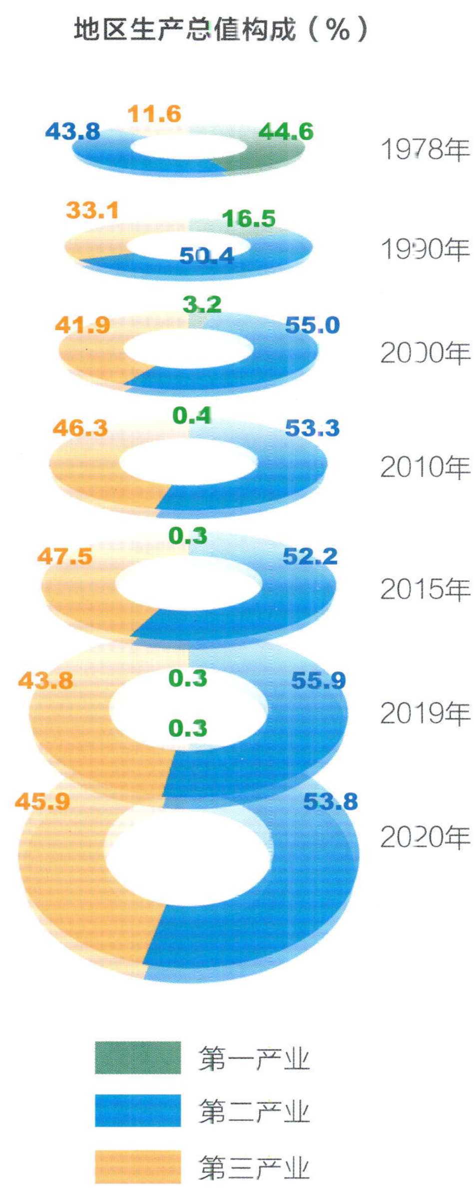

1978-2020年东莞人口走势图

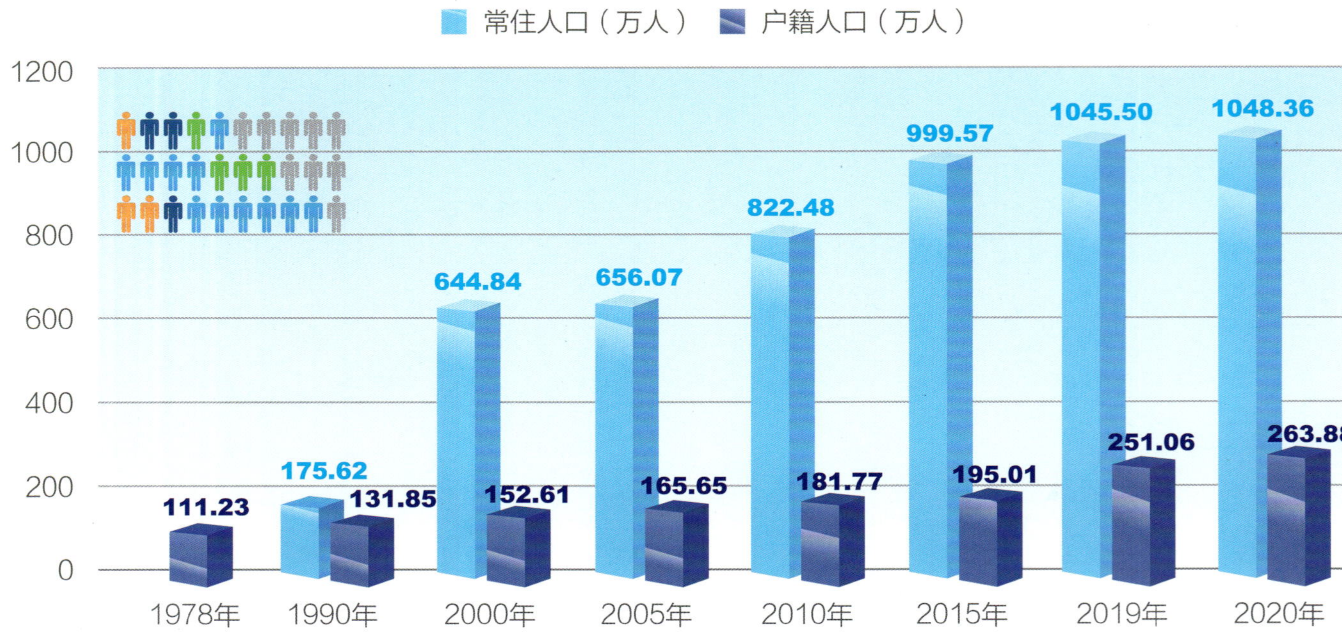

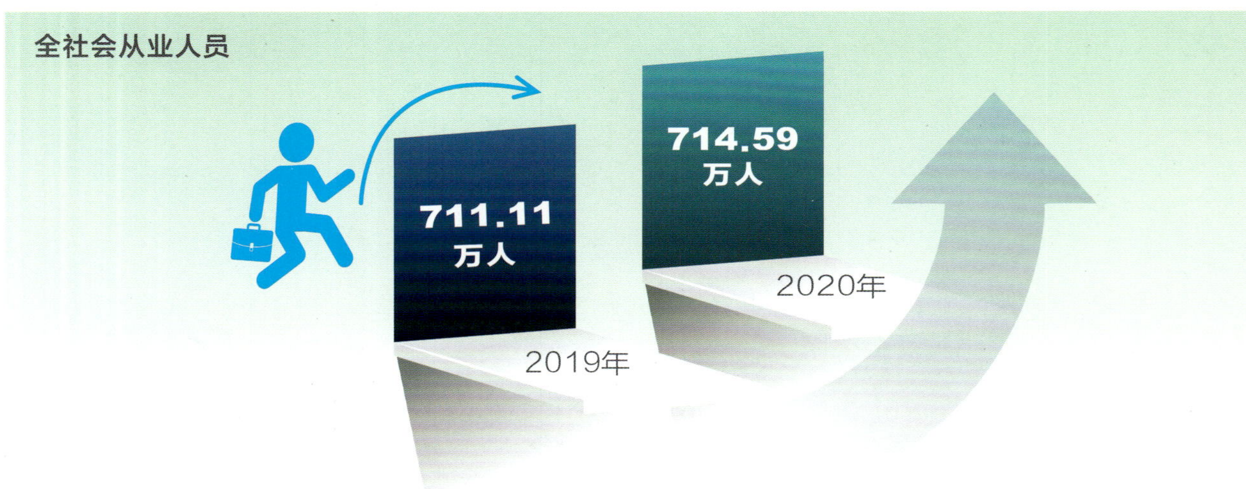

1978-2020年东莞农、林、牧、渔业走势图

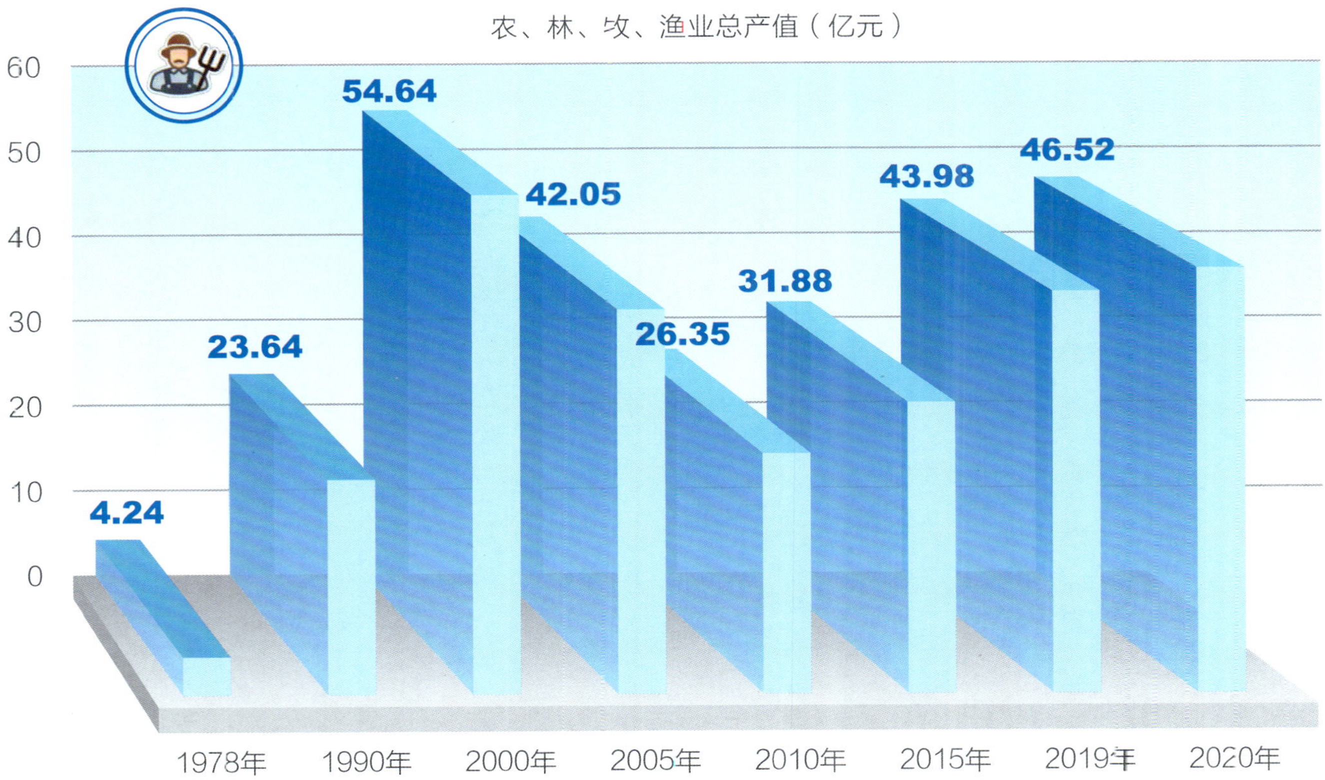

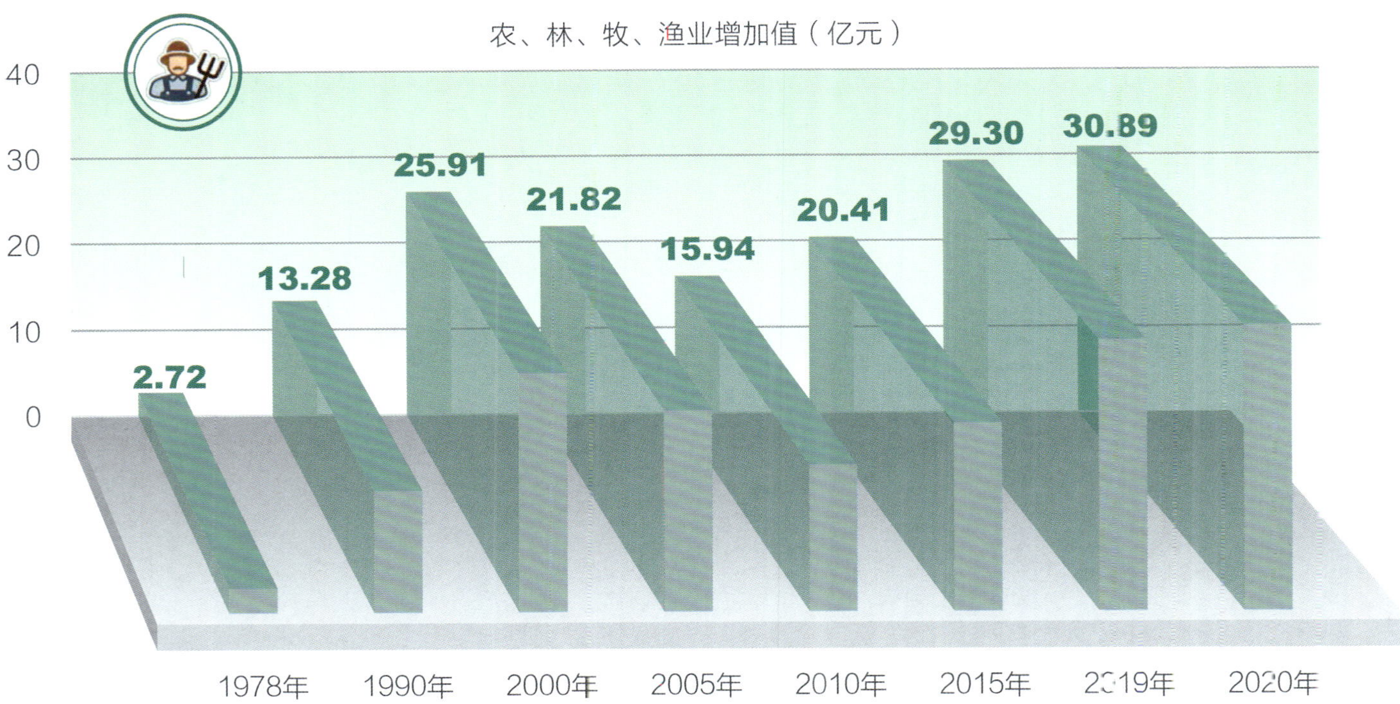

1978-2020年东莞规模以上工业增加值走势图

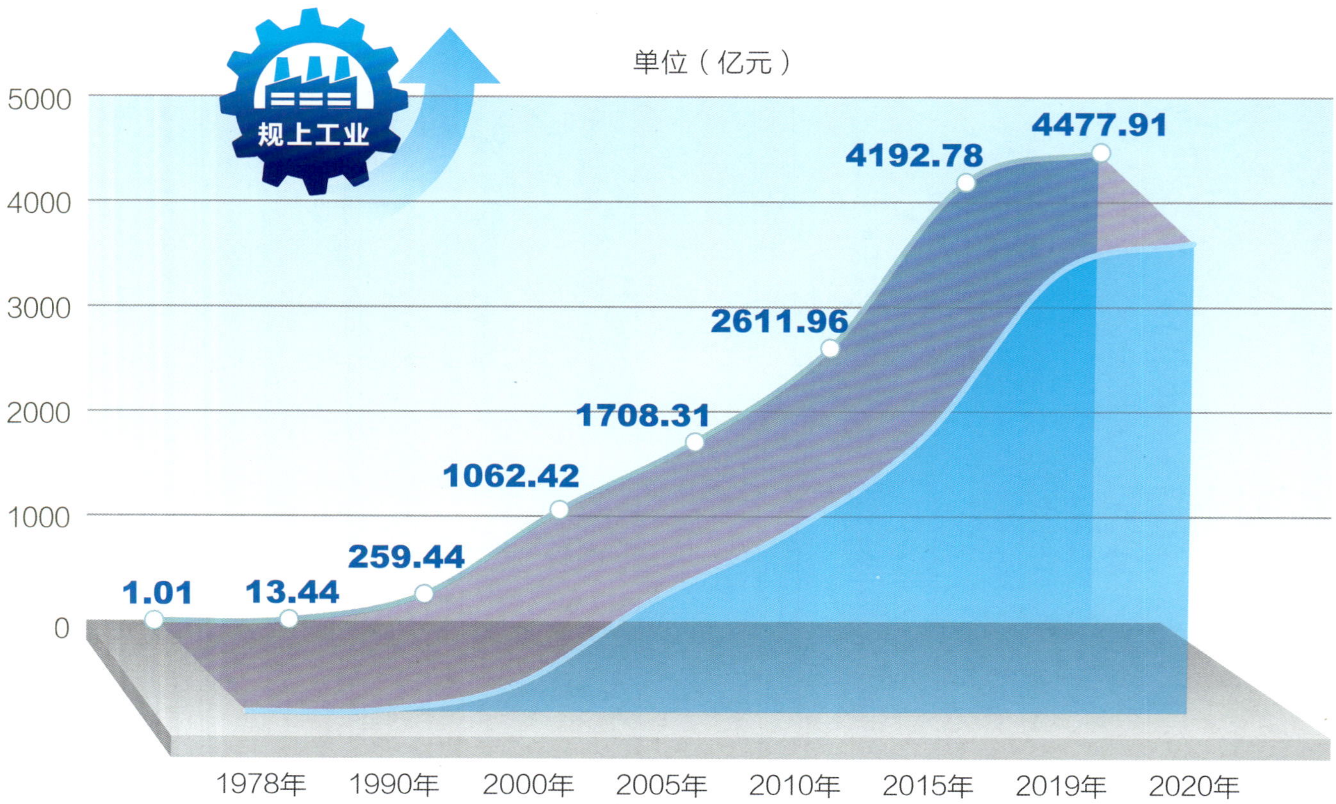

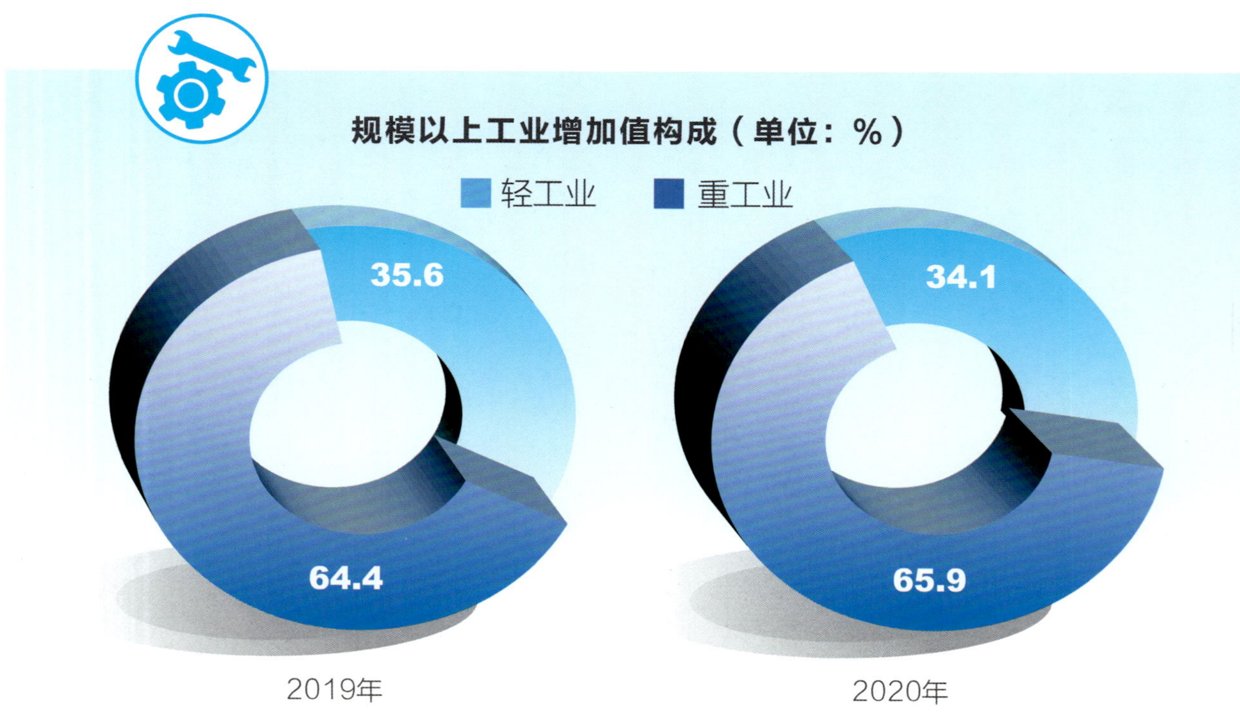

1979-2020年东莞固定资产投资总额增速走势图

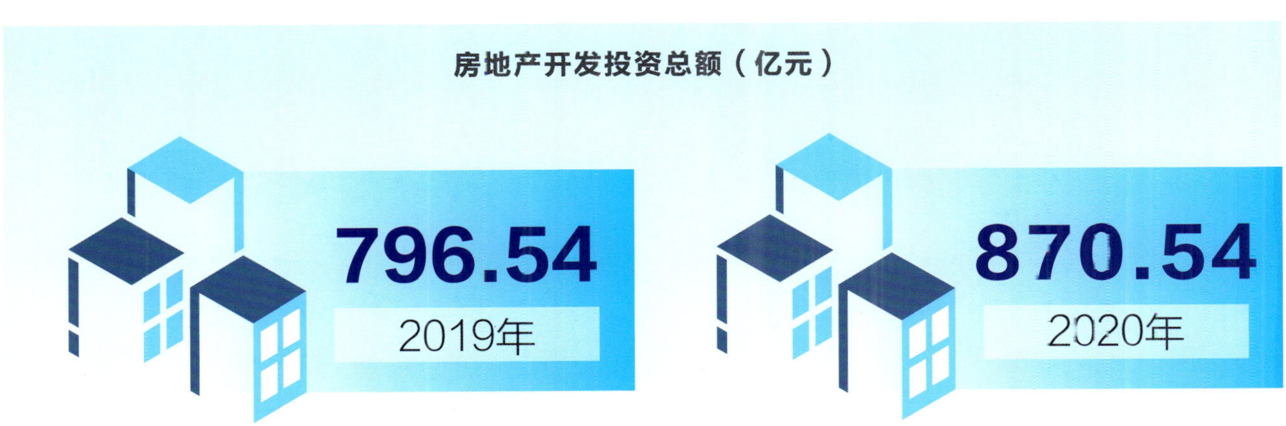

1978-2020年东莞货物、旅客运输量走势图

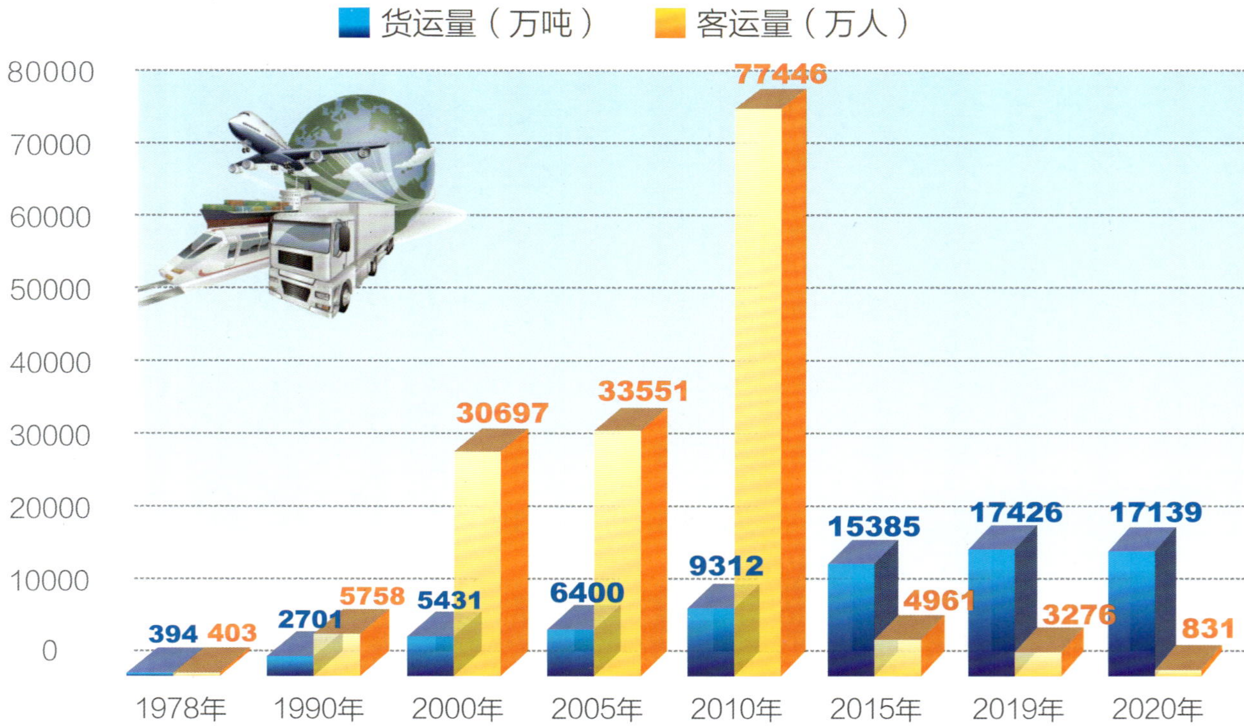

注：2014年起，客运量和旅客周转量不含城市客运量，数据与往年不可比。

1978-2020年东莞固定电话用户、移动电话用户走势图

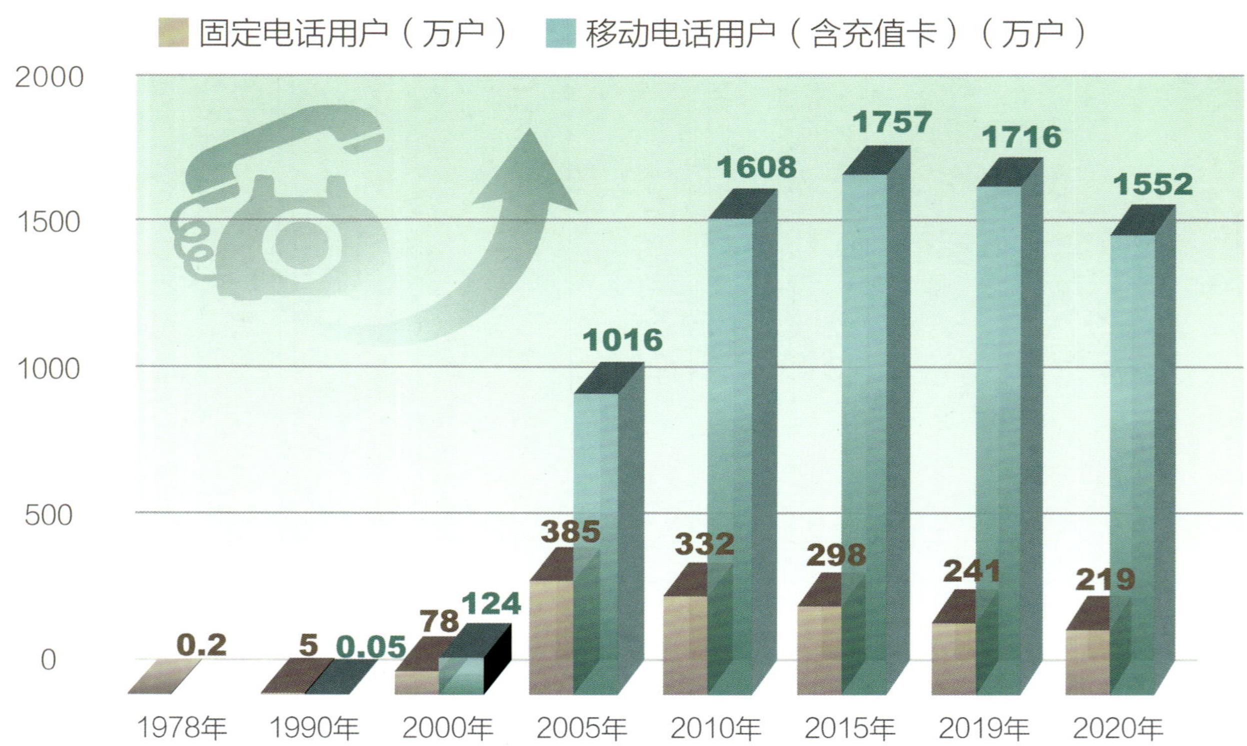

注：2015年起，本地电话用户取消小灵通。

1978-2020年东莞社会消费品零售总额走势图

批发和零售、住宿和餐饮（亿元）

	2019年	2020年
限额以上批发和零售业销售额	6293.69	6355.30
限额以上住宿和餐饮业营业额	118.00	105.52

1985-2020年东莞居民消费价格总指数走势图

出口总额（亿元）

2019年 8628.78

2020年 8281.55

进口总额（亿元）

2019年 5172.87

2020年 5021.48

当年实际利用外资（亿美元）

2019年 12.91

2020年 11.45

全年接待国内外旅游人数（万人次）

2019年	4748.61
2020年	3876.53

1978-2020年东莞财政收支走势图

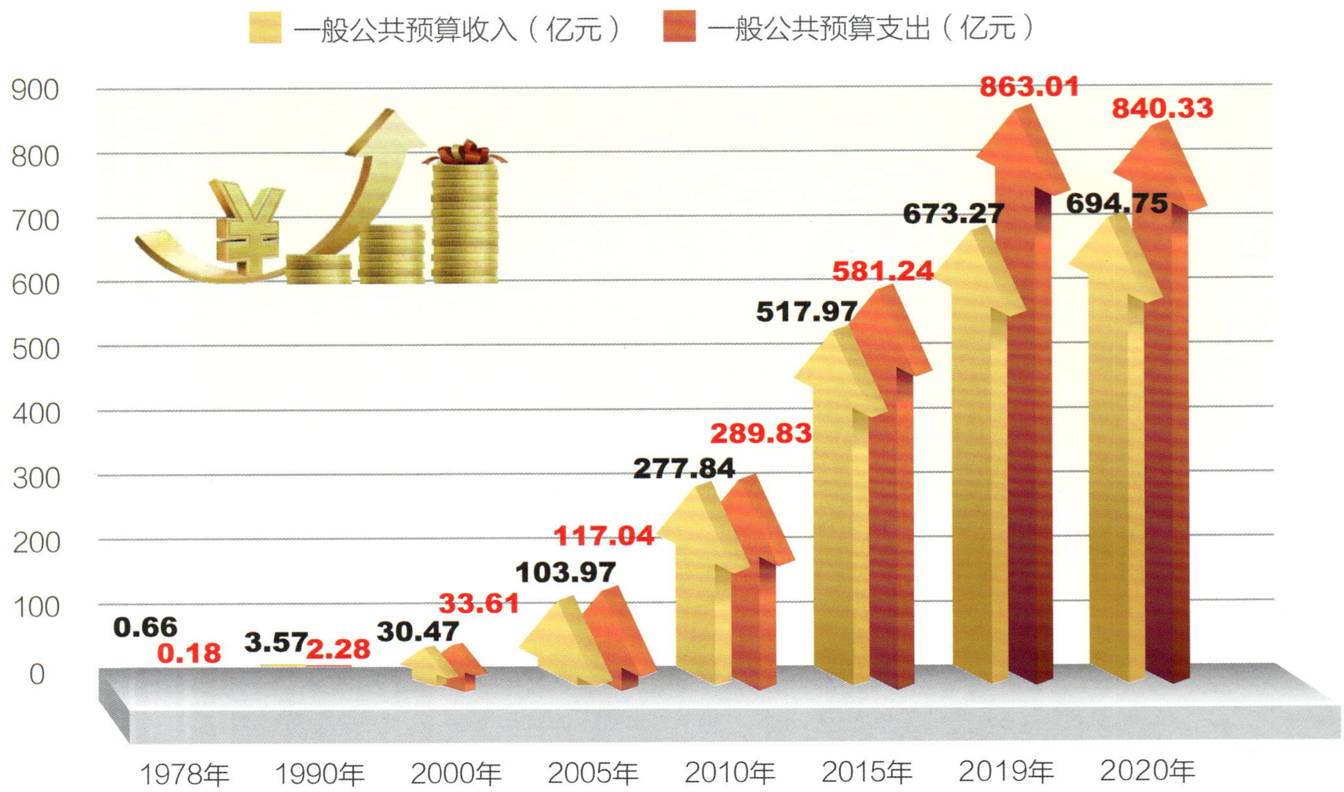

1978-2020年东莞各项人民币存贷款余额走势图

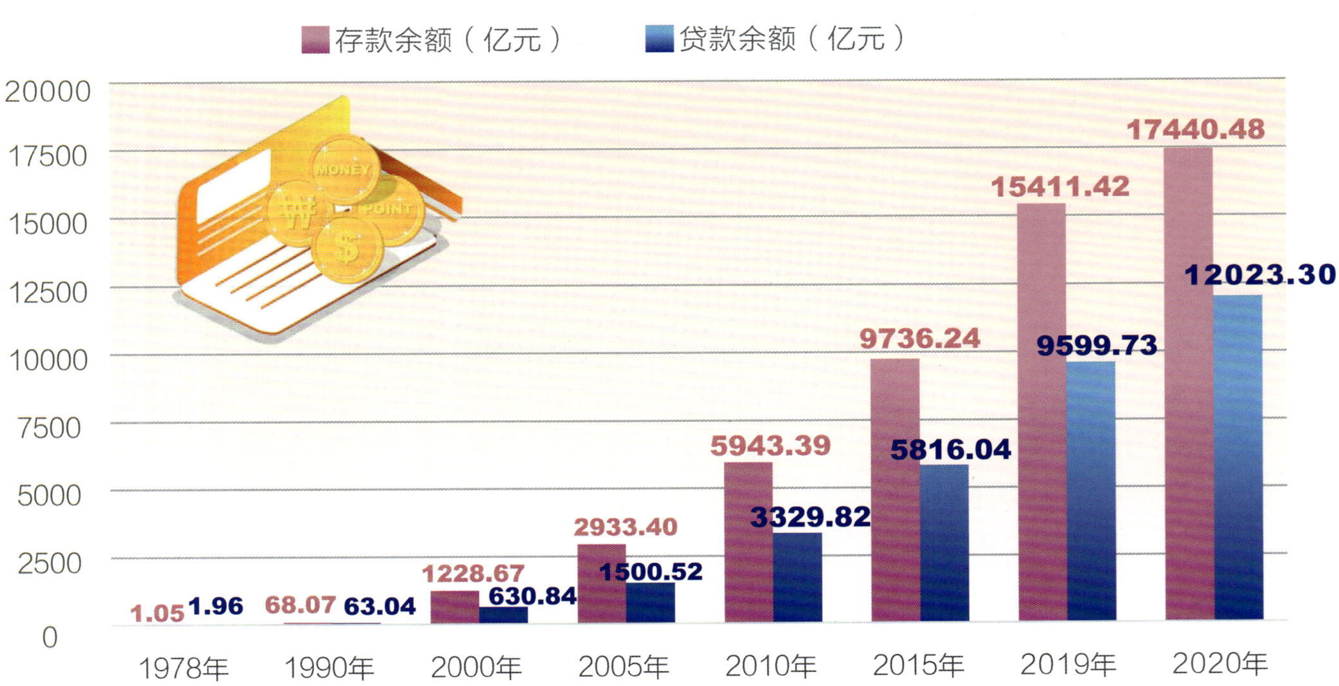

人民生活（元）

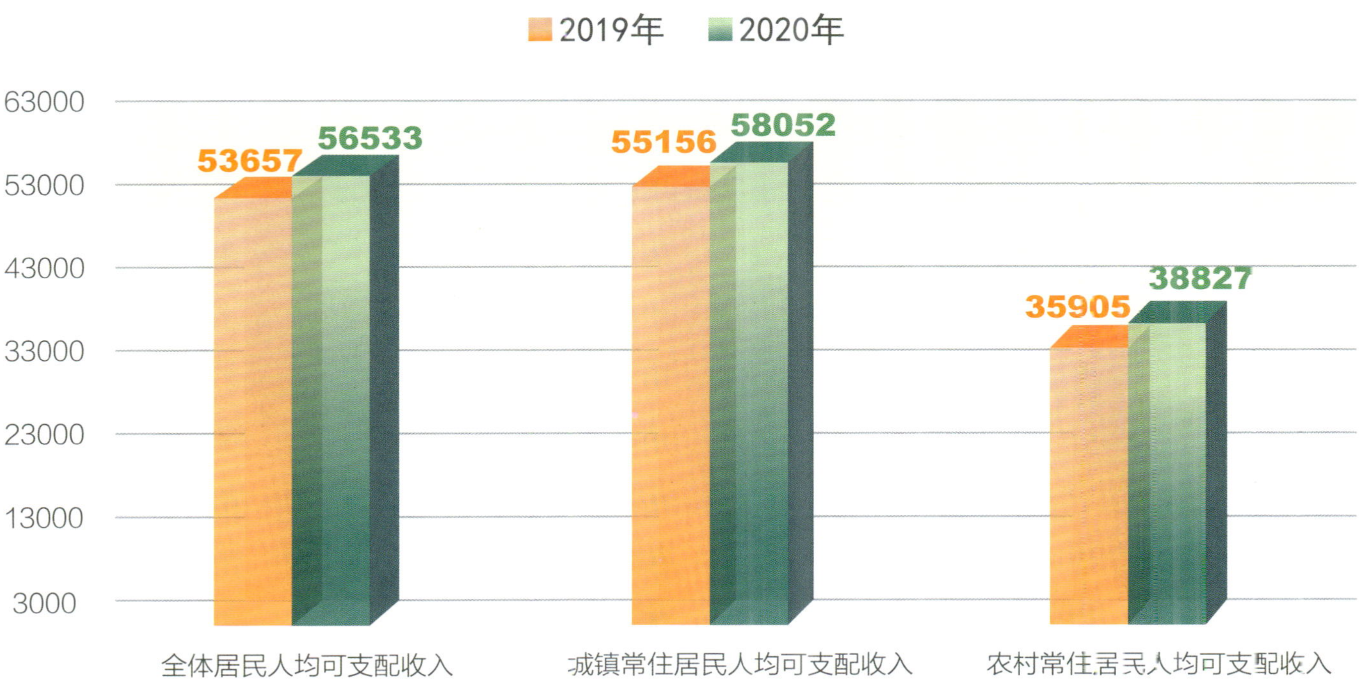

建城区绿地面积（万平方米）

2019年 42745.40

建城区绿地率35.79%

2020年 47645.89

建城区绿地率39.89%

专利申请量和专利授权量（件）

卫生事业机构床位数（张）

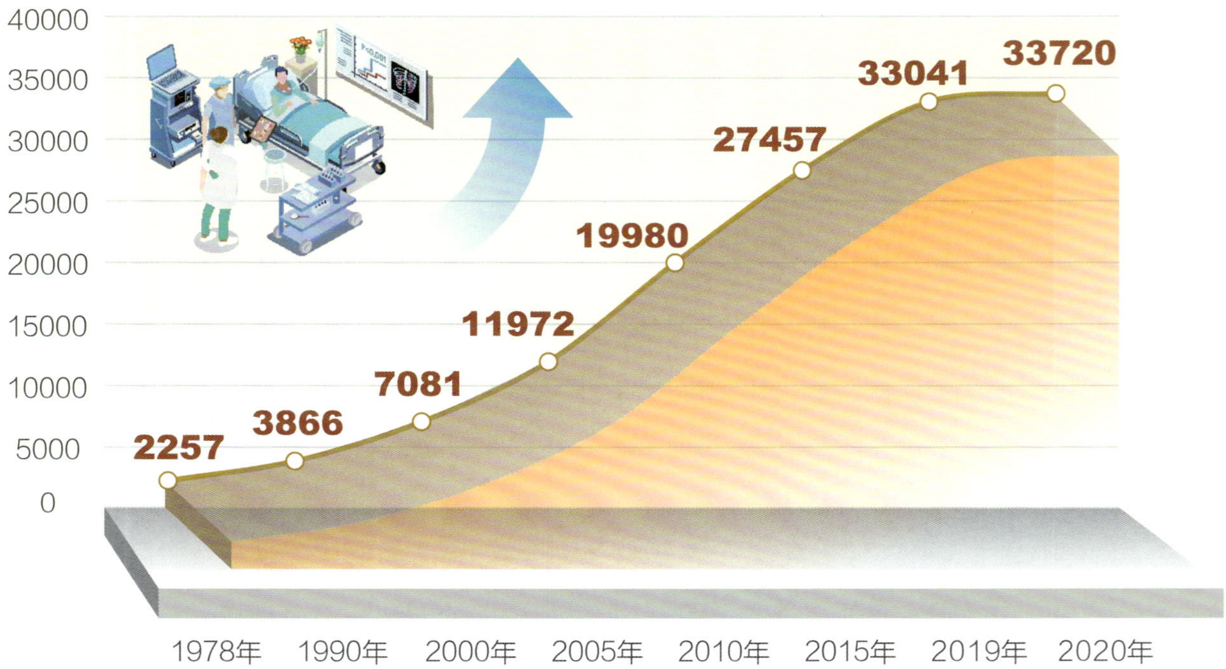

执业（助理）医师（人）

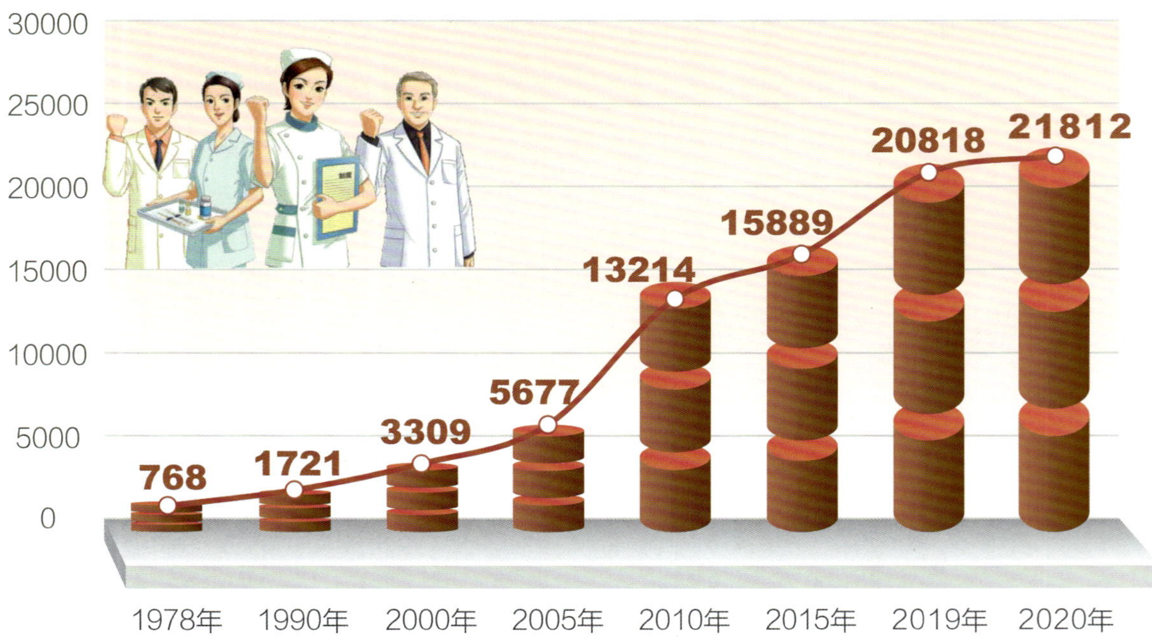

各类学校（所）

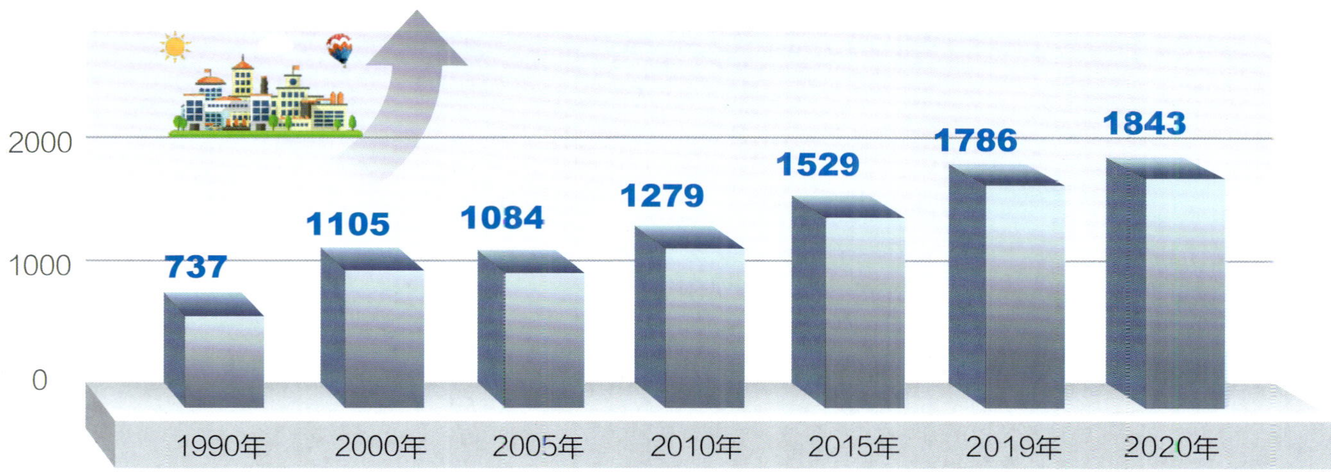

各类学校在校学生（万人）

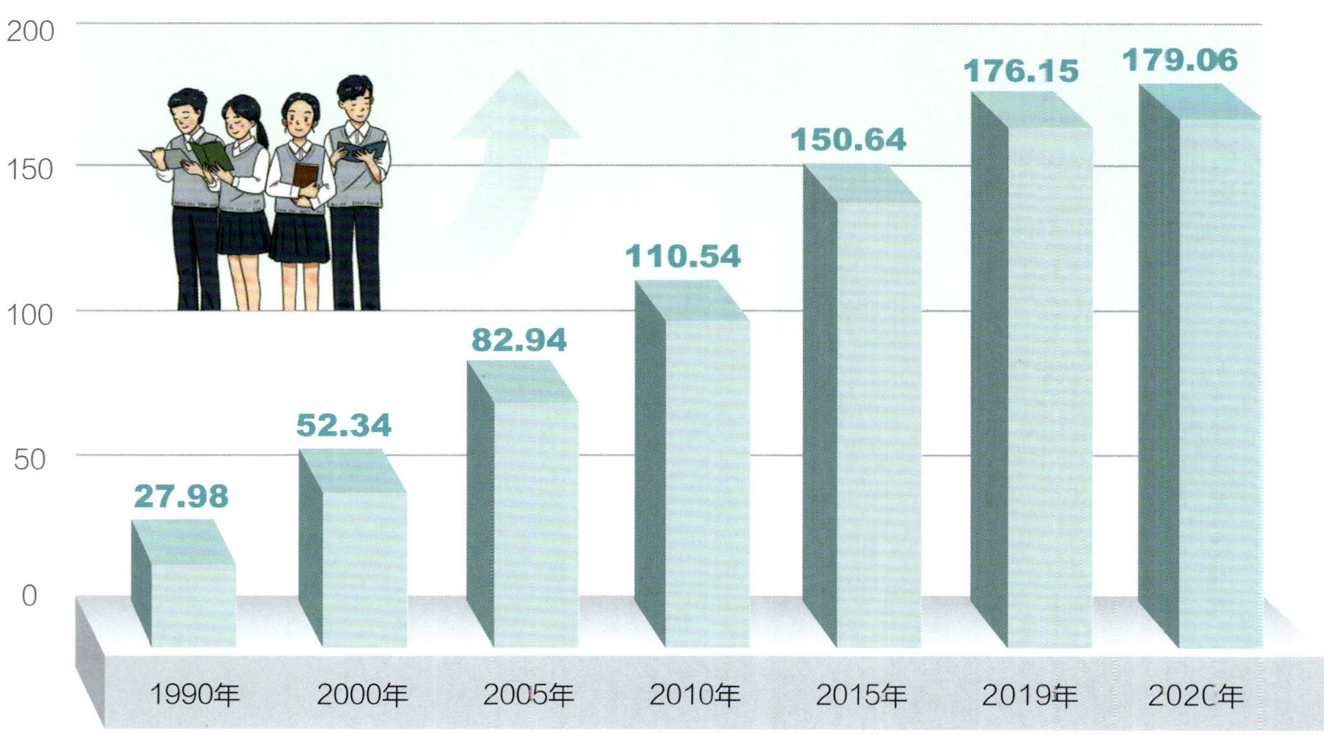

单位生产总值能耗上升或下降（±%）

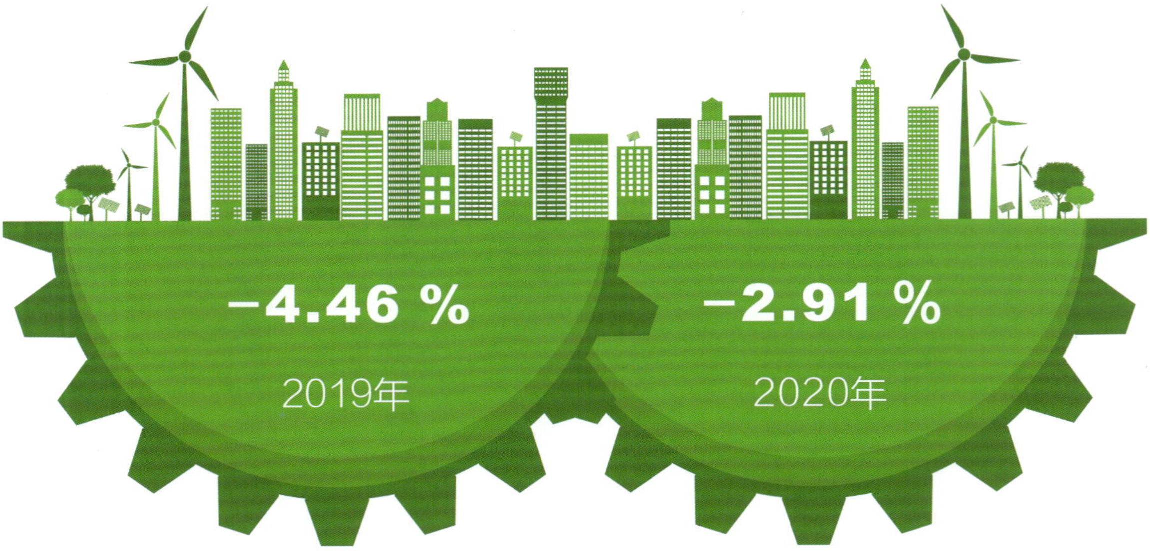

规模以上工业综合能源消费量（万吨标准煤）

第一部分 概述

Part One Outline

2020年东莞市国民经济和社会发展统计公报

STATISTICAL COMMUNIQUE ON ECONOMIC AND SOCIAL DEVELOPMENT OF DONGGUAN IN 2020

2020年，面对新冠肺炎疫情的严重冲击，叠加中美经贸摩擦、国内外经济下行压力的严峻挑战，东莞坚持以习近平新时代中国特色社会主义思想为指导，全面贯彻党的十九大和十九届二中、三中、四中、五中全会精神，在市委的坚强领导下，认真落实省“1+1+9”工作部署和市“1+1+6”工作思路，统筹抓好疫情防控和经济社会发展，较好地完成了“十三五”规划确定的主要目标任务，高质量发展迈出坚定步伐，为“湾区都市、品质东莞”建设奠定坚实基础。

一、综合

初步核算，2020年东莞实现地区生产总值9650.19亿元，比上年增长1.1%。分产业看，第一产业增加值30.27亿元，增长6.0%；第二产业增加值5193.09亿元，下降0.9%；第三产业增加值4426.83亿元，增长3.5%。三次产业比例为0.3∶53.8∶45.9。在第三产业中，交通运输、仓储和邮政业增长7.9%，批发和零售业下降6.4%，住宿和餐饮业下降19.6%，金融业增长9.9%，房地产业增长8.8%。

表一　2020年分行业地区生产总值增长速度

行　　业	总量（亿元）	增长（%）	行　　业	总量（亿元）	增长（%）
地区生产总值	9650.19	1.1	批发和零售业	751.59	−6.4
第一产业	30.27	6.0	住宿和餐饮业	164.39	−19.6
第二产业	5193.09	−0.9	交通运输、仓储和邮政业	209.49	7.9
建筑业	224.53	18.2	金融业	645.50	9.9
第三产业	4426.83	3.5	房地产业	908.28	8.8

在现代产业中，规模以上先进制造业增加值2108.36亿元，比上年下降3.3%；高技术制造业增加值1569.62亿元，下降3.4%。现代服务业增加值2822.11亿元，增长6.9%。

年末，全市工商登记注册户数134.10万户，比上年末增长8.3%。其中，企业工商登记62.38万户，增长11.3%；个体户登记71.66万户，增长5.8%。私营企业登记户数增长较快，增长11.8%。

全年居民消费价格总水平比上年上涨2.9%。其中食品烟酒类上涨8.4%，衣着类下降1.3%，居住类下降0.9%，生活用品及服务类下降0.1%，交通和通信类下降2.8%，教育文化和娱乐类上涨4.5%，医疗保健类上涨2.0%，其他用品和服务类上涨3.4%。此外，全年商品零售价格总指数上涨1.0%。工业生产者出厂价格指数下降0.6%。

图一：2015-2020年居民消费价格总指数（上年=100）

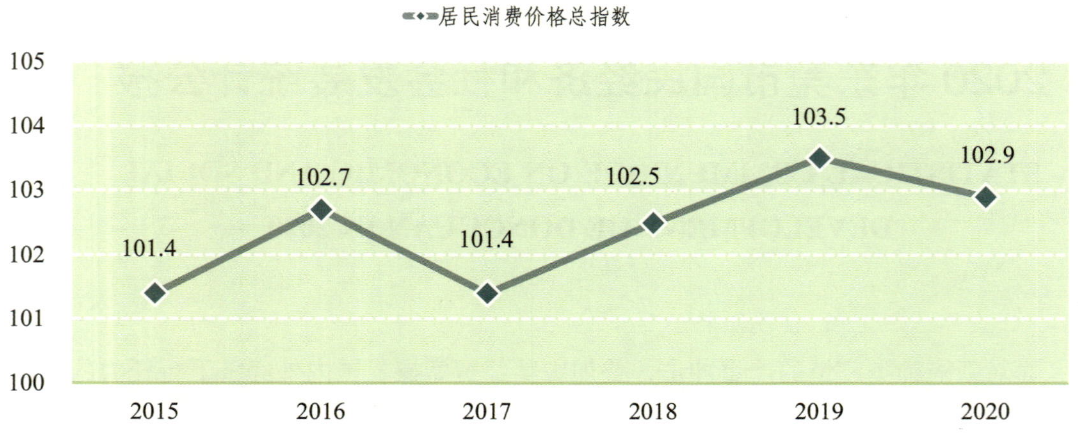

表二　2020 年价格变动情况

类　　别	价格指数（上年=100）	类　　别	价格指数（上年=100）
居民消费价格总指数	102.9	居　　住	99.1
食品烟酒	108.4	生活用品及服务	99.9
其中：粮食	105.1	交通和通信	97.2
食用油	106.3	教育文化和娱乐	104.5
菜	103.4	医疗保健	102.0
畜肉类	143.5	其他用品和服务	103.4
水产品	103.3	商品零售价格总指数	101.0
蛋类	94.0	工业生产者出厂价格指数	99.4
衣　　着	98.7		

全年市一般公共预算收入 694.68 亿元，增长 3.2%。市一般公共预算支出 843.67 亿元，下降 2.5%；其中，一般公共服务支出 88.57 亿元，公共安全支出 119.30 亿元，教育支出 203.50 亿元，社会保障和就业支出 63.22 亿元。全年全市税收总额 2153.19 亿元，下降 0.6%。

二、农业

全年全市农林牧渔业总产值 46.52 亿元，比上年增长 6.2%。其中农业产值 34.35 亿元，增长 6.3%，占农林牧渔业总产值的 73.8%；林业产值 0.32 亿元，增长 1.3%，占农林牧渔业总产值的 0.7%；牧业产值 0.82 亿元，增长 42.2%，占 1.8%；渔业产值 9.52 亿元，增长 4.0%，占 20.5%；农林牧渔专业及辅助性活动产值 1.52 亿元，增长 6.8%，占 3.2%。全年农作物总播种面积 34.67 万亩，水果种植面积 18.53 万亩。全年粮食产量 0.82 万吨，增长 39.7%；蔬菜产量 39.70 万吨，下降 4.4%；水产品总产量 4.94 万吨，增长 1.7%；生猪出栏 1.33 万头，增长 31.1%；家禽出栏 64.49 万只，增长 63.4%。

全年全市共有农民专业合作社 208 家、农业龙头企业 42 家（其中省级 26 家，国家级 4 家）、“粤字号”农业品牌产品共 54 个。

三、工业和建筑业

全年全市规模以上工业增加值4145.65亿元，比上年下降1.1%。其中，重工业增加值2631.54亿元，下降1.4%，占规模以上工业增加值的63.5%；轻工业增加值1514.11亿元，下降0.5%，占规模以上工业增加值的36.5%。

全年全市规模以上工业五大支柱产业增加值2806.89亿元，比上年下降2.1%；工业四个特色产业增加值369.01亿元，增长0.6%。

全年高技术制造业增加值比上年下降3.4%。其中，医药制造业增长35.0%，航空、航天器及设备制造业下降44.4%，电子及通信设备制造业下降6.3%，计算机及办公设备制造业增长13.9%，医疗仪器设备及仪器仪表制造业增长22.6%。

全年先进制造业增加值比上年下降3.3%。其中，高端电子信息制造业下降9.0%，先进装备制造业增长2.7%，石油化工产业增长15.8%，先进轻纺制造业下降4.6%，新材料制造业增长1.2%，生物医药及高性能医疗器械业增长17.1%。

全年优势传统产业增加值比上年增长1.2%。其中，纺织服装业下降9.3%，食品饮料业下降0.4%，家具制造业下降7.5%，建筑材料业增长6.9%，金属制品业增长5.9%，家用电力器具制造业增长37.4%。

规模以上工业成本费用利润率3.4%，产品销售率99.0%，全员劳动生产率16.47万元/人，实现利润总额745.96亿元。

表三　2020年规模以上工业主要产品产量

产品名称	计量单位	产量	增长（%）
布	亿米	1.2	−9.2
服装	亿件	9.4	−21.2
鞋	亿双	1.2	−37.5
家具	万件	4071.2	−9.2
机制纸及纸板（外购原纸加工除外）	万吨	1553.4	3.1
纸制品	万吨	216.6	−3.2
塑料制品	万吨	132.3	−11.4
电动手提式工具	万台	3476.3	−1.2
原电池及原电池组（非扣式）	亿只	58.3	−21.9
灯具及照明装置	万套（台、个）	16398.3	−31.5
电子计算机整机	万台	983.8	−39.3
显示器	万台	94.6	12.9
电话单机	万部	2316.7	−7.3
移动通信手持机（手机）	万台	31624.5	−18.1
彩色电视机	万台	80.5	33.6
光电子器件	亿只（片、套）	232.5	10.6
电子元件	亿只	19674.3	35.9
印制电路板	万平方米	1941.7	1.5

全年全市建筑业实现增加值224.53亿元，比上年增长18.2%。总承包和专业承包建筑企业完成总产值664.48亿元，增长21.7%；施工面积2269.6万平方米，增长54.7%；竣工面积589万平方米，增长25.5%。总承包和专业承包建筑企业按施工产值计算的全员劳动生产率为45.75万元/人，增长12.3%。

四、固定资产投资

全年固定资产投资比上年增长13.0%。按注册类型分，内资经济投资增长15.4%；外资经济投资下降6.2%；其中，港澳台经济投资增长5.6%。

图二：2015-2020年固定资产投资增长速度

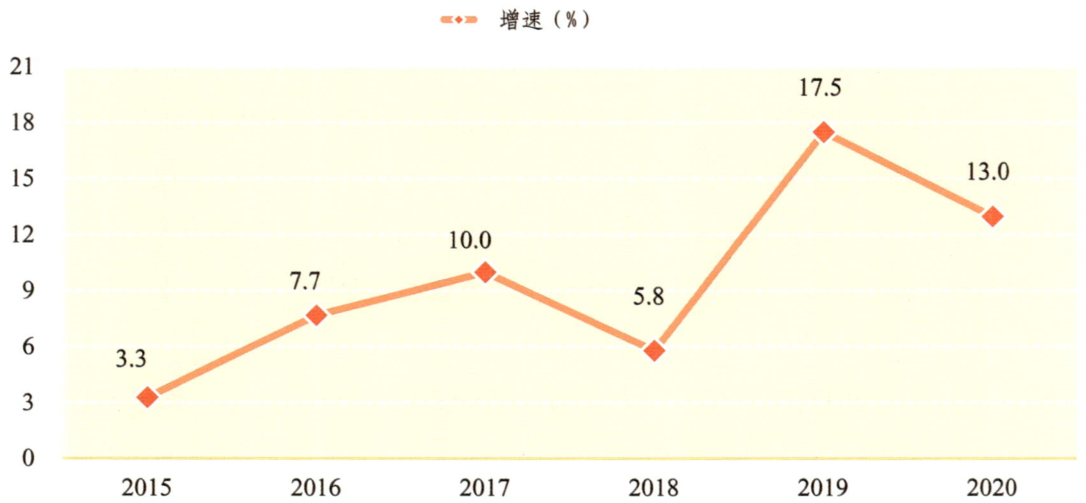

从产业投向看，投资集中在第二、三产业。第二产业投资比上年增长11.0%；第三产业投资增长14.1%。基础设施投资增长19.3%，总量占固定资产投资的比重为23.6%；工业投资增长11.0%，总量占固定资产投资的比重为33.9%。先进制造业投资增长11.8%，总量占固定资产投资的比重为20.5%；高技术产业（制造业）投资增长13.5%，总量占固定资产投资的比重为15.8%。

表四　2020年分行业固定资产投资情况

行　　业	增长（%）	行　　业	增长（%）
总　计	13.0	租赁和商务服务业	138.8
农、林、牧、渔业	87.0	科学研究和技术服务业	41.0
制造业	15.4	水利、环境和公共设施管理业	43.0
电力、热力、燃气及水生产和供应业	−11.8	居民服务、修理和其他服务业	−54.8
建筑业	−100.0	教育	8.3
交通运输、仓储和邮政业	−5.3	卫生和社会工作	30.1
信息传输、软件和信息技术服务业	64.2	文化、体育和娱乐业	−9.0
批发和零售业	15.4	公共管理、社会保障和社会组织	−16.8
住宿和餐饮业	2.5	第一产业	—
金融业	106.2	第二产业	11.0
房地产业	6.9	第三产业	14.1

全年完成房地产开发投资比上年增长 9.3%。商品房屋建筑施工面积 4294.25 万平方米，增长 3.1%；竣工面积 239.00 万平方米，下降 14.9%。新建商品房网上签约销售面积 895.31 万平方米，增长 21.1%；其中商品住宅销售面积 737.37 万平方米，增长 35.7%。新建商品房网上签约销售金额 2000.92 亿元，增长 44.5%；其中商品住宅销售金额 1786.28 亿元，增长 63.3%。

五、国内贸易

全年全市批发和零售业实现增加值 751.59 亿元，比上年下降 6.4%；住宿和餐饮业实现增加值 164.39 亿元，下降 19.6%。

全年社会消费品零售总额 3740.14 亿元，比上年下降 6.6%。分地域看，城镇消费品零售总额 3375.88 亿元，下降 6.6%；乡村消费品零售总额 364.26 亿元，下降 6.4%。分消费形态看，商品零售额 3391.75 亿元，下降 6.4%；餐费收入 348.39 亿元，下降 8.6%。分行业看，限额以上批发零售贸易业零售额 1431.87 亿元，下降 5.6%；限额以上住宿餐饮业零售额 94.08 亿元，下降 12.9%。

在限额以上批发和零售业中，粮油食品类零售额比上年增长 6.8%，饮料类增长 60.8%，烟酒类增长 105.9%，服装、鞋帽、针纺织品类下降 19.9%，日用品类增长 12.9%，汽车类下降 5.5%，石油及制品类下降 19.8%。

图三：2015-2020年社会消费品零售总额及增长速度

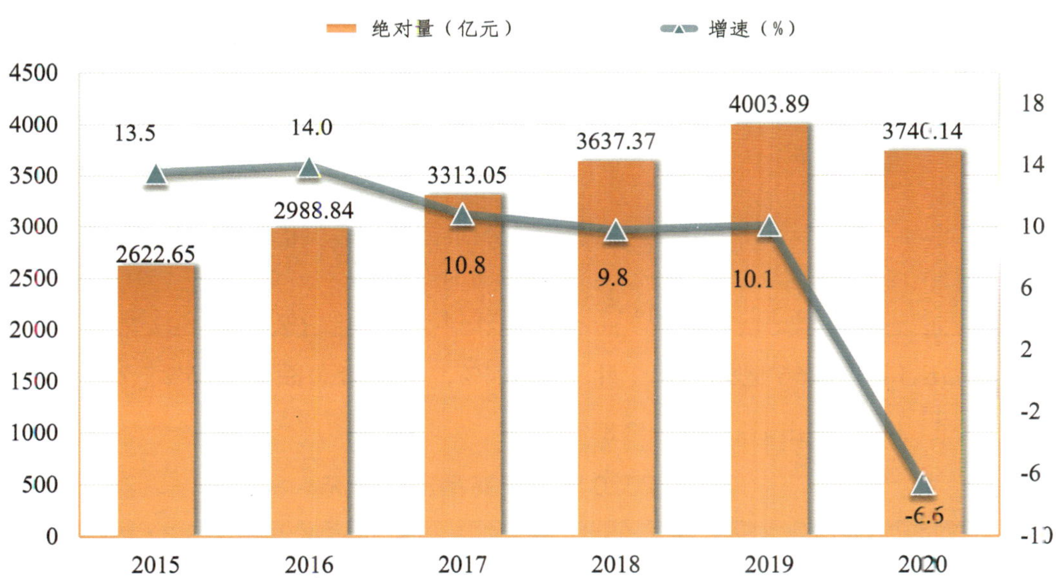

六、对外经济

全年全市进出口总额 13303.03 亿元，比上年下降 3.8%。其中进口 5021.48 亿元，下降 2.9%；出口 8281.55 亿元，下降 4.4%。“一带一路”沿线国家进出口额 3138.15 亿元，增长 0.8%。全市电子商务交易额 5861 亿元，增长 9.0%。

按贸易方式分，一般贸易出口 4647.40 亿元，比上年下降 1.9%；加工贸易出口 3115.82 亿元，下降 11.0%；保税物流出口 496.84 亿元，增长 18.8%；其他出口 21.50 亿元，增长 1925.5%。

表五 2020 年进出口情况表

指标名称	总量（亿元）	增长（%）	指标名称	总量（亿元）	增长（%）
进出口总额	13303.03	−3.8	# 进口总额	5021.48	−2.9
# 出口总额	8281.55	−4.4	其中：一般贸易	1329.38	−8.5
其中：一般贸易	4647.40	−1.9	加工贸易	1564.76	−9.6
加工贸易	3115.82	−11.0	其中：机电产品	4045.60	−1.8
其中：机电产品	6259.66	−3.4	高新技术产品	3243.44	−1.3
高新技术产品	3624.83	−6.0	其中：国有企业	6.51	−77.8
其中：国有企业	7.13	−94.0	三资企业	2305.39	3.5
三资企业	3727.59	−6.6	集体企业	0.01	−92.8
集体企业	0.66	3.6	民营企业	2709.57	−6.6
民营企业	4531.38	−0.4	进出口贸易顺差（出口减进口）	3260.06	−5.7

按出口的地区分，对“一带一路”沿线国家出口 2322.57 亿元，比上年增长 2.4%；对亚洲出口 4303.02 亿元，下降 1.4%；对北美洲出口 1686.65 亿元，下降 7.3%；对欧洲出口 1629.14 亿元，下降 10.0%；对拉丁美洲出口 374.26 亿元，下降 5.1%；对大洋洲出口 149.15 亿元，增长 2.6%。

表六　2020 年主要国家和地区货物进出口总额情况表

国别（地区）	进出口总额		出口总额		进口总额	
	总量（亿元）	增长（%）	总量（亿元）	增长（%）	总量（亿元）	增长（%）
亚洲	8856.20	−2.0	4303.02	−1.4	4553.18	−2.6
北美洲	1832.22	−7.1	1686.65	−7.3	145.56	−5.5
欧洲	1792.98	−10.4	1629.14	−10.0	163.84	−13.8
一带一路	3138.15	0.8	2322.57	2.4	815.57	−3.5
欧盟（27 国）	1389.71	−10.8	1246.83	−10.3	142.88	−14.5
东盟（10 国）	1834.38	1.5	1132.98	6.4	701.40	−5.6
香港	1587.23	−3.6	1571.81	−3.5	15.42	−16.3
美国	1703.76	−6.3	1571.46	−6.7	132.30	−0.8
日本	919.84	−2.6	388.34	−7.2	531.50	1.1
韩国	1018.66	−19.4	260.54	−16.0	758.12	−20.5

全年机电产品出口 6259.66 亿元，比上年下降 3.4%，占出口总额的 75.6%；高新技术产品出口 3624.83 亿元，下降 6.0%，占出口总额的 43.8%。

表七　2020 年主要商品出口情况

商品名称	金额（亿元）	增长（%）	商品名称	金额（亿元）	增长（%）
机电产品	6259.66	−3.4	服装及衣着附件	221.48	−32.0
高新技术产品	3624.83	−6.0	塑料制品	241.56	−8.7
手机	1197.66	−17.0	纺织纱线、织物及其制品	152.61	4.3
电子元件	783.54	1.7	玩具	210.26	−5.9
电工器材	759.37	9.1	鞋靴	86.60	−41.7
自动数据处理设备及其零部件	686.12	12.7	家用电器	161.42	19.8
文化产品	468.24	−1.5	印刷、装订机械及其零件	96.40	−23.9
音视频设备及其零件	302.86	3.6	箱包及类似容器	90.38	−33.4
家具及其零件	275.87	−3.6	灯具、照明装置及其零件	142.74	−3.6

全年全市新签外商直接投资项目 896 宗，合同外资金额 164.96 亿元，比上年增长 20.9%。实际利用外资 79.63 亿元，下降 9.5%。其中，制造业实际利用外资 44.57 亿元，下降 25.5%，占全市实际利用外资 56.0%。

表八　2020 年分行业利用外资情况

行业名称	合同外资金额（万元）	增长（%）	实际利用外资（万元）	增长（%）
总　计	1549552	20.9	796305	-9.5
制造业	509197	-12.4	445663	-25.5
纺织服装、鞋、帽制造业	36607	-26.9	6217	-84.2
家具制造业	18432	455.5	14588	299.2
通用设备制造业	33926	-67.7	20410	-26.8
专用设备制造业	13421	-51.3	5971	-75.4
电气机械及器材制造业	114890	187.7	83583	80.3
计算机、通信和其他电子设备制造业	84149	-60.3	175702	27.8
金属制品业	33622	22.2	10119	-56.8
橡胶和塑料制品业	59024	1.2	25289	-56.0
文教、工美、体育和娱乐用品制造业	12944	-68.7	7436	-52.6
造纸及纸制品业	5622	-81.7	2658	-84.3
其他制造业	193700	100.5	91435	-52.4
交通运输、仓储和邮政业	40019	-61.3	23270	-67.3
批发和零售业	278024	82.2	121816	166.3
租赁和商务服务业	247150	214.7	83172	178.2

七、交通、邮电和旅游

全年全市交通运输、仓储和邮政业实现增加值 209.49 亿元，比上年增长 7.9%。

全年全市公路通车里程 5222.65 公里，公路密度 212.30 公里 / 百平方公里，公路密度继续位居全省前列。年末全市机动车保有量（民用）341.81 万辆，比上年末增长 5.4%。其中汽车保有量 340.96 万辆，增长 5.4%。

全年公路货物运输量 9647.38 万吨，货物周转量 78.88 亿吨公里；水路货物运输量 7491.49 万吨，货物周转量 449.89 亿吨公里。全年公路运输完成客运量 828.35 万人，旅客周转量 11.44 亿人公里；水路运输完成客运量 3.08 万人，旅客周转量 200.26 万人公里。全年港口旅客吞吐量 3.08 万人次，货物吞吐量 19856.57 万吨。

表九　2020 年客（货）运量、周转量

指　标	单　位	数　值	增长（%）	指　标	单　位	数　值	增长（%）
客运量	万人	831.43	-74.6	货运量	万吨	17138.87	-1.6
#公路	万人	828.35	-74.5	#公路	万吨	9647.38	-2.6
旅客周转量	亿人公里	11.46	-72.9	货物周转量	亿吨公里	528.77	16.0
#公路	亿人公里	11.44	-72.9	#公路	亿吨公里	78.88	-4.7

图四：2015-2020年移动电话用户数

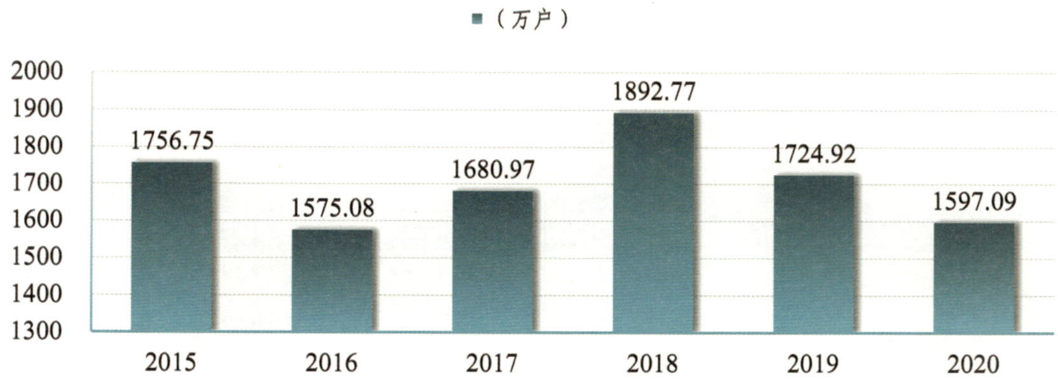

全年完成邮电业务（含快递）收入 458.97 亿元，比上年增长 10.3%。邮政发送信函 3696.65 万件，邮政快递包裹 22.93 万件。年末全市固定电话用户 186.42 万户；移动电话用户 1597.09 万户。年末互联网用户 1967.81 万户，增加 80.54 万户；宽带接入用户 344.26 万户，增加 20.08 万户。

年末全市有星级酒店 27 家，其中五星级酒店 12 家。全市旅行社 200 家，全年接待国际及港澳台游客 24.83 万人次，比上年下降 82.3%。其中接待外国游客 4.06 万人次，下降 87.8%；接待港澳台游客 20.77 万人次，下降 80.6%。国际旅游外汇收入 1.17 亿美元，下降 80.9%。全年接待国内游客 3851.70 万人次，下降 24.9%。旅游总收入 358.63 亿元，下降 30.2%。全年东莞组团外出旅游 37.37 万人次，下降 78.2%。其中，国内旅游 36.63 万人次，下降 76.5%；出境旅游 7363 人次，下降 95.1%。

八、金融

全年全市金融业实现增加值 645.50 亿元，比上年增长 9.9%。

年末全市各类金融机构 158 家，其中银行类机构 46 家（含 1 家代表处，5 家独立持牌信用卡中心），保险类机构 65 家，证券期货类机构 47 家。上市公司 58 家，后备上市公司 244 家。

年末金融机构各项本外币存款余额 18232.83 亿元，比上年增长 11.0%。其中住户存款余额 6998.52 亿元，增长 9.9%。各项本外币贷款余额 12777.12 亿元，增长 26.1%。在个人消费贷款余额中，个人住房按揭贷款余额 4182.16 亿元，增长 17.7%；个人汽车消费贷款余额 36.68 亿元，下降 1.7%。

图五：2015-2020年各项本外币存、贷款余额

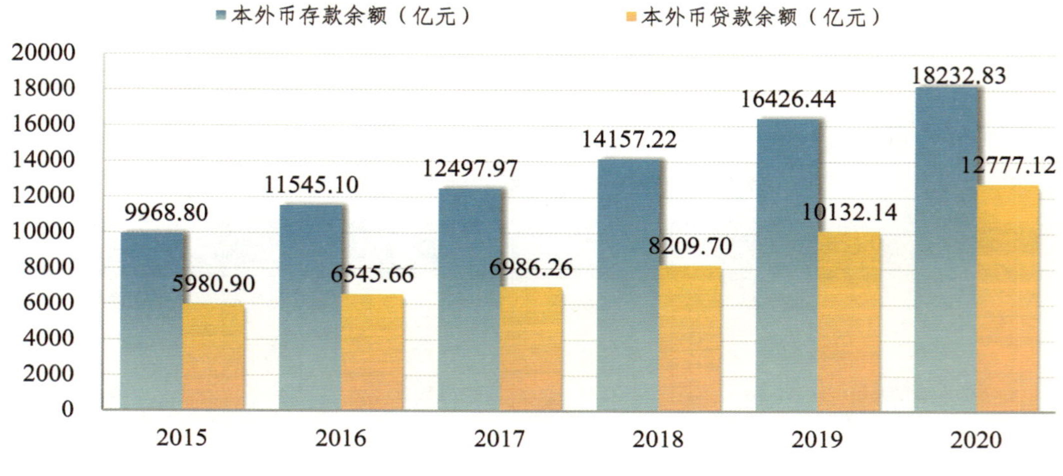

表十　2020 年金融机构存贷款情况

指　标	总量（亿元）	增长（%）	指　标	总量（亿元）	增长（%）
金融机构各项本外币存款余额	18232.83	11.0	金融机构各项人民币存款余额	17440.48	13.2
#住户存款	6998.52	9.9	#住户存款	6951.97	10.1
金融机构各项本外币贷款余额	12777.12	26.1	金融机构各项人民币贷款余额	12023.30	25.3
本外币存贷比（%）	70.1	8.4	人民币存贷比（%）	68.9	6.6

全年股票总成交额 31440.41 亿元，比上年增长 41.6%。年末保证金余额 164.40 亿元，比上年末增长 21.0%；开户数达 147.32 万户，增长 24.9%。

全年全市各类保险保费收入 559.77 亿元，比上年下降 0.2%。其中，财产险保费收入 159.71 亿元，下降 0.5%；人寿险保费收入 400.06 亿元，下降 0.1%。全年共支付各项赔款和给付 162.51 亿元。其中，机动车保险赔付 72.01 亿元；非车财产险赔付 19.68 亿元；人身险赔款支出 12.17 亿元；满期给付 35.76 亿元；死亡医疗给付 12.25 亿元。

九、科技和教育

2020 年全市国家高新技术企业达 6381 家。全市国内专利申请量和授权量分别为 95959 件和 74303 件；其中，发明专利申请量为 22045 件，比上年增长 8.6%，占专利申请总量的 23.0%，数量排全省第 3 位；发明专利授权量为 8718 件，增长 8.9%，数量排全省第 3 位；全市 PCT 国际专利申请量为 3787 件，增长 15.9%，数量排全省第 2 位。全市新型研发机构数量 33 家，其中省级 26 家。全市各级重点实验室和工程技术研究中心累计总数 844 家，其中国家级 2 家，省级 450 家，市级 392 家。科技企业孵化器 118 家，其中国家级 23 家，省级 21 家，市级 53 家；众创空间 73 家，其中国家级 24 家，省级 13 家，市级 12 家。规上工业企业设立研发机构比例达 43.3%。技术合同成交 275 项，合同成交额 69.53 亿元。引进省级创新创业团队总数 38 个；市级创新科研团队 53 个。大力推进科技信贷、科技保险等工作，推动 16 家签约银行为我市 2778 家企业发放贷款 3724 笔，贷款金额 171.99 亿元。推动 430 家企业参与投保，总保额 3879.83 万元，发放保费补贴共计 799.90 万元。

年末全市幼儿园 1206 所，比上年末增加 35 所；其中省、市一级幼儿园 634 所，增加 57 所。全市小学 335 所，在校学生 84.22 万人；本市户籍小学学龄儿童入学率达 100%，小学毕业生升学率达 100%。全市初中 206 所（不含完全中学），在校学生 26.57 万人；本市户籍适龄少年初中入学率 100%，初中毕业生升学率 99.1%。全市普通高中 48 所，在校生 9.15 万人；中职学校 28 所（含技工学校 7 所），在校生 8.37 万人。全市普通高等院校 9 所，在校学生 13.53 万人；全年普通高等院校共招收本科、专科学生 4.51 万人，毕业生 3.48 万人。

表十一　教育情况

指　　标	招生（万人）	增　长（%）	在校生（万人）	增　长（%）	毕业生（万人）	增　长（%）
普通本专科	4.51	26.3	13.45	8.1	3.48	13.4
成人本专科	2.81	20.1	6.36	32.5	1.12	30.2
中等职业技术教育	3.06	−0.3	8.37	−1.2	2.61	3.6
普通高中	3.38	11.9	9.15	6.9	2.76	1.8
初中	9.24	−5.5	26.57	0.8	7.38	6.8
小学	14.02	−12.4	84.22	0.6	10.93	−2.8
学前教育	12.60	3.9	37.08	1.6	13.40	−0.7

十、文化、卫生和体育

年末全市有文化馆 1 个，文化站 33 个，公共图书馆 657 个，公共电子阅览室 582 个，公办博物馆 17 个，民办博物馆 36 个，文化广场 756 个，电影放映单位 140 个。全市公共广播节目 43 套，公共电视节目 31 套。全年共发行报纸 4143 万份，其中《东莞日报》3733.98 万份。电影放映 75.4 万场次，观众 687.62 万人次。

年末全市医疗机构 3154 个，其中，三级甲等医院 6 个，门诊部、诊所、医务室、卫生站、社区卫生服务机构等基层医疗机构 3023 个。全市卫生技术人员 5.89 万人，医疗机构实有病床 3.37 万张。全市门诊量 5601.13 万人次，比上年下降 24.7%；住院量 98.72 万人次，下降 15.3%。

全年全市运动员共获得 193 枚金牌、182 枚银牌、184 枚铜牌。其中夺得全国赛金牌 16 枚、银牌 10 枚、铜牌 12 枚；广东省赛金牌 177 枚、银牌 172 枚、铜牌 172 枚。全年举办全市全民健身活动 700 次，参加人数 42.1 万人次。全市有各类体育运动场地 17119 个（座），其中足球场 423 个，篮球馆 365 座，室外篮球场（灯光）5415 个，健身路径 1368 条，室外游泳池 453 个，室内游泳池（馆）125 个，室外羽毛球场 1478 个。全市有体育彩票发行网点 1861 个，销售总额 16.32 亿元，体彩公益金 4.37 亿元，其中市级公益金 1.29 亿元。

十一、人民生活

2020 年受疫情影响，居民收入增速有所回落。全年东莞居民人均可支配收入 56533 元，比上年增长 5.4%。其中，城镇常住居民人均可支配收入 58052 元，增长 5.3%，农村常住居民人均可支配收入 38827 元，增长 8.1%，城乡收入差距进一步缩小。2020 年东莞城镇登记失业率为 2.18%，控制在 3%的目标范围内。

从收入构成上看，居民人均工资性收入 39621 元，占人均可支配收入的 70.1%，是居民收入的首要来源；其次是人均财产净收入，达 11604 元，占人均可支配收入的 20.5%。

从生活消费支出来看，2020 年东莞居民人均生活消费支出 34260 元，较上年下降 4.1%。其中，城镇常住居民人均生活消费支出 34706 元，下降 4.1%；农村常住居民人均生活消费支出 26890 元，下降 3.0%。全市居民恩格尔系数为 33.4%，比上年增加 1.8 个百分点，其中城镇为 33.1%，农村为 37.2%。

八大类支出呈现“四升四降”趋势。其中，人均食品烟酒支出增长 1.2%，居住支出增长 3.2%，生活用品及服务支出增长 4.4%，医疗保健支出增长 2.6%；衣着支出下降 4.7%，交通通信支出下降 11.3%，教育文化娱乐支出下降 21.3%，其他用品和服务支出下降 19.8%。

十二、社会保障

全市参加各类社会保险 2611.78 万人次，其中基本医疗保险 631.19 万人次，养老保险人数 596.94 万人次，失业保险 437.86 万人次，工伤保险 452.65 万人次。全年社会保险基金总收入 663.32 亿元，保险基金总支出 685.14 亿元；年末社会保险基金累计余额 2284.64 亿元，上年保险基金结余 2306.47 亿元。

年末全市社会福利事业单位 49 个，其中社会福利院 1 个，社会福利中心 1 个，敬老院 29 个，敬老院供养老人 460 人。社会福利事业单位收养 3745 人，全年社会救济 8169 人。全市居民最低生活保障支出 8608.92 万元，慈善基金结余 37159.44 万元。全市纳入“五保户”对象有 728 人，“五保户”费用支出 1454.13 万元。

十三、人口、资源、环境和安全生产

年末全市户籍人口 263.88 万人。全年出生人口 3.42 万人，出生率为 13.38‰；死亡人口 1.10 万人，死亡率为 4.29‰；人口自然增长率为 9.08‰。

全年水资源总量约 20.13 亿立方米，比上年下降 18.6%。日供水能力 688 万立方米 / 日。我市共有 8 个国控地表水监测断面：其中观澜河 – 企坪、茅洲河 – 共和村、东江北干流 – 石龙北河、东江干流 – 东岸 4 个断面为跨市河流边界断面，东莞运河 – 樟村、东江南支流 – 沙田泗盛、东江南支流 – 第六水厂和石马河 – 旗岭 4 个断面为市境内河流断面。2020 年国控地表水监测断面水质状况：优良水质比例（达到或者优于Ⅲ类）为 50%，Ⅳ类水体比例为 50%，已消除劣Ⅴ类水体。

全年城市环境空气质量优良天数提升至 334 天，优良天数占比为 91.3%，六项主要大气污染物年评价值均达到国家二级标准，其中 PM2.5 年平均浓度下降至 24 微克 / 立方米。

全年雨日天数 180 天，日照时数 1824.2 小时，平均气温 23.6 摄氏度，相对湿度 76%，降水量 1895 毫米。

全市共有 11 个镇街成功创建广东省森林小镇，有 4 个村被评为国家森林乡村。共有市级自然保护区 6 个，面积达 8829.90 公顷；森林公园 21 个，面积达 34183.39 公顷；湿地公园达 25 个，面积 2181.05 公顷。

年末全市建成区土地面积 1168.32 平方公里，公共管理与公共服务用地面积 57.80 平方公里。全市建成区绿地率为 39.89%，绿化覆盖率为 43.20%。

全年全市共发生各类生产安全事故 293 起，比上年下降 26.6%，未发生重大以上事故；死亡 200 人，比上年下降 23.7%；受伤 168 人，下降 36.1%；直接经济损失 5711.32 万元。全年发生道路和水上交通事故 3344 起，比上年上升 12.3%；死亡 433 人，下降 5.3%；受伤 3005 人，上升 14.9%；直接经济损失 807.57 万元，上升 13.9%。道路交通万车死亡人数为 1.27 人。

注：1. 本公报中 2020 年数据为初步统计数；统计图中 2015–2019 年数据为年报数；最后统计数据以各部门年报及《东莞统计年鉴 –2021》为准。

2. 地区生产总值、各行业增加值、农业总产值绝对数按当年价格计算，增长速度按可比价格计算；地方一般公共预算收支增长速度按可比口径计算。

3. 从 2011 年起，规模以上工业统计口径由年主营业务收入 500 万元调整为 2000 万元及以上的工业法人企业；固定资产投资项目统计起点由计划总投资 50 万元提高到 500 万元，增速为可比口径。

4. **五大支柱产业**包括电子信息制造业、电气机械及设备制造业（包括电气机械及器材制造业，仪器仪表制造业，通用设备制造业，专用设备制造业，铁路、船舶、航空航天和其他运输设备制造业以及汽车制造业）、纺织服装鞋帽制造业（包括纺织业，纺织服装、服饰制造业，皮革、毛皮、羽毛及其制品和制鞋业）、食品饮料加工制造业（包括食品制造业，酒、饮料和精制茶制造业，农副产品加工业）、造纸及纸制品业。

四个特色产业包括玩具及文体用品制造业、家具制造业、化工制造业（包括化学原料和化学制品制造业，石油煤炭及其他燃料加工业）、包装印刷业。

先进制造业包括高端电子信息制造业、先进装备制造业、石油化工产业、先进轻纺制造业、新材料制造业、生物医药及高性能医疗器械。

高技术制造业包括医药制造业、航空、航天器及设备制造业、电子及通信设备制造业、计算机及办公设备制造业、医疗仪器设备及仪器仪表制造业、信息化学品制造业。

5. 阅读本公报时，请注意统计指标的时间、口径和计算方法等。

6. 资料来源：本公报中城镇登记失业率、社会保障数据来自市人力资源和社会保障局；农民专业合作社、龙头企业及“粤字号”农业品牌产品数来自市农业农村局；进出口、利用外资数据来自市商务局；公路通车里程、交通运输、公路、水路相关数据来自市交通运输局；邮电业务收入、邮政发送信函、电话用户等数据来自市邮政、电信、移动等相关运营商；星级酒店及旅游情况、文化馆、文化站、公共图书馆、公共电子阅览室、博物馆、文化广场、公共广播节目、运动员获得奖牌、健身活动、体育彩票发行情况来自市文化广电旅游体育局；电影放映情况来自市委宣传部文明办；年末各类金融机构数据来自市金融工作局；本外币存贷款余额来自市人民银行；股票总成交额及年末保证金余额数据来自证券期货业协会；保险、保费及赔款与给付来自市银保监局；国家高新技术企业家数以及科研成果奖等数据来自市科学技术局；专利申请和授权量数据来自市市场监督管理局；教育数据来自市教育局；卫生医疗机构、出生和死亡人口等相关数据来自市卫生健康局；福利单位、敬老院等数据来自市民政局；户籍人口数据来自市公安局；气象数据来自市气象局；森林小镇、森林公园、湿地公园、自然保护区等数据来自市林业局；建成区及公共管理与公共服务用地面积来自市自然资源局；建成区绿地率、绿化覆盖率数据来自市城市管理和综合执法局，生产安全事故相关数据来自市应急管理局；道路交通事故等相关数据来自市公安局、海事局。

政府工作报告

REPORT ON THE WORK OF THE GOVERNMENT

——2021年2月5日在东莞市第十六届人民代表大会第七次会议上

东莞市人民政府市长　肖亚非

各位代表：

现在，我代表市人民政府，向大会报告政府工作，请各位代表予以审议，并请各位政协委员和其他列席人员提出意见。

“十三五”发展成就及2020年主要工作

“十三五”时期是全面建设小康社会、实现第一个百年奋斗目标的决胜时期，是东莞经济社会发展取得重大成就的关键时期。五年来，在市委的坚强领导下，全市政府系统高举习近平新时代中国特色社会主义思想伟大旗帜，认真落实省“1+1+9”工作部署和市“1+1+6”工作思路，围绕建设‘湾区都市、品质东莞”的战略目标，凝心聚力，砥砺奋进，较好地完成了“十三五”确定的主要目标任务，高质量发展迈出了坚定步伐。

这五年，东莞综合发展实力实现了重大进步。经济实力稳中有进。全市地区生产总值达9650.2亿元，年均增长6.5%，提前一年完成“十三五”规划目标。人均地区生产总值超过11万元，达到高收入经济体水平。市一般公共预算收入694.7亿元、税收总额2153.2亿元，分别是2015年的1.3倍和1.5倍。社消零总额、规上工业增加值分别突破3000亿元、4000亿元，是2015年的1.4倍和1.5倍。本外币存、贷款余额分别突破1.8万亿元和1.2万亿元，是2015年的1.8倍和2.1倍。五年实际利用内外资5326.7亿元，完成固投9615.2亿元。外贸进出口超1.3万亿元，稳居全国第五。全市市场主体超过134万户，是2015年的1.8倍，占全国总量1%。高企总数6381家，是2015年的6.5倍。主营业务收入超千亿元企业实现零突破。镇村实力持续增强。全国百强镇从12个增至15个，5个镇街进入500亿元俱乐部，所有次发达镇均超100亿元，实现历史性的突破。村组两级总资产、经营性纯收入分别增长42%和66.8%，纯收入超亿元村由10个增至30个，70个次发达村（社区）村组两级经营性纯收入实现翻番。城市影响力不断提升。先后荣获全国质量强市示范市、版权示范城市、水生态文明城市和国家节水型城市、中国法治政府奖等称号，首获全国综治工作“长安杯”，成功蝉联全国文明城市、卫生城市、社会治理创新示范市、双拥模范城等荣誉，连续两年政商关系健康指数排名全国第一，连续三年跻身中国外贸百强市竞争力前三，连续四年入围新一线城市，“湾区都市、品质东莞”的价值追求深入人心，投资洼地、创业沃土的城市形象充分彰显。

这五年，东莞把握“双区”驱动机遇取得了重大进展。一批重大平台加快建设。松山湖科学城纳入大湾区综合性国家科学中心先行启动区，与中科院开展合作共建，东莞参与大湾区国际科技创新中心建设迈出了重要步伐。滨海湾新区纳入大湾区发展规划纲要特色合作平台，获批省级高新技术开发区，掀起了加速开发建设的热潮。水乡功能区核心单元开发建设全面启动，银瓶创新区加快建设，虎门港综保区正式封关运作，南部各镇率先对接和融入深圳先行示范区建设。一批重大改革深入推进。成功获批建设省制造业供给侧结构性改革创新实验区。国家开放型经济新体制综合试点、功能区统筹优化市直管镇体制等改革取得明显成效，深化商改、稳住外贸基本盘、公立医院综合改革等工作获国务院督查激励。市民服务中心成为全省进驻部门最全、进驻事项最多、综合窗口集成最高的办事大厅之一，社会投资项目审批提速 50%以上，一手房办证最快 1 小时内办结，开办企业便利度位居全省地级市第一。一批历史遗留问题得到有效解决。出台农房建设管理办法，从源头刹住控住违建抢建势头，提升农房品质风貌。专门出台加强镇级资产监督管理办法，启动镇属企业改革工作，推动集体资产保值增值。专项推动符合条件的产业类和公共配套类违建补办不动产权手续，盘活大量存量资产。创新统筹开发模式和利益平衡机制，加快松山湖东部工业园建设步伐。铁腕整治“两违”问题，累计治理违建面积超过 7000 万平方米。坚持问题导向，强力督查督办硬指标硬任务，全面推广明察暗访、“行走东莞”等工作机制，创造性解决问题的能力得到有效提升。

这五年，东莞创新驱动发展获得了重大突破。区域创新体系加快完善。创新成为引领和支撑产业转型升级的第一动力，全市构建起源头创新、技术创新、成果转化、企业培育“四大创新体系”。全球第四台、中国首台散裂中子源投入运营。南方先进光源项目预研启动。松山湖材料实验室加快建设，研究成果入选“中国科学十大进展”。成功争取大湾区大学和香港城市大学（东莞）落户。东莞理工学院排名大幅提升。科技创新要素加速集聚。R&D 投入强度从 2.36%提至 3.06%，达到发达国家水平。国家级孵化器、省级工程中心、省级新型研发机构分别是 2015 年的 2.9 倍、3.5 倍、1.5 倍。全市集聚高层次人才 15.6 万人，超过 50 位院士常年在莞开展科研活动，省创新科研团队 38 个，居全省地级市第一。先进制造特色更趋明显。规上工业企业数量突破 1 万家，比 2015 年翻一番，跃升至全国第二、总产值突破 2 万亿元。三大手机出货量位居全球前五。95 家市级试点企业实现倍增。78 家企业入围广东制造业 500 强。单位规上工业增加值能耗下降 31%。先进制造业、高技术制造业分别占规上工业增加值的 50.9%、37.9%，成为工业增长的主要力量。

这五年，东莞城市品质内涵得到了重大提升。城市空间格局发生深刻变化。中心城区、松山湖、滨海湾新区“三位一体”的都市核心区初具雏形，六大片区加快统筹发展。东莞正式进入“地铁时代”，轨道交通、高快速路、水电气、5G 网络等基础设施不断完善，城市更新、TOD 建设、镇村工业集聚区改造等加速推进，市镇收储土地 4.4 万亩，拓空间工作取得重大突破。中心城区首位度加快提升。“一心两轴三片区”规划建设大幕全面拉开，民盈国贸中心等城市地标顺利建成，国际商务区、黄旗南、三江六岸等片区建设实质性启动，中心城区灯光夜景、广深高速沿线景观品质、东莞大道十里迎宾景观带等提升工程成效突显。魅力小城和美丽乡村串珠成链。“洁净城市”“厕所革命”“五线”整治等补短板行动扎实推进，32 个魅力小城示范街道、10 个示范片区项目顺利实施，建成美丽幸福村居单村389个、特色连片示范区3个，全部村（社区）达到干净整洁村标准，东莞创建全省唯一的农村人居环境示范市。乡村振兴“三年取得重大进展”目标基本实现。**城市活力显著提升**。大湾区院士峰会、华为全球开发者大会、男篮世界杯、亚洲马拉松等高规格活动赛事成功举办，湖北籍务工者吴桂春的故事广为传播，书香东莞、友善东莞的形象持续提升，全市每年人口净流入保持在十万人以上，五年增加户籍人口69万人。东莞生机勃勃的新一线城市形象不断突显，城市吸引力、承载力和竞争力进一步提升。

这五年，东莞生态环境建设发生了重大变化。**水污染治理取得决定性成果**。以壮士断腕的决心、前所未有的力度打响治水攻坚战，五年投入超700亿元，新建污水管网1.2万公里，新建扩建污水处理项目18个，提标改造污水处理厂35座，清理整治砂场182个，整治污染河涌424条，7个国省考断面水质明显改善，建成区22条黑臭水体基本消除黑臭，茅洲河、石马河等重点流域水质全面达标，水生态环境发生了根本性变化。**蓝天净土保卫战扎实推进**。空气优良天数比例提升至91.3%，PM2.5平均浓度比2015年下降28%。生活垃圾、危险废物、生活污泥处理处置能力比2015年分别提高93.5%、127%和131%，新增生活垃圾实现全焚烧、零填埋，36座镇级填埋场全部完成整治。**生态质量全面提升**。划定永久基本农田及海洋生态红线，新建森林公园、湿地公园14个，华阳湖成为国家级湿地公园，东莞植物园成为市民亲近自然的网红打卡点，全市4A级旅游景区增至15个，11个镇街成功创建省森林小镇，生态环境质量提升跑出加速度。

这五年，东莞建设全面小康赢得了重大胜利。市财政投入2000多亿元用于民生建设，支出比例每年均超七成，有效满足了人民群众日益增长的美好生活需要。**脱贫攻坚成效显著**。对口帮扶的韶关、揭阳323个贫困村、1.57万相对贫困户全部稳定脱贫，昭通6个贫困县、874个贫困村、82.13万贫困人口全部脱贫出列。援疆“村连结对”做法在全国推广，援藏8个小康示范村项目全部完工，援川工作得到上级高度肯定。**民生福祉持续改善**。居民人均可支配收入达5.7万元，比2015年增加46.3%。新增义务教育阶段公办学位12.5万个、病床位6千张、养老床位4千张，药价平均降幅超54%，人均预期寿命突破80岁大关。“技能人才之都”建设成效显著，132万人次完成学历技能素质提升。公共文化服务体系建设硕果累累。社会保障、救助及福利水平不断提升。**社会大局和谐稳定**。“智网工程”“二标四实”等工作深入推进，“两抢”案件下降超过九成、命案发案数下降五成，扫黑除恶专项斗争成果群众满意度全省第一。团贷网案件得到稳妥处置。全市生产安全事故起数和死亡人数逐年下降，群众安全感进一步提升。

刚刚过去的2020年，是“十三五”规划收官之年，也是改革开放以来东莞经历的极不平凡、极不容易的一年。面对新冠肺炎疫情带来的严重冲击，面对外部中美经贸摩擦、内部产业结构性问题叠加的严峻挑战，全市上下众志成城、风雨同舟、披荆斩棘，疫情防控取得重大战略成果，成功稳住了经济基本盘，经济社会发展加快复苏振兴，为“双胜利”打下了坚实基础，为“十三五”划上了圆满句号。

一年来，我们以推进“双统筹”为主线，奋力夺取疫情防控和经济社会发展“双胜利”。坚持人民至上、生命至上，积极应对实际管理人口1000多万、市场主体130多万家等巨大压力，牢牢构筑起“外防输入、内防扩散、医疗救治、自我防护”四道防线，全市没有发生社区和企业聚集性疫情，37天实现无新增本地确诊病例、63天基本恢复正常生产生活秩序。在做好疫情防控的前提下，通过出台“助企撑企15条”等一揽子政策、设立50亿元援企专项资金、配置3000亩增资扩产用地指标、组建36个复工复产指导服务组等措施，以超常规机制加强经济运行监测调度。全市经济增速由负转正，主要指标呈现持续恢复性增长，市一般公共预算收入增长3.2%，制造业贷款余额增长39.5%，增量约占全省两成，工业用电量增长1.4%，市场主体增长8.3%，新增上市及过会企业17家、创历年新高，新业态、新动能加快成长，为赢得未来保住了底盘、留住了青山。

一年来，我们以补齐民生短板为突破，有效增强群众的获得感、幸福感和归属感。围绕高水平全面建成小康社会的目标，出台实施市政府一号文，大力推进100项重点民生事项。全面启动教育扩容提质和品质交通两个千日攻坚行动，新改扩建公办中小学32所，新增公办学位超过3.7万个，新建道路184公里、停车位6.9万个。加快补齐公共卫生短板，完善分级诊疗和全民医疗保障制度，与暨南大学、南方医科大学、广东医科大学、广州中医药大学等共建高水平医院和区域中心医院。切实做好民生兜底保障，全面提高低保、低收入家庭认定、特困人员供养和孤儿基本生活保障标准，实现居家养老“大配餐”和长者饭堂镇街全覆盖。“民生大莞家”解决群众身边“小急难”问题近2500宗。完成第七次全国人口普查登记工作。审计、信访、外事侨务、防震减灾、民族宗教、工青妇幼、档案方志、红十字会、残疾人等工作全面推进。

一年来，我们以补链强链拓链为导向，加快完善现代产业体系。聚焦产业链关键环节、缺失环节，高规格举办全球先进制造招商大会、“云招商、云温暖”等活动，成功招引京东大湾区总部等一批重大项目，推动企业增资扩产130宗，全年实际引资1499亿元，增长25.3%。每季度集中动工一批重大项目，累计完成投资983.8亿元，拉动全市固投增长13%。全面实施“452外经贸振兴计划”，外企内销总额超过4900亿元，电子商务交易额超过5500亿元，保税物流进出口超过2600亿元，快递业务量突破20亿件、业务收入全国第七，石龙中欧班列成为中国第三条国际铁路运邮通道。

一年来，我们以主动对接“双区”驱动为引领，积极增创改革发展新优势。主动融入“一核一带一区”发展格局，深度参与深圳都市圈、穗莞合作发展等规划编制，深化莞港澳在金融、跨境电商等方面的合作，着力构建湾区“1小时交通圈”，各规划6处地铁通道分别与广深相连，深外环高速东莞段建成通车，佛莞城际全线铺轨。全力支持深圳建设先行示范区，推动松山湖科学城与光明科学城共建综合性国家科学中心先行启动区。深入推进省制造业供给侧结构性改革创新实验区建设，用好用足省28项支持事项，强化投资“松绑”、优化营商环境等工作取得明显成效。

一年来，我们以打造高品质现代化都市为目标，大力提升城市形象和城市品质。城市品质三年提升计划圆满收官，从重点突破转入全面完善和整体提升的常态化阶段。深入推进新一轮国土空间总体规划编制，科学规划未来15年的空间发展蓝图。深入推进污染防治攻坚战，完成河涌水环境整治213条，海心沙资源循环综合利用基地、立沙岛危废处理中心等项目顺利建成，生活垃圾分类示范片区建设大力推进。水环境质量改善幅度全国第三、全省第一。空气质量综合指数改善幅度全国第二、全省第一。深入推进城市精细化管理，城市体检、老旧小区改造等工作有序开展，“路长、巷长、所长、站长”制大力推行。深入推进乡村振兴战略，创建特色精品示范村50个，65%以上村（社区）达到美丽宜居村标准。

一年来，我们以转变政府职能为要求，进一步提高政府治理能力和服务效能。围绕优化疫情期间政务服务，创新推出2878项“不见面审批”事项、198项“延期后补”事项等服务。围绕推进“数字政府”建设，基本建成政务数据大脑，全面铺开“莞家政务”服务，行政许可事项全程网办率达97%，各园区、镇街政务服务中心基本实现公安、税务事项一窗受理。全面开展镇街综合行政执法改革，认真实施养犬管理、水土保持等条例，办理人大建议202件、政协提案402件，办理率和满意率均达100%。

各位代表，回顾“十三五”这五年，全市上下在把握时势中抢抓机遇，在乱云飞渡中苦练内功，在笃定创新中奋力进取，在顶压前行中再创新高。这是深入贯彻落实习近平新时代中国特色社会主义思想的结果，是在省委省政府和市委的坚强领导下，一代又一代的东莞人艰苦创业、接续奋斗的结果。在此，我代表东莞市政府，向全市干部群众，向人大代表和政协委员，向各民主党派、各人民团体、社会各界人士，向各驻莞单位、驻莞部队和武警官兵，向所有参与和支持东莞建设发展的港澳台同胞、海外侨胞和国际友人，表示衷心的感谢和崇高的敬意！

我们清醒地认识到，当前东莞实现高质量发展仍面临不少问题和挑战：外部环境不稳定不确定因素较多，中美经贸摩擦和龙头企业受打压的趋势不甚明朗，双循环新发展格局需要加快构建，全市经济下行压力依然较大；产业能级需要加力提升，工业生产以中间产品为主、附加值相对较低，战略性新兴产业、生产性服务业等新动能亟需加快培育；对重大项目和重大改革的谋划需要加强，国家级、湾区级的重大项目不够多，在探索推进全域性、关键性改革上还有待加大力度；城市综合环境需要进一步优化，公共服务供给仍有短板，对高端项目、高素质人才的吸引力和承载力有待增强；行政服务效能还有较大的提升空间，政府系统干事创业的精气神仍需进一步提振。对于这些问题，我们必须高度警醒，尽最大努力予以有效解决。

“十四五”主要目标及2021年工作安排

“十四五”时期是我国“两个一百年”奋斗目标的历史交汇期，是全面开启社会主义现代化强国建设新征程的重要机遇期。我们必须坚持以习近平新时代中国特色社会主义思想为指导，准确把握新发展阶段，深入贯彻新发展理念，加快构建新发展格局，围绕在全省实现总定位总目标中承担更大责任、走在全省前列的使命任务，全力推动“湾区都市、品质东莞”建设再上新台阶。

根据党的十九届五中全会精神和《中共东莞市委关于制定东莞市国民经济和社会发展第十四个五年规划和二〇三五年远景目标的建议》，市政府编制了《东莞市国民经济和社会发展第十四个五年规划和二〇三五年远景目标纲要（草案）》。

“十四五”时期我市经济社会发展的主要目标是：城市综合实力明显提升，打造富有活力和国际竞争力的高品质现代化都市；创新驱动发展动力明显提升，打造具有全球影响力的湾区创新高地；产业链供应链现代化水平明显提升，打造以科技创新为引领的全国先进制造之都；构建新发展格局支撑作用明显提升，打造链接国内国际双循环的现代化枢纽城市；城市治理效能明显提升，打造城市治理体系和治理能力现代化范例；公共服务保障水平明显提升，打造民生幸福美好城市。**展望二〇三五年**，我市将基本实现社会主义现代化，经济实力、科技实力和综合竞争力大幅跃升，经济总量和城乡居民人均收入迈上新的大台阶，实现产业基础高级化和产业链现代化，创新能力和城市品质显著提升，治理体系和治理能力现代化基本实现，人民生活更加美好，人的全面发展、全体人民共同富裕率先取得更为明显的实质性进展。

“十四五”时期，我们要永葆“闯”的精神、“创”的劲头、“干”的作风，切实将各项工作部署项目化、事件化，加快转化为一项项硬指标、硬任务，一个个大项目、大工程，一件接着一件办，一年接着一年干，奋力谱写东莞改革发展新篇章。

——我们要聚焦“创新+产业”，加快建设具有全球影响力的湾区创新高地。坚持创新核心地位，深度参与粤港澳大湾区国际科技创新中心建设，着力巩固东莞创新驱动发展的良好态势，坚定不移走高质量发展之路。**以创新生态引领产业升级。**加快推进大湾区综合性国家科学中心先行启动区建设，全面深化与中科院、国内高校的战略合作，推动形成大科学装置的集聚协同效应，努力打造原始创新策源地。吸引更多顶尖科研机构、大学、跨国公司来莞设立联合实验室和研发中心，促进新型研发机构提质增效，建设大湾区科技成果转化主阵地。加快建设以企业为主体的技术创新体系，构建“科技型中小企业－高新技术企业－瞪羚企业－百强创新型企业”梯度发展格局，力争到2025年，全市高企达8000家，R&D占比达3.2%左右。**以新动能推动产业优化。**突出高端化、终端化、品牌化的导向，全面实施稳链补链强链拓链工程，力争五年实际投资超6000亿元，进出口总额超7万亿元，外企出口产品转内销超2.5万亿元。全市引进培育千亿企业超过5家，百亿企业超过25家，形成万亿级的新一代信息技术，五千亿级的高端装备制造，千亿级的新材料、新能源、服装鞋帽、食品饮料，百亿级的集成电路、生物医药等“万、千、百”亿级产业集群发展梯队。**以科技造富壮大产业实力。**强化对高企的政策扶持和资源倾斜，大力培育一批“专精特新”企业，加速推进资本市场“东莞板块”扩容提质，力争三年内上市莞企数量突破100家、总市值翻番，全部镇街实现上市企业破零，国有资本规模破万亿、超千亿的市属国有企业3家以上，全市新增一大批具有全球一流竞争力的优质企业。

——我们要聚焦“环境+人才”，加快建设高品质现代化都市。在国际一流湾区和世界级城市群建设中强化东莞担当、展现东莞颜值、彰显东莞魅力，着力打造高品质环境、集聚高素质人才、发展高质量产业，努力把东莞建设成为有志之士向往聚集、追梦圆梦的高品质现代化都市。**以绿色集约为导向提升城市品质。**全面推进新一轮城市品质提升，让欣欣向荣的现代都市、草长莺飞的山水田园在东莞有机融合、协调共生。积极构建“三心引领、廊道支撑、片区协同、节点开花”的城市空间格局，进一步提升都市核心区首位度，加快打造立体交通、科技创新、生态环境三条城市线性发展廊道，推动“六大片区”组团统筹联动发展。推动土地利用模式从“增量扩展”向“存量优化”转型，每年至少实施“工改工”1万亩，五年收储土地4.5万亩。全面巩固提升污染防治攻坚战成果，推动环境改善重心向综合治理、生态修复、绿色发展延伸，凸显“半城山色半城水、一脉三江莞邑香”的城市特色，力争实现碳排放达峰走在全省前列，加快实现从世界工厂向生态之都、绿色之城的转变提升。更加注重优化城市软环境，不断提升城市文明水平、科学素养、人文精神、艺术氛围，促进人的全面发展，致力打造青春之城、活力之城、梦想之城。**以镇村基层为重点优化综合环境。**结合乡村振兴战略的深入推进，把镇村作为优环境的主战场。突出加强镇村规划管控，实施大片区统筹，抓好江河岸线管理，以镇村核心区和重点片区的更新改造为突破口，对城乡面貌、公共空间、居住空间等进行优化提升，加快打造产城融合、宜居宜业的品质镇街，乡风淳朴、美丽幸福的莞邑村居。积极推动南部各镇加快建设一批高品质、低成本、优环境的产城融合新社区，打造深莞深度融合、一体联动发展的“引爆点”。着力推动镇村提升公共服务水平，让群众在家门口就能上优质的学校，逛美丽的公园，享受便捷的医疗，欣赏精彩的演出，让东莞的镇村成为能够留住本地人、吸引外来人的好地方。**以优质环境为平台集聚高端人才。**把人才作为支撑发展的第一资源，依托大科学装置集群、新型研发机构、高水平大学、科技企业等平台载体，大力引进国际一流的科学家团队、科技领军人才和高水平创新团队，加强研发人才、营销人才、管理人才等的培养，全方位提供人才创新创业、施展才华的靓丽舞台。努力为人才打造舒适惬意、安居乐业的优质环境，广聚天下英才而用之，让人才聚莞、人才爱莞成为东莞一道亮丽的风景线。

——*我们要聚焦“民生+服务”，加快建设和谐善治的民生幸福美好城市。*以人民为中心、视群众为父母，着力打造全面小康的“东莞样本”和政府服务的“东莞品牌”。**以“全生命周期”为标准提升民生保障水平。**大力补齐学位、停车位、病床位、养老床位、就业岗位“五个位”民生短板，全面完成教育扩容提质和品质交通千日攻坚任务，着力解决好“一老一小”问题，加力做好对困难群众、特殊群体的兜底和帮扶，有序推进常住人口基本服务全覆盖，努力实现各类民生保障水平走在全省前列，老百姓的幸福更有温度、更具质感。**以“店小二意识”为导向做好对企业和企业家的服务。**始终把优质企业作为东莞经济的坚挺脊梁，把优秀企业家视为东莞发展的宝贵资源，坚持“一对一”服务龙头大企业与用心用情服务中小企业相结合，既“锦上添花”，更“雪中送炭”，力争在减轻企业负担、解决融资难用地难问题、打通惠企政策落实“最后一公里”等方面取得明显突破，引导全社会形成尊崇企业家、爱护企业家、服务企业家的共识与氛围，在“商场如战场”的激烈竞争中，用最优质的资源供给、最舒心的政务服务、最给力的政策支持，切实当好对企服务的“行家里手”和广大企业的“坚强后盾”。**以“现代化治理”为手段促进社会和谐善治。**坚持有效市场和有为政府相结合，更好地发挥政府作用。加强数字化技术运用，掀起政府部门科学化精准化的效能革命，推进政务流程全面优化、系统再造，推动更多民生服务事项和涉企服务事项“不见面”审批和“一网通办”“一站办理”。加快提升镇村基层的现代化治理水平，对企业和群众普遍关心的热点问题、涉及切身利益的实际问题，进行系统治理、源头治理。进一步强化底线思维，切实做好重大风险的防范化解，确保发展大局和谐稳定。

——*我们要聚焦“进取心+归属感”，加快建设昂扬向上的包容共享城市。*推动东莞这座具有历史厚重感的城市，在新时代立潮头、再出发，使活力成为东莞最突出的特征、进取成为东莞最鲜明的气质，归属感、自豪感成为东莞人民对这座城市最深切的情感。**充分彰显“莞商”力量。**弘扬“低调务实、敢为人先、诚信厚道、与时俱进”的精神特质，发挥各大商会的桥梁纽带作用，抱团打拼、开疆拓土，充分释放蛰伏的发展潜能，进一步擦亮“莞商”品牌。在市场准入、政府采购、撬动民营资本等方面切实加强对本土企业的扶持，加快培育本土优秀新生代企业家队伍，打造更多“莞字号”的百年老店、世界名企。**着力培育家园意识和主人翁精神**。感恩和善待每一位在这座城市生活、为这座城市建设的人，大力弘扬开放包容、融洽共生的城市文化，积极营造公平友善的就业、创业、生活环境，充分尊重市民权利，及时响应群众诉求，加快构建人人有责、人人尽责、人人享有的社会治理共同体，让“东莞是我家”的意识深入人心，真正实现广大市民群众与东莞同呼吸、共命运、共成长。**时刻保持争创一流的意识**。对标国际一流城市，以卓越理念、超前思维推动东莞发展，各领域谋划、各条线工作都主动对标一流、争创一流、赶超一流。大到产业集群打造、重大平台建设，小到一个投资项目、一个城市小品、一个办事窗口，都把高品质、高水平作为孜孜不倦的追求，瞄准最好最优最先进，将每件工作都做到极致，把每个项目都建成精品，凸显整个城市的品位和档次，打造名副其实的新一线城市。**进一步提振干事创业精气神**。加强对基层和一线工作人员的关心关怀，充分调动部门和镇村的积极性、创造性，走出“舒适圈”、勇当“领头羊”，在新动能培育等“大战略”上显身手，在优化营商环境等“大工程”上比高低，在城市更新改造等“硬骨头”上论英雄，在民生实事推进等“硬任务”上求实效，在想干事、能干事、干成事的浓厚氛围中，锤炼干部成长，引领社会风气，推动地方发展。

2021年是中国共产党成立100周年，是“十四五”规划实施的开局之年。做好今年政府工作，必须坚持以习近平新时代中国特色社会主义思想为指导，全面贯彻党的十九大和十九届二中、三中、四中、五中全会及中央经济工作会议精神，深入学习贯彻习近平总书记对广东系列重要讲话和重要指示批示精神，坚定不移贯彻新发展理念，坚持稳中求进工作总基调，以推动高质量发展为主题，以深化供给侧结构性改革为主线，以改革创新为根本动力，以满足人民日益增长的美好生活需要为根本目的，认真执行落实省“1+1+9”工作部署和市“1+1+6”工作思路，着力巩固拓展疫情防控和经济社会发展成果，深入推进“湾区都市、品质东莞”建设，确保“十四五”开好局、起好步，以优异成绩庆祝建党100周年。

综合考虑各方面因素，今年全市经济社会发展的主要预期目标为：地区生产总值增长6%左右；地方一般公共预算收入增长5%；固定资产投资增长10%左右，社会消费品零售总额增长6.5%以上，进出口增长1%，规上工业增加值增长5%；居民人均可支配收入与GDP增速同步；居民消费价格上涨3%左右；城镇登记失业率3%以内，城镇新增就业人数完成省下达任务。围绕以上目标，重点抓好以下工作：

一、以实体经济为根基，着力构建具有较强国际竞争力的现代产业体系

加快构建面向未来的多极支撑产业体系。出台市政府一号文，强化对新动能发展的统筹推动。设立战略性新兴产业基金，划定约70平方公里产业基地，出台1+N扶持政策，实行“七个一”项目包落地机制，推动形成松山湖生物技术、东部智能制造、东莞新材料、东莞数字经济、东莞水乡新能源、临深新一代电子信息、银瓶高端装备等七大战略性新兴产业竞相发展的生动局面。以碳达峰、碳中和

牵引产业绿色低碳循环发展，制定实施碳达峰行动方案，积极引进绿色投资，大力发展低碳产业。以消费升级为契机，推动纺织服装、食品粮油、家具制造等传统优势产业进一步做优做强，提升自主研发和创意设计能力，对此类企业推广品牌新增支出给予10%的补助、营业收入新增量给予不超过1%的奖励。大力推进企业升规工作，建立“小升规”企业成长服务跟踪机制，对符合条件的分别给予最高10万元升规奖励，以及最高10万元稳规奖励。实施龙头企业领航计划，推进高质量产业招商三年行动，重大发展平台重点招引50–100亿元以上产业项目，各镇街重点招引30–50亿元以上产业项目，三年内实现园区、镇街龙头企业全覆盖。纳入市镇联合招商基地的300亩以上连片产业用地，原则上不分宗出让，重点招引龙头企业。鼓励镇街统筹开发、高效利用农村集体土地、物业、资金，让农民更多分享产业增值收益。

大力推动产业链供应链现代化、价值链高端化。实施重点支柱产业“强心优链”创新工程，编制产业链供应链全景图谱，引进一批补链强链拓链优质项目。建立产业链供应链供需信息发布与合作对接平台，引导有条件的配套企业进入龙头企业供应链。做强做优智能移动终端产业，加大对龙头企业的资源倾斜，破解“卡脖子”问题，带动上下游企业协同发展。做大做精先进装备制造业，瞄准智能机器人、智能制造装备等领域，培育一批具有国际竞争力的制造业企业。开展建筑业企业培优扶强行动，支持本市企业以联合体方式参与大型基础设施建设。稳定厂房租赁市场。整合镇街产业园，3年内统筹提供100万平方米高品质低成本空间。

积极打造数字经济集聚区。支持头部企业牵头开展产业链数字化协同创新试点，向上下游企业输出数字化解决方案和管理经验。加快推广“5G+工业互联网”发展，优先在电子信息、机器人与智能装备等行业遴选打造1–2个标杆示范项目。支持三大手机打造生态伙伴开放合作平台，集聚发展嵌入式软件、新型工业软件、平台化软件等软件产业。加快数字产业集聚试点园区建设，选取10–15家软件和信息技术服务企业纳入市“倍增计划”。推进电竞、直播、短视频等数字创意产业发展。加快建设数字社会，拓展新基建应用场景，推进生活数字化、公共服务数字化。

加力发展现代服务业。培育壮大金融业，围绕服务产业、服务城市、服务百姓民生，大力发展产业金融、普惠金融、科技金融、绿色金融、外贸金融、供应链金融，争创省级制造业金融创新示范区。抓住注册制改革等机遇，加快资本市场“东莞板块”扩容，推动地方法人金融机构上市发展，加大跨境金融合作。大力发展会展经济，推进6平方公里东莞国际会展新城建设。做好国家物流枢纽申报，推动东莞港打造生产服务型国家物流枢纽。出台工业设计行动计划，办好“东莞杯”设计大赛。深挖电子商务、人力资源、文旅、环保、养老等行业新动能，出台专项产业政策，三年内在每个行业各引进培育2–3个具有较强竞争力的龙头企业。

二、以扩大内需为基点，着力建设链接国内国际双循环的现代化枢纽城市

实施扩大有效投资行动。建立重大项目谋划机制，积极争取和布局一批事关全局、影响长远的国家级、湾区级项目。对纳入“十四五”规划的重大项目优先保障资金和用地指标，直接编制可行性研究报告。深化项目投资审批制度改革，完善快速落地常态机制，力争市重大项目投资超1000亿元。狠抓企业增资扩产，强化工业投资全流程跟踪服务，完成投资879亿元。

全力打造消费强市。完善促进消费顶层设计。优化“一核三带四组”城市商圈布局，加快将东莞CBD打造成新型国际级消费集聚区，将鸿福路和东城商圈打造成时尚休闲消费中心，将西城楼商圈打造成历史商业街区，将万江商圈打造成体验消费中心。在各镇街打造一批特色街区和消费场景，力争社消零总额突破3900亿元。大力发展首店经济，三年推动各类品牌首店落户100个以上。探索与国内知名商业机构合作开设市内免税店。大力发展流量经济，推动东莞制造与个性定制、直播带货、线上销售等深度对接。充分挖掘篮球、羽毛球等运动项目的商业价值，争创国家体育消费试点城市。

支持企业拓展内销市场。深入实施质量变革战略，鼓励发展“同线同标同质”产品。实施支持出口产品转内销三年行动计划，强化政策、平台、金融和机制支撑，打通莞企参与内循环的堵点痛点。加强与电商平台合作，打造“东莞制造”线上展会平台，鼓励更多企业参加行业知名展会拓市场抢订单。加快搭建出口转内销的渠道，拓宽“湾区快线”，做优铁路货运，加快完善面向国内市场的流通体系。抓好转内销政策宣讲和法律风险培训。

推动外经贸高质量发展。深化对RCEP、中欧投资协定等研究，出台专项政策，帮助企业抢占国际贸易先机，开拓多元化市场。大力推进市场采购贸易试点，力争年出口超500亿元。加快推进香港－东莞国际空港项目，抓好虎门港综保区、跨境电商综试区、中欧班列、出口集拼中心等建设，吸引货源回流，扩大出口规模。创建国家进口贸易促进创新示范区，打造水果、粮油、工业原材料等大宗商品交易平台。

三、以科技创新为核心，着力营造最优创新生态

举全市之力建设综合性国家科学中心先行启动区。做好松山湖科学城建设发展的顶层设计，科学编制和实施发展总体规划、科学功能规划、国土空间规划。深入推进与中科院的战略合作，共同抓好建设重大科技基础设施集群、搭建前沿科学交叉研究平台、举办科技交流活动等工作。加快推进散裂中子源二期、南方先进光源研究测试平台、先进阿秒激光设施的建设，争取纳入国家重大科技基础设施建设“十四五”规划。加快推进大湾区大学和香港城市大学（东莞）建设，全力支持东莞理工学院建设新型高水平理工科大学示范校。支持粤港澳联合实验室建设，办好粤港澳院士峰会等活动，推动大湾区科技创新论坛升格为省院共办并永久落户，积极吸引港澳台和国际人才来莞创新创业。

进一步提升重大平台的创新引领作用。支持滨海湾新区加快打造莞港特色合作平台，谋划建设上市企业总部基地、大湾区大学科技园、滨海湾青创城等，主动对接自贸区创新资源外溢，探索离岸创新、莞港“三链”融合，力争在制度开放、区镇融合发展等方面创造更多先行经验。全面铺开水乡功能区建设，基本完成八大核心单元空地整备，加快打造数字经济产业园，掀起水乡大开发、大建设新高潮。支持银瓶创新区立足生态资源禀赋，强化粤海平台和市镇联合招商，打造粤港澳生态发展创新区。

大力推进产业链创新链双向融合。加快中子治疗技术探索设施、大科学智能计算数据中心等项目建设，形成大科学装置与前沿技术攻关链式协同，为产业关键技术突破提供支撑。组织关键共性技术、颠覆性技术创新攻关。加快出台新型研发机构提质增效配套政策，完善技术创新和成果转化体系，“一院一策”增强自我造血能力。建设一批创新创业工场、公共技术服务平台，推广国际机器人产业基地模式，联动研究生培养（实践）计划，打造科创训练营。

努力打造更有温度、更有吸引力的人才高地。进一步整合优化现有人才政策，树立更加开放的用才导向，聚焦重点招引产业、重大科研项目，实施创新团队、高层次人才机构化、成建制同步引进，探索特定“双聘制”高端人才与全职引进人才享受同等政策待遇。优化出台2.0版“技能人才之都”政策，做好急需紧缺技术技能人才引育。大力实施人才安居工程，建设筹集安居房5000套，规划建设一批人才社区、青年人才驿站。优化调整高端人才个税补贴等政策，扩大人才入户“秒批”范围，全面实施优才卡，为人才在莞工作生活提供全方位便利。

四、以品质提升为牵引，着力推动城市综合环境全面优化

大力推进新一轮城市品质提升。高质量完成市镇两级国土空间总体规划编制。探索建立地区规划师、片区总设计师、片区城市综合运营商制度。大力推进“一心两轴三片区”建设，抓好中心广场、东莞大道、元美公园等节点品质提升，加快国际商务区首开区建设步伐，实施滨水岸线、莞城粮仓、东城体育公园等活化提升，启动东城火炼树、南城亨美等城中村改造，推进莞太路品质提升工程，努力让中心区每年都有新变化，都有新惊喜。进一步明确镇街轨道站场TOD、TID开发功能和规模，高水平建设一批“轨道＋物业”“轨道＋社区”示范项目。再启动70个特色精品村建设，建成第二批3个特色连片示范区。大力推进老旧小区改造和既有住宅增设电梯，提升物业小区治理水平和居住品质。大力发展绿色建筑，提升“东莞建造”品质，开展建筑质量年活动。

加快完善“以我为主”融入湾区的现代化基础设施。持续推进品质交通千日攻坚，构筑以轨道交通为骨干的“二主六辅”综合交通网络，尽快将区位优势转换为交通优势，打造大湾区区域交通枢纽。大力推进1号线一期建设，争取开工2号线三期，完成3号线一期立项和投融资方案审批。协调佛莞城际东莞段工程建设，推动上半年通车运营。加快推进赣深客专东莞段工程及东莞南站周边配套设施建设，推动下半年开通运营。完善“五纵四横六连”高速公路网络，建成莞番高速二期、加快三期建设，推动广深、莞深、常虎高速改扩建工程。加强干线路网规划建设，加快松山湖二通道规划，开展水乡快速环线前期工作，推进环莞快速三期建设。大力推进千兆宽带工程，新建5G基站5000个。开展一流电网千日攻坚行动。实施供水安全保障规划，推进全市“供水一张网”整合，构筑东西互补、江库互通的水资源配置体系。

强化城市全周期精细化管理。建立“一年一体检、五年一评估”城市体检机制。深入推进“洁净城市”“行走东莞”专项行动，开展精细化管理“两个一百”工程，进一步整治城市“六乱”。严格规范农房建设管理，保持“两违”治理高压态势，治理违建2900万平方米以上。建设“无废城市”，打造“3+3”“1+1”生活垃圾分类示范片区，推动建筑垃圾资源化循环利用，建成海心沙环保热电厂。全面启动消除存量垃圾工作，三年清理250万立方米。坚持公交优先发展，科学调整站点线路，提高公交运营效率。整治中医院等片区拥堵，完成50个以上堵点治理，新建停车位6万个，强化摩托车、电动自行车管理。

持续拓展优化城市发展空间。以用地总规模为倒逼，结合五大流域治理、轨道交通和中心城区建设，综合运用指标配置、用途管制、配套公共设施等手段，推动土地资源有效盘活和系统整体开发。

实施土地收储三年行动计划，精准收储、主动收储、和谐收储，优化收储用地结构，收储土地 1 万亩以上，其中市级 1000 亩以上。启动城市更新“头雁计划”，率先打造 10 个千亩以上产城融合示范片区。出台专门政策鼓励企业开展成片改造，探索在滨海湾新区等进行试点推进。实施“工改工”三年行动计划，搭建产业运营商与镇村对接平台，出台财政补助细则，实行税收留成专项补助，激发村集体参与改造积极性，“工改工”力争整备、拆除不少于 1 万亩，其中拆除不少于 8000 亩。开展闲置土地和农村乱占耕地建房问题整治，探索实施耕地保护集聚区等机制。全面推行林长制。推进地质灾害防治三年行动，完成高中风险隐患点治理。

全面巩固提升污染防治攻坚战成果。加强重点流域初期雨水污染控制，推进农村黑臭水体及劣 V 类一级支流深化整治，力争消除市域内全部黑臭水体，24 条上报省重点一级支流和全市 70%的内河涌消除劣 V 类，实现考核断面水质稳定达标。全力推进雨污分流工程，完成入河排污口整治，提高截污管网污水收集率，尽快实现“全覆盖、全收集、全处理”。大力调整优化能源结构，推进自备电厂煤改气，推动传统产业智能化、清洁化、可持续化改造。狠抓臭氧防治，试点推进 VOCs 企业环保管家项目，建立排污者付费、第三方管理运营的治理新机制，做好污染天气应急应对。推进塑料污染治理。开展地下水污染状况调查评估。

进一步提升生态建设水平。加强滨水岸线管控，开展码头岸线资源环境综合整治，整合取缔散乱码头，清退修复岸线，为江海岸线“留白增绿”。启动滨海湾至松山湖的碧道建设，打造 6 个美丽河湖样板，争取 1 个入选国家优秀案例。加快推进植物园二期、市儿童公园建设，建成横沥三角湖、企石东清湖湿地公园和虾公山森林公园，争创国家生态园林城市。

五、以深化改革为动力，着力增创高质量发展新优势

用好各级重大政策红利。加强与上级的对接，争取下放更多权限，推动全市一批具有全局性、战略性、带动性的重大项目纳入到国家和省的规划。争取省支持我市高质量发展的相关文件加快出台。深入推进省制造业供给侧结构性改革创新实验区建设，引导 5 个基层实验区在“工改工”、莞港经贸合作等方面开展差异化改革探索。积极申报创建国家级台资企业转型升级试验区、省外资外贸发展赋能升级试验区、省教育综合改革实验区。充分利用上级解决耕地历史问题相关政策，进一步优化耕地和永久基本农田保护布局。选树一批具有东莞特色的改革品牌，争取国务院督查激励，将更多政策红利转化为实实在在的发展动力。

推动“放管服”改革与“数字政府”建设有机结合。着力打造“一卡一证一线”改革品牌，以三代社保卡为基础推出“多卡合一”的市民卡，连通医疗、金融、征信等涉及民生的各项政务应用，扩展公交支付、智慧校园等应用场景；探索企业准营改革，将一个行业准入涉及的多张许可证，整合为一张许可证；升级扩容 12345 政府服务热线，开通企业服务专席，提高响应速度和服务质量。深入推进政务数据大脑和城市运行中心建设，开展政务服务“四免”优化，将一体化政务服务平台加快部署至镇村。将各政务应用以及生活服务 APP 进行集成统一，实现市民、企业通过一个端口即可畅享便捷服务。

深入推进现代财税金融体制改革。深化财政体制改革，优化市镇支出分担比例，完善均衡性转移支付制度，合理配置全市财力，全面加强绩效管理。建立园区镇街“三保”预算审核控制机制，推动政府过“紧日子”成为常态。建立政府债券项目全过程管理统筹协作机制，积极争取上级债券额度支持。按照“经营城市”的理念完善基础设施建设资金多元化筹集机制，全力推进一批试点项目落地。深化税收征管制度改革，提升税法遵从度和社会满意度。以增加有效供给、有效防控风险为目标，以服务实体经济为根本，加大金融业市场主体招引，加强政、银、企对接和投、贷、担、保联动，加强增信、征信、集信体系建设和信息平台整合，加强条块协同、人技联防，不断完善多元化、多层次金融供给体系和联防联控的金融风险防控体系。

充分激发市场活力。推进新一轮国企战略性重组，进一步提升资本运营能力和证券化水平。探索出台推动市属企业创新发展建立容错纠错机制的实施意见，全面加强对镇属企业资产监管和改革发展的指导，引导市属企业、镇属企业盘活存量资产，积极参与土地储备、城市更新、园区开发、配套运营等重点任务，更好地服务城市发展。健全支持中小企业和个体工商户发展的政策体系，营造支持非公有制企业发展壮大的良好发展环境。争取设立中国（东莞）知识产权保护中心。编制公共资源交易目录清单，将清单内项目逐步整合进公共资源交易平台，确保阳光交易、公平竞争。

六、以人民至上为导向，着力提升人民群众生活品质

织密扎牢兜底民生保障网。扎实做好民生十件实事。推进分层分类的社会救助体系建设，做好孤、老、病、残、弱等困难群众的救助保障服务，将困难群众临时救助范围逐步拓宽至常住人口。推动更高质量就业创业，开展各类补贴性职业技能培训30万人次，帮扶1.6万名失业人员实现就业，应届高校毕业生初次就业率超过96%。做好“一城一策”工作，加快建立多主体供给、多渠道保障、租购并举的住房制度，开展“三限房”试点，促进房地产市场平稳健康发展。探索“物业服务+养老服务”，促进养老机构服务提质增效，力争护理型床位达到40%以上。探索开展“东莞慈善·临终关怀”项目试点。推进社会工作服务站园区、镇街全覆盖，实现市直部门购买社会工作岗位向购买服务项目逐步转变。保障妇女儿童合法权益。关爱军人军属、退役军人等群体。做大做强“民生大莞家”服务品牌，形成不少于100个微实事亮点项目和100个微心愿典型案例。深化对口支援，做好省内帮扶和东西部协作交接衔接工作，扎实做好援疆、援藏工作。

加快打造品质教育。年内新改扩建公办中小学45所、幼儿园18所，分别新增学位4.68万和7000个。推动松山湖未来学校、市中小学德育基地建设，推进启智学校扩容。完善五育并举育人机制，突出对体美劳教育的引导。实现千人以上中小学全部配备专职心理教师。加强青少年防近视工作，更新改造一万间教室灯光照明。启动双特色普通高中建设。推动民办教育规范优质发展。完善中小学幼儿园教师准入和招聘制度，推进莞邑良师建设。推动公办小学提供校内下午课后服务基本全覆盖。深化职业教育产教融合，建设一批特色专业群、高水平校企合作基地。

加快推进健康东莞建设。毫不放松抓好外防输入、内防反弹工作，坚持常态化精准防控和局部应急处置有机结合，确保不出现规模性输入和反弹。安全有序做好新冠疫苗接种工作。进一步加强疾病预防控制体系建设，筹建东莞市公共卫生医学中心，建立传染病应急腾空机制和院前急救转运体系。全面开展高血压、糖尿病高危人群早期筛查及干预行动。深化医药卫生体制改革，加快推进高水平医

院和区域中心医院建设，引导镇街公立医院向“大专科、小综合”专科医院、康复医院等转型发展，促进中医药传承创新发展。深入推动体医融合、体教融合，实施全民健身计划，打造全民运动之城。

建设更高水平的平安东莞。优化巡逻防控机制，坚决打击和防范盗窃、电信网络诈骗、走私偷渡等突出违法犯罪。完善社区警务工作机制，做实做强“东莞义警”等群防群治措施。建成新一代“智网工程”信息系统、“雪亮工程”视频联网等项目，将指挥调度中心升级打造为全市社会治理运营中心。深入开展“1+2+8”安全生产专项整治三年行动，加强防汛防风、减灾救灾、森林防火、地质灾害防治等关键工程建设，持续推进“三小”场所、出租屋、工厂企业等消防设施和电气线路升级改造，加快创建国家安全发展示范城市。开展农贸市场品质提升三年行动，培育60家“放心肉菜示范超市”，打造市民放心的“菜篮子”。

加快文化事业和文化产业创新发展。组织庆祝中国共产党成立100周年系列活动，创作一批反映时代精神和东莞发展成就的文艺精品。新建一批共享文化馆、阅读驿站、粤书吧等高品质公共文化空间。加快修复大岭山抗日根据地旧址，升级改造东江纵队纪念馆，建设市博物馆新馆，建立莞籍历史名人名迹档案和作品藏品资料库，更好地传承城市文脉、讲好东莞故事。完善“一心四区”全域旅游发展格局，推出一批红色游、乡村游、亲子游、体育赛事游的精品路线，加强森林生态旅游资源利用及产品开发。扩大“东莞非遗墟市”粤港澳城际联盟交流合作，共建大湾区文化遗产游径，全力打造更富内涵和活力的品质文化之都。

七、以政府建设为保障，着力提振一往无前、风雨无阻的精气神

加强政府系统党的建设。始终把政治建设摆在首位，将“两个维护”十项制度和政治要件闭环落实机制贯彻到工作全过程。严格落实全面从严治党主体责任，驰而不息加强作风建设，聚焦形式主义官僚主义问题开展全面检视、靶向治疗，持续为基层减负，严格执行文件、会议和督检考事项计划管理，切实防止文山会海反弹回潮。坚持从严管理监督与有效激励并重，尊重基层和群众的首创精神，全面提升干部“七种能力”，不断提升政府抓落实的效率和效果。

着力建设有为政府。突出科学谋划，做好顶层设计，切实加强对全市产业发展、城市更新以及镇村规划管控、品质提升等的主导和统筹。突出高效管理，实行重点工作闭环管理，探索构建“大产业”“大城建”“大民生”“大安全”管理格局。突出抓早抓细，加强对全年经济运行情况的动态监测研判，倾斜资源优先保龙头企业、保核心产业链，确保经济平稳运行。突出靠前服务，推动各级干部贴身解决群众企业诉求，进一步提升“企莞家”等服务实效，确保各项扶企惠民政策落实到位。

全面提升依法行政能力和水平。依法接受人大及其常委会监督，自觉接受政协民主监督，主动接受社会和舆论监督，充分发挥审计监督作用，进一步提升政府工作的科学化、民主化、法治化水平。启动民生实事人大代表票决制工作。全面推行行政执法公示、执法全过程记录、重大执法决定法制审核三项制度，健全完善跨部门、跨区域执法联动响应和协作机制。围绕生活垃圾分类、机动车停车、自然保护地管理等领域加强政府规章立法，深化全面依法治市实践。科学编制“八五”普法规划，推动全民守法普法成为社会治理的法治基础。聚焦重点领域、重要部门、关键岗位织密廉政风险防控网络，严肃整治群众身边的腐败问题，努力营造风清气正的政治生态。

各位代表！站在“两个一百年”历史交汇点上，前进的航道大潮奔涌，千帆竞发，时不我待。让我们更加紧密地团结在以习近平同志为核心的党中央周围，在省委省政府和市委的坚强领导下，与全市人民一道，奋楫破浪，坚毅前行，用智慧和汗水驱动“湾区都市、品质东莞”的航船驶向更加美好的未来，以优异的成绩向中国共产党成立100周年献礼，奋力谱写“十四五”高质量发展的新篇章！

名词注解：

全国百强镇、500亿元俱乐部：入选全国百强镇的是指长安、虎门、厚街、塘厦、常平、寮步、凤岗、大朗、大岭山、清溪、高埗、黄江、横沥、沙田、石碣；进入500亿元俱乐部的有长安、虎门、南城、东城、塘厦。

双区：指粤港澳大湾区、深圳建设中国特色社会主义先行示范区。

行走东莞：由市四套班子领导牵头，采取不打招呼、不需陪同、不定线路、不听汇报、直奔现场、直面问题“四不两直”的方式进行暗访步行。

一心两轴三片区：指中心城区品质提升的重点地区。其中，“一心”指市行政文化中心区，“两轴”指东莞大道时代发展轴和鸿福路山水文化轴，“三片区”指东莞国际商务区、“三江六岸”历史休闲区、黄旗南生态科创区。

“五线”整治：指对广深高速、广深铁路、广深港高铁、莞深高速、环莞快速沿线景观开展综合整治。

二标四实：“二标”指标准作业图、标准地址库；“四实”指实有人口、实有房屋、实有单位、实有设施。

养老“大配餐”：指向纯老、独居、孤寡、高龄、计划生育特扶、失能老人等特殊困难老年人提供助餐配餐服务。

民生大莞家：指通过进一步健全民生诉求收集、处理、反馈机制，切实解决一批群众身边的小急难问题。

452外经贸振兴计划：即健全内外循环的贸易体系、打造多轮驱动的贸易平台、构建畅通全球的贸易枢纽、创新接轨国际的体制机制等“四大目标”；产业链、供应链、贸易链、物流链、金融链等“五大提升”；打造贸易强市优化监管链和健全工作链等“两大保障”。

一核一带一区：指省委十二届四次全会提出的区域发展格局。“一核”指珠三角地区，是引领全省发展的核心区和主引擎；“一带”指沿海经济带，是新时代全省发展的主战场；“一区”指北部生态发展区，是全省重要的生态屏障。

瞪羚企业：指创业后跨过死亡谷，以科技创新或商业模式创新为支撑进入高成长期的中小企业。

“专精特新”企业：指主营业务和发展重点符合国家产业政策及相关要求，专业化、精细化、特色化、新颖化特征明显的中小企业。

“七个一”项目包落地机制：指战略性新兴产业基地建设中，实行一名市领导挂帅、一个工作专班、一份产业规划、一套支持政策、一张招商地图、一项配套基金、一项督查机制。

一核三带四组：“一核”指以主商业中心组团作为核心，即南城CBD商圈、鸿福路商圈、西城楼商圈、东城商圈和万江商圈；“三带”指大京九铁路商业发展带、水乡沿江现代商业发展带和莞太轨道黄金商业带；“四组”指四个商业集聚组团，即南部、东北部、东南部、西南部四个副商业中心。

“同线同标同质”产品：指出口企业在同一生产线上按照相同标准生产出口和内销产品，能有力推动外向型企业成功内销转型，助推东莞制造向中高端迈进。

湾区快线：指东莞港联通大湾区“9+2”城市群的定点定班驳船运输网络。

片区城市综合运营商制度：围绕政府城市化建设目标，由企业统一规划布局，以市场化运作方式投资、建设和经营，使开发项目成为城市发展建设的有机组成部分。

二主六辅：“二主”即广深第二高铁始发站、东莞东站，“六辅”即虎门高铁站、东莞站、东莞西站、东莞南站、滨海湾站、松山湖站。

五纵四横六连：“五纵”指广深沿江高速、广深高速、莞深高速、从莞高速、博深高速，“四横”指莞番高速、常虎高速、惠塘高速、深外环高速，“六连”指清平高速、龙大高速、常虎高速延长线、虎门大桥、莲花山过江通道、新派高速。

“两个一百”工程：指开展100个精细化管理示范村（社区）工程，100个街道、村（社区）品质改造提升工程。

“3+3”“1+1”生活垃圾分类示范片区：“3+3”指松山湖、滨海湾、莞城基本建成生活垃圾分类示范区，南城、东城、万江三个街道开展生活垃圾分类示范区建设。“1+1”指各镇的中心区和1个村（社区）开展生活垃圾分类示范片区建设，试点推行生活垃圾分类城乡一体化制度。

5个基层实验区：指滨海湾新区建设高质量对外开放改革创新实验区、水乡功能区建设连片“工改工”改革创新实验区、石龙镇建设旧城改造促进产业更新改革创新实验区、塘厦镇建设莞深科技产业联动发展改革创新实验区、常平镇建设深化莞港经贸产业合作改革创新实验区。

东莞义警：指由公安机关发动、组织、管理、保障的，由平安志愿者组成的群众性综治力量，自愿、无偿开展社会治安防范公益服务活动。

雪亮工程：指公共安全视频监控系统建设联网应用项目。

“1+2+8”安全生产专项整治三年行动：“1”指《东莞市安全生产专项整治三年行动实施方案》；“2”指学习宣传贯彻习近平总书记关于安全生产重要论述、落实企业安全生产主体责任专题实施方案；“8”是指危险化学品、消防、道路运输、轨道交通运输、水上交通和渔业船舶、城市建设、工业园区等功能区、危险废物专项整治。

一心四区：“一心”指东莞城市休闲中心区；“四区”指滨海历史文化游憩区、岭南古村落文化体验区、森林生态度假区、水乡风情休闲区。

七种能力：指政治能力、调查研究能力、科学决策能力、改革攻坚能力、应急处突能力、群众工作能力、抓落实能力。

企莞家：由工信局开发的企业公共服务平台，为企业提供政策咨询申报、问题诉求处理、项目全流程管理等一站式服务。

东莞统计

第二部分 统计资料

Part Two Statistics

一、综　合

General Survey

1-1 东莞行政区划（2020年）

Divisions of Administrative Areas in Dongguan (2020)

镇　街	村（居）委会		
	个　数		名　称
合　计	村委会	350	
	社区居委会	246	
莞　城	社区居委会	8	东正　市桥　北隅　西隅　罗沙　博厦　兴塘　创业
石　龙	村委会	7	西湖　忠维　林屋　蒲溪　新维　王屋洲　黄家山
	社区居委会	3	中山东　中山西　兴龙
虎　门	社区居委会	30	虎门寨　东方　则徐　大宁　树田　白沙　沙角　怀德　博涌　镇口　村头　新联　九门寨　居岐　金洲　南面　北栅　小捷滘　北面　陈村　东风　武山沙　黄村　南栅　龙眼　宴岗　赤岗　路东　新湾　民泰
东　城	社区居委会	24	岗贝　花园新村　东泰　温塘　桑园　周屋　余屋　鳌峙塘　峡口　柏洲边　上桥　下桥　樟村　梨川　堑头　主山　石井　同沙　光明　牛山　立新　火炼树　星城　旗盛
万　江	社区居委会	30	万江墟　万江　石美　莫屋　拔蛟窝　黄粘洲　蚬涌　谷涌　小享　滘联　上甲　新村　新谷涌　共联　水蛇涌　大莲塘　牌楼基　严屋　大汾　流涌尾　金泰　曲海　坝头　胜利　官桥滘　简沙洲　新和　新城　坝新　万新
南　城	社区居委会	18	鸿福　宏远　胜和　元美　亨美　三元里　篁村　新基　周溪　袁屋边　白马　石鼓　蛤地　西平　雅园　水濂　新城　宏图
中　堂	村委会	15	潢涌　三涌　湛翠　凤冲　袁家涌　吴家涌　鹤田　中堂　一村　东向　蕉利　槎滘　下芦　马沥　四乡
	社区居委会	5	中心　斗朗　红锋　东泊　江南
望牛墩	村委会	21	李屋　望东　扶涌　赤滘　五涌　下漕　上合　聚龙江　望联　洲湾　洲涡　杜屋　寮厦　芙蓉沙　官桥涌　横沥　福安　石排　官洲　朱平沙　锦涡
	社区居委会	1	望牛墩
麻　涌	村委会	13	麻一　麻三　麻四　大步　东太　新基　川槎　鸥涌　华阳　南洲　大盛　漳澎　黎滘
	社区居委会	2	麻涌　麻二
石　碣	村委会	14	石碣　唐洪　黄泗围　西南　单屋　梁家村　沙腰　刘屋　水南　四甲　鹤田厦　涌口　横滘　桔洲
	社区居委会	1	城中
高　埗	村委会	18	冼沙　卢溪　宝莲　塘厦　草墩　护安围　保安围　三联　横滘头　低涌　朱磡　新联　欧邓　芦村　高埗　凌屋　上江城　下江城
	社区居委会	1	新创
道　滘	村委会	13	南城　南丫　闸口　大鱼沙　小河　永庆　北永　昌平　厚德　九曲　大罗沙　大岭丫　蔡白
	社区居委会	1	兴隆
洪　梅	村委会	9	洪屋涡　新庄　梅沙　氹涌　黎洲角　夏汇　尧均　乌沙　金鳌沙
	社区居委会	1	洪梅
沙　田	村委会	16	中围　和安　大流　泥洲　杨公洲　福禄沙　阇西　民田　先锋　西大坦　穗丰年　大泥　齐沙　稔洲　义沙　西太隆
	社区居委会	2	横流　滨港
厚　街	社区居委会	24	竹溪　厚街　珊美　宝屯　三屯　陈屋　赤岭　河田　寮厦　汀山　环冈　大迳　新围　桥头　南五　新塘　涌口　双岗　溪头　沙塘　宝塘　下汴　白濠　湖景
长　安	社区居委会	15	长盛　涌头　霄边　咸西　锦厦　新安　乌沙　新民　沙头　上沙　厦岗　厦边　上角　长怡　长乐

1-1　续表

（2020年）

镇　街	村（居）委会		
	个　数		名　称
寮　步	村委会	20	西溪　凫山　石龙坑　石步　良边　富竹山　塘唇　向西　霞边　上屯　下岭贝　竹园　上底　药勒　刘屋巷　浮竹山　陈家埔　井巷　小坑　长坑
	社区居委会	10	寮步　塘边　横坑　岭厦　新旧围　缪边　牛杨　泉塘　坑口　良平
大岭山	村委会	21	太公岭　大塘朗　下高田　连平　鸡翅岭　马蹄岗　金桔　大沙　百花洞　大塘　水朗　杨屋　矮岭冚　颜屋　大片美　梅林　元岭　大岭　新塘　旧飞鹅　大环
	社区居委会	2	大岭山　农场
大　朗	村委会	16	高英　洋乌　洋坑塘　松柏朗　黎贝岭　松木山　犀牛陂　水平　宝陂　石厦　杨涌　沙步　新马莲　佛子凹　蔡边　水口
	社区居委会	12	大朗　佛新　巷头　巷尾　大井头　屏山　竹山　求富路　长塘　黄草朗　圣堂　长富
黄　江	社区居委会	7	新市　田美　三新　梅塘　宝山　北岸　长龙
樟木头	社区居委会	10	圩镇　樟罗　百果洞　樟洋　石新　柏地　官仓　裕丰　金河　樟新
清　溪	村委会	20	浮岗　上元　清厦　铁松　铁场　谢坑　青皇　大埔　长山头　三中　九乡　三星　渔樑围　厦坭　大利　土桥　重河　松岗　罗马　荔横
	社区居委会	1	清溪
塘　厦	社区居委会	21	塘厦　林村　石潭埔　四村　振兴围　大坪　莆心湖　平山　诸佛岭　桥陇　龙背岭　石鼓　田心　横塘　蛟乙塘　凤凰岗　莲湖　沙湖　石马　清湖头　塘新
凤　岗	村委会	11	雁田　官井头　油甘埔　凤德岭　塘沥　黄洞　竹塘　竹尾田　三联　五联　天堂围
	社区居委会	1	凤岗
谢　岗	村委会	11	黎村　窑山　南面　大龙　大厚　赵林　稔子园　五星　曹乐　谢岗　谢山
	社区居委会	1	泰园
常　平	村委会	31	岗梓　塘角　苏坑　袁山贝　金美　还珠沥　朗贝　桥沥　卢屋　九江水　朗洲　陈屋贝　司马　霞坑　漱旧　漱新　黄泥塘　元江元　横江厦　沙湖口　白石岗　松柏塘　上坑　木棆　下墟　板石　田尾　白花沥　桥梓　麦元　土塘
	社区居委会	2	常平　新民
桥　头	村委会	11	田头角　李屋　朗厦　岗头　屋厦　禾坑　邓屋　邵岗头　东江　山和　石水口
	社区居委会	6	莲城　田新　桥头　大洲　迳联　岭头
横　沥	村委会	16	石涌　隔坑　半仙山　田头　田坑　横沥　村头　长巷　田饶步　六甲　村尾　水边　新四　山厦　月塘　张坑
	社区居委会	1	恒泉
东　坑	村委会	14	东坑　坑美　角社　塔岗　黄麻岭　初坑　凤大　黄屋　寮边头　长安塘　新门楼　井美　彭屋　丁屋
	社区居委会	2	草塘　骏达
企　石	村委会	19	铁岗　深巷　湖美　博夏　上洞　江边　旧围　清湖　东平　上截　下截　东山　莫屋　杨屋　新南　南坑　铁炉坑　企石　霞朗
	社区居委会	1	宝石
石　排	村委会	18	石排　下沙　福隆　庙边王　沙角　黄家壆　赤坎　向西　水贝　田寮　横山　埔心　谷吓　塘尾　李家坊　田边　中坑　燕窝
	社区居委会	1	太和
茶　山	村委会	16	上元　茶山　下朗　横江　增埗　卢边　寒溪水　南社　塘角　博头　冲美　粟边　孙屋　超朗　京山　刘黄
	社区居委会	2	茶山圩　茶溪
松山湖（生态园）			

1-2 历年东莞行政区划

Divisions of Administrative Areas in Dongguan over Years

单位：个

年 份	镇 街	村（居）委会		
			村委会	社区居委会
1978	33	526	496	30
1979	33	531	501	30
1980	33	545	515	30
1981	34	554	524	30
1982	34	561	531	30
1983	34	561	531	30
1984	34	542	512	30
1985	33	546	516	30
1986	33	560	530	30
1987	34	580	537	43
1988	33	582	542	40
1989	33	583	544	39
1990	33	583	543	40
1991	33	586	546	40
1992	33	590	549	41
1993	33	590	549	41
1994	33	592	551	41
1995	33	592	551	41
1996	33	593	552	41
1997	33	594	551	43
1998	32	594	551	43
1999	32	593	546	47
2000	32	675	546	129
2001	32	678	546	132
2002	32	678	546	132
2003	32	616	487	129
2004	32	596	440	156
2005	32	596	404	192
2006	32	596	394	202
2007	32	591	386	205
2008	32	591	383	208
2009	32	598	383	215
2010	32	599	383	216
2011	32	594	350	244
2012	32	595	350	245
2013	32	597	350	247
2014	32	597	350	247
2015	32	597	350	247
2016	32	593	350	243
2017	32	592	350	242
2018	32	592	350	242
2019	32	593	350	243
2020	32	596	350	246

注：2013年起，虎门港社区居委会并入沙田镇；2015年起，生态园并入松山湖。

1-3 主要年份户数、人口与自然资源

Number of Households, Population and Natural Resources in Main Years

项　　目	单 位	1978年	1990年	1995年	2000年	2005年	2010年	2015年	2019年	2020年
户　数										
年末户籍总户数	万户	24.82	32.73	36.43	41.40	46.50	53.05	56.72	73.23	78.81
#城镇户数	万户	4.37	8.91	10.06	11.44	18.90	27.08	50.39	65.88	75.26
人口与劳动力										
年末常住人口	万人		175.62	336.45	644.84	656.07	822.48	999.57	1045.50	1048.36
#城镇常住人口	万人				387.16	479.06	727.57	891.02	944.19	966.06
年末户籍人口	万人	111.23	131.85	143.65	152.61	165.65	181.77	195.01	251.06	263.88
#城镇人口	万人	18.49	30.87	35.38	39.61	65.84	92.09	172.65	227.07	252.32
人口密度（常住人口）	人/平方公里		712	1365	2616	2662	3343	4063	4250	4262
人口密度（户籍人口）	人/平方公里	451	535	583	619	672	739	793	1021	1073
全社会从业人员	万人	54.97	75.10	86.92	97.88	388.13	626.25	680.09	711.11	714.59
第一产业	万人	39.35	27.15	20.29	18.99	13.91	6.05	6.06	5.71	5.49
第二产业	万人	9.26	30.52	40.79	47.14	249.78	476.94	446.92	447.87	447.09
第三产业	万人	6.37	17.43	25.83	31.75	124.45	143.26	227.11	257.53	262.02
城镇登记失业率	%				0.60	1.29	1.70	2.26	1.20	2.18
土　地										
土地面积	平方公里	2465	2465	2465	2465	2465	2460	2460	2460	2460
年末耕地面积	万亩	118.39	88.26	70.86	66.33	50.29	57.69	55.05		
人均耕地面积	亩	1.06	0.67	0.49	0.43	0.30	0.32	0.28		
建成区面积	平方公里			82.48	147.68	620.31	798.48	928.87	1139.83	1156.18
#市区建成区面积	平方公里				28.13	108.10	91.65	119.18	144.79	142.54
气　候										
年降水量	毫米	1748.3	1602.9	1664.8	2019.3	1837.6	2165.9	2137.9	1912.3	1895.0
年平均气温	摄氏度	21.9	22.8	22.4	23.2	22.7	22.4	23.5	23.9	23.6
极端最高气温	摄氏度	35.7	37.8	36.2	37.0	37.4	36.1	36.5	38.1	36.8
极端最低气温	摄氏度	2.7	4.3	6.7	5.6	1.8	1.9	7.5	8.0	5.0
年日照时数	小时	1958.8	1910.2	1935.7	2059.5	1736.3	1699.7	1787.2	1887.1	1824.2
森　林										
有林地面积	万亩		83.48	91.48	92.16	89.23	87.30	77.32	49.88	49.53
林木蓄积量	万立方米		167.18	123.02	136.11	175.38	255.82	352.00	365.79	354.59
森林覆盖率	%		31.4	29.7	30.6	33.1	36.7	37.4	37.4	36.4
水资源										
大陆海岸线总长度	公里	61.4	61.4	61.4	115.9	92.1	97.2	112.2	112.2	112.2
海水养殖可养面积	万亩	5.0	5.0	5.5	2.6	16.9	2.0	0.9	-	-
淡水养殖可养面积	万亩	30.0	30.0	28.0	14.3	30.7	10.0	12.0	8.0	7.4

注：1.土地面积数据来源于市自然资源局，不包括海域面积。
2.人均耕地面积按户籍人口计算。2018年至2020年，我市组织开展第三次全国国土调查工作（简称三调），根据国务院三调办工作安排，三调工作还在开展中，而2019年度、2020年度变更调查工作在三调的基础上开展，因此，暂无2019年度、2020年度的变更调查成果，耕地面积相关数据暂空缺，下同。
3.2011年，根据全国第六次人口普查结果，对2006—2009年常住人口进行修订；2021年，根据全国第七次人口普查结果，对2011—2019年常住人口进行修订，下同。
4.按建立城乡统一的户口登记制度要求，2015年起户籍户数和人口数按城镇和乡村划分，取消原来的农业和非农业的登记统计，数据与往年不可比，下同。
5.2020年，根据东莞市第四次全国经济普查结果，对2011—2018年全社会从业人员数据进行了修订，下同。

1−4 历年土地与自然资源

Land and Natural Resources over Years

年　份	土地面积(平方公里)	气　候				
		年　降水　量(毫米)	年平均气　温(摄氏度)	极端最高气　温(摄氏度)	极端最低气　温(摄氏度)	年日照时　数(小时)
1978	2465	1748.3	21.9	35.7	2.7	1953.8
1979	2465	2007.1	21.9	36.5	2.9	1991.4
1980	2465	1434.7	22.3	37.7	3.3	2157.1
1981	2465	2394.9	22.1	35.6	3.2	1792.2
1982	2465	1454.1	22.1	37.5	3.8	1754.1
1983	2465	1947.1	21.8	35.8	3.3	1909.7
1984	2465	1444.5	21.5	35.9	3.1	1749.2
1985	2465	1678.0	21.8	35.8	4.2	1671.7
1986	2465	1665.2	22.2	35.9	3.0	2098.1
1987	2465	1908.8	22.9	37.0	4.3	1816.6
1988	2465	1735.0	22.0	37.0	7.0	1836.5
1989	2465	1567.2	22.5	37.6	5.2	1926.0
1990	2465	1602.9	22.8	37.8	4.3	1910.2
1991	2465	1219.6	23.0	36.6	1.2	1968.8
1992	2465	1827.1	22.3	37.0	4.5	1854.5
1993	2465	2393.6	22.5	35.6	3.0	1965.7
1994	2465	1809.1	23.0	38.2	5.4	1828.6
1995	2465	1664.8	22.4	36.2	6.7	1935.7
1996	2465	1547.4	22.7	37.1	3.4	2036.0
1997	2465	2074.0	22.8	36.3	6.1	1558.1
1998	2465	1844.5	23.6	36.5	5.6	1699.0
1999	2465	1614.5	23.3	37.8	3.1	2015.8
2000	2465	2019.3	23.2	37.0	5.6	2059.5
2001	2465	2042.6	23.3	36.6	6.6	1978.2
2002	2465	1557.4	23.6	36.7	4.5	2046.9
2003	2465	1416.7	23.0	36.1	3.8	2268.7
2004	2465	1705.8	22.8	38.0	3.5	2192.9
2005	2465	1837.6	22.7	37.4	1.8	1736.3
2006	2465	2412.0	22.7	36.8	4.7	1616.4
2007	2465	1806.9	22.9	35.9	6.7	1876.7
2008	2465	2710.9	22.2	36.8	4.8	1879.3
2009	2465	1881.6	22.8	36.3	5.3	1967.8
2010	2460	2165.9	22.4	36.1	1.9	1699.7
2011	2460	1298.6	22.1	36.2	3.2	2120.1
2012	2460	1838.6	22.6	36.7	4.1	1708.7
2013	2460	2087.2	22.8	36.4	6.1	1830.0
2014	2460	1935.6	22.9	36.8	3.9	1958.8
2015	2460	2137.9	23.5	36.5	7.5	1787.2
2016	2460	2612.0	22.8	37.1	2.0	1641.6
2017	2460	1769.4	23.2	37.9	5.4	1890.7
2018	2460	1766.1	23.1	36.8	3.7	1906.8
2019	2460	1912.3	23.9	38.1	8.0	1887.1
2020	2460	1895.0	23.6	36.8	5.0	1824.2

注：土地面积数据由市自然资源局提供，不包括海域面积，下同。

1-4 续表

年 份	森 林			水 资 源		
	有林地面积(万亩)	林木蓄积量(万立方米)	森林覆盖率(%)	大陆海岸线总长度(公里)	海水养殖可养面积(万亩)	淡水养殖可养面积(万亩)
1978				61.4	5.0	30.0
1979	44.4	110.3	14.7	61.4	5.0	30.0
1980				61.4	5.0	30.0
1981				61.4	5.0	30.0
1982				61.4	5.0	30.0
1983				61.4	5.0	30.0
1984	76.6	160.5	21.9	61.4	5.0	30.0
1985	78.3	156.0	28.6	61.4	5.0	30.0
1986	82.4	157.8	30.0	61.4	5.0	30.0
1987	83.9	183.9	34.5	61.4	5.0	30.0
1988	84.3	169.1	34.7	61.4	5.0	30.0
1989	80.9	164.8	31.1	61.4	5.0	30.0
1990	83.5	167.2	31.4	61.4	5.0	30.0
1991	85.0	169.2	31.6	61.4	5.0	29.0
1992	86.3	169.8	31.3	61.4	5.5	29.0
1993	87.3	168.9	31.9	61.4	5.5	28.0
1994	86.1	116.8	28.3	61.4	5.5	28.0
1995	91.5	123.0	29.7	61.4	5.5	28.0
1996	91.9	115.7	29.9	61.4	5.5	28.5
1997	93.5	121.1	29.9	61.4	5.7	28.7
1998	93.4	126.0	30.1	61.4	5.7	28.7
1999	92.2	120.4	30.1	115.9	4.8	28.7
2000	92.2	136.1	30.6	115.9	2.6	14.3
2001	93.3	146.0	31.2	116.0	2.8	12.9
2002	93.8	155.0	31.7	115.9	4.1	11.7
2003	93.3	165.1	32.2	92.1	4.2	10.4
2004	93.3	165.1	33.0	92.1	4.0	10.0
2005	89.2	175.4	33.1	92.1	16.9	30.7
2006	88.9	194.4	33.5	92.1	16.6	30.5
2007	89.1	215.1	35.5	92.1	16.9	30.7
2008	88.6	227.9	36.2	97.2	2.5	15.0
2009	90.1	241.4	36.5	97.2	2.0	10.0
2010	87.3	255.8	36.7	97.2	2.0	10.0
2011	87.4	273.0	36.9	97.2	1.1	10.0
2012	87.6	291.0	37.1	97.2	1.1	10.0
2013	79.3	262.8	37.3	97.2	0.9	8.5
2014	79.8	282.9	37.4	97.2	0.9	12.9
2015	77.3	352.0	37.4	112.2	0.9	12.0
2016	86.4	374.3	37.4	112.2	0.4	10.2
2017	50.6	331.8	37.4	112.2	0.3	8.7
2018	50.6	329.2	37.4	112.2	0.2	8.4
2019	49.9	365.8	37.4	112.2	-	8.0
2020	49.5	354.6	36.4	112.2	-	7.4

1-5 主要年份国民经济主要指标

Main Indicators on National Economy in Main Years

项　　目	单位	1978年	1995年	2000年	2005年	2010年	2015年	2019年	2020年
国民经济核算									
地区生产总值	亿元	6.11	296.45	821.14	2189.46	4339.85	6665.34	9474.43	9650.19
第一产业	亿元	2.72	21.43	25.91	21.82	15.56	19.92	28.85	30.27
第二产业	亿元	2.68	167.11	451.47	1232.14	2313.00	3479.05	5298.93	5193.09
第三产业	亿元	0.71	107.91	343.76	935.50	2011.28	3166.37	4146.65	4426.83
农村经济									
农林牧渔业总产值	亿元	4.24	42.69	54.64	42.05	26.35	31.88	43.98	46.52
农村集体经营总收入	亿元		41.23	77.50	120.57	143.38	180.43	241.36	254.57
工　业									
规模以上工业企业指标									
工业增加值	亿元		64.99	259.44	1062.42	1708.31	2611.96	4192.78	4477.91
主营业务收入	亿元	2.69	275.84	988.91	3912.15	7708.17	12454.22	21074.75	22422.05
固定资产原价	亿元	0.78	60.14	728.85	1856.09	3216.25	4355.07	6008.17	6505.88
固定资产净额	亿元	0.51	46.26	470.19	1105.26	1783.69	2158.12	2965.88	3083.52
流动资产合计	亿元	0.26	21.28	529.82	1873.28	3788.83	6189.26	11786.52	12726.62
资产总计	亿元		52.98	1122.60	3345.33	6001.71	9134.65	16200.46	17634.97
负债合计	亿元			563.04	1858.09	3525.30	5369.92	9915.98	10490.63
资产负债率	%			50.2	55.5	58.7	53.8	61.2	59.5
利润总额	亿元			50.36	124.35	352.36	407.50	773.27	796.91
能源消费									
单位生产总值能耗上升率或下降率	±%					-2.02	-7.90	-4.46	-2.91
规模以上工业综合能源消费量	万吨标准煤				1203.77	1496.06	1329.38	1399.00	1355.75

注：1.2020年为初步核算数，以往年份为最终核实数。如果在开展全国经济普查，发现对地区生产总值数据有较大影响的新的基础资料，或核算方法及分类标准发生变化后，也要对年度地区生产总值数据进行修订。2005年，根据全国第一次经济普查结果，对2005年以前全市生产总值的历史数据进行了修订；2008年，根据全国第二次经济普查结果，对2005—2008年全市生产总值进行了修订；2013年，根据全国第三次经济普查结果，对2009—2013年全市生产总值进行了修订；2016年，国家统计局改革地区研发支出的核算方法，根据新的核算方法，对1995—2016年全市生产总值进行了修订；2018年，根据全国第三次农业普查结果，对2006—2017年地区生产总值进行了修订；2020年，根据全国第四次经济普查，对2008—2018年全市生产总值进行了修订。本年鉴数据是修订后的数据，下同。

2.规模以上工业企业1997年及以前为独立核算企业口径，1998—2005年为全部国有及年销售收入500万元以上非国有企业口径，2006—2010年为年主营业务收入500万元及以上口径，2011年起为年主营业务收入2000万元及以上口径。2005年以前工业相关数据采用第一次经济普查资料修订的数据，2008年采用第二次经济普查资料修订的数据，下同。

3.根据《全国农业普查条例》，农业2007—2017年的农林牧渔业总产值、增加值和主要农产品产量等相关数据以全国第三次农业普查结果为基础做了修订，下同。

1-5 续表 1

项　　目	单 位	1978年	1990年	1995年	2000年	2005年	2010年	2015年	2019年	2020年
运输邮电										
公路通车里程	公里	1259	1325	2327	2518	2871	4751	5165	5824	5223
#高速公路	公里				89	154	217	335	406	343
旅客周转量	亿人公里	0.94	32.22	44.62	100.19	118.53	129.07	77.13	42.29	11.46
水　运	亿人公里	0.43	0.15	0.19	0.14	0.33	0.20	0.21	0.15	0.02
公　路	亿人公里	0.51	32.07	44.43	100.05	118.20	128.87	76.92	42.15	11.44
货物周转量	亿吨公里	1.51	18.47	26.46	40.47	42.48	109.03	504.85	455.89	528.77
水　运	亿吨公里	1.42	11.25	13.66	15.86	15.23	57.95	433.16	373.16	449.89
公　路	亿吨公里	0.09	7.22	12.80	24.60	27.25	51.08	71.69	82.73	78.88
港口货物吞吐量	万吨	293	233	201	746	2280	5657	13149	19808	19857
邮政业务收入(含快递)	亿元						6.32	99.25	238.27	273.39
电信业务收入	亿元						149.02	149.73	171.37	173.56
固定电话用户	万户	0.20	4.90	31.58	78.12	384.52	332.42	298.23	240.78	218.62
移动电话用户	万户		0.05	4.77	123.68	1016.41	1607.60	1756.75	1716.02	1552.33
固定互联网宽带接入用户	万户			0.05	13.78	52.90	153.92	201.74	322.89	342.26
移动互联网用户	万户								1500.07	1474.62
供用电										
总供电量	亿千瓦时	1.64	18.01	68.00	178.03	415.66	556.89	661.26	844.25	866.54
#网供	亿千瓦时	1.64	11.18	38.48	134.91	342.26	547.33	648.27	822.62	843.42
全社会用电量	亿千瓦时		18.01	68.00	179.66	419.83	562.00	666.84	850.72	873.90
#工业用电	亿千瓦时				136.79	337.43	159.37	483.31	602.53	611.03
固定资产投资										
固定资产投资总额	%		49.7	-55.1	16.5	31.3	1.9	3.3	17.5	13.0
#房地产开发	亿元			8.52	11.25	144.43	298.99	575.21	796.54	870.54
房地产开发当年房屋施工面积	万平方米					1160.20	2060.54	3921.20	4166.17	4294.25
房地产开发当年房屋竣工面积	万平方米					132.90	296.59	325.43	281.01	239.00
商品房销售面积	万平方米					321.90	511.25	1040.65	711.58	879.57
商品房销售额	亿元					119.40	373.77	1019.11	1369.68	2016.64
固定资产交付使用率	%					29.0	51.8	50.3	39.6	33.5
国内贸易										
限额以上批发和零售业销售额	亿元				135.46	568.35	1427.14	3219.18	6293.69	6355.30
社会消费品零售总额	亿元	2.13	31.97	122.98	271.05	608.38	1456.27	2622.65	4003.89	3740.14
城　镇	亿元						1377.23	2480.37	3631.10	3375.88
乡　村	亿元						79.03	142.27	372.78	364.26

注：1．2006年起公路通车里程含专用公路和村道，与往年数据不可比，下同。
2．2014年客运量和旅客周转量不含城市客运量，数据与往年不可比，下同。
3．2005年以前国内贸易相关数据采用第一次经济普查资料修订的数据，2005—2008年采用第二次经济普查资料修订的数据，2009—2013年采用第三次经济普查资料修订的数据，1993—2019年采用全国第四次经济普查资料修订的数据。
4．2015年起邮政业务收入采用邮管局数据，含快递业务，数据与往年不可比，下同。
5．2015年起固定电话取消小灵通用户，下同。

1-5 续表 2

项　　目	单 位	1978年	1990年	1995年	2000年	2005年	2010年	2015年	2019年	2020年
物价指数（以上年价格为100）										
商品零售物价总指数	%	100.4	94.9	109.7	100.1	103.0	103.2	99.4	102.3	101.0
居民消费价格总指数	%		96.6	113.9	101.5	102.4	102.8	101.4	103.5	102.9
消费品价格指数	%		94.9	109.7	100.1	103.0	102.8	101.2	104.3	104.0
服务项目价格指数	%		111.0	128.9	112.8	100.4	102.6	101.9	102.2	101.1
对外经济贸易、旅游										
进出口总额（美元）	亿美元		10.82	153.91	320.45	743.72	1213.38	1676.73	2001.51	1920.91
出口总额	亿美元		5.68	77.99	171.59	409.29	695.98	639.55	1250.85	1195.30
#一般贸易	亿美元			2.32	2.09	17.55	95.41	1037.19	682.28	670.58
来料加工装配	亿美元			43.46	83.43	161.17	195.54	379.63	62.63	53.27
进料加工	亿美元			32.02	85.84	230.43	394.62	105.40	445.32	396.59
进口总额	亿美元		5.14	75.92	148.86	334.42	517.40	516.77	750.66	725.61
进出口总额（人民币）	亿元							10399.92	13801.65	13303.03
出口总额	亿元							6428.91	8628.78	8281.55
进口总额	亿元							3971.19	5172.87	5021.48
新签利用外资协议（合同）数	宗					773	869	440	1028	396
合同外资金额（新口径）	亿美元					29.80	25.97	50.59	19.79	24.06
实际利用外资（新口径）	亿美元					14.68	27.32	53.20	12.91	11.45
全年接待旅游人数	万人次		125	89	291	1156	2251	3199	4749	3377
#国际及港澳台旅游者	万人次		27	27	106	169	327	373	405	25
国际旅游外汇收入	万美元				7617	28189	67592	157743	159108	11596
财政、金融										
一般公共预算收入	亿元			11.56	30.47	103.97	277.84	517.97	673.27	694.75
一般公共预算支出	亿元	0.18	2.28	12.42	33.61	117.04	289.83	581.24	863.01	840.33
金融机构各项人民币存款余额	亿元	1.05	68.07	383.68	1228.67	2933.40	5943.39	9736.24	15411.42	17440.48
#住户存款余额	亿元	0.54	45.51	232.97	672.07	1728.28	3386.85	4591.38	6316.90	6951.97
金融机构各项人民币贷款余额	亿元	1.96	63.04	254.85	630.84	1500.52	3329.82	5816.04	9599.73	12023.30
人民生活										
全市职工年平均工资	元						16108	41364	63655	69903
城镇在岗职工年平均工资	元	474	3552	9682	14051	28253	46576	53221	74017	79601
城镇常住居民人均可支配收入	元		2508	9588	14142	22882	35690	39793	55156	58052
城镇常住居民人均消费性支出	元		2038	9220	12529	21768	25733	29001	36198	34706
农村常住居民人均可支配收入	元	149	1542	4769	8484	13076	20486	24225	35905	38827
科技										
国家高新技术企业	个			11	66	247	339	986	6206	6385
专利授权量	件		30	262	1399	3114	20397	26820	60419	74303
规模以上工业企业R&D活动人员	人						36064	59469	124459	135841
规模以上工业企业R&D经费支出	亿元						49.51	126.79	260.57	308.42

注：1. 2013年起，将原属于乡镇企业且符合城镇非私营单位条件的“四上”企业纳入城镇单位从业人员及工资统计的范围，下同。
2. 全年接待旅游人数和旅游外汇收入2002年起是旅游局口径，与往年数不可比。
3. 按照国家统计局的统一部署，自2012年12月起正式启动城乡住户调查一体化改革工作。2014年起正式发布全体居民人均可支配收入和消费性支出指标。新口径指标将城市居民人均可支配收入和人均消费性支出改为城镇常住居民人均可支配收入和人均消费性支出，农民人均纯收入改为农村常住居民人均可支配收入，与往年数不可比，下同。
4. 2015年起，“城乡居民储蓄存款余额”改名为“住户存款”，口径有变，数据与往年不可比。

1-6 主要年份国民经济和社会发展主要比例与效益指标

Main Indicators on National Economy and Social Development in Main Years

项　　目	单 位	1990年	1995年	2000年	2005年	2010年	2015年	2019年	2020年
户籍人口									
出生率	‰	17.07	17.59	12.11	10.62	10.90	11.34	16.69	13.38
死亡率	‰	4.76	4.84	4.59	4.60	4.68	4.93	4.38	4.29
自然增长率	‰	12.30	12.75	7.52	6.02	6.23	6.41	12.31	9.08
人口性别比（男/女）	%	97.1	100.4	102.4	103.1	103.1	102.5	97.1	96.3
地区生产总值中三次产业比重									
第一产业	%	16.5	7.2	3.2	1.0	0.4	0.3	0.3	0.3
第二产业	%	50.4	56.4	55.0	56.3	53.3	52.2	55.9	53.8
第三产业	%	33.1	36.4	41.9	42.7	46.3	47.5	43.8	45.9
全员劳动生产率	元/人	10794	34788	86410	63287	72470	97826	133806	135375
(按全社会从业人员、增加值计算)									
第一产业	元/人	4853	10599	13018	14817	22553	33962	50951	54060
第二产业	元/人	13581	42405	102677	50872	54753	77268	118818	116052
第三产业	元/人	15380	42171	110335	105082	118655	140589	161702	170412
农　业									
农林牧渔业总产值结构									
农　业	%	54.9	45.7	39.6	25.5	55.0	66.1	73.9	73.8
林　业	%	1.8	2.1	0.7	0.4	1.1	1.2	0.7	0.7
牧　业	%	19.2	30.0	41.4	57.7	15.1	6.9	1.0	1.8
渔　业	%	13.3	16.1	14.9	14.9	25.3	22.0	21.3	20.5
农林牧渔服务业	%				1.5	3.5	3.8	3.1	3.2
工　业									
规模以上工业企业效益									
固定资产利税率	%	8.5	10.7	11.5	9.9	26.3	30.0	40.9	41.4

1-6 续表 1

项　　目	单 位	1990年	1995年	2000年	2005年	2010年	2015年	2019年	2020年
资金利税率	%	6.3	7.7	7.5	5.5	7.8	7.8	8.1	8.0
产值利税率	%	5.4	10.0	9.2	4.6	6.1	5.1	5.5	5.8
固定资产投资									
固定资产投资相当于地区生产总值比例	%	9.3	21.3	12.5	27.3	25.7	21.7	22.5	24.9
房地产开发投资相当于地区生产总值比例	%		2.9	1.4	6.6	6.9	8.6	8.4	9.0
财　政									
一般公共预算收入与地区生产总值之比	%	4.4	3.9	3.7	4.7	6.4	7.8	7.1	7.2
一般公共预算支出与地区生产总值之比	%	2.8	4.2	4.1	5.3	6.7	8.7	9.1	8.7
外经外贸									
利用外资结构									
外商直接投资	%	41.2	63.6	66.0	75.2	86.4	97.3	97.4	100.0
外商其他投资	%	58.8	36.4	34.0	24.8	13.6	2.7	2.6	-
实际利用外资额相当于协议规定外商投资额比例	%	80.6	31.9	89.7	78.9	103.0	107.2	65.2	47.6
进出口总额比例									
进口总额	%	47.5	49.3	46.5	45.0	42.6	38.1	37.5	37.7
出口总额	%	52.5	50.7	53.6	55.0	57.4	61.9	62.5	62.3
#一般贸易	%		3.0	1.2	4.3	13.7	36.6	54.6	56.1
来料加工装配	%		55.7	48.6	39.4	28.1	10.2	5.0	4.4
进料加工	%		41.1	50.0	56.3	56.7	49.8	35.6	33.2
保税物流	%						3.4	4.8	5.0
其他	%		0.2	0.2		1.5	0.02	-	0.3

1-6 续表 2

项　　目	单 位	1990年	1995年	2000年	2005年	2010年	2015年	2019年	2020年
交通运输									
货运量中各种运输方式比例									
公　路	%	58.2	55.7	63.3	71.7	82.0	68.0	56.8	56.3
水　运	%	41.8	44.3	36.7	28.3	18.0	32.0	43.2	43.7
金　融									
各项人民币存款相当于生产总值比例	%	84.6	129.4	149.6	134.0	136.9	146.1	162.7	180.7
各项人民币贷款相当于生产总值比例	%	78.4	86.0	76.8	68.5	76.7	87.3	101.3	124.6
人民币住户存款占人民币存款比例	%	66.9	60.7	54.7	58.9	57.0	47.2	41.0	39.9
科技、教育、文化、卫生									
科教文卫事业费占财政支出比例	%	28.7	24.5	25.8	17.8	27.9	33.5	33.8	38.9
学龄儿童入学率	%	99.9	100.0	100.0	100.0	100.0	100.0	100.0	100.0
小学毕业生升学率	%	95.4	99.2	99.8	99.9	100.0	100.0	100.0	100.0
初中毕业生升学率	%	44.1	85.4	90.3	94.1	97.9	98.5	99.0	99.1
普通高中毕业生升学率	%	31.2	64.9	70.5	96.5	95.1	98.0	99.5	99.6
每一教师负担学生数									
普通高等学校	人		13.7	20.1	15.4	17.6	17.4	21.8	22.9
中等职业技术学校	人	20.6	21.8	19.0	18.2	20.3	23.5	20.3	19.4
普通中学	人	20.7	21.1	22.4	19.8	17.7	16.2	15.2	14.6
小学	人	24.0	24.2	34.3	27.5	23.3	23.8	20.9	20.1
人民生活									
城镇常住居民消费结构									
食品类	%	63.5	39.5	32.3	27.7	33.9	33.2	31.3	33.1
衣着类	%	4.7	6.6	3.9	5.9	6.6	5.6	5.4	5.5
其　他	%	31.8	53.9	63.8	66.4	59.5	61.2	63.3	61.4

1-7 国民经济主要指标分月变化情况（2020年，累计绝对数）

Main Indicators on National Economy by Month (2020, Accumulative Figures in Value Terms)

项目	单位	1月	1-2月	1-3月	1-4月	1-5月	1-6月
规模以上工业增加值	亿元		422.05	761.83	1110.62	1420.74	1802.58
#内资企业	亿元		250.13	453.66	672.81	874.06	1112.42
外资企业	亿元		171.92	308.17	437.82	545.68	690.15
#五大支柱产业	亿元		286.52	527.85	775.58	985.89	1248.96
#四个特色产业	亿元		34.77	61.95	87.79	114.24	146.43
#先进制造业	亿元		219.71	401.94	594.84	755.42	953.20
#高技术制造业	亿元		160.05	299.09	448.40	572.96	724.42
规模以上工业销售产值	亿元		2288.11	4010.26	5765.21	7536.03	9541.60
规模以上工业产品出口交货值	亿元		821.54	1395.18	1932.10	2482.55	3123.14
规模以上工业产品产销率	%		106.3	103.0	100.8	99.5	99.2
规模以上工业企业利润总额	亿元		5.53	66.01	163.48	244.83	287.09
房地产开发	亿元		71.57	134.07	194.17	257.03	346.54
社会消费品零售总额	亿元		548.35	833.87	1071.53	1368.76	1695.71
进出口总额	亿元		1530.7	2502.1	3464.8	4484.3	5632.6
#进口总额	亿元		601.1	1006.7	1418.3	1791.4	2213.7
出口总额	亿元		929.6	1495.3	2046.4	2692.9	3413.8
实际利用外资	亿元	7.42	10.52	22.24	26.19	30.70	40.71
金融机构各项本外币存款余额	亿元	16330.97	16642.36	17172.26	17271.41	17411.25	17828.54
#住户存款	亿元	6364.82	6330.20	6553.08	6581.44	6651.82	6852.13
金融机构各项本外币贷款余额	亿元	10520.88	10644.12	10976.60	11297.70	11483.36	11602.14
一般公共预算收入	亿元	77.95	105.36	157.62	212.73	264.84	333.77
一般公共预算支出	亿元	138.55	192.59	273.31	331.35	377.47	467.84
全社会用电量	亿千瓦时	42.11	73.31	136.73	200.80	279.85	365.08
#工业用电	亿千瓦时	28.39	49.08	97.42	145.35	199.20	255.42
工商注册登记户数	万户	124.39	124.52	125.56	126.88	127.84	127.27
#企业	万户	56.44	56.51	57.05	57.97	58.73	57.37
居民消费价格总指数	%	106.5	106.0	105.4	105.0	104.5	104.2
公路运输总周转量	亿吨公里	7.05	11.33	15.72	21.93	28.48	35.56
水路运输总周转量	亿吨公里	32.38	68.40	112.81	145.90	188.37	220.81
邮政业务收入（含快递）	亿元	15.54	26.35	47.91	70.72	93.58	118.40
快递业务量	万件	9178	16138	31175	46746	64354	82722
快递业务收入	亿元	12.40	21.17	40.31	61.01	81.82	104.94

注：物价指数以上年同期为100；各项指标1-12月累计不等于年报数。

1-7 续表

(2020年，累计绝对数)

项　　目	单位	1-7 月	1-8 月	1-9 月	1-10 月	1-11 月	1-12 月
规模以上工业增加值	亿元	2155.32	2524.83	2943.00	3300.69	3694.71	4145.65
#内资企业	亿元	1330.93	1555.19	1808.05	2021.84	2265.65	2537.35
外资企业	亿元	824.39	969.64	1134.95	1278.85	1429.06	1608.29
#五大支柱产业	亿元	1485.64	1732.30	2009.03	2242.31	2506.96	2806.89
#四个特色产业	亿元	179.09	214.35	253.69	288.68	325.95	369.01
#先进制造业	亿元	1133.36	1318.94	1521.53	1696.33	1886.90	2108.36
#高技术制造业	亿元	856.89	994.10	1145.91	1269.76	1410.64	1569.62
规模以上工业销售产值	亿元	11428.88	13349.63	15410.04	17231.35	19236.52	21386.55
规模以上工业产品出口交货值	亿元	3759.83	4404.95	5118.95	5722.00	6369.28	7049.75
规模以上工业产品产销率	%	99.7	99.8	99.2	99.5	99.5	99.0
规模以上工业企业利润总额	亿元	352.27	461.60	514.11	613.88	742.08	745.96
房地产开发	亿元	426.04	509.35	600.30	678.88	779.68	870.54
社会消费品零售总额	亿元	1985.71	2291.87	2631.89	2990.67	3358.54	3740.14
进出口总额	亿元	7075.1	8299.4	9684.3	10803.2	12038.5	13303.0
#进口总额	亿元	2669.8	3119.6	3716.2	4122.9	4552.4	5021.5
出口总额	亿元	4405.3	5179.8	5968.1	6680.4	7486.1	8281.5
实际利用外资	亿元	45.12	51.55	58.14	68.66	71.77	79.63
金融机构各项本外币存款余额	亿元	17722.39	17929.95	18235.74	17997.23	18263.48	18232.83
#住户存款	亿元	6811.70	6822.91	6922.30	6877.14	6931.33	6998.52
金融机构各项本外币贷款余额	亿元	11796.28	12032.58	12229.81	12381.38	12561.75	12777.12
一般公共预算收入	亿元	393.27	441.14	499.14	564.57	618.11	694.68
一般公共预算支出	亿元	540.51	605.43	699.20	731.92	784.34	843.67
全社会用电量	亿千瓦时	464.40	557.58	648.33	723.54	798.51	873.87
#工业用电	亿千瓦时	319.14	381.87	444.08	498.50	554.46	611.27
工商注册登记户数	万户	128.20	130.18	131.20	131.91	132.99	134.10
#企业	万户	58.38	59.89	60.73	61.12	61.66	62.38
居民消费价格总指数	%	104.0	103.9	103.7	103.4	103.1	102.9
公路运输总周转量	亿吨公里	42.14	49.26	56.53	63.92	71.96	80.02
水路运输总周转量	亿吨公里	264.55	298.89	335.22	372.50	408.33	449.90
邮政业务收入（含快递）	亿元	142.82	166.62	192.17	216.86	245.49	273.39
快递业务量	万件	101071	120339	141052	162414	188032	211687
快递业务收入	亿元	127.86	150.17	174.09	179.14	224.09	250.17

1-8　国民经济主要指标分月变化情况（2020年，比上年同期增长）

Main Indicators on National Economy by Month
(2020, Compare with Same Period of Preceding Year %)

项　　目	单位	1 月	1-2 月	1-3 月	1-4 月	1-5 月	1-6 月
规模以上工业增加值	%		-24.4	-17.9	-12.2	-9.1	-5.5
#内资企业	%		-23.2	-17.9	-10.9	-6.6	-2.8
外资企业	%		-25.9	-17.9	-14.3	-12.9	-9.4
#五大支柱产业	%		-24.8	-17.9	-11.7	-8.7	-5.1
#四个特色产业	%		-26.2	-21.5	-16.2	-13.2	-8.5
#先进制造业	%		-25.1	-18.2	-12.1	-8.9	-5.3
#高技术制造业	%		-24.5	-16.1	-9.8	-5.7	-2.4
规模以上工业销售产值	%		-19.2	-12.3	-6.7	-5.9	-3.1
规模以上工业产品出口交货值	%		-14.1	-14.4	-14.6	-14.1	-10.3
规模以上工业产品产销率	%		4.3	4.4	3.1	2.1	1.9
规模以上工业企业利润总额	%		-86.7	-36.4	6.6	16.7	-5.2
固定资产投资总额	%		-10.9	-9.8	-4.4	0.5	5.4
#房地产开发	%		-22.6	-10.9	-3.3	-2.9	0.7
社会消费品零售总额	%		-17.3	-18.1	-17.6	-15.7	-14.0
进出口总额（海关口径）	%		-14.6	-14.3	-14.6	-14.5	-11.2
#进口总额	%		-19.9	-15.8	-13.8	-14.2	-11.3
出口总额	%		-10.8	-13.3	-15.1	-14.8	-11.1
实际利用外资	%	-46.5	-44.4	-29.5	-30.4	-35.0	-24.4
金融机构各项本外币存款余额	%	11.8	14.0	14.3	15.1	14.2	13.8
#住户存款	%	7.3	9.9	11.3	11.5	11.5	12.4
金融机构各项本外币贷款余额	%	19.2	20.8	23.1	25.7	24.7	23.0
一般公共预算收入	%	2.8	-7.7	-12.6	-9.2	-7.5	-5.2
一般公共预算支出	%	48.2	50.2	3.6	1.5	3.1	-1.4
全社会用电量	%	-23.5	-17.9	-11.6	-9.6	-5.3	-2.7
#工业用电	%	-29.6	-22.9	-14.0	-11.1	-7.8	-5.2
工商注册登记户数	%	7.6	7.6	7.9	8.0	7.8	7.8
#企业	%	11.5	11.8	11.3	11.3	11.3	11.1
居民消费价格总指数	%	6.5	6.0	5.4	5.0	4.5	4.2
公路运输总周转量	%	-0.1	-17.7	-21.2	-18.7	-16.7	-14.3
水路运输总周转量	%	-16.5	-7.4	-69.0	-60.0	-48.5	-39.8
邮政业务收入（含快递）	%	-20.8	-14.1	-4.5	1.4	3.9	7.4
快递业务量	%	-19.8	-11.3	0.5	6.4	10.9	14.6
快递业务收入	%	-23.8	-16.4	-5.0	2.6	6.0	10.7

1-8 续表

(2020年，比上年同期增长)

项　　目	单位	1-7 月	1-8 月	1-9 月	1-10 月	1-11 月	1-12 月
规模以上工业增加值	%	-4.4	-3.6	-3.2	-2.8	-2.1	-1.1
#内资企业	%	-1.3	-0.5	-0.2	-0.4	-0.2	0.8
外资企业	%	-9.0	-8.3	-7.7	-6.3	-5.0	-3.8
#五大支柱产业	%	-4.1	-3.3	-3.2	-3.3	-3.0	-2.1
#四个特色产业	%	-7.0	-5.6	-4.4	-2.5	-1.0	0.6
#先进制造业	%	-3.8	-2.9	-3.0	-3.2	-3.7	-3.3
#高技术制造业	%	-1.5	-1.0	-1.6	-2.9	-3.6	-3.4
规模以上工业销售产值	%	-1.6	-0.9	-0.8	1.3	1.4	1.7
规模以上工业产品出口交货值	%	-9.1	-8.5	-8.8	-9.1	-9.5	-9.1
规模以上工业产品产销率	%	0.2	0.1	0.3	2.6	2.6	2.2
规模以上工业企业利润总额	%	-6.6	-6.8	-11.0	-12.8	-6.8	-3.9
固定资产投资总额	%	8.5	10.5	9.1	10.0	12.3	13.0
#房地产开发	%	2.5	4.5	1.7	3.7	8.1	9.3
社会消费品零售总额	%	-12.5	-11.1	-9.7	-8.5	-7.4	-6.6
进出口总额（海关口径）	%	-5.7	-4.7	-2.2	-2.5	-3.2	-3.8
#进口总额	%	-8.7	-6.8	-1.2	-1.4	-3.2	-2.9
出口总额	%	-3.7	-3.5	-2.9	-3.2	-3.2	-4.4
实际利用外资	%	-25.4	-24.9	-22.8	-14.2	-16.1	-9.5
金融机构各项本外币存款余额	%	13.2	15.7	14.7	12.2	12.8	11.0
#住户存款	%	11.2	11.5	10.6	10.4	10.7	9.9
金融机构各项本外币贷款余额	%	23.5	24.2	23.7	24.4	25.0	26.1
一般公共预算收入	%	-2.1	1.0	1.8	2.8	3.4	3.2
一般公共预算支出	%	3.3	6.4	2.9	3.8	5.5	-2.5
全社会用电量	%	-0.2	0.5	1.8	1.4	2.1	2.7
#工业用电	%	-3.2	-2.0	-0.3	-0.1	0.7	1.4
工商注册登记户数	%	8.2	8.4	8.7	8.5	8.2	8.3
#企业	%	11.4	12.3	12.7	12.3	11.6	11.3
居民消费价格总指数	%	4.0	3.9	3.7	3.4	3.1	2.9
公路运输总周转量	%	-13.3	-11.9	-11.0	-10.1	-8.7	-8.0
水路运输总周转量	%	-28.1	-19.0	-9.4	0.4	9.7	20.5
邮政业务收入（含快递）	%	9.5	9.8	11.0	12.3	13.7	14.7
快递业务量	%	16.4	19.0	22.0	25.1	28.1	29.9
快递业务收入	%	13.3	14.3	16.1	17.5	19.3	20.6

1-9 历年地区生产总值

Gross Domestic Product over Years

年 份	地区生产总值 (万元)				人均地区生产总值 (元)
		第一产业	第二产业	第三产业	
1978	61122	27235	26781	7106	553
1979	66233	26460	29244	10529	593
1980	72199	26323	33290	12586	643
1981	91131	32772	42980	15379	802
1982	114322	37257	58137	18928	991
1983	130340	39847	68962	21531	1115
1984	159632	45671	78091	35870	1350
1985	226033	61475	116584	47974	1885
1986	300167	81416	135735	83016	2462
1987	392859	98236	177249	117374	3170
1988	554583	118888	282771	152924	4408
1989	609202	126568	279724	202910	4768
1990	804401	132787	405290	266324	6173
1991	959073	134523	503220	321330	5106
1992	1108922	144115	592701	372106	5184
1993	1570491	143953	873114	553424	6447
1994	2170341	174796	1194928	800617	7823
1995	2964508	214306	1671107	1079095	9383
1996	3619867	248645	1996851	1374371	10060
1997	4489223	256388	2435592	1797243	10955
1998	5584463	259437	3060632	2264394	11966
1999	6678607	257863	3675846	2744898	12556
2000	8211390	259087	4514659	3437644	13553
2001	9934806	260968	5418709	4255129	15293
2002	11890547	248791	6506241	5135515	18154
2003	14546999	228165	8000632	6318202	22208
2004	18096091	227087	10191067	7677937	27608
2005	21894567	218212	12321389	9354955	33333
2006	26356193	123937	15128115	11104141	39237
2007	31692610	118198	17626138	13948274	45139
2008	37156806	142233	19121632	17892941	50635
2009	38168275	140433	18970795	19057047	49676
2010	43398453	155616	23130013	20112824	53959
2011	48872609	165536	26135683	22571390	57526
2012	51902011	173604	27132746	24595661	57633
2013	57404389	184322	29837208	27382859	60843
2014	61748290	191634	32561825	28994831	63055
2015	66653368	199167	34790502	31663699	66810
2016	72609151	227590	38594210	33787351	72028
2017	80792024	228500	44165319	36398205	78637
2018	88181052	258300	49604015	38318737	84708
2019	94744279	288465	52989309	41466504	90695
2020	96501925	302674	51930901	44268349	92175

注：1. 2020年为初步核算数，以往年份为最终核实数。如果在开展全国经济普查，发现对地区生产总值数据有较大影响的新的基础资料，或核算方法及分类标准发生变化后，也要对年度地区生产总值数据进行修订。2005年，根据全国第一次经济普查结果，对2005年以前全市生产总值的历史数据进行了修订； 2008年，根据全国第二次经济普查结果，对2005—2008年全市生产总值进行了修订； 2013年，根据全国第三次经济普查结果，对2009—2013年全市生产总值进行了修订； 2016年， 国家统计局改革地区研发支出的核算方法，根据新的核算方法，对1995—2016年全市生产总值进行了修订； 2018年， 根据全国第三次农业普查结果， 对2006—2017年地区生产总值进行了修订；2020年，根据全国第四次经济普查，对2008—2018年全市生产总值进行了修订。本年鉴数据是修订后的数据，下同。

2. 人均地区生产总值1990年及以前按户籍人口计算，1991年起按常住人口计算。2011年，根据全国第六次人口普查结果，对2006—2010年人均地区生产总值进行了修订；2021年，根据全国第七次人口普查结果，对2011—2019年人均地区生产总值进行了修订，下同。

1-10 历年地区生产总值指数

Indices of Gross Domestic Product over Years

年 份	地区生产总值指数(上年=100)				人均地区生产总值指数(上年=100)	人均地区生产总值指数与地区生产总值指数之比
		第一产业	第二产业	第三产业		
1979	99.5	86.5	107.0	146.4	98.5	0.991
1980	102.7	90.3	117.3	113.9	102.0	0.993
1981	116.6	115.0	122.1	110.8	115.4	0.989
1982	116.9	105.3	131.0	117.6	115.1	0.985
1983	110.4	104.8	115.7	111.3	108.9	0.987
1984	114.2	109.0	107.0	140.9	112.9	0.988
1985	132.3	118.9	144.5	132.7	130.5	0.986
1986	126.1	111.9	110.3	174.7	124.0	0.983
1987	122.5	111.6	127.7	126.1	120.5	0.984
1988	115.7	90.6	143.7	103.0	114.0	0.985
1989	107.1	99.8	106.2	113.7	105.5	0.985
1990	123.2	104.4	127.6	128.0	120.8	0.980
1991	117.5	103.1	121.5	118.6	115.3	0.926
1992	108.3	100.0	112.6	105.1	95.1	0.878
1993	127.9	79.4	139.2	129.0	112.3	0.878
1994	122.5	107.2	124.7	122.3	107.5	0.878
1995	127.4	110.5	135.2	116.8	111.9	0.879
1996	117.5	109.4	115.5	123.6	103.2	0.878
1997	119.6	104.5	119.9	121.8	105.0	0.878
1998	121.8	100.9	122.1	124.5	106.9	0.878
1999	119.7	102.3	120.6	120.3	105.1	0.878
2000	119.7	99.8	120.7	120.0	105.1	0.878
2001	120.0	103.0	121.7	119.0	111.8	0.932
2002	120.5	97.6	122.7	119.1	119.6	0.993
2003	120.5	90.2	122.2	119.7	120.4	0.999
2004	121.1	91.2	125.7	115.8	121.0	0.999
2005	119.5	102.3	120.0	119.4	119.5	1.000
2006	119.2	55.5	121.9	117.1	116.5	0.978
2007	118.3	90.2	114.8	123.3	113.1	0.956
2008	114.0	107.0	106.2	124.1	109.0	0.956
2009	105.7	102.5	101.3	110.7	101.0	0.955
2010	110.4	101.5	117.5	103.3	105.5	0.955
2011	108.4	100.8	108.0	108.9	102.6	0.947
2012	106.3	99.9	106.9	105.7	100.3	0.943
2013	110.0	100.8	112.0	107.8	105.0	0.955
2014	108.0	103.1	109.7	106.1	104.1	0.964
2015	108.4	102.6	106.3	110.9	106.4	0.981
2016	108.0	106.0	110.9	104.8	106.8	0.990
2017	108.8	102.1	110.6	106.7	106.7	0.981
2018	107.5	108.8	108.7	106.0	106.1	0.987
2019	107.4	108.3	106.5	108.4	107.0	0.997
2020	101.1	106.0	99.1	103.5	100.9	0.998

1-11 历年地区生产总值产业构成

Composition of Gross Domestic Product over Years

单位 %

年 份	地区生产总值	第一产业	第二产业	第三产业
1978	100.0	44.6	43.8	11.6
1979	100.0	39.9	44.2	15.9
1980	100.0	36.5	46.1	17.4
1981	100.0	36.0	47.2	16.9
1982	100.0	32.6	50.9	16.6
1983	100.0	30.6	52.9	16.5
1984	100.0	28.6	48.9	22.5
1985	100.0	27.2	51.6	21.2
1986	100.0	27.1	45.2	27.7
1987	100.0	25.0	45.1	29.9
1988	100.0	21.4	51.0	27.6
1989	100.0	20.8	45.9	33.3
1990	100.0	16.5	50.4	33.1
1991	100.0	14.0	52.5	33.5
1992	100.0	13.0	53.4	33.6
1993	100.0	9.2	55.6	35.2
1994	100.0	8.1	55.1	36.9
1995	100.0	7.2	56.4	36.4
1996	100.0	6.9	55.2	38.0
1997	100.0	5.7	54.3	40.0
1998	100.0	4.6	54.8	40.5
1999	100.0	3.9	55.0	41.1
2000	100.0	3.2	55.0	41.9
2001	100.0	2.6	54.5	42.8
2002	100.0	2.1	54.7	43.2
2003	100.0	1.6	55.0	43.4
2004	100.0	1.3	56.3	42.4
2005	100.0	1.0	56.3	42.7
2006	100.0	0.5	57.4	42.1
2007	100.0	0.4	55.6	44.0
2008	100.0	0.4	51.5	48.2
2009	100.0	0.4	49.7	49.9
2010	100.0	0.4	53.3	46.3
2011	100.0	0.3	53.5	46.2
2012	100.0	0.3	52.3	47.4
2013	100.0	0.3	52.0	47.7
2014	100.0	0.3	52.7	47.0
2015	100.0	0.3	52.2	47.5
2016	100.0	0.3	53.2	46.5
2017	100.0	0.3	54.7	45.1
2018	100.0	0.3	56.3	43.5
2019	100.0	0.3	55.9	43.8
2020	100.0	0.3	53.8	45.9

1-12 主要年份全市企业和个体工商户登记注册年末实有数量

Enterprises and Self-employed Individuals Registered in Main Years

单位：户

项　　目	2005年	2010年	2015年	2019年	2020年
工商登记户数合计	353266	518544	713298	1238646	1341011
#内资企业	13898	12439	16096	28863	31960
#国有	1977	1058	815	559	162
集体	6478	2180	1471	1181	1126
有限责任公司	1606	7649	11764	24888	30658
外商投资企业	7675	10113	12279	14827	14389
#中外合资	1013	1120	476	801	683
中外合作	482	179	91	67	65
“三来一补”企业	9552	4906	1535	1048	843
私营企业	29017	88650	226499	515816	576591
个体工商户	293124	402405	456055	677487	716626

注：本表数据来源于市市场监管局。

1-13 个体工商户情况（2020年）

Statistics on Self-employed Individuals (2020)

项　　目	户　数 （户）	从　业 人　员 （人）	资　金 数　额 （万元）	其中城镇		
				户　数 （户）	从业人员 （人）	资金数额 （万元）
合　　计	716626	1679838	2811614	330555	800568	1220317
农、林、牧、渔业	922	2247	13296	266	551	3898
工　业	99716	338313	516826	30029	97579	145060
建筑业	489	1091	2477	221	483	973
交通运输、仓储和邮政业	5673	10856	29983	2256	4423	10599
信息传输、软件和信息技术服务业	1969	2657	6767	1414	1783	4282
批发和零售业	420943	921451	1430221	210194	517719	679914
住宿和餐饮业	117344	244789	496479	52709	111598	224193
房地产业	61	106	367	29	50	110
租赁和商务服务业	11495	19125	64778	6427	10384	39417
居民服务、修理和其他服务业	50281	102951	196157	23330	48517	87466
卫生和社会工作	1298	3359	18891	535	1472	8046
文化、体育和娱乐业	1265	23112	10369	690	1468	5222
其他行业	5170	9781	25001	2455	4541	11137

注：本表数据来源于市市场监管局。

1−14　私营工商企业基本情况（2020年）

Basic Statistics on Private Industrial & Commercial Enterprises (2020)

项　　目	户　数 (户)	投资者人　数 (人)	雇　工人　数 (人)	注　册资　本 (万元)	其中：1. 独资企业 户　数 (户)	投资者人　数 (人)	雇　工人　数 (人)	注　册资　本 (万元)
合　　计	575591	907902	2653089	174961639	9390	9324	50824	502283
农、林、牧、渔业	1188	1980	8198	713296	168	168	3499	13901
工　业	178695	283414	921808	39572821	2983	2982	22455	147997
建筑业	31313	45662	143745	17900341	45	44	96	1254
交通运输、仓储和邮政业	9447	14251	41460	2804504	42	42	85	30469
信息传输、软件和信息技术服务业	12205	19692	54323	3983153	986	977	4270	40750
批发和零售业	186621	270704	838380	35379614	2638	2649	5394	50960
住宿和餐饮业	6832	10897	33958	1157123	542	519	4735	38083
房地产业	12441	18973	49845	6891578	10	10	31	194
租赁和商务服务业	60896	113101	271379	39945569	368	361	856	111523
居民服务、修理和其他服务业	10773	15756	48925	1946061	802	777	5384	20305
卫生和社会工作	934	1559	3688	285531	29	29	89	2063
文化、体育和娱乐业	9446	15729	39855	2106641	620	619	3553	26503
其他行业	55800	96184	197525	22275407	157	147	377	18279

1−14　续表

项　　目	2. 合伙企业 户　数 (户)	合　伙人　数 (人)	雇　工人　数 (人)	注　册资　本 (万元)	3. 有限责任公司 户　数 (户)	投资者人　数 (人)	雇　工人　数 (人)	注　册资　本 (万元)
合　　计	3338	19243	9473	12456819	562988	876010	2587459	158443542
农、林、牧、渔业	45	148	787	4420	972	1653	3880	495976
工　业	232	612	1689	23652	175203	278597	895355	38031482
建筑业	6	25	36	5203	31221	45540	143399	17729314
交通运输、仓储和邮政业	7	56	14	1380	9389	14142	41319	2765855
信息传输、软件和信息技术服务业	116	306	550	26009	11064	18287	49335	3791507
批发和零售业	83	300	283	22316	183769	267098	832213	34745871
住宿和餐饮业	80	177	741	18162	6207	10193	28474	1093878
房地产业	12	37	18	1791	12412	18907	49772	6862355
租赁和商务服务业	2248	15152	4179	11374412	58187	97087	265974	28133862
居民服务、修理和其他服务业	95	309	461	12234	9865	14646	43056	1905651
卫生和社会工作					901	1510	3566	279131
文化、体育和娱乐业	41	125	141	6037	8775	14955	36119	2044411
其他行业	373	1996	574	961203	55023	93390	194997	20564249

注：本表数据来源于市市场监管局。

1-15 历年总供用电

Gross Electricity Supply over Years

单位：万千瓦时

年 份	总供电量	#网供	全社会用电量	#工业用电	照明用电
1978	16375	16376			1741
1979	19271	19271			2338
1980	21659	21569			3372
1981	22247	22247			4650
1982	26871	26351			6272
1983	31527	31527			8052
1984	32617	28566			9484
1985	38183	33907			9934
1986	39305	35100			10204
1987	64258	45129			16657
1988	94842	66295			22347
1989	120861	76762			26139
1990	180142	111800	180142		39677
1991	240471	139841	240471		56504
1992	320003	180902	320003		25578
1993	436231	242205	436231		103583
1994	585763	393312	585763		110357
1995	680030	384764	680004		125135
1996	800300	506062	800300		153093
1997	949296	612907	948296		180583
1998	1094816	724758	1094818		221750
1999	1327788	973427	1343746	1017261	261629
2000	1780290	1349134	1796578	1367883	337044
2001	2077248	1649458	2091668	1616179	584700
2002	2585474	2219054	2598555	2004227	392879
2003	3216468	2846679	3235342	2499705	424869
2004	3728441	3196454	3758498	2822014	527332
2005	4156629	3422603	4198289	3374306	652514
2006	4644506	3676492	4720112	3735651	759384
2007	5078933	4167125	5154025	4061784	859851
2008	5073489	4423085	5141578	3962669	935510
2009	4888467	4318868	4955750	3673716	1011494
2010	5568902	5473261	5619996	4262339	1070692
2011	5793482	5699321	5860652	4351290	1196914
2012	6005828	5911793	6042842	4429317	1274923
2013	6172030	6061530	6225139	4537990	1338917
2014	6557176	6450483	6609853	4829488	1473307
2015	6612570	6482740	6668438	4833053	1530443
2016	6955925	6813874	7020063	5060048	1618277
2017	7538049	7355160	7606805	5553946	1736807
2018	7991661	7766950	8066430	5803832	1886064
2019	8442503	8226160	8507151	6025301	2055086
2020	8665412	8434230	8738966	6110318	2099468

1-16 历年国民经济主要指标人均水平

The Per Capita Level of Main National Economic Indicators over Years

年　份	人均地区生产总值（元）	人均一般公共预算收入（元）	人均出口总额（美元）	人均消费品零售额（元）	人均固定资产投资额（元）	人均用电量（千瓦时）	年末人均人民币住户存款余额（元）
1978	553	60	36	192	21		49
1979	593	59	48	224	15		64
1980	643	60	69	281	21		104
1981	802	60	81	354	33		178
1982	991	70	94	417	157		238
1983	1115	73	102	447	157		328
1984	1350	72	110	625	254		520
1985	1885	93	146	781	589		761
1986	2462	132	191	1004	945		1068
1987	3170	163	216	1214	1145		1519
1988	4408	215	253	1959	1315		1965
1989	4768	250	273	2116	392		2529
1990	6173	274	436	2454	576		2592
1991	5106	236	879	1943	732	1280	3074
1992	5184	263	1217	2125	883	1496	3580
1993	6447	385	1318	2727	1345	1791	4131
1994	7823	277	1548	3178	5074	2111	5130
1995	9383	366	2468	3892	1998	2152	6924
1996	10060	268	2553	3761	1879	2224	8300
1997	10955	278	2774	3898	1608	2314	9758
1998	11966	324	2799	4551	1650	2509	10740
1999	12566	344	2851	4358	1662	2528	10890
2000	13563	503	2834	4477	1700	2968	10422
2001	15293	693	2923	4919	1932	3220	12212
2002	18164	845	3626	5724	2926	3971	15297
2003	22208	1030	4275	6642	4876	4939	18788
2004	27608	1101	5369	7756	6940	5734	21836
2005	33383	1585	6240	9276	9106	6401	26343
2006	39287	1922	7062	10756	10516	7036	29364
2007	45189	2658	8588	12331	11994	7349	29577
2008	50635	2851	8931	14535	12869	7007	35146
2009	49676	3009	7180	16224	14239	6450	36950
2010	53959	3455	8653	18106	13863	6988	41179
2011	57526	3685	9220	20085	12704	6898	42330
2012	57633	3957	9446	20808	13107	6710	45478
2013	60843	4338	9631	22207	14668	6598	46507
2014	63065	4649	9914	23592	14575	6751	46255
2015	66810	5192	10396	26288	14499	6634	45934
2016	72028	5404	9824	29649	15450	6954	48033
2017	78637	5763	10109	32247	16671	7404	49155
2018	84708	6243	11570	34941	17401	7749	53665
2019	90696	6445	11974	38328	20375	8144	60420
2020	92176	6636	11417	35725	22973	8347	66313

注：1．人均指标1991年以前按户籍人口计算，1991年起按常住人口计算。
2．2020年人民币口径的人均出口总额为79103元。
3．本表时点数按年末常住人口计算，时期数按年末平均常住人口计算。

主要统计指标解释

Explanatory Notes on Main Statistical Indicators

国内（地区）生产总值 指按市场价格计算的一个国家（或地区）所有常住单位在一定时期内生产活动的最终成果。国内（地区）生产总值有三种计算方法，即生产法、收入法和支出法。三种方法分别从不同的方面反映国内（地区）生产总值及其构成。

本年鉴**国内（地区）生产总值及相关数据** 2020 年为初步核算数，以往年份为最终核实数。如果在开展全国经济普查，发现对地区生产总值数据有较大影响的新的基础资料，或核算方法及分类标准发生变化后，也要对年度地区生产总值数据进行修订。2005 年，根据全国第一次经济普查结果，对 2005 年以前全市生产总值的历史数据进行了修订；2008 年，根据全国第二次经济普查结果，对 2005-2008 年全市生产总值进行了修订；2013 年，根据全国第三次经济普查结果，对 2009-2013 年全市生产总值进行了修订；2016 年，国家统计局改革地区研发支出的核算方法，将能够为所有者带来经济利益的研发支出不再作为中间消耗，而是作为固定资本形成处理，根据新的核算方法，对 1995-2016 年全市生产总值进行了修订；2018 年，根据全国第三次农业普查结果，对 2006-2017 年地区生产总值进行了修订；2020 年，根据全国第四次经济普查，对 2008-2018 年全市生产总值进行了修订。本年鉴数据是修订后的数据。

增加值 指常住单位生产过程创造的新增价值和固定资产的转移价值。它可以按生产法计算，也可以按收入法计算，按生产法计算，它等于总产出减去中间投入；按收入法计算，它等于劳动者报酬、生产税净额、固定资产折旧和营业盈余之和。

劳动者报酬 指劳动者因从事生产活动所获得的全部报酬，包括劳动者获得的各种形式的工资、奖金和津贴，既包括货币形式的，也包括实物形式的，还包括劳动者所享受的公费医疗和医药卫生费、上下班交通补贴和单位支付的社会保险费、住房公积金等。对于个体经济来说，其所有者所获得的劳动报酬和经营利润不易区分，这两部分统一作为劳动者报酬处理。

生产税净额 指生产税减生产补贴后的差额。生产税指政府对生产单位从事生产、销售和经营活动以及因从事生产活动使用某些生产要素（如固定资产、土地、劳动力）所征收的各种税、附加费和规费。生产补贴与生产税相反，指政府对生产单位的单方面转移支付，因此视为负生产税，包括政策性亏损补贴、价格补贴等。

固定资产折旧 指一定时期内为弥补固定资产损耗按照规定的固定资产折旧率提取的固定资产折旧，或按国民经济核算统一规定的折旧率虚拟计算的固定资产折旧。它反映了固定资产在当期生产中的转移价值。各类企业和企业化管理的事业单位的固定资产折旧是指实际计提的折旧费；不计提折旧的政府机关、非企业化管理的事业单位和居民住房的固定资产折旧是按照统一规定的折旧率和固定资产原值计算的虚拟折旧。

营业盈余 指常住单位创造的增加值扣除劳动者报酬、固定资产折旧和生产税净额后的余额。它相当于企业的营业利润加上生产补贴，但要扣除从利润中开支的工资和福利等。

三次产业 三次产业的划分是世界上较为常用的产业结构分类，但各国的划分不尽一致。根据《国民经济行业分类》(GB/T 4754—2011)，我国的三产产业划分是：

第一产业：指农、林、牧、渔业（不含农、林、牧、渔服务业）；

第二产业：指采矿业（不含开采辅助活动），制造业（不含金属制品、机械和设备修理业），电力、热力、燃气及水生产和供应业，建筑业；

第三产业：指服务业，是指除第一产业、第二产业以外的其他行业。第三产业包括：批发和零售业，交通运输、仓储和邮政业，住宿和餐饮业，信息传输、软件和信息技术服务业，金融业，房地产业，租赁和商务服务业，科学研究和技术服务业，水利、环境和公共设施管理业，居民服务、修理和其他服务业，教育，卫生和社会工作，文化、体育和娱乐业，公共管理、社会保障和社会组织，国际组织，以及农、林、牧、渔业中的农、林、牧、渔服务业，采矿业中的开采辅助活动，制造业中的金属制品、机械和设备修理业。

支出法国内（地区）生产总值 是从最终使用的角度反映一个国家（或地区）一定时期内生产活动最终成果的一种方法，包括最终消费支出、资本形成总额及货物和服务净出口三部分。计算公式为：

支出法国内（地区）生产总值=最终消费支出+资本形成总额+货物和服务净出口

最终消费支出 指常住单位为满足物质、文化和精神生活的需要，从本国经济领土和国外购买的货物和服务的支出。不包括非常住单位在本国经济领土内的消费支出。最终消费支出分为居民消费支出和政府消费支出。

居民消费支出 指常住住户在一定时期内对于货物和服务的全部最终消费支出。居民消费支出除了直接以货币形式购买的货物和服务的消费之外，还包括以其他方式获得的货物和服务的消费，即所谓的虚拟消费支出。居民虚拟消费支出包括如下几种类型：单位以实物报酬及实物转移的形式提供给劳动者的货物和服务；住户生产并由本住户消费发的货物和服务，其中的服务仅指住户的自有住房服务和付酬的家庭雇员提供的家庭和个人服务；金融机构提供的金融媒介服务等。

政府消费支出 指政府部门为全社会提供公共服务的消费支出和免费或以较低价格向住户提供的货物和服务的净支出。前者等于政府服务的产出价值减去政府单位所获得的经营收入后的价值，后者等于政府部门免费或以较低价格向住户提供的货物和服务的市场价值减去向住户收取的价值。

资本形成总额 指常住单位在一定时期内获得的减去处置的固定资产和存货的净额，包括固定资本形成总额和存货变动两部分。

固定资本形成总额 指生产者在一定时期内获得的固定资产减处置的固定资产的价值总额。固定资产是通过生产活动生产出来的，且其使用年限在一年以上、单位价值在规定标准以上的资产，不包括自然资产。可分为有形固定资本形成总额和无形固定资本形成总额。有形固定资本形成总额包括一定时期内完成的建筑工程、安装工程、设备工器具购置（减处置）价值，以及土地改良、新增役、种、奶、毛、娱乐用牲畜和新增经济林木价值。无形固定资本形成总额包括矿藏的勘探、计算机软件等获得减处置的价值。

存货变动 指常住单位存货实物量变动的市场价值，即期末价值减期初价值的差额，再扣除当期由于价格变动而产生的持有收益。存货增加可以是正值，也可以是负值；正值表示存货上升，负值表示存货下降。存货包括生产单位购进的原材料、燃料和储备物资等存货，以及生产单位生产的产成品、在制品和半成品等存货。

货物和服务净出口 指货物和服务出口减货物和服务进口的差额。出口包括常住单位向非常住单位出售或无偿转让的各种货物和服务的价值；进口包括常住单位从非常住单位购买或无偿得到的各种货物和服务价值。由于服务活动的提供与使用同时发生，一般把常住单位从非常住单位得到的服务作为进口，非常住单位从常住单位得到的服务作为出口。货物的出口和进口都按离岸价格计算。

发展速度 用以反映社会经济发展程度的相对指标，根据两个时期发展水平的对比而得。由于比较的标准时期不同，发展速度可分为定基发展速度和环比发展速度两种。

增长速度 发展速度 - 1（或 100%）就是增长速度。即增长速度=发展速度 - 1（或 100%）。

平均每年增长速度 我国计算平均增长速度有两种方法，一种是习惯上经常使用的“水平法”，又称几何平均法，是以间隔最后一年的水平同基期水平对比来计算平均每年增长（或下降）的速度；另一种是“累计法”又称代数平均法或方程法，是以间隔年内各年水平的总和同基期水平对比来计算平均每年增长（或下降）的速度。具体计算方法，可参照中国财经出版社出版的《平均增长速度查对表》。

在一般正常情况下，两种方法计算的平均每年增长速度比较接近，但在经济发展不平衡出现大起大落时，两种方法计算的结果差别较大。

本《年鉴》内所列的平均每年增长速度都是用水平法计算的。从某年到某年平均增长速度的年份，均不包基期年在内。如1981-2020年平均每年增长速度，是以1980年为基期，2020年为报告期，年份从1981年算起，共40年。

二、人口与劳动力

Population and Labor Force

2-1 历年总人口数与人口密度

Total Population and Density over Years

单位：万人

年份	户籍人口	按性别分		按城镇、乡村分		外来暂住人口	常住人口	人口密度（人/平方公里）
		男	女	城镇人口	乡村人口			
1949	68.24	32.87	35.37	11.95	56.29			
1952	71.68	34.53	37.15	12.99	58.69			
1957	77.48	37.50	39.98	14.96	62.52			
1962	79.64	38.07	41.57	15.22	64.42			
1965	86.46	41.83	44.63	16.18	70.28			
1970	98.56	47.91	50.65	17.30	81.26			
1975	107.94	52.70	55.24	17.57	90.37			
1978	111.23	54.34	56.89	18.29	92.74			451
1979	112.04	54.45	57.59	19.18	92.86			455
1980	112.70	54.43	58.27	19.83	92.87			457
1981	114.46	55.36	59.10	20.38	94.08			464
1982	116.19	56.28	59.91	20.87	95.32			471
1983	117.59	57.05	60.54	21.23	96.36			477
1984	118.95	57.80	61.15	22.48	96.47			483
1985	120.85	58.84	62.01	25.49	95.36			490
1986	123.01	59.95	63.06	26.48	96.53	15.62		499
1987	124.86	61.02	63.84	27.66	97.20	25.29		507
1988	126.76	62.09	64.67	28.80	97.96	36.89		514
1989	128.76	63.27	65.49	29.94	98.82	47.19		522
1990	131.85	64.96	66.89	30.86	100.99	65.59	175.62	712
1991	133.65	66.10	67.55	31.86	101.79	80.58	200.01	811
1992	136.06	67.55	68.51	32.71	103.35	114.48	227.78	924
1993	138.92	69.20	69.72	33.74	105.18	121.70	259.41	1052
1994	141.40	70.64	70.76	34.55	106.85	139.09	295.43	1198
1995	143.65	71.97	71.68	35.38	108.27	142.18	336.45	1365
1996	145.25	72.92	72.33	36.14	109.11	143.32	383.17	1554
1997	147.12	74.04	73.08	36.97	110.15	144.68	436.38	1770
1998	148.77	74.99	73.78	37.84	110.93	199.11	496.97	2016
1999	150.82	76.18	74.64	38.73	112.09	244.81	565.98	2296
2000	152.61	77.22	75.39	39.61	113.00	254.72	644.84	2616
2001	153.89	77.94	75.95	40.37	113.52	457.82	654.43	2655
2002	156.19	79.14	77.05	41.02	115.17	433.65	654.84	2657
2003	158.96	80.65	78.31	56.87	102.09	440.45	655.25	2658
2004	161.97	82.25	79.72	61.48	100.49	486.95	655.66	2660
2005	165.65	84.07	81.58	65.84	99.81	584.98	656.07	2662
2006	168.31	85.43	82.88	70.42	97.89	586.76	685.66	2782
2007	171.26	87.00	84.26	73.67	97.59	557.80	717.02	2909
2008	174.86	88.88	85.98	76.80	98.06	552.50	750.60	3045
2009	178.73	90.78	87.95	81.46	97.27	429.96	786.08	3189
2010	181.77	92.27	89.50	92.09	89.68	411.47	822.48	3343
2011	184.77	93.76	91.01	94.46	90.31	413.62	876.68	3564
2012	187.02	94.92	92.10	95.96	91.05	416.74	924.45	3758
2013	188.93	95.83	93.10	97.34	91.59	434.68	962.52	3913
2014	191.39	97.02	94.37	99.17	92.21	415.86	995.73	4048
2015	195.01	98.71	96.30	172.65	22.36	400.81	999.57	4063
2016	200.94	101.47	99.47	178.20	22.74	428.39	1016.58	4132
2017	211.31	106.30	105.01	188.00	23.31	438.60	1038.22	4220
2018	231.59	115.34	116.25	207.99	23.60	453.45	1043.77	4243
2019	251.06	123.70	127.36	227.07	23.99	967.37	1045.50	4250
2020	263.88	129.46	134.42	252.32	11.56	711.39	1048.36	4262

注：1.人口密度1990年以前户籍人口计算，1990年起按常住人口计算。
2.2011年，根据全国第六次人口普查结果，对2006—2009年常住人口进行修订；2021年，根据全国第七次人口普查结果，对2011—2019年常住人口进行修订，下同。
3.按建立城乡统一的户口登记制度要求，2015年起户籍户数和人口数按城镇和乡村划分，取消原来的农业和非农业的登记统计，数据与往年不可比，下同。

2-2 主要年份户籍人口与劳动力指标

Main Indicators of Household Population and Labor in Main Years

指　　标	单 位	1990年	1995年	2000年	2005年	2010年	2015年	2019年	2020年
年末户籍人口	人	1318526	1436525	1526090	1656541	1817709	1950089	2510586	2638788
#乡村人口	人	1009857	1082703	1130002	998159	896789	223575	239897	115627
人口性别比（女性人口=100）	%	97.1	100.4	102.4	103.1	103.1	102.5	97.1	96.3
人口密度	人/平方公里	535	583	619	672	739	793	1021	1073
人口出生率	‰	17.1	17.6	12.1	10.6	10.9	11.3	16.7	13.4
人口死亡率	‰	4.8	4.8	4.6	4.6	4.7	4.9	4.4	4.3
人口自然增长率	‰	12.3	12.8	7.5	6.0	6.2	6.4	12.3	9.1
人口净迁移率	‰	1.9	1.9	2.2	16.4	12.0	7.8	65.4	37.2
城镇本年新登记的失业人员人数	人		6536	6524	7080	3207	10143	16204	206296
城镇失业人员安置就业人数	人			5683	6088	3796	9276	17146	73479

2–3 历年户籍人口自然变动情况

Changes of Household Population over Years

年 份	出 生		死 亡		自然增长	
	人 数 (人)	出生率 (‰)	人 数 (人)	死亡率 (‰)	人 数 (人)	自然增长率 (‰)
1978	20728	18.73	5451	4.92	15277	13.81
1979	26931	24.13	5755	5.13	21176	19.00
1980	27428	24.41	5747	5.10	21681	19.31
1981	24828	21.86	6016	5.29	18812	16.57
1982	21991	19.07	5681	4.93	16310	14.14
1983	19573	16.74	6100	5.21	13473	11.53
1984	18380	15.54	5841	4.94	12539	10.60
1985	18432	15.37	5439	4.54	12993	10.83
1986	20049	16.44	5955	4.88	14094	11.56
1987	19962	16.11	5502	4.44	14459	11.67
1988	21077	16.75	5863	4.66	15214	12.09
1989	23457	17.06	5966	4.67	17491	12.57
1990	22238	17.07	6208	4.76	16030	12.30
1991	23771	17.91	6070	4.57	17701	13.33
1992	26040	19.31	6485	4.81	19555	13.38
1993	25270	18.38	6833	4.97	18437	13.30
1994	24152	17.88	6319	4.51	17833	13.01
1995	25312	17.59	6898	4.84	18414	12.75
1996	24635	17.05	7333	5.08	17302	11.97
1997	24106	16.50	6448	4.41	17658	12.09
1998	22563	15.31	6553	4.45	16010	10.86
1999	21673	14.55	6460	4.34	15213	10.22
2000	18260	12.11	6923	4.59	11337	7.52
2001	17083	11.16	6344	4.14	10739	7.01
2002	16029	10.35	6873	4.44	9156	5.91
2003	16204	10.34	7346	4.69	8858	5.65
2004	17312	10.86	7814	4.90	9498	5.96
2005	17301	10.62	7497	4.60	9804	6.02
2006	16819	10.14	7103	4.28	9716	5.85
2007	17482	10.39	7418	4.41	10064	5.98
2008	18382	10.77	7752	4.54	10630	6.23
2009	18584	10.67	7587	4.36	10997	6.31
2010	19509	10.90	8367	4.68	11142	6.23
2011	19884	10.92	8728	4.79	11156	6.13
2012	24712	13.32	9684	5.22	15028	8.10
2013	22222	11.79	8693	4.61	13529	7.18
2014	21383	11.20	10253	5.37	11130	5.83
2015	21951	11.34	9545	4.93	12406	6.41
2016	27613	13.92	10475	5.28	17138	8.64
2017	47101	22.22	10250	4.84	36851	17.38
2018	41033	18.35	10286	4.60	30747	13.75
2019	40305	16.69	10583	4.38	29722	12.31
2020	34227	13.38	10986	4.29	23241	9.08

注：本表数据来源于市卫生健康局。

2-4 历年户籍人口迁移变动情况

Changes of Household Migration over Years

年 份	迁 入		迁 出		总迁移		净迁移	
	人 数 (人)	迁入率 (‰)	人 数 (人)	迁出率 (‰)	人 数 (人)	总迁移率 (‰)	人 数 (人)	净迁移率 (‰)
1978	10148	9.2	13179	11.9	23327	21.1	-3031	-2.7
1980	13345	11.9	28624	25.5	41969	37.4	-15279	-13.6
1985	19205	16.0	15636	13.0	34841	29.1	3569	3.0
1990	13485	10.4	11061	8.5	24546	18.8	2424	1.9
1991	12628	9.5	12531	9.4	25159	19.0	97	0.1
1992	14622	10.8	11168	8.3	25790	19.1	3454	2.5
1993	10801	7.9	4886	3.6	15687	11.4	5915	4.3
1994	10127	7.2	6406	4.6	16533	11.8	3721	2.7
1995	10312	7.2	7675	5.4	17987	12.6	2637	1.9
1996	9273	6.4	11508	8.0	20781	14.4	-2235	-1.6
1997	10284	7.0	9469	6.5	19753	13.5	815	0.6
1998	12400	8.4	11253	7.6	23653	16.0	1147	0.8
1999	15049	10.0	11497	7.6	26546	17.6	3552	2.4
2000	15618	10.2	12314	8.1	27932	18.3	3304	2.2
2001	15968	10.4	11099	7.2	27067	17.6	4869	3.2
2002	20214	12.9	8033	5.1	28247	18.1	12181	7.8
2003	27143	17.1	7173	4.5	34316	21.6	19970	12.6
2004	29621	18.3	7618	4.7	37239	23.0	22003	13.6
2005	43026	26.0	15798	9.5	58824	35.5	27228	16.4
2006	30710	18.2	11442	6.8	42152	25.0	19268	11.4
2007	26940	15.7	4847	2.8	31787	18.6	22093	12.9
2008	33595	19.2	5974	3.4	39569	22.6	27621	15.8
2009	36387	20.4	7381	4.1	43768	24.5	29006	16.2
2010	28534	15.7	6651	3.7	35185	19.4	21883	12.0
2011	28623	15.5	7425	4.0	36048	19.5	21198	11.5
2012	20698	11.1	8326	4.5	29024	15.5	12372	6.6
2013	18812	10.0	11035	5.8	29847	15.8	7777	4.1
2014	25530	13.3	10748	5.6	36278	19.0	14782	7.7
2015	21654	11.1	6480	3.3	28134	14.4	15174	7.8
2016	43738	21.8	6630	3.3	50368	25.1	37108	18.5
2017	71868	34.0	7194	3.4	79062	37.4	64674	30.6
2018	173662	75.0	8114	3.5	181776	78.5	165548	71.5
2019	171895	68.5	7799	3.1	179694	71.6	164096	65.4
2020	107171	40.6	9013	3.4	116184	44.0	98158	37.2

注：本表数据来源于市公安局。

2-5 历年外来暂住人口与外来劳动力

Temporary Residents and Labor over Years

单位：人

年 份	外来暂住人口总计	按性别分		按省内省外分						
		男 性	女 性	本 省	外 省	#湖南省	四川省	广 西自治区	湖北省	江西省
1986	156222									
1987	252895									
1988	368913									
1989	481850									
1990	655902			333180	322722					
1991	805790			360379	445411					
1992	1144753	440500	704253	494278	650475					
1993	1217010	529096	687914	370770	846240					
1994	1390884	547435	843449	380790	1010094	257348	227793	139137	66189	60638
1995	1421754	581304	840450	371816	1023510	253574	223727	149478	84727	67562
1996	1433157	606524	826633	305821	1106749	232329	223315	137933	90528	79730
1997	1446830	554193	892637	298510	1130981	243384	227077	140483	89140	83272
1998	1991122	850266	1140856	402267	1569963	330241	294149	183734	143662	113685
1999	2448134	1084492	1363642	504722	1921206	391491	387730	236936	173787	149000
2000	2547221	1155277	1391944	485889	2041959	377257	319039	240923	196697	157323
2001	4578163	2138218	2439945	731931	3826830	718295	622166	442904	359872	294740
2002	4336453	1973316	2363137	722894	3593034	685311	555569	394088	389735	294086
2003	4404467	2198324	2206143	665549	3720408	663487	591145	432738	443603	339518
2004	4869462	2347115	2522347	747804	4096599	812976	581272	483329	490063	329715
2005	5849785	2746833	3102952	1036417	4747692	844053	642170	574634	514760	376526
2006	5867555	2775718	3091837	1012637	4807064	875904	617644	556961	531987	367094
2007	5577988	2666292	2911696	986062	4551507	816688	553907	497438	521529	355798
2008	5525022	2657712	2867310	1012341	4468505	828779	533496	488226	517519	353738
2009	4299615	2093055	2206560	889160	3367565	604891	441758	396425	391650	269133
2010	4114745	2010869	2103876	791665	3275768	587153	411005	405051	353414	252936
2011	4136177	2054179	2081998	900560	3194930	571601	370717	387198	350490	264965
2012	4167396	2072592	2094804	940956	3183488	587921	387226	398858	352191	236544
2013	4346839	2186786	2160053	949443	3356719	629746	387979	438718	380395	258666
2014	4158580	2103624	2054956	927905	3189809	570631	350809	441886	356586	252054
2015	4008120	2047374	1960746	867677	3099936	549724	330102	430882	334220	233460
2016	4283923	2274363	2009560	1112539	3171384	561944	319526	446556	334267	235517
2017	4386025	2301003	2085022	1214871	3171154	548885	328635	449460	332869	234864
2018	4534459	2400554	2133905	1278478	3255981	584832	320506	472695	331208	213808
2019	9673671	5785802	3887869	1793650	7880021	1415394	775679	1144003	301580	517451
2020	7113860	4393830	2720030	1404619	5709241	1328368	588179	881111	633332	473933

注：外来暂住人口相关数据来源于市公安局，下同。

2-5 续表

单位：人

年 份	外来劳动力	#工 业	农 业	商 业	服务业
1986	104091	87154	9849	2509	4579
1987	180285	154842	13110	4181	8152
1988	292499	260237	16911	5797	9554
1989	405287	365840	19893	7763	11791
1990	572044	518971	25576	10793	16704
1991	701982	633400	25838	17945	24799
1992	1071048	874149	62324	88087	46488
1993	1126813	933147	40177	88524	64965
1994	1241814	1069478	52146	39869	80321
1995	1265368	1084860	54714	52965	72829
1996	1276626	1084330	64732	61092	66472
1997	1307279	1114235	57214	67242	68588
1998	1831939	1577922	68143	100041	85833
1999	2161487	1609539	113324	282938	155686
2000	2448415	2043270	88195	187015	129935
2001	4496771	3681099	174936	283277	357459
2002	4260142	3573355	127584	300642	258561
2003	4327312	3753904	85109	278632	209667
2004	4733903	4078400	98272	315021	242210
2005	5534248	4676454	107933	420810	329051
2006	5669798	4820388	124942	412180	312288
2007	5389490	4480800	102519	460114	346057
2008	5303008	4227211	97597	560345	417855
2009	4134581	3361306	74982	430183	268110
2010	3912274	3191436	92451	402786	225601
2011	3947135	3277984	82025	358941	228185
2012	3979414	3278448	85557	390327	225082
2013	4127952	3431195	93051	397091	206615
2014	3893258	3243831	63386	377854	208187
2015	3765415	3147707	55658	365507	196543
2016	3953862	3016145	65948	352141	259544
2017	3999898	3162514	66525	328735	249029
2018	3994334	3108326	63505	377629	259891
2019	6235774	5265048	63505	467004	440217
2020	6618601	6382837	75692	112074	28489

2-6 全社会从业人员

Number of Employed Persons of the Whole City by Sector

单位：人

指　　标	2010年	2011年	2012年	2013年	2014年
全社会从业人员	6262527	6344318	6429540	6495950	6826014
#农、林、牧、渔业	60497	58767	60062	59340	56786
采矿业	830	981	1161		
制造业	4650613	4645900	4631537	4592886	4351518
电力、热力、燃气及水的生产和供应业	20937	23588	26561	29801	20783
建筑业	97018	108374	120314	131828	163546
交通运输、仓储和邮政业	78872	80370	81871	83459	145052
信息传输、软件和信息技术服务业	26167	26916	27793	28195	53389
批发和零售业	630398	682345	738151	798822	629703
住宿和餐饮业	215599	232810	251948	271404	214008
金融业	36628	44198	53172	64167	54371
房地产业	47851	48896	49954	50874	141112
租赁和商务服务业	32401	32358	32246	32251	303492
科学研究和技术服务	6515	7020	7564	8061	86920
水利、环境和公共设施管理业	15898	15639	15358	15021	21349
居民服务、修理和其他服务业	89676	101242	112941	125375	115570
教育	65895	64754	63661	62429	173146
卫生和社会工作	39119	37985	36884	35962	74252
文化、体育和娱乐业	21732	21434	21088	20739	33339
公共管理、社会保障和社会组织	125881	110741	97274	85336	176978
国际组织					
#第一产业	60497	58767	59728	59262	56704
第二产业	4769398	4778843	4779573	4754462	4535948
第三产业	1432632	1506708	1590239	1682226	2233362

注：1.全社会从业人员统计范围为东莞市辖区内城乡各类法人单位、城乡个体从业人员及农村从事农林牧渔业的从业人员。
2.2020年，根据东莞市第四次全国经济普查结果，对2011—2018年全社会从业人员数据进行了修订，下同。

2-6 续表

单位：人

指　　标	2015年	2016年	2017年	2018年	2019年	2020年
全社会从业人员	6800920	6849327	6957035	7050341	7111081	7145926
#农、林、牧、渔业	60857	59010	58198	56770	57749	55630
采矿业				108	109	754
制造业	4269449	4230539	4221361	4188553	4224344	4213126
电力、热力、燃气及水的生产和供应业	22866	25596	28786	32183	32458	32371
建筑业	177029	191837	206900	225577	227505	226900
交通运输、仓储和邮政业	145323	147533	150810	152565	153869	153460
信息传输、软件和信息技术服务业	53933	54521	54672	54460	54925	54779
批发和零售业	671358	722992	786632	852764	860051	827767
住宿和餐饮业	228085	244940	264144	285808	288250	287484
金融业	64767	77459	92126	113962	114936	114630
房地产业	141848	144190	147453	151945	153243	152780
租赁和商务服务业	300707	296844	293643	285904	288347	288581
科学研究和技术服务	91370	97401	105262	116329	117323	117011
水利、环境和公共设施管理业	20633	20126	19779	19302	19467	39415
居民服务、修理和其他服务业	123698	132395	143706	152450	153753	153344
教育	167598	164574	162527	158053	159404	218917
卫生和社会工作	70989	68887	67291	65522	66082	75906
文化、体育和娱乐业	37129	36143	35446	34160	34452	34360
公共管理、社会保障和社会组织	153281	134340	118299	103926	104814	98711
国际组织						
#第一产业	60585	58733	57938	56132	57100	54878
第二产业	4469249	4447860	4456583	4440749	4478696	4470884
第三产业	2271086	2342734	2442514	2553460	2575285	2620164

2-7 主要年份城镇在岗职工年末人数

Number of Employed Persons in Urban Areas at Year-end in Main Years

单位：人

项目	1985年	1990年	1995年	2000年	2005年	2010年	2015年	2019年	2020年
合计	122951	131631	178724	164080	188579	226268	2257844	2819191	2795775
#工业	60571	68508	105782	68354	79359	84992	1340487	2032305	2033186
采矿业			130	62	59	52	35	36	50
制造业			99194	62790	71569	77544	1331287	2021645	2013250
电力、热力、燃气及水的生产和供应业			6458	5502	7731	7396	9165	10624	19885
建筑业			5103	7799	1237	2144	42163	43458	59587
交通运输、仓储和邮政业						6427	28719	32692	45327
信息传输、软件和信息技术服务业						2535	8406	17481	15049
批发和零售业						6215	56306	120730	100403
住宿和餐饮业						739	27861	28157	27926
金融业	2270	4291	9487	13945	16584	20706	27169	26408	33184
房地产业	1551	2529	73	387	427	488	22879	59321	48967
租赁和商务服务业						2270	39146	116695	108425
科学研究和技术服务						1984	13991	55051	30479
水利、环境和公共设施管理业						654	2764	7919	18389
居民服务、修理和其他服务业						105	12471	20713	13328
教育						26138	35671	96813	116301
卫生和社会工作						26859	45983	58111	52379
文化、体育和娱乐业						1711	6812	10428	9459
公共管理、社会保障和社会组织	5854	7887	9711	15733	28542	41676	56670	91898	82112
国际组织									
#第一产业	2432	2053	620	476	483	625		691	1173
第二产业	64525	72993	110885	76153	80596	87136	1882650	2074467	2092873
第三产业	55994	56585	67219	87451	107500	138507	385194	744033	701729

注：1.2012年起城镇在岗职工含劳务派遣人员。
2.2013年起，将原属于乡镇企业且符合城镇非私营单位条件的“四上”企业纳入城镇单位从业人员及工资统计的范围，下同。

2-8 历年分行业城镇在岗职工人数

Numbers of Employers by Sector in Urban Areas over Years

单位：人

年 份	年末城镇在岗职工人数合计	#第一产业	第二产业	第三产业	#工业
1978	81971	2875	41179	37917	38729
1979	96807	3051	44905	48851	42251
1980	98587	2637	47374	48576	44737
1981	106626	2897	52638	51091	50370
1982	114119	2133	56391	55595	52418
1983	115926	1978	58139	55809	53246
1984	117627	1933	59129	56565	54916
1985	122951	2432	64525	55994	60571
1986	132744	2252	73922	56570	65674
1987	136666	2359	76393	57914	69985
1988	127098	2702	69385	55011	64631
1989	131039	2397	73042	55600	68738
1990	131631	2053	72993	56585	68508
1991	145873	2083	84992	58798	79389
1992	154712	2043	89713	62956	82611
1993	176578	1933	107296	67349	92212
1994	160872	621	95378	64873	83322
1995	178724	620	110885	67219	105782
1996	174964	497	98061	76406	91228
1997	164987	616	82513	81858	76619
1998	164047	779	80510	82758	70499
1999	163917	583	76905	86429	68860
2000	164080	476	76153	87451	68354
2001	164226	444	76181	87601	69260
2002	164209	431	75384	88394	68348
2003	165978	522	73357	92099	72118
2004	175415	565	78003	96847	76786
2005	188579	483	80596	107500	79359
2006	199878	483	84618	114777	83328
2007	205640	487	81448	123705	79949
2008	207234	459	77982	128793	76563
2009	225990	477	94365	131148	92943
2010	226268	625	87136	138507	84992
2011	246083	966	82164	162953	80648
2012	250225	925	85582	163718	82647
2013	2398215	575	2001324	396316	1968085
2014	2342549	28	1956590	385931	1922112
2015	2267844		1882650	385194	1840487
2016	2269355		1871092	398263	1830149
2017	2371619	48	1927193	444378	1872609
2018	2372090	56	1903035	468999	1840144
2019	2819191	691	2074467	744033	2032305
2020	2795775	1173	2092873	701729	2033186

2-9 主要年份国有单位分行业年末城镇在岗职工人数

Number of Employed Persons in Urban State-owned Units at Year-end by Sector in Main Years

单位：人

指　　标	1985年	1990年	1995年	2000年	2005年	2010年	2015年	2019年	2020年
合　　计	56534	63469	71165	78216	94902	121690	141037	159944	149571
按国民经济行业分									
#工　业	20919	19390	14610	10119	3471	3638	615	706	2008
采矿业	423	72	130	62	59	52			
制造业	19625	16912	12908	6611	1217	981	615	706	1835
电力、热力、燃气及水的生产和供应业	871	2406	1572	3446	2195	2605			174
建筑业	1454	3487	2753	1539	971	1250	38	37	275
交通运输、仓储和邮政业					3381	2182	5166	3483	8166
信息传输、软件和信息技术服务业					2243	2275	243	391	165
批发和零售业					1582	1790	128	109	960
住宿和餐饮业								7	8
金融业	943	2215	5634	7343	9401	9319	10231	2778	2034
房地产业	138	149	44	98	244	329	17	278	468
租赁和商务服务业					676	1437	442	2572	2293
科学研究和技术服务					1496	1928	1001	2474	3613
水利、环境和公共设施管理业					484	542	693	1428	2227
居民服务、修理和其他服务业					95	105	119	638	81
教育					23301	26138	26795	22454	27659
卫生和社会工作					17134	26795	37102	34207	23551
文化、体育和娱乐业					1398	1661	1566	2069	1868
公共管理、社会保障和社会组织	4971	6859	9563	15372	28542	41676	56670	85874	73644
国际组织									
#第一产业	2264	1956	712	476	483	625		242	551
第二产业	22373	22877	17363	11658	4442	4888	653	743	2284
第三产业	31897	38571	53090	66082	89977	116177	140384	158959	146736

2-10　主要年份集体单位分行业年末城镇在岗职工人数

Number of Employed Persons in Urban Collective-owned Units at Year-end by Sector in Main Years

单位：人

指　　标	1985年	1990年	1995年	2000年	2005年	2010年	2015年	2019年	2020年
合　计	63383	58749	64923	50592	44251	35106	39317	58144	61642
按国民经济行业分									
#工　业	37358	40979	49984	28698	32527	22879	13825	9090	5230
采矿业		433							
制造业		40458	48600	27268	30772	21497	11624	6678	2885
电力、热力、燃气及水的生产和供应业		88	1384	1430	1755	1382	2201	2412	2344
建筑业	2500	998	2350	6260	251	886	5025	661	431
交通运输、仓储和邮政业					3446	3543	464	235	206
信息传输、软件和信息技术服务业					45	40		31	14
批发和零售业					2078	1818	1376	1687	913
住宿和餐饮业					307	289	663	251	265
金融业	1327	2076	3844	3437	4184	4533	5932	14	2
房地产业			29	289	183	159	743	2109	1211
租赁和商务服务业					843	677	7126	24104	27483
科学研究和技术服务					16	56	1467	867	722
水利、环境和公共设施管理业					237	112	109	212	161
居民服务、修理和其他服务业							5	59	18
教育								10987	14344
卫生和社会工作					92	64	2485	6035	8505
文化、体育和娱乐业					42	50	97	299	248
公共管理、社会保障和社会组织	1063	1028	148	361				1503	1890
国际组织									
#第一产业	168	97	33						
第二产业	39858	41795	52334	34958	32778	23765	18850	9751	5660
第三产业	23357	16857	12556	15634	11473	11341	20467	48393	55982

2-11 主要年份其他所有制单位分行业年末城镇在岗职工人数

Number of Employed Persons in Urban Other Ownership Units at Year-end by Sector in Main Years

单位：人

指　　标	1985年	1990年	1995年	2000年	2005年	2010年	2015年	2019年	2020年
合　　计	3034	9413	42636	35272	49426	69472	2087490	2601103	2584562
按国民经济行业分									
#工　业	2294	8321	41188	29537	43361	58475	1326047	2022509	2025948
采矿业		48					35	36	50
制造业		8273	37686	28911	39580	55066	1319048	2014261	2008530
电力、热力、燃气及水的生产和供应业			3502	626	3781	3409	6964	8212	17367
建筑业					15	8	37100	42760	58981
交通运输、仓储和邮政业					412	702	23089	28974	36955
信息传输、软件和信息技术服务业					240	220	8163	17059	14871
批发和零售业					1530	2607	54802	118934	98530
住宿和餐饮业					678	450	27198	27899	27652
金融业			9	3165	2999	6854	11006	23616	31149
房地产业	722						22119	56934	47288
租赁和商务服务业					191	156	31578	90019	78649
科学研究、技术服务业							11523	51710	26145
水利、环境和公共设施管理业							1962	6279	16000
居民服务、修理和其他服务业							12347	20016	13229
教育							8876	63372	74298
卫生和社会工作							6396	17369	20324
文化、体育和娱乐业							5149	8060	7343
公共管理、社会保障和社会组织								4521	6578
国际组织									
#第一产业								449	622
第二产业	2294	8321	41188	29537	43376	58483	1863147	2063973	2084929
第三产业	740	1092	1448	5735	6050	10989	224343	536681	499012

2-12 按经济类型分行业城镇在岗职工人数及构成（2020年）

Employed Persons in Urban Areas by Registration Status and Sector (2020)

项　　目	合　计	国有经济单位	城镇集体经济单位	其他经济单位
合　计（人）	2795775	149571	61642	2584562
#工　业	2033186	2008	5230	2025948
采矿业	50			50
制造业	2013250	1835	2885	2008530
电力、热力、燃气及水的生产和供应业	19885	174	2344	17367
建筑业	59687	275	431	58981
交通运输、仓储和邮政业	45327	8166	206	36955
信息传输、软件和信息技术服务业	15049	165	14	14871
批发和零售业	100403	960	913	98530
住宿和餐饮业	27926	8	265	27652
金融业	33184	2034	2	31149
房地产业	48967	468	1211	47288
租赁和商务服务业	108425	2293	27483	78649
科学研究和技术服务	30479	3613	722	26145
水利、环境和公共设施管理业	18389	2227	161	16000
居民服务、修理和其他服务业	13328	81	18	13229
教育	116301	27659	14344	74298
卫生和社会工作	52379	23551	8505	20324
文化、体育和娱乐业	9459	1868	248	7343
公共管理、社会保障和社会组织	82112	73644	1890	6578
国际组织				
#第一产业	1173	551		622
第二产业	2092873	2284	5660	2084929
第三产业	701729	146736	55982	499012
各项比重（%）				
#工　业	72.72	1.34	8.48	78.39
采矿业	0.002			0.002
制造业	72.01	1.23	4.68	77.71
电力、燃气及水的生产和供应业	0.71	0.12	3.80	0.67
建筑业	2.13	0.18	0.70	2.28
交通运输、仓储和邮政业	1.62	5.46	0.33	1.43
信息传输、软件和信息技术服务业	0.54	0.11	0.02	0.58
批发和零售业	3.59	0.64	1.48	3.81
住宿和餐饮业	1.00	0.01	0.43	1.07
金融业	1.19	1.36	0.002	1.21
房地产业	1.75	0.31	1.96	1.83
租赁和商务服务业	3.88	1.53	44.59	3.04
科学研究和技术服务	1.09	2.42	1.17	1.01
水利、环境和公共设施管理业	0.66	1.49	0.26	0.62
居民服务、修理和其他服务业	0.48	0.05	0.03	0.51
教育	4.16	18.49	23.27	2.87
卫生和社会工作	1.87	15.75	13.80	0.79
文化、体育和娱乐业	0.34	1.25	0.40	0.28
公共管理、社会保障和社会组织	2.94	49.24	3.07	0.25
国际组织				
#第一产业	0.04	0.37		0.02
第二产业	74.86	1.53	9.18	80.67
第三产业	25.10	98.10	90.82	19.31

主要统计指标解释

Explanatory Notes on Main Statistical Indicators

总人口数 指一定时点、一定地区范围内的有生命的个人的总和。按不同的统计范围可分为常住人口和户籍人口；统计时点通常为每年 12 月 31 日 24 时。

常住人口 指实际居住在某地区半年以上的人口，应包括：1.居住在本乡、镇、街道，并已在本乡、镇街道办理常住户口登记的人；2.已在本乡、镇 、街道居住半年以上，常住户口在本乡、镇 、街道以外的人；3.在本乡、镇 、街道居住不满半年，但已离开常住户口登记地半年以上的人；4.居住在本乡、镇 、街道，常住户口待定的人；5.原住本乡、镇、街道，人口统计（或登记）时在国外工作或学习的人。

户籍人口 指公民依照《中华人民共和国户口登记条例》在公安户籍管理机关登记了常住户口的人。这类人口不管其是否外出，也不管外出时间长短，只要在某地注册有常住户口，则为该地区的户籍人口。

外来暂住人口 指户口登记地在外县、市，目前在本市暂住的人口。

性别比 反映两性人口之间比例的指标。指在总人口中或在各年龄人口中，男性人数与女性人数之比。通常用每 100 个女性人口相应有多少男性人口表示。

出生率（又称粗出生率） 指在一定时期（通常为一年）内活产婴儿数与同期总人口的生存人口数（或同期平均总人口、年中人口数）之比，一般用千分率表示。

死亡率（又称粗死亡率） 指在一定时期内（通常为一年）一定地区的死亡人数与同期平均人数（或期中人数）之比，一般用千分率表示。

人口自然增长率 指在一定时期内（通常为一年）人口自然增加数（出生人数减死亡人数）与该时期内平均人口数（或期中人数）之比，一般用千分率表示。

总迁移率 是反映人口迁移变动总规模的相对指标，是某地区一定时期内（通常为一年）迁入人数及迁出人数之和与同时期平均人口数之比，一般用千分率表示。

净迁移率 是反映人口迁移变动的相对指标之一，是某地区一定时期内（通常为一年）迁入与迁出相抵销后（迁入人口减迁出人口）与同时期平均总人口数之比，一般用千分率表示。

在岗职工 指在本单位工作且与本单位签订劳动合同，并由单位支付各项工资和社会保险、住房公积金的人员，以及上述人员中由于学习、病伤、产假等原因暂未工作仍由单位支付工资的人员。在岗职工还包括：

(1)应订立劳动合同而未订立劳动合同人员（如使用的农村户籍人员）；

(2)处于试用期人员；

(3)编制外招用的人员；

(4)派往外单位工作，但工资仍由本单位发放的人员（如挂职锻炼、外派工作等情况）。

三、农　业

Agriculture

3-1　主要年份农业指标

Main Indicators of Agriculture in Main Years

指　标	单　位	1978年	1980年	1985年	1990年	1995年	2000年
乡镇从业人员	人	467757	478599	544734	598911	639985	727328
第一产业	人	390585	368322	283425	269460	202138	189349
第二产业	人	51422	94576	167116	228114	283050	362666
第三产业	人	25750	15701	94193	101337	154797	175313
年末耕地面积	亩	1183926	1177400	966725	882602	708595	663304
农业机械总动力	千瓦	248760	354250	667750	1003980	795120	586063
水利建设总投资	万元	413	927	886	5428	16900	35550
化肥施用量（实物量）	吨	113296	100776	150083	235836	124263	103570
农药施用量	吨	4276	3382	2951	3453	1924	1336
农村用电量	万千瓦时	5667	7355	14365	82545	406327	1312931
农林牧渔业总产值	万元	42394	41943	91244	236412	426901	546383
主要农产品产量							
粮　食	吨	532308	529381	488705	494259	227441	204136
糖　蔗	吨	508976	447318	526033	538712	233803	49359
花　生	吨	14157	29015	20963	13411	3724	1960
水　果	吨	26457	23688	189350	282410	243231	129367
水产品	吨	30900	25471	32641	68508	74778	95076
肉　类	吨	26920	27652	33298	62191	97572	179032
#猪 肉	吨	22790	23461	25759	40130	68649	149648
禽　蛋	吨	425	398	2424	6906	5431	4357
森林覆盖率	%			28.6	31.4	29.2	30.5

注：本表乡镇从业人员含部分外来从业人员，下同。

3-1 续表

指　　标	单　位	2005年	2010年	2015年	2019年	2020年
乡镇从业人员	人	830705	878912	963509	1127060	1183144
#从事农业人员	人	110612	72856	60857	57749	55630
年末耕地面积	亩	502937	576883	550482		
农业机械总动力	千瓦	229297	367988	450375	483025	488025
水利建设总投资	万元	59437	78308	90322	132485	300132
化肥施用量（实物量）	吨	52749	41445	25859	18235	17529
农药施用量	吨	1090	819	757	519	502
农村用电量	万千瓦时	2970738	3950486	4765174	5842196	5934483
农林牧渔业总产值	万元	420496	263544	318815	439764	465165
主要农产品产量						
粮　食	吨	20004	10554	5500	5852	8177
花　生	吨	114	129	263	171	172
水　果	吨	151255	73288	58835	55775	69661
水产品	吨	67381	76268	68946	48575	49423
肉　类	吨	171737	12228	7544	1290	1870
#猪　肉	吨	159169	6609	3018	772	1046
森林覆盖率	%	33.1	36.7	37.4	37.4	36.4

注：1．2010年起，农业机械总动力数据采用农业农村局统计口径，下同。
2．2011年起，农村用电量数据采用供电局统计口径，下同。
3．2018年至2020年，我市组织开展第三次全国国土调查工作（简称三调），根据国务院三调办工作安排，三调工作还在开展中，而2019年度、2020年度变更调查工作在三调的基础上开展，因此，暂无2019年度、2020年度的变更调查成果，耕地面积相关数据暂空缺，下同。
4．根据《全国农业普查条例》，农业2007—2017年的农林牧渔业总产值、增加值和主要农产品产量等相关数据以全国第三次农业普查结果为基础做了修订，下同。

3-2 主要年份农村经济比例和效益指标

Main Indicators of Proportions and Efficiency in Rural Economy in Main Years

指　　标	单　位	1990年	1995年	2000年	2005年	2010年	2015年	2019年	2020年
农村基层组织									
镇街政府	个	33	33	32	32	32	32	32	32
社区居委会、村委会	个	583	594	593	596	599	597	593	596
镇街户籍总户数	户	327344	364273	414007	465008	530497	567171	732335	788118
#乡村户	户	238221	263669	299576	275988	259691	63280	73504	35502
镇街户籍总人口	人	1318526	1436525	1526090	1656541	1817709	1950089	2510586	2638788
#乡村人口	人	1009857	1082703	1130002	998159	896789	223575	239897	115627
乡镇从业人员	人	598911	639985	727328	830705	878912	963509	1127060	1183144
按性别分									
男性	人	289258	315892	364866	427840	475996	512145	597521	622608
女性	人	309653	324093	362462	402865	402916	451364	529539	560536
劳动生产条件									
平均每一农业人口用电量	千瓦时	826	3778	11666	29762	44051	213135	243529	513244
每亩耕地农业机械总动力	瓦特	1138	1122	884	455	638	318		
平均每亩耕地化肥施用量	公斤	267	175	156	105	72	51		
平均每亩耕地农药施用量	公斤	3.91	2.72	2.77	2.17	1.42	1.38		
农林牧渔业增加值率	%		57.8	56.9	51.9	60.5	64.0	66.9	66.4
劳动生产率									
人均农林牧渔业总产值	元/人	3977	6737	7828	5062	2999	3309	3902	3932
人均农林牧渔业增加值	元/人		3892	4453	2627	1814	2119	2599	2611
人均粮食产量	公斤/人	379	160	135	12	6	3	2	3
人均蔬菜（含菜用瓜）产量	公斤/人	337	338	431	278	181	182	165	150
人均水果产量	公斤/人	218	171	85	91	40	30	22	26
人均畜牧总肉产量	公斤/人	47	68	117	104	7	4	1	1
#猪　肉	公斤/人	31	48	97	96	4	2	0.3	0.4
人均水产品产量	公斤/人	53	52	61	41	42	35	19	19

注：1．平均每亩耕地化肥施用量按化肥施用实物量计算；人均农产品产量按户籍人口计算。

2．按建立城乡统一的户口登记制度要求，2015年起户籍户数和人口数按城镇和乡村划分，取消原来的农业和非农业的登记统计，数据与往年不可比，下同。

3-3 主要年份农村集体(经联社、经济社两级)资产负债及收益分配

Assets, Liabilities and Income Distribution of Rural Collective Economy in Main Years

单位：亿元

指　　标	2005年	2010年	2015年	2019年	2020年
资产负债情况					
资产总额	929.60	1228.20	1436.83	1873.74	2040.42
负债总额	221.56	292.15	253.69	314.86	327.00
资产负债率（%）	23.83	23.79	17.66	16.80	16.03
净资产	708.04	936.05	1183.14	1558.87	1713.42
收益分配情况					
经营总收入	120.57	143.38	180.43	241.36	254.57
#销售收入	12.83	14.39	6.17	6.30	6.31
出租收入	77.02	91.65	130.21	170.32	177.31
#协作服务款	13.07	7.51	7.41	6.60	6.34
农业发包及上交收入	3.17	2.09	2.29	2.95	3.17
投资收益	5.07	7.07	15.90	25.74	26.31
其他收入	9.40	17.15	22.44	30.45	35.40
经营总费用	48.05	66.45	66.70	65.33	64.86
#销售成本	6.46	8.59	5.97	5.66	5.94
出租成本	24.05	32.62	36.78	37.05	36.02
经营税金		1.90	2.84	2.26	2.20
管理费用	9.34	12.46	11.90	13.36	13.86
其他支出	7.92	10.89	6.72	4.24	4.10
经营纯收入	72.52	76.93	113.73	176.03	189.71
收益分配总额	64.57	92.79	110.71	150.32	169.02
可弥补分配的收益总额	3.29	15.79	20.19	21.63	24.33

3-4 历年莞产农产品户籍人口人均拥有量

Per Capita Possession of Agricultural Products over Years

单位：公斤/人

年 份	粮 食		#稻 谷		蔬 菜（含菜用瓜）	
	按总人口	按乡村人口	按总人口	按乡村人口	按总人口	按乡村人口
1949	312	378	304	368		
1952	379	463	364	444		
1957	373	463	337	419		
1962	414	514	392	486		
1965	513	632	502	618		
1970	463	562	451	546		
1975	473	565	452	539		
1980	471	570	462	558	111	134
1985	408	510	397	497	260	330
1990	379	495	368	480	337	440
1995	160	211	148	196	333	515
1996	168	224	155	207	411	548
1997	169	225	155	207	435	582
1998	167	224	151	203	450	603
1999	165	222	149	200	443	597
2000	135	181	121	163	431	582
2001	83	113	71	97	459	623
2002	34	54	27	43	413	653
2003	19	30	13	20	352	549
2004	19	30	8	12	329	530
2005	12	20	7	12	273	461
2006	6	10	4	8	212	364
2007	6	10	4	7	132	320
2008	7	12	3	6	193	353
2009	6	12	4	7	195	361
2010	6	12	5	9	131	368
2011	6	12	5	10	133	374
2012	5	10	4	9	175	360
2013	4	9	3	7	159	350
2014	3	7	2	5	135	384
2015	3	25	2	17	132	1587
2016	2	21	2	14	199	1759
2017	2	21	2	14	135	1684
2018	3	25	1	14	173	1696
2019	2	24	1	12	155	1732
2020	3	71	2	53	150	3433

注：本表按户籍人口计算。按建立城乡统一的户口登记制度要求，2015年起户籍户数和人口数按城镇和乡村划分，取消原来的农业和非农业的登记统计，数据与往年不可比，下同。

3-4 续表

单位：公斤/人

年　份	水　果		猪　肉		水产品	
	按总人口	按乡村人口	按总人口	按乡村人口	按总人口	按乡村人口
1949					5	6
1952					5	6
1957					5	7
1962					8	10
1965	53	66			12	14
1970	71	87			17	20
1975	34	41			20	24
1980	21	26	21	25	23	27
1985	158	197	21	27	27	34
1990	218	283	31	40	53	69
1995	171	226	48	64	52	70
1996	143	190	58	77	56	76
1997	113	151	68	91	63	84
1998	77	103	84	112	65	88
1999	91	122	87	117	63	84
2000	85	115	97	131	61	82
2001	98	132	109	148	58	79
2002	121	190	106	165	53	82
2003	92	143	85	133	48	74
2004	108	175	79	128	44	71
2005	91	152	96	159	41	68
2006	83	143	18	31	28	48
2007	76	134	3	5	28	48
2008	57	102	3	5	41	74
2009	50	92	3	6	41	75
2010	40	82	4	7	42	85
2011	38	79	3	6	42	87
2012	33	68	3	6	41	85
2013	31	63	3	6	39	81
2014	31	64	2	5	38	79
2015	30	263	2	13	35	308
2016	27	242	1	11	25	221
2017	26	234	1	11	22	195
2018	29	287	0.5	5	20	195
2019	22	232	0.3	3	19	202
2020	26	602	0.4	9	19	427

3-5 历年耕地面积

Area of Cultivated Land over Years

单位：亩

年 份	年末实有耕地面积	当 年新增面积	当 年减少面积	粮 食耕地面积
1949	1398338			1260357
1952	1445016			1283151
1957	1435861			1199575
1962	1214417	15405	75905	1053985
1965	1199611	4142	11473	956906
1970	1203350	11359	8818	944903
1975	1193180	1246	6402	922916
1978	1183926	288	6515	874967
1979	1182292	120	1754	896347
1980	1177400	177	5069	856824
1981	1159963	279	17716	824166
1982	1146458	1086	14591	834028
1983	1121311	216	25363	837642
1984	1077659	664	44316	784763
1985	966725	1655	112589	691895
1986	889780	2350	79295	624471
1987	887369	1986	22271	618066
1988	877308	12374	22435	609332
1989	885694	13885	5499	626334
1990	882602	6991	10083	621564
1991	878980	962	4584	614994
1992	845159	100	33921	532296
1993	753746	6319	97732	391736
1994	718144	11169	46771	382238
1995	708595	12227	21776	394913
1996	674588	6270	40277	391610
1997	663013	6350	17925	382890
1998	663045	156	124	376133
1999	663122	1684	1607	381933
2000	663304	1632	1450	354980
2001	643648	4410	24066	255771
2002	500694		150	116989
2003	492433	1922	10183	81939
2004	489448	625	3610	85988
2005	502937	291	4302	76037
2006	491535		11403	34366
2007	483740		7795	31223
2008	479260	375	4855	39049
2009	516623	9	1212	38886
2010	576883	65649	5362	33839
2011	571850		5033	32103
2012	564267	12181	19621	28729
2013	560884	67	3421	24027
2014	554163	5	6326	19906
2015	550482	42	3702	16933
2016	546163	17	4336	15047
2017	542789	85	3398	14600
2018	538751		4035	18138
2019				18600
2020				24220

注：根据《全国农业普查条例》，2007—2017年的粮食耕地面积数据以全国第三次农业普查结果为基础做了修订，下同。

3-6 历年耕地面积变动情况

Changes of Cultivated Land over Years

单位：亩

年　份	当年增加耕地面积	#新开荒	围海造田	当年减少耕地面积	#国家基建占用	种果占用	鱼塘占用
“六五”时期累计	3900	1152		214575	6687	148244	33462
1981	279	91		17716	1275	7577	4507
1982	1086	215		14591	505	3345	8073
1983	216	135		25363	788	19590	2152
1984	664	148		44316	1122	31072	7694
1985	1655	563		112589	2997	86660	11036
“七五”时期累计	33250	2507	600	38017	9587	9138	2698
1986							
1987							
1988	12374	1199		22435	6971	5379	1871
1989	13885	651	100	5499	1433	330	151
1990	6991	657	500	10083	1183	3429	676
“八五”时期累计	30777	569	150	204784	5339	101880	44542
1991	962	95	150	4584	1463	430	57
1992	100	5		33921	1090	17435	3154
1993	6319	270		97732	808	64790	19032
1994	11169	139		46771	645	16031	16162
1995	12227	60		21776	1333	3194	6137
“九五”时期累计	16092	443	175	61383	2824	26550	9637
1996	6270	194	19	40277	532	16382	5597
1997	6350			17925	797	10168	4027
1998	156		156	124	85		
1999	1684	148		1607	128		
2000	1632	101		1450	1282		13
“十五”时期累计	7248			42311	3114	14531	5704
2001	4410			24066	1406	14434	5704
2002				150			
2003	1922			10183	1587		
2004	625			3610	121		
2005	291			4302		97	
“十一五”时期累计	66033	23627		30627			
2006				11403			
2007				7795			
2008	375			4855			
2009	9			1212			
2010	65649	23627		5362			
“十二五”时期累计	12295	251		38103			
2011				5033			
2012	12181	138		19621			
2013	67	67		3421			
2014	5	4		6326			
2015	42	42		3702			
“十三五”时期累计							
2016	17	17		4336			
2017	85	85		3398			
2018				4035			
2019							
2020							

3-7 历年乡镇从业人员

Towmship Employees over Years

单位：人

年 份	合 计	#从事农业人员	#男	女
1978	467757	390585		
1979	468059	373438		
1980	478599	368322	227496	251103
1981	484346	367225	231033	253313
1982	502066	360387	239398	262668
1983	512240	305715	262608	249632
1984	526766	248406	253922	272844
1985	544734	283425	260439	284295
1986	557048	277085	265132	291916
1987	571077	269984	272044	299033
1988	582425	270357	281299	301126
1989	589920	273377	281420	308500
1990	598911	269460	289258	309653
1991	601467	261271	286328	315139
1992	612142	239845	298997	313145
1993	625571	219230	311208	314363
1994	627366	200833	313942	313424
1995	639985	202138	315892	324093
1996	639492	206543	316928	322564
1997	643671	208030	320844	322827
1998	661604	205300	329713	331891
1999	668473	207432	333136	335337
2000	727328	189349	364866	362462
2001	743662	174786	377491	366171
2002	754294	151487	384417	369877
2003	851484	130930	439406	412078
2004	798954	119347	412687	386267
2005	830705	110612	427840	402865
2006	847361	92819	445915	401446
2007	837283	85246	446755	390528
2008	842933	82059	451325	390608
2009	870156	77502	468137	402019
2010	878912	72856	475996	402916
2011	913251	58767	490951	422300
2012	944317	60062	506083	438234
2013	951610	59340	509024	442586
2014	927522	56786	496671	430851
2015	963509	60857	512145	451364
2016	970192	59460	515985	454207
2017	982945	58198	523011	459934
2018	1024103	56770	547958	476145
2019	1127060	57749	597521	529539
2020	1183144	55630	622608	560536

注：本表乡镇从业人员包含部分外来从业人员，下同。

3-8 历年农林牧渔业总产值及指数

Gross Output Value and Indices of Agriculture over Years

年　　份	农林牧渔业总产值（万元）	农业	林业	牧业	渔业	农林牧渔专业及辅助性活动
1978	42394	29425	312	5665	3149	
1979	41527	27144	293	7782	2600	
1980	41943	28054	238	6313	2878	
1981	50388	33238	219	6637	4382	
1982	55881	37462	424	6932	4642	
1983	56439	35893	463	8222	4862	
1984	70180	45205	709	8786	5081	
1985	91244	57684	759	12652	6219	
1986	122988	79251	2425	18078	8940	
1987	148414	90502	2330	23324	11930	
1988	203685	109531	4732	36915	26500	
1989	221079	117464	4316	45313	28495	
1990	236412	129032	4324	45405	31449	
1991	242587	130986	4038	47839	32640	
1992	271293	148412	5307	57163	38026	
1993	284539	130666	5489	78919	46737	
1994	347451	158315	6735	101117	60263	
1995	426901	194921	8850	128089	68547	
1996	497161	213018	9149	155112	86992	
1997	514373	232721	4383	176254	81573	
1998	536047	220614	5472	193404	93090	
1999	537442	236429	5640	197474	75495	
2000	546383	216318	3649	226293	81118	
2001	559280	228740	5309	245444	72132	
2002	536729	224452	2346	242928	67003	
2003	490206	209739	1414	203477	67276	8300
2004	441912	163246	2247	199912	67272	9235
2005	420496	107174	1746	242534	62639	6403
2006	212632	116110	3101	50638	31968	10815
2007	195712	113231	3238	35214	33578	10451
2008	244953	128399	3586	44465	59917	8587
2009	239756	129849	2232	38962	59889	8824
2010	263544	144942	2937	39719	66671	9276
2011	280401	155773	2109	42671	69719	10129
2012	292133	164957	1675	40250	74622	10628
2013	303070	182976	3626	31656	73704	11108
2014	311261	195611	3579	26890	73570	11610
2015	318815	210824	3651	22100	70212	12028
2016	354657	258923	3889	19130	60134	12580
2017	354888	262810	3521	18065	57726	12767
2018	392133	300832	3197	6238	68754	13113
2019	439764	324913	3056	4457	93539	13798
2020	465165	343462	3214	8150	95181	15159

注：1．绝对值按当年价格计算，指数按可比价格计。

2．2003年起，新增“农林牧渔服务业”；2018年起，“农林牧渔服务业”更名为“农林牧渔专业及辅助性活动”。

3．根据《全国农业普查条例》，2007—2017年的农林牧渔业总产值及指数以全国第三次农业普查结果为基础做了修订。

3-8 续表

年　　份	农林牧渔业总产值(%)	农业	林业	牧业	渔业	农林牧渔专业及辅助性活动
指数（1978=100）						
1978	100.0	100.0	100.0	100.0	100.0	
1979	96.5	97.0	81.0	100.4	79.8	
1980	98.0	100.3	65.6	81.4	88.3	
1981	102.1	108.4	47.7	54.7	88.7	
1982	117.6	120.4	100.3	91.1	101.2	
1983	117.4	115.0	98.8	111.9	111.6	
1984	126.7	122.6	138.8	115.1	120.6	
1985	138.9	131.3	154.2	130.7	127.5	
1986	174.6	158.0	677.2	183.5	166.7	
1987	186.4	160.1	416.9	194.9	241.0	
1988	182.1	143.5	476.4	215.1	262.2	
1989	181.9	138.0	372.4	225.4	288.4	
1990	195.3	150.6	320.6	238.5	316.2	
1991	199.5	149.4	286.4	262.1	335.9	
1992	211.3	163.7	325.7	289.3	356.7	
1993	175.5	115.7	281.8	320.1	332.3	
1994	188.4	123.9	235.5	364.3	382.1	
1995	207.8	132.8	337.0	410.4	407.0	
1996	216.3	122.6	312.7	465.1	467.4	
1997	225.0	129.1	167.7	532.0	540.4	
1998	227.3	103.6	225.3	612.8	659.7	
1999	242.8	140.2	297.4	616.2	686.0	
2000	243.3	111.5	214.9	697.5	769.6	
2001	246.3	111.8	233.4	750.0	765.0	
2002	263.2	150.9	124.5	730.2	652.5	
2003	209.7	105.7	62.1	600.5	665.2	100.0
2004	213.5	118.0	123.9	563.1	647.9	108.0
2005	222.2	107.7	171.4	662.2	653.8	72.9
2006	121.0	108.3	246.6	155.2	590.7	121.2
2007	105.6	102.7	261.7	93.6	584.9	111.5
2008	118.3	104.3	286.3	109.6	899.9	84.1
2009	122.1	107.6	179.0	117.1	929.6	84.7
2010	125.6	105.9	205.3	132.4	982.5	84.7
2011	125.9	109.4	144.5	121.3	983.5	86.0
2012	126.5	107.0	111.7	125.2	1034.5	86.0
2013	126.0	109.4	240.5	107.3	1023.2	86.0
2014	128.2	116.6	236.6	94.9	981.2	86.0
2015	129.4	124.0	242.8	74.0	931.2	86.0
2016	134.4	139.4	251.4	62.8	787.2	86.1
2017	136.8	145.3	243.4	63.6	727.6	86.1
2018	145.9	161.7	220.3	21.6	804.2	86.5
2019	159.4	169.5	213.3	12.5	1087.0	88.0
2020	169.2	180.2	216.1	17.8	1130.7	94.0

3-9 历年农林牧渔业增加值

Added Value of Agriculture over Years

单位：万元

年 份	农林牧渔业增加值	农业	林业	牧业	渔业	农林牧渔专业及辅助性活动
1978	27235	18903	200	3639	2023	
1980	26323	17606	149	3962	1806	
1985	61475	38864	511	8524	4190	
1986	81416	52463	1605	11967	5918	
1987	98236	59904	1542	15438	7897	
1988	118888	63932	2762	21547	15468	
1989	126568	67248	2471	25942	16313	
1990	132787	72474	2429	25503	17664	
1991	134523	72636	2239	26528	18100	
1992	144115	78839	2819	30366	20200	
1993	143953	66106	2777	39926	23645	
1994	174796	79645	3388	50870	30317	
1995	214306	97851	4443	64301	34411	
1996	248645	106537	4576	77576	43507	
1997	256388	115999	2185	87853	40660	
1998	259437	106773	2648	93604	45054	
1999	257863	113438	2706	94747	36222	
2000	259087	102575	1730	107305	38465	
2001	260968	106733	2477	114528	33658	
2002	248791	104041	1087	112605	31058	
2003	228165	96676	658	94708	31313	4810
2004	227087	84939	1155	102730	34569	3694
2005	218212	82306	1162	97864	34412	2468
2006	123936	83612	1913	17938	16011	4462
2007	118198	81560	2106	12471	17747	4314
2008	145778	92486	2332	15747	31668	3545
2009	144076	93530	1451	13798	31654	3643
2010	159445	104402	1910	14066	35238	3829
2011	169717	112203	1372	15112	36849	4181
2012	177991	118819	1089	14255	39441	4387
2013	188907	131797	2358	11211	38955	4586
2014	196427	140899	2328	9523	38884	4793
2015	204133	151857	2374	7827	37110	4965
2016	232783	186502	2529	6775	31783	5193
2017	233770	189302	2290	6398	30510	5270
2018	262729	216689	2079	2209	36339	5413
2019	292955	234035	1988	1801	49436	5696
2020	308947					6273

注：1. 2020年为初步核算数，以往年份为最终核实数。由于分项数据只有年报数据故暂无法提供，2020年年报数据将在2022年出版的东莞统计年鉴中反映。

2. 根据《全国农业普查条例》，2007—2017年的农林牧渔业增加值数据以全国第三次农业普查结果为基础做了修订。

3-10 历年农作物播种面积

Total Sown Area of Farm Crops over Years

单位：亩

年 份	农作物总播种面 积	#粮食				甘蔗	花生	蔬菜（含菜用瓜）
			#稻谷	薯类	大豆			
1978	2859494	2072184	1715230	66400	36764	131200	155021	68743
1979	2585334	1937441	1676936	62537	37993	110580	185434	63959
1980	2436118	1756854	1624873	49665	39261	92397	232541	58550
1981	2267521	1606926	1525072	48999	32143	131453	264903	63768
1982	2204381	1600137	1511345	57188	35450	125787	217612	82982
1983	2193087	1635344	1530918	71430	32029	110684	152335	119370
1984	2165276	1576777	1458801	77105	31718	98449	173198	153636
1985	1950081	1395692	1293847	70997	28982	96627	159918	139795
1986	1791221	1257126	1174464	54993	31469	67920	152214	159100
1987	1795990	1250934	1155554	57850	28471	63655	130292	184744
1988	1792952	1236359	1151493	55368	27929	69694	113882	208930
1989	1834039	1284184	1199979	55964	26200	85238	101077	211217
1990	1848814	1286028	1194153	61281	26444	85977	97808	229532
1991	1791266	1226573	1138043	60107	22785	90137	85537	238418
1992	1561497	963947	889074	51273	20688	76184	67897	318193
1993	1068053	551155	499223	34449	12843	43720	39062	361826
1994	1009468	536191	432051	32615	7542	36346	25344	367122
1995	1078363	598547	527594	43346	7058	28521	24779	379362
1996	1083418	628347	559499	37989	8276	32620	20805	363331
1997	1082610	624091	560506	32629	8190	41427	18490	369113
1998	1101826	624383	558668	34799	7028	48602	16824	385151
1999	1088854	626481	558508	36329	5597	31641	14305	388173
2000	986022	527689	465616	31754	5290	7566	11969	407304
2001	854229	338467	283351	31214	3947	4610	9405	465659
2002	634205	148184	112388	18265	1983	3193	4746	445447
2003	509504	84782	54970	11154	1550	1879	2823	380252
2004	462244	81207	31108	24683	816	868	1544	350412
2005	410648	62084	34356	9390	1006	950	574	315537
2006	333854	34366	25159	4100	183	575	556	241070
2007	285188	31223	19356	4434	236	1766	381	212894
2008	311254	39049	18440	3032	387	2588	621	249296
2009	322609	38886	18124	2905	112	4852	915	262095
2010	301142	33839	25184	1529		3633	801	242636
2011	300806	32103	25230	1692	289	3115	528	242905
2012	294768	28729	22409	2666	618	3337	1108	240986
2013	282876	24027	16858	3441	692	2504	1257	238146
2014	306279	19906	12744	3906	729	1599	1455	268406
2015	302828	16933	10181	4040	1148	2088	1199	268817
2016	329330	15047	8441	3761	944	1311	1023	293956
2017	326220	14600	8437	3797	1004	1796	1004	287594
2018	336092	18138	8412	6787	1247	796	822	290470
2019	347686	18600	7448	7146	1719	889	828	300627
2020	346670	24220	16744	5333	603	642	797	289712

注：1．2006年及以前年份，粮食数据不含大豆。
2．根据《全国农业普查条例》，2007—2017年的农作物播种面积数据以全国第三次农业普查结果为基础做了修订。

3-11 历年农作物产量

Total Output of Farm Crops over Years

单位：吨

年 份	粮食	#稻谷	薯类	大豆	甘蔗	花生	蔬菜（含菜用瓜）
1978	532308	501074	6458	1948	511492	14157	135603
1979	535342	516263	6568	1982	366424	19100	127918
1980	529381	518591	5432	2245	449907	29015	124859
1981	447540	439534	6318	1722	678160	35506	132846
1982	543349	532998	8430	2162	707764	29930	123117
1983	561246	548073	11345	1875	553174	19662	168878
1984	558216	545548	10946	1980	569225	23076	230454
1985	488705	476399	10304	1771	556983	20963	314539
1986	455243	443760	9422	2050	382608	20056	427138
1987	462830	451032	10058	1920	378094	17019	414261
1988	460929	448923	9950	1965	420391	15119	412436
1989	487648	474476	11052	2023	528463	13746	410879
1990	494259	479350	12452	2184	557102	13411	444377
1991	473663	458425	12998	1838	619884	11510	446204
1992	368083	354298	11070	1763	543657	9323	523806
1993	202097	192018	7366	1035	343133	5594	572376
1994	202356	189688	7929	668	313851	3678	537442
1995	227441	210876	10758	647	246707	3724	557807
1996	243204	224469	11271	806	285732	3120	597732
1997	246901	227163	11487	811	354420	2879	641403
1998	247194	223938	13916	758	411555	2588	668753
1999	247287	223403	14580	566	242773	2204	668822
2000	204136	183485	9730	610	54095	1960	658196
2001	128366	109881	9920	426	33387	1556	706775
2002	53732	42508	5420	244	20224	865	653272
2003	30500	20423	3415	215	8019	395	560523
2004	30374	12230	9803	138	4763	216	532116
2005	20004	11941	2733	147	4433	114	460204
2006	10040	7548	1314	31	3167	99	356347
2007	10200	6408	1432	43	11585	106	312510
2008	11637	5898	943	82	17479	138	346622
2009	11226	6382	812	17	28177	123	350725
2010	10554	8453	312		20857	129	329799
2011	10426	8728	342	36	19908	90	337360
2012	9355	7910	515	111	19484	335	327656
2013	7813	6049	841	93	15111	296	320186
2014	6451	4614	1035	109	9178	267	354134
2015	5500	3781	1095	176	12763	263	354786
2016	4806	3130	1034	158	7997	216	400016
2017	4790	3247	1026	156	7874	219	392431
2018	5846	3314	1893	193	3148	186	400136
2019	5852	2945	1955	228	3552	171	415469
2020	8177	6133	1527	99	3235	172	396983

注：根据《全国农业普查条例》，2007—2017年的农作物产量数据以全国第三次农业普查结果为基础做了修订。

3-12 主要年份农作物播种面积、亩产及总产量

Sown Area, Yield Per Acreage and Total Output of Farm Crops in Main Years

单位：亩、公斤/亩、吨

指　　标	1978年			1985年			1990年		
	播种面积	亩产	总产量	播种面积	亩产	总产量	播种面积	亩产	总产量
粮食作物	2072184	257	532308	1395692	350	488705	1286028	384	494259
按品种分									
稻谷	1715230	292	501074	1293847	368	476399	1194153	401	479350
旱粮	290554	85	24776	30848	65	2002	30594	80	2457
薯类	66400	97	6458	70997	145	10304	61281	203	12452
大豆	36764	53	1948	28982	61	1771	26444	83	2184
按季节分									
春收				30978	131	4042	33352	174	5790
夏收	1127790	248	279552	649856	377	244755	614059	399	244890
＃早稻	814852	309	251907	620409	389	241413	587821	410	241018
秋收	944394	268	252757	714858	336	239907	638617	381	243579
＃晚稻	900378	277	249167	673438	349	234985	606332	393	238332
经济作物				306406			209120		
＃甘蔗	131200	3899	511492	96627	5765	556983	85977	6480	557102
糖蔗	130676	3895	508976	91884	5725	526033	83246	6471	538712
果蔗	524	4802	2516	4743	6525	30950	2731	6734	18390
油料作物				160186	131	20974	97808	137	13411
＃花生	155021	91	14157	159918	131	20963	97808	137	13411
其他作物				219001			327222		
＃蔬菜（含菜用瓜）	68743	1973	135603	139795	2250	314539	229532	1936	444377

3-12 续表 1

单位：亩、公斤/亩、吨

指 标	1995年			2000年			2005年		
	播种面积	亩产	总产量	播种面积	亩产	总产量	播种面积	亩产	总产量
粮食作物	598547	380	227441	527689	387	204136	62084	322	20004
按品种分									
稻谷	527594	400	210876	465616	394	183485	34356	348	11941
旱粮	27607	210	5807	30319	360	10921	18338	291	5330
薯类	43346	248	10758	31754	306	9730	9390	291	2733
大豆	7058	92	647	5290	115	610	1006	146	147
按季节分									
春收	17880	224	4008	20787	287	5966	9665	312	3019
夏收	282978	388	109914	245110	392	96015	23286	306	7136
#早稻	255886	405	103592	225985	397	89729	14713	351	5164
秋收	297689	381	113519	261792	390	102155	29133	338	9850
#晚稻	271708	395	107284	239631	391	93756	19643	345	6777
经济作物	62092			35221			18011		
#甘蔗	28521	8650	246707	7566	7150	54095	950	4666	4433
糖蔗	26488	8827	233803	6775	7285	49359	55	8182	450
果蔗	2033	6347	12904	791	5987	4736	895	4450	3983
油料作物	24779	150	3724	11969	164	1960	574	199	114
#花生	24779	150	3724	11969	164	1960	574	199	114
其他作物	410666			417822			329547		
#蔬菜（含菜用瓜）	379362	1470	557807	407304	1616	658196	315537	1458	460204

3-12 续表 2

单位：亩、公斤/亩、吨

指标	2010年			2015年			2020年		
	播种面积	亩产	总产量	播种面积	亩产	总产量	播种面积	亩产	总产量
粮食作物	41922	298	12482	42089	301	12675	24220	338	8177
按品种分									
稻谷	26124	336	8768	11056	371	4106	16744	366	6133
旱粮	12606	242	3046	7734	286	2214	1459	277	404
薯类	3192	209	668	21177	285	6030	5333	286	1527
大豆				2122	153	325	603	164	99
按季节分									
春收	5202	221	1150	6740	266	1794	2317	272	630
夏收	17948	306	5501	17296	295	5104	12325	338	4164
#早稻	12017	330	3965	5574	372	2073	9110	361	3292
秋收	18772	311	5831	18575	316	5864	9578	353	3383
#晚稻	14107	340	4803	5482	371	2033	7634	372	2341
经济作物	14084			15545			31538		
#甘蔗	2944	5418	15952	1301	5367	6982	642	5039	3235
果蔗	2844	5328	15152	1301	5367	6982	642	5039	3235
油料作物	713	161	115	922	219	202	797	216	172
#花生	713	161	115	922	219	202	797	216	172
其他作物	313251			316857			290912		
#蔬菜（含菜用瓜）	300622	1307	392904	313509	1281	401640	289712	1370	396983

3–13 主要年份农机总动力、水利、化肥、农药及农村用电量

Basic Statistics on Total Power of Agricultural Machinery, Water Conservancy, Consumption of Chemical Fertilizers and Pesticides, and Electricity Consumed in Rural Areas in Main Years

指　　标	单 位	1978年	1990年	1995年	2000年	2005年	2010年	2015年	2019年	2020年
农业机械总动力	千瓦	248760	1003980	795120	586063	229297	367988	450375	483025	488025
#耕作机械	千瓦	42550	157910	83482	51848	16386	24079	25863	34014	28432
收获机械	千瓦	6180	84130	54722	51084	969	2280	766	766	766
水利建设总投资	万元	413	5428	16900	35550	59437	78308	90322	132485	300132
化肥施用实物量	吨	113296	235836	124263	103570	52749	41445	25859	18235	17529
氮肥	吨	86371	84642	43441	30214	14439	10214	5817	3888	3675
磷肥	吨	23164	52483	28939	23939	10967	8055	5370	2882	2780
钾肥	吨	3761	26131	16915	14606	6403	5030	3182	2411	2294
复合肥	吨		39098	34968	34811	20940	18146	11490	9054	8780
农药施用量	吨	4276	3453	1924	1836	1090	819	695	519	502
农村用电量	亿千瓦时	0.57	8.25	40.63	131.29	297.07	395.05	476.52	584.22	593.45
平均每一农业人口用电量	千瓦时		826	3778	11666	29762	44051	213135	243529	513244

注：农业机械总动力数据从2010年起采用农业农村局统计口径，数据与往年不可比，下同。

3-14 历年水果面积及产量

Planted Area and Output of Fruits over Years

年 份	年末种植水果面积（亩）	#香（大）蕉	荔 枝	水 果总产量（吨）	#香（大）蕉	荔 枝
1978	93245	18828	46678	26457	13867	4959
1979	91021	17977	46697	23346	12165	8667
1980	88444	15582	46743	23688	10894	7884
1981	97468	18042	48230	46909	25513	15599
1982	114730	28439	50669	58196	40872	7042
1983	159260	39749	63349	77225	42079	20724
1984	235311	66506	84183	105851	69186	14714
1985	407416	125998	115428	189350	133503	19304
1986	609347	171168	168820	307743	210439	18577
1987	609569	158374	175366	363085	222826	17439
1988	548482	99256	176979	263710	125655	7699
1989	476598	54867	164782	221418	69410	6165
1990	452729	54185	160355	282410	73555	16994
1991	440442	56481	154456	343155	85702	6201
1992	420661	81331	139584	344751	97986	22972
1993	360130	86299	117557	271346	80982	717
1994	325336	67595	121236	264875	92072	12703
1995	322876	62351	142370	243231	85466	23324
1996	326291	59822	159403	206276	77768	14804
1997	319556	57583	188220	165016	80355	22572
1998	310873	46377	208899	114106	73978	2885
1999	285514	48975	198144	136317	82169	35218
2000	297618	71454	189862	129367	103913	9107
2001	275428	86578	156019	150115	132292	7059
2002	209924	76764	109948	189343	135209	45339
2003	199634	82024	95812	146414	130688	9012
2004	183375	84812	80115	175389	150669	18312
2005	176845	75452	83357	151255	123986	21026
2006	173470	73493	81395	139582	124601	8615
2007	162987	66203	80313	130579	115606	10107
2008	177332	62804	94953	100016	85004	8498
2009	175784	51120	103364	89490	72993	10240
2010	168619	45463	100136	73288	57746	8266
2011	165314	40674	101458	71124	52449	11032
2012	175740	34416	118158	62035	48700	6333
2013	190520	32466	133793	57990	43375	7910
2014	193855	29142	140915	58806	39922	11500
2015	190965	28231	138273	58835	39121	11280
2016	193328	27977	138981	55081	38804	5492
2017	190927	25381	138151	54583	39051	2962
2018	193456	28806	134860	67675	37102	16917
2019	193136	29576	134365	55775	41903	2786
2020	185345	27546	131576	69661	42125	17400

注：根据《全国农业普查条例》，2007—2017年的水果面积及产量数据以全国第三次农业普查结果为基础做了修订。

3-15 历年林业生产

Basic Statistics on Forestry Production over Years

年 份	林业用地面积（亩）	#杉	松	桉	当年育苗面积（亩）	当年幼林抚育面积（亩）	当年四旁植树（万株）
1978	700570	63994	541492	49008	485	32900	44
1979	705764	67104	543210	50439	880	14900	30
1980	740052	70665	568729	56272	316	9500	15
1981	743697	67236	584674	49994	133	12500	12
1982	698715	63730	535072	52925	500	11945	19
1983	769893	67423	574171	56724	361	40464	17
1984	739402	66107	552721	58092	501	106982	16
1985	761460				801	120000	150
1986	706823	61438	510042	60581	33231	210540	22
1987	714664	57824	526254	75498	1728	53759	35
1988	729896	59351	512451	90998	3667	70275	37
1989	691944	53293	490370	103887	2101	64950	58
1990	709240	47054	484397	133706	3464	56647	54
1991	709306	44432	459015	148127	609	53827	63
1992	662919	39326	422527	149944	762	60764	49
1993	628612	36213	400816	144346	677	28511	57
1994	1016138	43815	382482	129473	2492	28127	34
1995	1015223	43661	360591	125133	4273	25130	48
1996	1014972	9654	248288	115878	699	21000	133
1997	1014954	8843	235410	113928	823	23745	218
1998	1014876	8367	222147	112005	387	36000	417
1999	1009965	10890	221585	133500	506	29863	522
2000	1009037	29940	526797	280618	625	47145	425
2001	1007298	9678	189930	133464	705	45000	357
2002	900335	8265	187665	138525	516	46500	98
2003	890877	6540	66206	105666	420	38910	147
2004	980942				255	60000	625
2005	934700	3086	2860	100145	195	61005	253
2006	930162	3716	60890	162125	15	25320	480
2007	926760	3870	62363	149440	255	43320	600
2008	923097	3873	59864	145340	255	49571	610
2009	921000	3719	58375	143690	610	56545	60
2010	909900	3719	56987	142971	285	37278	18
2011	905370	3719	56801	141945	345	41085	22
2012	902927	2934	41480	99353	360	35790	19
2013	902148	3719	56433	144674	390	39920	309
2014	803735	1091	10821	101783	885	39810	316
2015	803735	1091	10821	101783	906	31403	320
2016	873173	323	7915	40172	456	31021	344
2017	825517	1072	10679	97525	306	24332	354
2018	824008				304	13346	360
2019	810525	1059	10658	96279	239	10305	362
2020	798300	1008	16775	132344	82	22807	358

注：1.经与部门核实，1985年、2004年及2018年广东省没有反馈“杉、松、桉”林业用地面积数据，故空缺。
2.林业用地面积数据含樟木头林场。

3-16 历年畜牧业生产及产品产量

Production of Animal Husbandry and Output of Livestock Products over Years

年 份	牛年末存栏量(头)	羊年末存栏量(头)	生 猪饲养量(头)	生 猪存栏量(头)	生 猪出栏量(头)	三 鸟饲养量(万只)	三 鸟出栏量(万只)	畜 牧总肉量(吨)	#猪肉
1978	53004		1018060	672919	345141	428	219	26920	22790
1979	50595		995408	626435	368973	379	187	29209	25647
1980	53385		799568	501380	298188	420	209	27652	23461
1981	58619		703659	449638	254021	476	252	28011	23387
1982	64067		791518	526106	265412	568	309	33037	27374
1983	69117		842198	489887	352311	630	370	35695	23872
1984	70992		784473	458804	325669	652	369	33260	26301
1985	62763		790505	471268	319237	832	414	33298	25759
1986	62874		812102	428545	383557	940	655	43302	30920
1987	58577		781957	396082	385875	1235	862	46120	32588
1988	54723		811945	402035	409910	1400	1020	56125	35067
1989	52713		846598	407317	439281	1565	1136	58563	38270
1990	48760	1559	870782	410875	459907	1592	1188	62191	40130
1991	44121	1396	930377	420919	509458	1806	1336	68844	44702
1992	32259	1068	981698	448586	533112	1889	1419	67983	45492
1993	18688	783	982084	404352	577732	2185	1647	76562	49470
1994	14219	863	1089793	434904	654889	2334	1730	85443	57920
1995	12207	1593	1250597	469355	781242	2501	1881	97572	68649
1996	12945	1806	1407080	490161	916919	2418	1851	116058	83404
1997	12675	2391	1772892	619114	1153778	2608	1863	128992	99300
1998	10522	2159	2217247	776851	1440396	2291	1742	153513	123874
1999	6811	1508	2573310	900285	1673025	2228	1667	159889	130494
2000	5550	1675	2894126	967056	1927070	2362	1784	179032	149648
2001	4618	1851	3255780	1079397	2176383	2226	1683	198423	168353
2002	2919	1931	3075523	927477	2148046	1962	1557	188774	165344
2003	1727	1789	2525252	742101	1783151	1652	1282	154615	135344
2004	1024	1936	2444990	785289	1659701	1396	1048	146184	128286
2005	827	998	2487962	214120	2273842	1314	1072	171737	159169
2006	82	242	530959	110396	420563	485	312	34891	30199
2007	111		122915	53484	69431	569	485	9640	4302
2008	108		132012	56445	75567	625	532	10421	5227
2009	209		136193	53650	82543	648	551	11072	5607
2010	491	100	151024	51387	99637	636	548	12228	6609
2011	322	90	135495	52325	83170	627	541	11721	5682
2012	151	156	128400	42469	85931	664	578	12638	5873
2013	326	63	90070	19786	70284	405	334	10726	5131
2014	709	3021	86466	23325	63141	384	316	9558	4500
2015	905	2069	60690	19088	41602	373	298	7544	3018
2016	560	2328	54347	19082	35265	345	299	6573	2556
2017	563	2340	51977	17981	33995	370	313	5624	2465
2018		308	22737	8320	14417	85	76	2235	1083
2019			19487	9308	10179	51	39	1290	772
2020	193	527	21652	8310	13342	96	64	1870	1046

注：根据《全国农业普查条例》，2007—2017年的畜牧业生产及产品产量数据以全国第三次农业普查结果为基础做了修订。

3-17 历年水产品产量及养殖面积

Output and Cultured Area of Aquatic Products over Years

年份	水产品产量(吨)	海水产量	海水捕捞	海水养殖	淡水产量	淡水捕捞	淡水养殖	养殖面积(亩)	海水养殖	淡水养殖
1978	30900	23307	23307		7593		7593	89040		89040
1979	22309	13878	13878		8431		8431	94916		94916
1980	25471	17069	17069		8402		8402	95549		95549
1981	24905	15669	15669		9236		9236	104069		104069
1982	27695	16120	16120		11575		11575	112586		112586
1983	30292	17330	17330		12962		12962	116943		116943
1984	32465	18025	18025		14440		14440	119456		119456
1985	32641	15422	15214	208	17219		17219	131350	5301	126049
1986	46534	28439	25918	2521	18095		18095	138651	16078	122573
1987	65679	45214	42793	2421	20465		20465	163225	15036	148189
1988	68087	44111	42926	1185	23976	182	23794	137966	9670	128296
1989	62306	37189	35372	1817	25117	1194	23923	123090	10350	112740
1990	68508	41002	38423	2579	27506	2177	25329	136174	19286	116888
1991	69025	39906	37209	2697	29119	2147	26972	131849	18446	113403
1992	73164	42429	38033	4396	30735	2590	28145	134558	20400	114158
1993	64973	33745	28192	5553	31228	3120	28108	143696	25855	117841
1994	67420	31284	24059	7225	36136	2565	33571	144869	26583	118286
1995	74778	32132	24637	7495	42646	2084	40562	162609	27795	134814
1996	81067	33363	25471	7892	47704	1940	45764	172656	27791	144865
1997	91901	35407	26704	8703	56494	5157	51337	184889	30326	154563
1998	96872	33618	24319	9299	63254	3146	60108	192381	29223	163158
1999	94023	31332	24257	7075	62691	2747	59944	167880	19440	148440
2000	95076	33234	24180	9054	61842	3135	58707	167841	25695	142146
2001	89599	30877	23726	7151	58722	2285	56437	155720	27928	127792
2002	82361	30800	23474	7326	51561	2762	48799	142167	26696	115471
2003	75756	30151	22826	7325	45605	2121	43484	126660	27097	99563
2004	71526	29289	22382	6907	42237	3078	39159	125116	25652	99464
2005	67381	28319	21622	6697	39062	1783	37279	102023	23530	78493
2006	47059	21152	15256	5897	25907	1062	24845	71745	6345	65400
2007	47292	21637	15992	5645	25655	857	24797	71100	5925	65175
2008	72282	21297	14322	6975	50985	512	50473	137718	17559	120159
2009	73323	19034	13205	5829	54289		54289	129136	4197	124939
2010	76268	19300	13257	6043	56968	1563	55405	132960	4147	128813
2011	78229	17816	12255	5561	60413	1801	58612	118676	3473	115203
2012	76967	17131	11664	5467	59836	1513	58323	131640	10175	121465
2013	74526	14672	10783	3889	59854	1494	58360	144005	9395	134610
2014	72660	13838	9386	4452	58822	1442	57380	137818	9114	128704
2015	68946	12662	8375	4287	56284	1560	54724	128550	8850	119700
2016	50171	8169	6305	1864	42002	1373	40629	105833	3873	101960
2017	45536	7482	6203	1279	38054	770	37284	90176	2768	87408
2018	45991	6542	6542		39449	832	38617	83940		83940
2019	48575	6508	6508		42067	776	41291	79510		79510
2020	49423	6302	6302		43121	735	42386	73506		73506

3-18 主要农产品产量与最高年份比较（2020年）

Output of Main Agricultural Products in Comparison with Peak Year (2020)

指　　标	单位	2020年	建国以来最高年份		
			年　份	产　量	2020年为最高年份的(%)
粮食总产量	吨	8177	1977	563463	1.5
#稻　谷	吨	6133	1973	548073	1.1
#早　稻	吨	3292	1983	279723	1.2
晚　稻	吨	2841	1984	279398	1.0
大　豆	吨	99	1954	2790	3.5
经济作物					
#甘　蔗	吨	3235	1982	707764	0.5
花　生	吨	172	1981	35506	0.5
其他作物					
#蔬　菜（含菜用瓜）	吨	396983	2001	706775	56.2
水果总产量	吨	69661	1987	363085	19.2
#香（大）蕉	吨	42125	1987	222826	18.9
荔　枝	吨	17400	2002	45339	38.4
水产品	吨	49423	1998	96872	51.0
生猪年末存栏量	头	8310	2001	1079397	0.8
生猪年出栏头数	头	13342	2005	2273342	0.6
猪肉产量	吨	1046	2001	168353	0.6
三鸟饲养量	万只	96	2000	2362	4.1
三鸟出栏量	万只	64	2000	1784	3.6

主要统计指标解释

Explanatory Notes on Main Statistical Indicators

耕地面积 指可以用来种植农作物、经常进行耕锄的田地，包括熟地、当年新开荒地、连续撂荒未满三年的耕地和当年的休闲地(轮歇地)，还包括以种植农作物为主并附带种植桑树、茶树、果树和其他林木的土地，以及沿海、沿湖地区已围垦利用的“海涂”、“湖田”等面积。不包括属于专业性的桑园、茶园、果园、果木苗圃、林地、芦苇地、天然或人工草地面积。

农作物播种面积 指实际播种或移植有农作物的面积。凡是实际种植有农作物的面积，不论种植在耕地上还是种植在非耕地上，均包括在农作物播种面积中。在播种季节基本结束后，因遭灾而重新改种和补种的农作物面积，也包括在内。

粮食产量 指全社会的产量。包括国有经济经营的、集体统一经营的和农民家庭经营的粮食产量，还包括工矿企业办的农场和其他生产单位的产量。粮食除包括稻谷、小麦、玉米、高粱、谷子及其他杂粮外，还包括薯类和豆类。其产量计算方法，豆类按去豆荚后的干豆计算；薯类(包括甘薯和马铃薯，不包括芋头和木薯)1963年以前按每4公斤鲜薯折1公斤粮食计算，从1964年开始改为按5公斤鲜薯折1公斤粮食计算。城市郊区作为蔬菜的薯类(如马铃薯等)按鲜品计算，并且不作粮食统计。其他粮食一律按脱粒后的原粮计算。

水产品产量 指人工养殖的水产品和天然生长的水产品的捕捞量。包括海水的鱼类、虾蟹类、贝类和藻类以及内陆水域的鱼类、虾蟹类和贝类，不包括淡水生植物。

猪、牛、羊肉产量 指当年出栏并已屠宰、除去头蹄下水后带骨肉(即胴体重)的重量。

期初(末)畜禽存栏头(只)数 指报告期初(末)农村各种合作经济组织和国营农场、农民个人、机关、团体、学校、工矿企业、部队等单位以及城镇居民饲养的大牲畜、猪、羊、家禽等畜禽的存栏数。

农业机械总动力 指主要用于农、林、牧、渔业的各种动力机械的动力总和。包括耕作机械、排灌机械、收获机械、农用运输机械、植物保护机械、牧业机械、林业机械、渔业机械和其他农业机械〔内燃机按引擎马力折成瓦(特)计算、电动机按功率折成瓦(特)计算〕。不包括专门用于乡、镇、村、组办工业、基本建设、非农业运输、科学试验和教学等非农业生产方面用的动力机械与作业机械。

农林牧渔业总产值 指以货币表现的农、林、牧、渔业全部产品的总量，它反映一定时期内农业生产总规模和总成果。农业总产值的计算方法通常是按农林牧渔业产品及其副产品的产量分别乘以各自单位产品价格求得；少数生产周期较长，当年没有产品或产品产量不易统计的，则采用间接方法匡算其产值；然后将四业产品产值相加即为农业总产值。

农林牧渔业增加值 是指农、林、牧、渔及农林牧渔服务业在一定时期内生产货物或提供服务活动而增加的价值。它反映了农业生产经营活动的最终成果和对社会的贡献。

农业增加值的计算方法有两种：(1)生产法，是从生产角度进行计算的一种方法。即用农业总产出减去农业中间消耗求得。由于农户没有健全的核算记录，故农业增加值一般是采用生产法计算。(2)分配法，是从分配角度进行计算的一种方法。是通过农业生产单位在生产经营和劳务活动过程中形成的不含中间消耗的各种收入来计算。具体包括农业劳动者收入、福利基金、利税、固定资产折旧及大修理和其他。

四、工　业

Industry

4-1　主要年份工业主要指标

Main Indicators of Industry in Main Years

指　　　标	单位	1998年	2000年	2005年	2010年	2015年	2019年	2020年
全市工业企业单位数	个	16406	16975	21868	38273	97944	181532	190856
规模以上工业：								
企业单位数	个	1500	1663	4505	5899	5688	10658	11525
固定资产原价	万元	6257040	7288486	18560858	32162507	43550738	60081728	65058756
流动资产合计	万元	3798813	5298239	18732801	37888251	61892638	117866158	127266243
资产总计	万元	9267121	11225950	33453291	60017098	91346482	162004558	175349700
负债合计	万元	4752964	5630399	18580908	35252952	53699190	99159764	104906330
所有者权益合计	万元	4514157	5595551	14872383	24750103	37005020	62847602	71442600
工业增加值	万元	1687134	2594352	10624190	17083110	26119633	41927800	44779143
主营业务收入	万元	6399088	9889058	39121487	77081695	124542179	210747488	224220474
利润总额	万元	255715	503589	1243516	3523632	4075012	7732712	7969135
全员劳动生产率(按增加值计算)	元/人	26688	36101	53340	60854	102756	157461	170029

注：1. 2005年以前数据根据东莞市第一次经济普查取得，2008年数据根据第二次经济普查取得，下同。

2. 规模以上工业企业1997年及以前年份为独立核算工业企业口径， 1998—2005年为全部国有工业及年销售收入500万元以上非国有工业企业口径， 2006—2010年为年主营业务收入500万元及以上工业企业口径，2011年起为年主营业务收入2000万元及以上的工业企业口径，下同。

4-2 历年工业企业单位数

Number of Industrial Enterprises over Years

单位：个

年 份	全市工业企业单位数	#规模以上工业企业	#国有企业	集体企业	外资企业
1949	1		1		
1952	23		20	3	
1957	262		76	186	
1962	280		57	223	
1965	260		61	199	
1970	220		57	163	
1975	324		61	263	
1978	1290	377	64	1226	
1979	1250	428	63	1187	
1980	1293	506	64	1229	
1981	1479	539	64	1415	
1982	1862	574	66	1796	
1983	1964	594	68	1896	
1984	2329	664	69	2109	
1985	4187	763	73	2990	79
1986	5949	831	81	4263	89
1987	8106	912	74	5123	175
1988	8408	972	72	5424	241
1989	8757	1049	76	5835	323
1990	9892	1129	78	6165	525
1991	10094	1213	77	6404	758
1992	11639	1251	72	6400	936
1993	12449	1348	75	7129	1412
1994	14086	1287	45	7185	2193
1995	15215	2431	70	9345	2841
1996	15326	1495	40	8958	2381
1997	16857	1572	41	9949	2379
1998	16406	1500	29	8814	2511
1999	16877	1545	29	10325	3358
2000	16975	1663	23	10184	3610
2001	18094	1680	20	9978	4791
2002	21313	1993	19	198	11737
2003	21935	2042	19	200	11927
2004	22156	4224	13	211	10872
2005	21868	4505	10	220	12234
2006	22447	4580	10	211	12461
2007	22587	4987	16	151	12569
2008	26372	5954	35	484	7611
2009	31160	5801	26	313	7580
2010	38273	5899	21	262	7864
2011	46413	4243	20	215	8676
2012	57808	4526	20	254	8965
2013	67332	5361	17	222	9151
2014	80567	5377	16	194	8911
2015	97944	5688	15	138	8978
2016	121762	5869	14	170	8987
2017	151533	7669	13	165	8920
2018	174368	10054	11	155	8819
2019	181532	10658	11	149	8492
2020	190856	11525	10	143	8075

注：2002年起集体企业不包括“三来一补”企业。

4-3 主要年份工业企业单位数（按不同类型分）

Number of Industrial Enterprises in Main Years (by Ownership)

单位：个

指 标	1998年	2000年	2005年	2010年	2015年	2019年	2020年
全市企业单位数	16406	16975	21868	38273	97944	181532	190856
轻工业	14389	14440	12651	20651	50091	84243	85484
重工业	2017	2535	9217	17622	47853	97289	105372
在总计中：							
（一）规模以上工业企业	1500	1663	4505	5899	5688	10658	11525
按轻重工业分							
轻工业	1082	1124	2569	3183	2909	4946	5162
重工业	418	539	1936	2716	2779	5712	6363
按登记注册类型分							
国有	29	16	5	10	2	1	5
集体	204	248	162	151	31	27	25
私营	24	44	621	1159	1434	5277	6507
联营	5	6	2	5		1	2
股份合作	9	6	1	2			
股份有限公司	6	3	18	20	84	148	121
外商投资	134	201	820	1321	1057	1093	1054
港澳台商投资	1082	1119	2481	2564	1918	2215	2216
其他	7	20	395	667	1162	1396	1595
按企业规模分							
大型企业	16	28	39	84	240	290	276
中型企业	27	19	579	1327	1701	1439	1457
小型企业	1457	1616	3887	4488	3557	8304	8932
微型企业					190	625	850
（二）规模以下工业企业	14906	15312	17363	32374	92256	170874	179331

注：2011年起采用新的企业规模划分标准，共分大型、中型、小型、微型四类企业规模，下同。

4-4 历年规模以上工业企业主要指标

Main Indicators of Industrial Enterprises above Designated Size over Years

年份	企业单位数(个)	工业总产值(万元)	工业增加值(万元)	利润总额(万元)
1978	377	34589	10149	2564
1979	428	39655	13341	2767
1980	506	43631	14647	3344
1981	539	49958	17131	3886
1982	574	57997	20074	4025
1983	594	65653	21309	4107
1984	664	76602	24310	3724
1985	736	120375	34919	2303
1986	831	157965	42826	4529
1987	912	233619	56671	7079
1988	972	339559	79262	10998
1989	1049	442282	93572	23480
1990	1129	597726	134392	6577
1991	1213	837538	176255	25525
1992	1251	1259351	256615	52730
1993	1348	1907897	350460	70382
1994	1287	2755275	566108	140047
1995	2431	3762595	649943	130705
1996	1495	5071395	841401	115994
1997	1572	6149355	1038982	238867
1998	1500	8162888	1687134	257715
1999	1545	10395384	2321454	357952
2000	1663	12714419	2594352	503589
2001	1680	14669051	2906664	433640
2002	1993	20016645	4666142	670514
2003	2042	25574017	5954787	747504
2004	4224	31454169	8004475	966646
2005	4505	39420346	10624190	1243516
2006	4580	48397003	13185849	1600791
2007	4987	58515055	14305996	1913921
2008	5954	66328201	16898996	1430566
2009	5801	60711098	14533667	2972487
2010	5899	77390869	17083110	3523632
2011	4243	84696933	16424508	3165403
2012	4526	94925533	19781297	2916748
2013	5361	110234490	24256174	3137479
2014	5377	121337147	24908441	3659798
2015	5688	127444179	26119633	4075012
2016	5869	146924605	29681560	5027329
2017	7669	176285285	36181853	7220424
2018	10054	203929162	39143817	7189136
2019	10658	215617775	41927800	7732712
2020	11525	218629637	44779143	7969135

4-5 规模以上工业企业单位数（2020年）

Number of Industrial Enterprises above Designated Size (2020)

单位：个

项目	工业单位数	按登记注册类型分		
		内资企业	港澳台商投资企业	外商投资企业
总计	11525	8255	2216	1054
按轻重工业分				
轻工业	5162	3605	1176	381
重工业	6363	4650	1040	673
按企业规模分				
大型企业	276	110	116	50
中型企业	1457	620	578	259
小型企业	8932	6823	1418	691
微型企业	860	702	104	54
按工业行业分（大类）				
煤炭开采和洗选业				
石油和天然气开采业				
黑色金属矿采选业				
有色金属矿采选业				
非金属矿采选业	1	1		
开采专业及辅助性活动				
其他采矿业				
农副食品加工业	68	54	6	8
食品制造业	78	60	18	
酒、饮料和精制茶制造业	16	8	5	3
烟草制品业				
纺织业	211	146	56	9
纺织服装、服饰业	501	377	113	11
皮革、毛皮、羽毛及其制品和制鞋业	435	286	94	55
木材加工和木、竹、藤、棕、草制品业	71	59	8	4
家具制造业	443	344	72	27
造纸和纸制品业	381	305	65	11
印刷和记录媒介复制业	232	161	56	15
文教、工美、体育和娱乐用品制造业	426	231	146	49
石油、煤炭及其他燃料加工业	12	7	5	
化学原料和化学制品制造业	372	286	49	37
医药制造业	29	23	3	3
化学纤维制造业	23	14	7	2
橡胶和塑料制品业	1468	1050	306	112
非金属矿物制品业	268	218	32	18
黑色金属冶炼和压延加工业	43	32	5	6
有色金属冶炼和压延加工业	143	102	29	12
金属制品业	1131	870	187	74
通用设备制造业	687	536	96	55
专用设备制造业	825	631	127	67
汽车制造业	98	54	17	27
铁路、船舶、航空航天和其他运输设备制造业	35	19	7	9
电气机械和器材制造业	1254	854	264	136
计算机、通信和其他电子设备制造业	1836	1214	364	258
仪器仪表制造业	195	132	44	19
其他制造业	131	95	24	12
废弃资源综合利用业	3	3		
金属制品、机械和设备修理业	8	6	2	
电力、热力生产和供应业	22	11	8	3
燃气生产和供应业	33	21		12
水的生产和供应业	46	45	1	

4-6 规模以上工业增加值（2020年）

Value-added of Industrial Enterprises above Designated Size (2020)

单位：万元

项　　目	工业增加值	按登记注册类型分		
		内资企业	港澳台商投资企业	外商投资企业
总　计	44779143	27070527	11712116	5996501
按轻重工业分				
轻工业	15260704	7690788	5874279	1695637
重工业	29518439	19379739	5837837	4300864
按企业规模分				
大型企业	19712018	11960129	5219618	2532271
中型企业	10803308	4954300	3912716	1936293
小型企业	13688361	9685477	2517401	1485483
微型企业	575456	470621	62382	42454
按工业行业分（大类）				
煤炭开采和洗选业				
石油和天然气开采业				
黑色金属矿采选业				
有色金属矿采选业				
非金属矿采选业	3217	3217		
开采专业及辅助性活动				
其他采矿业				
农副食品加工业	564601	369989	58826	135786
食品制造业	387582	182185	205396	
酒、饮料和精制茶制造业	199841	65148	44179	90515
烟草制品业				
纺织业	632346	219307	257347	155692
纺织服装、服饰业	906970	562602	327824	16544
皮革、毛皮、羽毛及其制品和制鞋业	731817	340716	264535	126567
木材加工和木、竹、藤、棕、草制品业	183990	145435	13962	24593
家具制造业	1002821	559801	391138	51882
造纸和纸制品业	2036024	886844	1133399	15781
印刷和记录媒介复制业	739165	412366	237232	89567
文教、工美、体育和娱乐用品制造业	1174634	359717	659695	155222
石油、煤炭及其他燃料加工业	38661	5671	32989	
化学原料和化学制品制造业	956926	637697	152480	166749
医药制造业	242916	225683	2745	14487
化学纤维制造业	77045	19450	53450	4145
橡胶和塑料制品业	3051354	1794139	971332	285883
非金属矿物制品业	1177921	789029	316736	72156
黑色金属冶炼和压延加工业	171579	109942	20210	41427
有色金属冶炼和压延加工业	613551	334020	228045	51486
金属制品业	2815525	1798901	757837	258787
通用设备制造业	1728089	905083	568646	254360
专用设备制造业	2559654	1577990	573084	408580
汽车制造业	518696	171867	71310	275520
铁路、船舶、航空航天和其他运输设备制造业	154113	60435	49962	43716
电气机械和器材制造业	4136252	1878430	1516415	741407
计算机、通信和其他电子设备制造业	15376884	10717371	2398953	2260560
仪器仪表制造业	641278	355961	190958	94358
其他制造业	261049	166965	72020	22064
废弃资源综合利用业	1151	1151		
金属制品、机械和设备修理业	19441	13742	5699	
电力、热力生产和供应业	1339187	1135520	133700	69967
燃气生产和供应业	95048	26347		68702
水的生产和供应业	239815	237805	2010	

4-7 规模以上工业企业主要财务指标（2020年）

Main Financial Indicators of Industrial Enterprises above Designated Size (2020)

指　　标	全市总计	按登记注册类型分			按轻重工业分	
		内资企业	港澳台商投资企业	外商投资企业	轻工业	重工业
企业单位数（个）	11525	8255	2216	1054	5162	6363
年末资产（万元）						
流动资产合计	127266243	83810587	28670532	14785125	36630085	90636158
#产成品存货	9371351	5741637	2281528	1348187	3342776	6028575
资产总计	176349700	114603787	40910511	20835402	52195493	124154208
年末负债（万元）						
负债合计	104906330	75173864	19955677	9776790	29004211	75902120
损益及分配（万元）						
营业收入	230848317	158181080	45839306	26827931	61787870	169060447
营业成本	197069614	133981477	39633507	23454630	52497795	144571819
税金及附加	765855	461823	190574	113458	252818	503037
销售费用	7015150	5690410	819636	505104	1734708	5280442
管理费用	9155000	5589773	2351244	1213983	3251083	5903917
研发费用	9061447	7799193	865373	396881	1300342	7761105
财务费用	716220	450222	135431	130567	358142	358077
利润总额	7969135	4909076	1937274	1122785	2232417	5736719
亏损企业亏损总额	1548675	897080	453169	198426	770231	778443

4-8 规模以上工业企业主要指标（2020年）

Main Indicators of Industrial Enterprises above Designated Size (2020)

项　　目	企业单位数（个）	#亏损企业	工业增加值（万元）
总　计	11525	1967	44779143
按轻重工业分			
轻工业	5162	1057	15260704
重工业	6363	910	29518439
按企业规模分			
大型企业	276	32	19712018
中型企业	1457	320	10803308
小型企业	8932	1381	13688361
微型企业	860	234	575456
按工业行业分（大类）			
煤炭开采和洗选业			
石油和天然气开采业			
黑色金属矿采选业			
有色金属矿采选业			
非金属矿采选业	1		3217
开采专业及辅助性活动			
其他采矿业			
农副食品加工业	68	18	564601
食品制造业	78	10	387582
酒、饮料和精制茶制造业	16	2	199841
烟草制品业			
纺织业	211	45	632346
纺织服装、服饰业	501	140	906970
皮革、毛皮、羽毛及其制品和制鞋业	435	151	731817
木材加工和木、竹、藤、棕、草制品业	71	11	183990
家具制造业	443	103	1002821
造纸和纸制品业	381	62	2036024
印刷和记录媒介复制业	232	45	739165
文教、工美、体育和娱乐用品制造业	426	89	1174634
石油、煤炭及其他燃料加工业	12	3	38661
化学原料和化学制品制造业	372	34	956926
医药制造业	29	8	242916
化学纤维制造业	23	4	77045
橡胶和塑料制品业	1468	196	3051354
非金属矿物制品业	268	42	1177921
黑色金属冶炼和压延加工业	43	3	171579
有色金属冶炼和压延加工业	143	26	613551
金属制品业	1131	147	2815525
通用设备制造业	687	97	1728089
专用设备制造业	825	122	2559654
汽车制造业	98	18	518696
铁路、船舶、航空航天和其他运输设备制造业	35	10	154113
电气机械和器材制造业	1254	187	4136252
计算机、通信和其他电子设备制造业	1836	328	15376884
仪器仪表制造业	195	31	641278
其他制造业	131	22	261049
废弃资源综合利用业	3		1151
金属制品、机械和设备修理业	8		19441
电力、热力生产和供应业	22	4	1339187
燃气生产和供应业	33	1	95048
水的生产和供应业	46	8	239815

4−8 续表 1

(2020年)

单位：万元

项　　目	资产总计	#流动资产合计	#产成品存货	负债合计
总　计	176349700	127266243	9371351	104906330
按轻重工业分				
轻工业	52195493	36630085	3342776	29004211
重工业	124154208	90636158	6028575	75902120
按企业规模分				
大型企业	84226807	61482010	3906657	49716350
中型企业	40204203	27192874	2533242	21791421
小型企业	48898806	36194863	2645066	31038707
微型企业	3019885	2396496	286386	2359853
按工业行业分（大类）				
煤炭开采和洗选业				
石油和天然气开采业				
黑色金属矿采选业				
有色金属矿采选业				
非金属矿采选业	4639	2768		993
开采专业及辅助性活动				
其他采矿业				
农副食品加工业	3437435	2295999	221612	2215906
食品制造业	1379712	901790	70294	738560
酒、饮料和精制茶制造业	804074	441687	11751	451205
烟草制品业				
纺织业	2021224	1543225	119150	797941
纺织服装、服饰业	4328614	3190263	557485	2408231
皮革、毛皮、羽毛及其制品和制鞋业	1901229	1508711	121978	1216222
木材加工和木、竹、藤、棕、草制品业	471302	391144	92109	333938
家具制造业	3000299	2201561	193627	1615281
造纸和纸制品业	7531048	4670974	319347	3458738
印刷和记录媒介复制业	2429174	1746480	105556	1289086
文教、工美、体育和娱乐用品制造业	3196375	2576536	417100	2089964
石油、煤炭及其他燃料加工业	129890	93102	3205	63243
化学原料和化学制品制造业	4204291	2704243	131889	2315327
医药制造业	1438954	849988	13466	879044
化学纤维制造业	165192	127505	12092	80091
橡胶和塑料制品业	8570130	6262523	474469	5442757
非金属矿物制品业	5039249	3441032	209899	2732445
黑色金属冶炼和压延加工业	317193	253522	31330	184675
有色金属冶炼和压延加工业	1043427	844601	82566	668307
金属制品业	8442923	5928493	496568	4673121
通用设备制造业	6800619	5398640	397603	3931849
专用设备制造业	7725991	5662878	565934	4191821
汽车制造业	2145471	1418477	99833	1050993
铁路、船舶、航空航天和其他运输设备制造业	696729	432956	74237	637184
电气机械和器材制造业	15537492	11706877	901045	8637010
计算机、通信和其他电子设备制造业	69361137	56514433	3405977	44722829
仪器仪表制造业	2230483	1623070	129670	1105586
其他制造业	796617	552069	48951	472250
废弃资源综合利用业	7655	4933	1245	6842
金属制品、机械和设备修理业	49758	29482	247	21712
电力、热力生产和供应业	8425150	1228800	233	4955054
燃气生产和供应业	568300	144284	2729	302090
水的生产和供应业	2147927	573200	3155	1215340

4-8 续表 2

(2020年)

单位：万元

项目	营业收入	税金及附加	成本费用总额	本年应交增值税
总计	230848317	765855	223017431	4041423
按轻重工业分				
轻工业	61787870	262818	59142070	1132932
重工业	169060447	503037	163875360	2908491
按企业规模分				
大型企业	124002630	336365	120273411	2062631
中型企业	43685191	181323	41761131	768027
小型企业	60467671	239510	58282055	1171422
微型企业	2692826	8656	2700836	39343
按工业行业分（大类）				
煤炭开采和洗选业				
石油和天然气开采业				
黑色金属矿采选业				
有色金属矿采选业				
非金属矿采选业	3654	263	1702	438
开采专业及辅助性活动				
其他采矿业				
农副食品加工业	8467598	9085	8207395	30458
食品制造业	1421170	7735	1316817	47011
酒、饮料和精制茶制造业	774556	17352	681407	25718
烟草制品业				
纺织业	1999427	10511	1889316	30310
纺织服装、服饰业	3605854	13995	3565476	60983
皮革、毛皮、羽毛及其制品和制鞋业	2460294	11587	2511130	33271
木材加工和木、竹、藤、棕、草制品业	457319	2052	432033	14475
家具制造业	3533789	17062	3391875	76990
造纸和纸制品业	8879379	44063	8293667	301617
印刷和记录媒介复制业	2612810	10490	2490625	43429
文教、工美、体育和娱乐用品制造业	3945634	18671	3885859	43444
石油、煤炭及其他燃料加工业	153905	794	145978	3020
化学原料和化学制品制造业	4332674	18019	4033803	118716
医药制造业	606953	2966	501341	21593
化学纤维制造业	195947	1046	164074	3974
橡胶和塑料制品业	10939061	43228	10543092	206242
非金属矿物制品业	4859665	24483	4526444	136525
黑色金属冶炼和压延加工业	534656	1208	523084	6971
有色金属冶炼和压延加工业	1634199	3496	1595923	18822
金属制品业	9446219	39096	8985394	221626
通用设备制造业	8367013	32899	7940864	141890
专用设备制造业	7502917	39728	6927376	188328
汽车制造业	2112956	7814	1989554	36863
铁路、船舶、航空航天和其他运输设备制造业	729043	4468	708447	9040
电气机械和器材制造业	17404301	63034	16579968	252045
计算机、通信和其他电子设备制造业	112701631	275728	110412140	1739712
仪器仪表制造业	2078588	9945	1930295	37343
其他制造业	1031088	4565	986453	17100
废弃资源综合利用业	15608	17	15506	199
金属制品、机械和设备修理业	45462	285	42254	2666
电力、热力生产和供应业	6646019	24832	6559709	144939
燃气生产和供应业	821735	1393	754856	7325
水的生产和供应业	527193	3944	483580	18342

4-8 续表 3

(2020年)

项　　目	亏损企业亏损总额(万元)	从业人员平均人数(人)	利润总额(万元)	人均利润(元)
总　　计	1548675	2633615	7969135	30259
按轻重工业分				
轻工业	770231	1112123	2232417	20073
重工业	778443	1521492	5736719	37705
按企业规模分				
大型企业	255264	862149	4367995	50664
中型企业	550861	851681	1703296	19999
小型企业	581880	909025	1986941	21858
微型企业	160670	10760	-89097	-82804
按工业行业分（大类）				
煤炭开采和洗选业				
石油和天然气开采业				
黑色金属矿采选业				
有色金属矿采选业				
非金属矿采选业		29	1689	582414
开采专业及辅助性活动				
其他采矿业				
农副食品加工业	24423	11574	208417	180073
食品制造业	8914	21887	80734	36887
酒、饮料和精制茶制造业	3464	5023	68039	135455
烟草制品业				
纺织业	7163	40134	104215	25967
纺织服装、服饰业	114733	95937	-33756	-3519
皮革、毛皮、羽毛及其制品和制鞋业	88792	99364	-43461	-4374
木材加工和木、竹、藤、棕、草制品业	2086	8677	24186	27874
家具制造业	45547	82929	137497	16580
造纸和纸制品业	13368	70544	612254	86790
印刷和记录媒介复制业	16049	54509	116568	21385
文教、工美、体育和娱乐用品制造业	112805	143292	-14695	-1026
石油、煤炭及其他燃料加工业	1121	608	6030	99178
化学原料和化学制品制造业	22181	33622	288504	85808
医药制造业	47363	6024	52561	87253
化学纤维制造业	2503	3283	30949	94270
橡胶和塑料制品业	190592	232037	300757	12962
非金属矿物制品业	21312	53382	284032	53207
黑色金属冶炼和压延加工业	442	3036	10715	35293
有色金属冶炼和压延加工业	7674	15422	36463	23643
金属制品业	82383	187805	449706	23945
通用设备制造业	79600	106909	385673	36075
专用设备制造业	51798	155274	564204	36336
汽车制造业	17844	26826	122481	45658
铁路、船舶、航空航天和其他运输设备制造业	5816	9605	18177	18925
电气机械和器材制造业	108811	308057	791393	25690
计算机、通信和其他电子设备制造业	416704	765637	2915953	38085
仪器仪表制造业	18495	43094	139817	32445
其他制造业	6379	20074	42839	21341
废弃资源综合利用业		118	83	7034
金属制品、机械和设备修理业		996	2893	29046
电力、热力生产和供应业	7621	20262	146620	72362
燃气生产和供应业	5612	1701	70589	414985
水的生产和供应业	17082	5944	47011	79090

4-9 规模以上工业企业主要经济效益指标（2020年）

Main Indicators on Economic Benefit of Industrial Enterprises above Designated Size (2020)

项　　目	工业增加值率(%)	总资产贡献率(%)	资　产负债率(%)	流动资产周转率(次/年)	成本费用利润率(%)	全员劳动生产率(元/人)
总　　计	20.5	7.6	59.5	1.8	3.6	170029
按轻重工业分						
轻工业	24.6	7.3	55.6	1.7	3.8	137221
重工业	18.9	7.7	61.1	1.9	3.5	194010
按企业规模分						
大型企业	18.0	8.2	59.0	2.0	3.6	228638
中型企业	23.9	7.1	54.2	1.6	4.1	126847
小型企业	22.5	7.3	63.5	1.7	3.4	150583
微型企业	21.5	-1.2	78.1	1.1	-3.3	534810
按工业行业分（大类）						
煤炭开采和洗选业						
石油和天然气开采业						
黑色金属矿采选业						
有色金属矿采选业						
非金属矿采选业	88.0	51.5	21.4	1.3	99.3	1109310
开采专业及辅助性活动						
其他采矿业						
农副食品加工业	8.2	7.6	64.5	3.7	2.5	487818
食品制造业	27.1	10.2	53.5	1.6	6.1	177083
酒、饮料和精制茶制造业	25.1	13.6	56.1	1.8	10.0	397852
烟草制品业						
纺织业	31.2	7.3	39.5	1.3	5.5	157559
纺织服装、服饰业	22.3	1.7	55.6	1.1	-1.0	94538
皮革、毛皮、羽毛及其制品和制鞋业	29.4	0.3	64.0	1.6	-1.7	73650
木材加工和木、竹、藤、棕、草制品业	37.4	9.8	70.9	1.2	5.6	212043
家具制造业	27.4	7.9	53.8	1.6	4.1	120925
造纸和纸制品业	22.0	13.0	45.9	1.9	7.4	288618
印刷和记录媒介复制业	27.4	7.3	53.1	1.5	4.7	135604
文教、工美、体育和娱乐用品制造业	29.6	1.8	65.4	1.5	-0.4	81975
石油、煤炭及其他燃料加工业	24.6	7.9	48.7	1.7	4.1	635872
化学原料和化学制品制造业	21.3	10.9	55.1	1.6	7.2	284613
医药制造业	52.5	6.5	61.1	0.7	10.5	403247
化学纤维制造业	33.9	22.1	48.5	1.5	18.9	234679
橡胶和塑料制品业	27.0	6.8	63.5	1.8	2.9	131503
非金属矿物制品业	24.2	9.2	54.2	1.4	6.3	220659
黑色金属冶炼和压延加工业	30.3	6.4	58.2	2.1	2.1	565148
有色金属冶炼和压延加工业	37.6	6.5	64.1	1.9	2.3	397841
金属制品业	28.8	8.7	55.4	1.6	5.0	149917
通用设备制造业	19.8	8.3	57.8	1.6	4.9	161641
专用设备制造业	32.7	10.5	54.3	1.3	8.1	164848
汽车制造业	23.2	8.3	49.0	1.5	6.2	193356
铁路、船舶、航空航天和其他运输设备制造业	20.6	4.9	91.5	1.7	2.6	160451
电气机械和器材制造业	22.8	7.4	55.6	1.5	4.8	134269
计算机、通信和其他电子设备制造业	15.6	7.3	64.5	2.0	2.6	200838
仪器仪表制造业	29.7	8.7	49.6	1.3	7.2	148809
其他制造业	23.9	8.5	59.3	1.9	4.3	130043
废弃资源综合利用业	8.7	3.9	89.4	3.2	0.5	97542
金属制品、机械和设备修理业	46.5	11.8	43.6	1.5	6.9	195191
电力、热力生产和供应业	20.6	4.9	58.8	5.4	2.2	660935
燃气生产和供应业	11.7	14.4	53.2	5.7	9.4	558777
水的生产和供应业	45.6	4.4	56.6	0.9	9.7	403457

4-10 规模以上国有及国有控股工业企业主要经济指标（2020年）

Main Indicators of State-owned and State-holding Industrial Enterprises above Designated Size (2020)

项　　目	企　业 单位数 (个)	#亏损 企业	工　业 增加值 (万元)	营　业 收　入 (万元)
总　　计	57	10	1992279	10242698
按轻重工业分				
轻工业	13	3	86351	824209
重工业	44	7	1905928	9418489
按企业规模分				
大型企业	8	1	1372963	7651407
中型企业	17	4	485956	1940864
小型企业	31	5	119830	605521
微型企业	1		13530	44905
按工业行业分（大类）				
煤炭开采和洗选业				
石油和天然气开采业				
黑色金属矿采选业				
有色金属矿采选业				
非金属矿采选业				
开采专业及辅助性活动				
其他采矿业				
农副食品加工业	3	2	47109	686681
食品制造业	1		1861	7806
酒、饮料和精制茶制造业	1		8500	52343
烟草制品业				
纺织业				
纺织服装、服饰业	1		7403	10933
皮革、毛皮、羽毛及其制品和制鞋业				
木材加工和木、竹、藤、棕、草制品业				
家具制造业				
造纸和纸制品业				
印刷和记录媒介复制业	1		1759	6912
文教、工美、体育和娱乐用品制造业	1		9694	16292
石油、煤炭及其他燃料加工业				
化学原料和化学制品制造业	5		157672	519365
医药制造业				
化学纤维制造业				
橡胶和塑料制品业	3		3036	16510
非金属矿物制品业	1		3063	16849
黑色金属冶炼和压延加工业	2		26153	80934
有色金属冶炼和压延加工业				
金属制品业	6	1	25242	81656
通用设备制造业	1		24317	94346
专用设备制造业	1		28338	54496
汽车制造业				
铁路、船舶、航空航天和其他运输设备制造业	1	1	29103	154047
电气机械和器材制造业	4	1	31467	113631
计算机、通信和其他电子设备制造业	7	1	300208	2262122
仪器仪表制造业				
其他制造业				
废弃资源综合利用业				
金属制品、机械和设备修理业	1		7730	11990
电力、热力生产和供应业	7		1154819	5781508
燃气生产和供应业	1	1	993	10090
水的生产和供应业	9	3	123812	264187

4-10 续表

(2020年)

项　　目	亏损企业亏损总额(万元)	利润总额(万元)	人均利润(元)
总　　计	71259	127344	23773
按轻重工业分			
轻工业	16479	1434	5315
重工业	54780	125910	24752
按企业规模分			
大型企业	22225	25119	6310
中型企业	31946	88430	81218
小型企业	17088	13476	47185
微型企业		320	246154
按工业行业分（大类）			
煤炭开采和洗选业			
石油和天然气开采业			
黑色金属矿采选业			
有色金属矿采选业			
非金属矿采选业			
开采专业及辅助性活动			
其他采矿业			
农副食品加工业	2017	7133	127603
食品制造业		581	55865
酒、饮料和精制茶制造业		2228	67927
烟草制品业			
纺织业			
纺织服装、服饰业		626	11789
皮革、毛皮、羽毛及其制品和制鞋业			
木材加工和木、竹、藤、棕、草制品业			
家具制造业			
造纸和纸制品业			
印刷和记录媒介复制业		167	16214
文教、工美、体育和娱乐用品制造业		4103	102832
石油、煤炭及其他燃料加工业			
化学原料和化学制品制造业		71284	608745
医药制造业			
化学纤维制造业			
橡胶和塑料制品业		1005	55525
非金属矿物制品业		1874	164386
黑色金属冶炼和压延加工业		652	105161
有色金属冶炼和压延加工业			
金属制品业	9448	-4011	-38273
通用设备制造业		7946	73985
专用设备制造业		9243	75824
汽车制造业			
铁路、船舶、航空航天和其他运输设备制造业	1745	-1745	-19966
电气机械和器材制造业	14462	-11368	-48169
计算机、通信和其他电子设备制造业	22225	603	278
仪器仪表制造业			
其他制造业			
废弃资源综合利用业			
金属制品、机械和设备修理业		981	24282
电力、热力生产和供应业		26257	14076
燃气生产和供应业	5612	-5612	-374133
水的生产和供应业	15750	15400	60966

4-11 规模以上国有及国有控股工业企业主要经济效益指标（2020年）

Main Indicators on Economic Benefit of State-owned and State-holding Industrial Enterprises above Designated Size (2020)

项　　目	工业增加值率（%）	总资产贡献率（%）	资　产负债率（%）	流动资产周转率（次/年）	成本费用利润率（%）	全员劳动生产率（元/人）
总　计	19.9	4.2	62.8	3.4	1.3	371930
按轻重工业分						
轻工业	11.3	1.8	64.6	2.4	0.2	320056
重工业	20.7	4.4	62.8	3.5	1.4	374681
按企业规模分						
大型企业	18.4	3.3	59.7	4.5	0.3	344888
中型企业	25.0	6.7	66.7	2.1	4.8	446323
小型企业	23.0	4.0	74.0	1.6	2.3	419573
微型企业	30.1	1.4	72.0	2.0	0.7	10407692
按工业行业分（大类）						
煤炭开采和洗选业						
石油和天然气开采业						
黑色金属矿采选业						
有色金属矿采选业						
非金属矿采选业						
开采专业及辅助性活动						
其他采矿业						
农副食品加工业	7.6	3.5	76.7	3.4	1.1	842737
食品制造业	23.8	3.9	52.7	1.7	8.1	178942
酒、饮料和精制茶制造业	17.3	3.8	15.7	0.9	4.5	259146
烟草制品业						
纺织业						
纺织服装、服饰业	51.5	3.1	24.1	0.6	6.1	139416
皮革、毛皮、羽毛及其制品和制鞋业						
木材加工和木、竹、藤、棕、草制品业						
家具制造业						
造纸和纸制品业						
印刷和记录媒介复制业	22.4	2.3	36.9	1.1	2.5	170777
文教、工美、体育和娱乐用品制造业	65.9	21.6	58.4	0.7	34.1	242957
石油、煤炭及其他燃料加工业						
化学原料和化学制品制造业	30.9	16.7	74.4	3.1	15.9	1346473
医药制造业						
化学纤维制造业						
橡胶和塑料制品业	21.0	10.2	50.4	1.4	6.5	167735
非金属矿物制品业	15.1	7.0	60.7	0.8	12.6	268684
黑色金属冶炼和压延加工业	30.1	3.9	69.4	2.6	0.8	4218226
有色金属冶炼和压延加工业						
金属制品业	33.8	-1.0	97.9	1.0	-4.8	240859
通用设备制造业	26.7	15.7	47.8	1.6	9.1	226415
专用设备制造业	30.7	7.7	75.2	0.3	20.2	232469
汽车制造业						
铁路、船舶、航空航天和其他运输设备制造业	19.5	1.3	134.1	1.3	-1.1	332986
电气机械和器材制造业	26.0	-6.2	72.1	1.5	-10.2	133335
计算机、通信和其他电子设备制造业	14.0	3.5	75.6	2.5	0.03	138313
仪器仪表制造业						
其他制造业						
废弃资源综合利用业						
金属制品、机械和设备修理业	65.3	31.4	46.5	2.0	9.0	191337
电力、热力生产和供应业	20.4	3.4	58.0	7.4	0.5	519073
燃气生产和供应业	9.8	-37.9	23.4	5.9	-46.9	66200
水的生产和供应业	45.9	3.3	51.2	1.0	6.1	490150

4-12 规模以上集体工业企业主要经济指标（2020年）

Main Indicators of Collective-owned Industrial Enterprises above Designated Size (2020)

项目	企业单位数（个）	#亏损企业	工业增加值（万元）	营业收入（万元）
总计	25	3	61367	170741
按轻重工业分				
轻工业	2	1	659	30333
重工业	23	2	60708	140409
按企业规模分				
大型企业				
中型企业				
小型企业	24	3	61367	170741
微型企业	1			
按工业行业分（大类）				
煤炭开采和洗选业				
石油和天然气开采业				
黑色金属矿采选业				
有色金属矿采选业				
非金属矿采选业				
开采专业及辅助性活动				
其他采矿业				
农副食品加工业	1	1	125	28345
食品制造业				
酒、饮料和精制茶制造业				
烟草制品业				
纺织业				
纺织服装、服饰业				
皮革、毛皮、羽毛及其制品和制鞋业				
木材加工和木、竹、藤、棕、草制品业				
家具制造业				
造纸和纸制品业				
印刷和记录媒介复制业	1		534	1987
文教、工美、体育和娱乐用品制造业				
石油、煤炭及其他燃料加工业				
化学原料和化学制品制造业	1		200	1704
医药制造业				
化学纤维制造业				
橡胶和塑料制品业				
非金属矿物制品业				
黑色金属冶炼和压延加工业				
有色金属冶炼和压延加工业				
金属制品业				
通用设备制造业				
专用设备制造业				
汽车制造业				
铁路、船舶、航空航天和其他运输设备制造业				
电气机械和器材制造业				
计算机、通信和其他电子设备制造业	1			
仪器仪表制造业				
其他制造业				
废弃资源综合利用业				
金属制品、机械和设备修理业				
电力、热力生产和供应业				
燃气生产和供应业				
水的生产和供应业	21	2	60508	138705

4-12 续表

(2020年)

项目	亏损企业亏损总额(万元)	利润总额(万元)	人均利润(元)
总计	1134	8187	34443
按轻重工业分			
轻工业	503	-232	-30526
重工业	630	8418	36584
按企业规模分			
大型企业			
中型企业			
小型企业	1134	8076	33976
微型企业		111	
按工业行业分（大类）			
煤炭开采和洗选业			
石油和天然气开采业			
黑色金属矿采选业			
有色金属矿采选业			
非金属矿采选业			
开采专业及辅助性活动			
其他采矿业			
农副食品加工业	503	-503	-143714
食品制造业			
酒、饮料和精制茶制造业			
烟草制品业			
纺织业			
纺织服装、服饰业			
皮革、毛皮、羽毛及其制品和制鞋业			
木材加工和木、竹、藤、棕、草制品业			
家具制造业			
造纸和纸制品业			
印刷和记录媒介复制业		271	66098
文教、工美、体育和娱乐用品制造业			
石油、煤炭及其他燃料加工业			
化学原料和化学制品制造业		89	15085
医药制造业			
化学纤维制造业			
橡胶和塑料制品业			
非金属矿物制品业			
黑色金属冶炼和压延加工业			
有色金属冶炼和压延加工业			
金属制品业			
通用设备制造业			
专用设备制造业			
汽车制造业			
铁路、船舶、航空航天和其他运输设备制造业			
电气机械和器材制造业			
计算机、通信和其他电子设备制造业		111	
仪器仪表制造业			
其他制造业			
废弃资源综合利用业			
金属制品、机械和设备修理业			
电力、热力生产和供应业			
燃气生产和供应业			
水的生产和供应业	630	8218	36655

4-13 规模以上集体工业企业主要经济效益指标（2020年）

Main Indicators on Economic Benefit of Collective-owned Industrial Enterprises above Designated Size (2020)

项　　目	工业增加值率(%)	总资产贡献率(%)	资　产负债率(%)	流动资产周转率(次/年)	成本费用利润率(%)	全员劳动生产率(元/人)
总　　计	35.4	3.7	68.6	0.9	5.0	258170
按轻重工业分						
轻工业	2.3	-4.3	62.8	11.7	-0.8	86711
重工业	42.0	3.8	68.6	0.7	6.3	263833
按企业规模分						
大型企业						
中型企业						
小型企业	35.4	3.7	68.6	0.9	4.9	258170
微型企业		576.6	82.8		105.6	
按工业行业分（大类）						
煤炭开采和洗选业						
石油和天然气开采业						
黑色金属矿采选业						
有色金属矿采选业						
非金属矿采选业						
开采专业及辅助性活动						
其他采矿业						
农副食品加工业	0.5	-29.3	169.3	506.2	-1.7	35714
食品制造业						
酒、饮料和精制茶制造业						
烟草制品业						
纺织业						
纺织服装、服饰业						
皮革、毛皮、羽毛及其制品和制鞋业						
木材加工和木、竹、藤、棕、草制品业						
家具制造业						
造纸和纸制品业						
印刷和记录媒介复制业	27.6	8.8	6.6	0.8	14.1	130244
文教、工美、体育和娱乐用品制造业						
石油、煤炭及其他燃料加工业						
化学原料和化学制品制造业	11.7	10.7	46.2	1.3	5.4	33898
医药制造业						
化学纤维制造业						
橡胶和塑料制品业						
非金属矿物制品业						
黑色金属冶炼和压延加工业						
有色金属冶炼和压延加工业						
金属制品业						
通用设备制造业						
专用设备制造业						
汽车制造业						
铁路、船舶、航空航天和其他运输设备制造业						
电气机械和器材制造业						
计算机、通信和其他电子设备制造业		576.6	82.8		105.6	
仪器仪表制造业						
其他制造业						
废弃资源综合利用业						
金属制品、机械和设备修理业						
电力、热力生产和供应业						
燃气生产和供应业						
水的生产和供应业	42.4	3.7	68.7	0.7	6.3	269884

4-14 规模以上外商投资工业企业主要经济指标（2020年）

Main Indicators of Industrial Enterprises above Designated Size with Foreign Funds (2020)

项　　目	企　业 单位数 (个)	#亏　损 企　业	工　业 增加值 (万元)	营　业 收　入 (万元)
总　　计	1054	250	5996501	26827931
按轻重工业分				
轻工业	381	116	1695637	7239689
重工业	673	134	4300864	19588242
按企业规模分				
大型企业	50	6	2532271	10999695
中型企业	259	67	1936293	8789532
小型企业	691	153	1485483	6833155
微型企业	54	24	42454	205550
按工业行业分（大类）				
煤炭开采和洗选业				
石油和天然气开采业				
黑色金属矿采选业				
有色金属矿采选业				
非金属矿采选业				
开采专业及辅助性活动				
其他采矿业				
农副食品加工业	8	2	135786	1866636
食品制造业				
酒、饮料和精制茶制造业	3		90515	342910
烟草制品业				
纺织业	9	2	155692	490225
纺织服装、服饰业	11	6	16544	67187
皮革、毛皮、羽毛及其制品和制鞋业	55	31	126567	433987
木材加工和木、竹、藤、棕、草制品业	4	2	24593	95098
家具制造业	27	13	51882	225457
造纸和纸制品业	11	3	15781	80228
印刷和记录媒介复制业	15	5	89567	287165
文教、工美、体育和娱乐用品制造业	49	11	155222	487607
石油、煤炭及其他燃料加工业				
化学原料和化学制品制造业	37	4	166749	823787
医药制造业	3		14487	34667
化学纤维制造业	2		4145	14082
橡胶和塑料制品业	112	28	285883	1015408
非金属矿物制品业	18	3	72156	203919
黑色金属冶炼和压延加工业	6	2	41427	139095
有色金属冶炼和压延加工业	12	3	51486	143544
金属制品业	74	9	258787	1030500
通用设备制造业	55	12	254360	1260273
专用设备制造业	67	15	408580	1033369
汽车制造业	27	6	275520	1214919
铁路、船舶、航空航天和其他运输设备制造业	9	3	43716	143963
电气机械和器材制造业	136	26	741407	2883775
计算机、通信和其他电子设备制造业	258	59	2260560	11179139
仪器仪表制造业	19	3	94358	325501
其他制造业	12	2	22064	117590
废弃资源综合利用业				
金属制品、机械和设备修理业				
电力、热力生产和供应业	3		69967	320197
燃气生产和供应业	12		68702	546704
水的生产和供应业				

4-14 续表

(2020年)

项 目	亏损企业亏损总额(万元)	利润总额(万元)	人均利润(元)
总 计	198426	1122785	27345
按轻重工业分			
轻工业	89765	274329	20737
重工业	108660	848456	30486
按企业规模分			
大型企业	13323	522957	32701
中型企业	105244	296419	18947
小型企业	70707	302750	32275
微型企业	9151	659	15184
按工业行业分（大类）			
煤炭开采和洗选业			
石油和天然气开采业			
黑色金属矿采选业			
有色金属矿采选业			
非金属矿采选业			
开采专业及辅助性活动			
其他采矿业			
农副食品加工业	8547	54133	256676
食品制造业			
酒、饮料和精制茶制造业		37323	438578
烟草制品业			
纺织业	141	42552	44141
纺织服装、服饰业	5609	-4544	-17960
皮革、毛皮、羽毛及其制品和制鞋业	29234	-25142	-12032
木材加工和木、竹、藤、棕、草制品业	1544	3196	25650
家具制造业	17688	-10788	-16390
造纸和纸制品业	539	2510	24705
印刷和记录媒介复制业	3644	14441	18976
文教、工美、体育和娱乐用品制造业	2667	13567	7542
石油、煤炭及其他燃料加工业			
化学原料和化学制品制造业	752	67893	128294
医药制造业		2318	28097
化学纤维制造业		1092	62045
橡胶和塑料制品业	14635	44010	17788
非金属矿物制品业	2191	20824	50939
黑色金属冶炼和压延加工业	423	1384	24196
有色金属冶炼和压延加工业	1501	4221	36641
金属制品业	5992	41102	22662
通用设备制造业	13971	37113	22115
专用设备制造业	7122	74704	26892
汽车制造业	2142	75705	56977
铁路、船舶、航空航天和其他运输设备制造业	2102	2289	6748
电气机械和器材制造业	18401	154372	27184
计算机、通信和其他电子设备制造业	57879	391464	25017
仪器仪表制造业	1320	8141	9826
其他制造业	383	1838	10895
废弃资源综合利用业			
金属制品、机械和设备修理业			
电力、热力生产和供应业		12960	626087
燃气生产和供应业		54109	1161137
水的生产和供应业			

4-15 规模以上外商投资工业企业主要经济效益指标（2020年）

Main Indicators on Economic Benefit of Industrial Enterprises above Designated Size with Foreign Funds (2020)

项　　目	工业增加值率 (%)	总资产贡献率 (%)	资　产负债率 (%)	流动资产周转率 (次/年)	成本费用利润率 (%)	全员劳动生产率 (元/人)
总　　计	21.8	8.1	46.9	1.8	4.4	146041
按轻重工业分						
轻工业	24.9	7.2	47.5	1.7	4.0	128175
重工业	20.8	8.5	46.7	1.9	4.5	154533
按企业规模分						
大型企业	21.4	9.6	42.2	2.0	5.0	158347
中型企业	22.7	6.7	47.9	1.8	3.5	123765
小型企业	21.7	8.0	51.3	1.6	4.7	158364
微型企业	18.1	1.4	58.5	1.2	0.3	978203
按工业行业分（大类）						
煤炭开采和洗选业						
石油和天然气开采业						
黑色金属矿采选业						
有色金属矿采选业						
非金属矿采选业						
开采专业及辅助性活动						
其他采矿业						
农副食品加工业	10.7	8.3	60.8	3.3	3.0	643841
食品制造业						
酒、饮料和精制茶制造业	24.4	23.4	40.7	2.0	12.9	1063531
烟草制品业						
纺织业	31.8	7.9	32.4	0.9	9.5	161506
纺织服装、服饰业	24.8	-5.3	70.1	1.3	-6.4	65391
皮革、毛皮、羽毛及其制品和制鞋业	30.7	-3.2	55.5	1.1	-5.5	60570
木材加工和木、竹、藤、棕、草制品业	21.6	8.0	77.8	0.8	3.5	197376
家具制造业	21.8	-2.2	56.9	1.2	-4.5	78324
造纸和纸制品业	18.9	6.6	36.9	1.3	3.2	155325
印刷和记录媒介复制业	27.5	8.6	55.0	1.6	5.3	117696
文教、工美、体育和娱乐用品制造业	30.7	5.8	55.1	1.5	2.9	86287
石油、煤炭及其他燃料加工业						
化学原料和化学制品制造业	19.0	10.8	45.2	1.4	9.0	315096
医药制造业	39.4	11.6	58.0	1.9	7.1	175600
化学纤维制造业	29.4	11.4	60.0	1.3	8.4	235511
橡胶和塑料制品业	27.2	6.8	43.8	1.3	4.5	115546
非金属矿物制品业	32.2	13.7	26.0	1.7	10.8	176507
黑色金属冶炼和压延加工业	30.1	3.1	38.8	1.9	1.0	724248
有色金属冶炼和压延加工业	37.2	5.8	49.9	1.5	3.0	446927
金属制品业	24.8	7.7	40.8	1.6	4.2	142685
通用设备制造业	20.0	7.0	43.3	1.8	3.1	151567
专用设备制造业	38.5	9.8	37.2	1.5	7.8	147082
汽车制造业	22.3	9.9	35.3	1.9	6.7	207361
铁路、船舶、航空航天和其他运输设备制造业	26.8	2.6	59.5	1.4	1.6	128880
电气机械和器材制造业	25.6	9.1	46.5	1.6	5.7	130557
计算机、通信和其他电子设备制造业	18.6	7.9	46.7	2.0	3.6	144465
仪器仪表制造业	29.4	4.8	57.9	2.0	2.6	113890
其他制造业	18.8	3.0	55.6	1.9	1.6	130788
废弃资源综合利用业						
金属制品、机械和设备修理业						
电力、热力生产和供应业	21.2	8.9	73.5	3.9	4.2	3380048
燃气生产和供应业	12.5	17.1	53.2	12.8	10.8	1474292
水的生产和供应业						

4-16 规模以上港澳台商投资工业企业主要经济指标（2020年）

Main Indicators of Industrial Enterprises above Designated Size with Hong Kong, Macao and Taiwan Funds (2020)

项　　目	企　业 单位数 （个）	#亏损 企业	工　业 增加值 （万元）	营　业 收　入 （万元）
总　计	2216	564	11712116	45839306
按轻重工业分				
轻工业	1176	351	5874279	20539760
重工业	1040	213	5837837	25299546
按企业规模分				
大型企业	116	14	5219618	20962496
中型企业	578	132	3912716	14098366
小型企业	1418	370	2517401	10533025
微型企业	104	48	62382	245419
按工业行业分（大类）				
煤炭开采和洗选业				
石油和天然气开采业				
黑色金属矿采选业				
有色金属矿采选业				
非金属矿采选业				
开采专业及辅助性活动				
其他采矿业				
农副食品加工业	6	1	58826	1075508
食品制造业	18	7	205396	580389
酒、饮料和精制茶制造业	5	2	44179	170296
烟草制品业				
纺织业	56	13	257347	846520
纺织服装、服饰业	113	62	327824	1116410
皮革、毛皮、羽毛及其制品和制鞋业	94	43	264535	740128
木材加工和木、竹、藤、棕、草制品业	8	2	13962	38284
家具制造业	72	21	391138	1258442
造纸和纸制品业	65	19	1133399	4311687
印刷和记录媒介复制业	56	11	237232	772885
文教、工美、体育和娱乐用品制造业	146	42	659695	1804464
石油、煤炭及其他燃料加工业	5	2	32989	130912
化学原料和化学制品制造业	49	7	152480	697711
医药制造业	3	1	2745	12068
化学纤维制造业	7		53450	116063
橡胶和塑料制品业	306	64	971332	3349549
非金属矿物制品业	32	11	316736	1046731
黑色金属冶炼和压延加工业	5		20210	59859
有色金属冶炼和压延加工业	29	7	228045	619919
金属制品业	187	41	757837	2128438
通用设备制造业	96	24	568646	3399357
专用设备制造业	127	28	573084	1716156
汽车制造业	17	4	71310	227049
铁路、船舶、航空航天和其他运输设备制造业	7	4	49962	225164
电气机械和器材制造业	264	52	1516415	5910617
计算机、通信和其他电子设备制造业	364	76	2398953	12030253
仪器仪表制造业	44	11	190958	600929
其他制造业	24	8	72020	292106
废弃资源综合利用业				
金属制品、机械和设备修理业	2		5699	10357
电力、热力生产和供应业	8	1	133700	547883
燃气生产和供应业				
水的生产和供应业	1		2010	3172

4-16 续表

(2020年)

项　　目	亏损企业亏损总额（万元）	利润总额（万元）	人均利润（元）
总　计	453169	1937274	21580
按轻重工业分			
轻工业	283126	890153	18601
重工业	170042	1047120	24981
按企业规模分			
大型企业	67660	1207658	37136
中型企业	148877	459261	12468
小型企业	218437	281262	13845
微型企业	18194	-10908	-107468
按工业行业分（大类）			
煤炭开采和洗选业			
石油和天然气开采业			
黑色金属矿采选业			
有色金属矿采选业			
非金属矿采选业			
开采专业及辅助性活动			
其他采矿业			
农副食品加工业	259	12825	87423
食品制造业	5690	38477	39198
酒、饮料和精制茶制造业	3464	3628	16313
烟草制品业			
纺织业	3232	32619	16496
纺织服装、服饰业	37152	-26548	-6336
皮革、毛皮、羽毛及其制品和制鞋业	28762	-18461	-4569
木材加工和木、竹、藤、棕、草制品业	178	249	2314
家具制造业	8091	53509	16966
造纸和纸制品业	2655	506826	204374
印刷和记录媒介复制业	4758	40456	20734
文教、工美、体育和娱乐用品制造业	20244	18276	2046
石油、煤炭及其他燃料加工业	460	5755	142804
化学原料和化学制品制造业	2087	46235	67526
医药制造业	721	-537	-6789
化学纤维制造业		31036	151321
橡胶和塑料制品业	133585	21870	2392
非金属矿物制品业	4221	120094	118191
黑色金属冶炼和压延加工业		2738	49068
有色金属冶炼和压延加工业	3181	12595	39139
金属制品业	20330	98503	17892
通用设备制造业	40864	135680	36587
专用设备制造业	10757	98157	21033
汽车制造业	553	16414	31028
铁路、船舶、航空航天和其他运输设备制造业	3365	-2503	-8590
电气机械和器材制造业	38436	243077	19398
计算机、通信和其他电子设备制造业	66015	294696	14550
仪器仪表制造业	6349	31893	18359
其他制造业	1537	15029	24162
废弃资源综合利用业			
金属制品、机械和设备修理业		1653	70944
电力、热力生产和供应业	6224	101710	557621
燃气生产和供应业			
水的生产和供应业		1324	662000

4-17 规模以上港澳台商投资工业企业主要经济效益指标（2020年）

Main Indicators on Economic Benefit of Industrial Enterprises above Designated Size with Hong Kong, Macao and Taiwan Funds (2020)

项　　目	工业增加值率 (%)	总资产贡献率 (%)	资产负债率 (%)	流动资产周转率 (次/年)	成本费用利润率 (%)	全员劳动生产率 (元/人)
总　　计	24.8	7.0	48.8	1.6	4.4	130466
按轻重工业分						
轻工业	27.5	6.9	46.3	1.5	4.6	122751
重工业	22.6	7.2	51.2	1.7	4.3	139273
按企业规模分						
大型企业	24.4	9.3	46.1	1.7	6.1	160506
中型企业	26.3	6.0	47.3	1.6	3.4	106223
小型企业	23.8	4.9	54.8	1.5	2.8	123915
微型企业	24.4	-1.4	54.9	0.9	-4.3	614601
按工业行业分（大类）						
煤炭开采和洗选业						
石油和天然气开采业						
黑色金属矿采选业						
有色金属矿采选业						
非金属矿采选业						
开采专业及辅助性活动						
其他采矿业						
农副食品加工业	5.6	3.3	35.6	4.6	1.2	400995
食品制造业	33.7	8.6	51.0	1.1	7.4	209246
酒、饮料和精制茶制造业	26.8	3.0	75.9	1.0	2.3	198647
烟草制品业						
纺织业	29.9	5.4	29.7	1.2	4.0	130144
纺织服装、服饰业	22.4	0.4	58.8	1.0	-2.3	78236
皮革、毛皮、羽毛及其制品和制鞋业	35.9	-1.6	61.8	1.7	-2.4	65469
木材加工和木、竹、藤、棕、草制品业	35.2	3.3	46.7	2.3	0.7	129758
家具制造业	29.7	8.7	30.6	1.7	4.5	124017
造纸和纸制品业	25.9	15.3	30.4	1.7	13.2	457034
印刷和记录媒介复制业	29.6	6.2	41.0	1.2	5.6	121583
文教、工美、体育和娱乐用品制造业	35.5	3.3	52.8	1.6	1.0	73843
石油、煤炭及其他燃料加工业	24.6	8.5	47.9	1.7	4.7	818586
化学原料和化学制品制造业	21.4	8.9	39.1	1.3	7.1	222696
医药制造业	32.8	-0.4	147.7	0.9	-4.3	34703
化学纤维制造业	40.1	35.4	30.1	1.6	36.8	260605
橡胶和塑料制品业	28.3	3.1	57.3	1.7	0.7	106222
非金属矿物制品业	31.5	10.7	38.3	1.1	13.0	311717
黑色金属冶炼和压延加工业	33.4	9.7	32.5	1.6	4.8	362186
有色金属冶炼和压延加工业	36.9	5.7	61.5	1.9	2.1	708654
金属制品业	34.1	6.7	33.4	1.5	4.9	137656
通用设备制造业	16.6	7.5	59.6	2.0	4.2	153340
专用设备制造业	33.1	7.7	56.2	1.3	6.1	122800
汽车制造业	32.0	12.1	41.2	1.9	7.8	134802
铁路、船舶、航空航天和其他运输设备制造业	22.0	0.9	116.4	1.4	-1.1	171455
电气机械和器材制造业	24.7	6.1	52.9	1.5	4.3	121013
计算机、通信和其他电子设备制造业	19.5	5.6	51.0	1.8	2.5	118524
仪器仪表制造业	29.2	8.4	55.3	1.7	5.6	109923
其他制造业	23.0	7.3	44.5	1.6	5.5	115788
废弃资源综合利用业						
金属制品、机械和设备修理业	55.1	11.3	15.1	0.8	19.1	244592
电力、热力生产和供应业	26.5	10.1	61.9	1.6	20.0	733004
燃气生产和供应业						
水的生产和供应业	51.6	8.7	30.4	0.4	67.8	1005000

4-18 规模以上私营工业企业主要经济指标（2020年）

Main Indicators of Private Industrial Enterprises above Designated Size (2020)

项目	企业单位数（个）	#亏损企业	工业增加值（万元）	营业收入（万元）
总计	6507	874	17384577	112153293
按轻重工业分				
轻工业	2949	475	5459767	22673987
重工业	3558	399	11924810	89479306
按企业规模分				
大型企业	57	8	6669040	66410739
中型企业	462	78	3144286	12691107
小型企业	5410	647	7226899	31326401
微型企业	578	141	344351	1725046
按工业行业分（大类）				
煤炭开采和洗选业				
石油和天然气开采业				
黑色金属矿采选业				
有色金属矿采选业				
非金属矿采选业				
开采专业及辅助性活动				
其他采矿业				
农副食品加工业	30	7	95821	1446343
食品制造业	39		122304	541154
酒、饮料和精制茶制造业	5		37873	160638
烟草制品业				
纺织业	120	26	183027	534251
纺织服装、服饰业	353	69	535977	2306062
皮革、毛皮、羽毛及其制品和制鞋业	228	65	269023	1003737
木材加工和木、竹、藤、棕、草制品业	40	4	59364	160290
家具制造业	302	63	445386	1645439
造纸和纸制品业	248	34	597515	3223726
印刷和记录媒介复制业	133	22	271049	946348
文教、工美、体育和娱乐用品制造业	192	30	265350	1358008
石油、煤炭及其他燃料加工业	5		4426	18149
化学原料和化学制品制造业	201	18	310756	1486733
医药制造业	10	4	117421	233302
化学纤维制造业	12	4	13418	46504
橡胶和塑料制品业	867	77	1457494	5415356
非金属矿物制品业	160	16	399940	2157418
黑色金属冶炼和压延加工业	25	1	57992	205119
有色金属冶炼和压延加工业	80	10	258588	689099
金属制品业	673	69	1403258	4791632
通用设备制造业	434	48	707444	2909202
专用设备制造业	484	55	1049409	3255846
汽车制造业	44	5	115049	494924
铁路、船舶、航空航天和其他运输设备制造业	14	3	28475	213586
电气机械和器材制造业	676	84	1306173	6319751
计算机、通信和其他电子设备制造业	935	138	6823854	69121907
仪器仪表制造业	102	10	255311	828310
其他制造业	74	10	118993	457087
废弃资源综合利用业	2		874	12407
金属制品、机械和设备修理业	4		6012	19103
电力、热力生产和供应业	2	2	1249	7841
燃气生产和供应业	7		10197	97022
水的生产和供应业	6		25052	46449

4-18 续表

(2020年)

项目	亏损企业亏损总额(万元)	利润总额(万元)	人均利润(元)
总计	627266	2790782	31338
按轻重工业分			
轻工业	310095	654438	17320
重工业	317171	2136344	41670
按企业规模分			
大型企业	133934	1383296	82204
中型企业	193443	552542	23520
小型企业	178150	940090	19558
微型企业	121739	-85147	-127964
按工业行业分(大类)			
煤炭开采和洗选业			
石油和天然气开采业			
黑色金属矿采选业			
有色金属矿采选业			
非金属矿采选业			
开采专业及辅助性活动			
其他采矿业			
农副食品加工业	9928	27697	64607
食品制造业		34737	46107
酒、饮料和精制茶制造业		15144	111599
烟草制品业			
纺织业	2272	26388	31452
纺织服装、服饰业	71631	-4437	-907
皮革、毛皮、羽毛及其制品和制鞋业	14068	1488	510
木材加工和木、竹、藤、棕、草制品业	197	1928	6770
家具制造业	18219	66629	18393
造纸和纸制品业	9673	69116	21816
印刷和记录媒介复制业	6235	29529	15011
文教、工美、体育和娱乐用品制造业	88743	-62091	-23503
石油、煤炭及其他燃料加工业		671	48978
化学原料和化学制品制造业	3255	64304	45961
医药制造业	41467	6860	38345
化学纤维制造业	2503	-1840	-23116
橡胶和塑料制品业	31896	189846	20119
非金属矿物制品业	9726	61574	30562
黑色金属冶炼和压延加工业	20	3512	22214
有色金属冶炼和压延加工业	1060	16835	18825
金属制品业	19809	269796	29397
通用设备制造业	15635	181726	44194
专用设备制造业	15331	235057	40482
汽车制造业	2399	29016	43249
铁路、船舶、航空航天和其他运输设备制造业	349	4231	19102
电气机械和器材制造业	26091	294189	33298
计算机、通信和其他电子设备制造业	224205	1119066	50757
仪器仪表制造业	8123	69682	51986
其他制造业	4258	19403	21362
废弃资源综合利用业		65	7831
金属制品、机械和设备修理业		166	4624
电力、热力生产和供应业	176	-176	-18333
燃气生产和供应业		6122	360118
水的生产和供应业		14550	439577

4-19 规模以上私营工业企业主要经济效益指标（2020年）

Main Indicators on Economic Benefit of Private Industrial Enterprises above Designated Size (2020)

项 目	工业增加值率(%)	总资产贡献率(%)	资产负债率(%)	流动资产周转率(次/年)	成本费用利润率(%)	全员劳动生产率(元/人)
总 计	17.0	7.4	67.1	1.9	2.6	195216
按轻重工业分						
轻工业	23.9	7.1	65.4	1.7	3.0	144497
重工业	15.0	7.5	67.7	2.0	2.4	232595
按企业规模分						
大型企业	12.1	7.3	66.2	2.2	2.1	396316
中型企业	23.2	8.5	60.0	1.6	4.6	133341
小型企业	22.8	7.9	70.5	1.7	3.1	150349
微型企业	20.6	-2.8	86.0	1.0	-4.9	517510
按工业行业分（大类）						
煤炭开采和洗选业						
石油和天然气开采业						
黑色金属矿采选业						
有色金属矿采选业						
非金属矿采选业						
开采专业及辅助性活动						
其他采矿业						
农副食品加工业	11.9	6.0	72.8	2.4	2.0	223515
食品制造业	22.4	14.4	55.0	2.1	6.9	162336
酒、饮料和精制茶制造业	24.0	35.5	52.7	4.9	10.6	279094
烟草制品业						
纺织业	33.9	12.2	70.6	2.1	5.2	218149
纺织服装、服饰业	22.1	2.5	53.1	1.2	-0.2	109506
皮革、毛皮、羽毛及其制品和制鞋业	25.7	4.3	77.8	2.1	0.2	92156
木材加工和木、竹、藤、棕、草制品业	34.4	4.6	82.9	1.3	1.2	208441
家具制造业	26.5	8.0	65.9	1.6	4.2	123085
造纸和纸制品业	17.8	8.4	70.2	2.2	2.2	188598
印刷和记录媒介复制业	27.6	8.7	71.2	1.9	3.2	137784
文教、工美、体育和娱乐用品制造业	20.0	-3.2	88.1	1.4	-4.6	100443
石油、煤炭及其他燃料加工业	24.6	11.0	52.3	1.8	3.9	323066
化学原料和化学制品制造业	20.1	9.4	61.9	1.6	4.5	222111
医药制造业	48.4	4.3	42.4	0.7	4.0	656350
化学纤维制造业	22.6	0.2	75.1	1.3	-3.8	168568
橡胶和塑料制品业	26.2	9.4	75.0	1.9	3.6	155521
非金属矿物制品业	18.2	7.5	64.0	1.5	3.0	198511
黑色金属冶炼和压延加工业	29.9	7.7	82.1	2.4	1.7	430057
有色金属冶炼和压延加工业	39.1	7.7	70.8	2.2	2.5	300333
金属制品业	28.1	10.7	65.5	1.6	6.0	152899
通用设备制造业	22.2	10.6	62.4	1.3	6.7	172044
专用设备制造业	30.3	10.8	62.3	1.3	7.8	180730
汽车制造业	21.7	6.5	60.3	1.0	6.3	171485
铁路、船舶、航空航天和其他运输设备制造业	13.7	7.5	89.6	2.0	2.0	128555
电气机械和器材制造业	19.5	7.8	60.2	1.4	4.9	147839
计算机、通信和其他电子设备制造业	11.8	6.7	69.9	2.2	1.6	309508
仪器仪表制造业	30.1	9.7	41.9	1.0	9.2	190474
其他制造业	24.7	10.1	72.0	2.1	4.4	131006
废弃资源综合利用业	8.7	2.8	99.9	3.0	0.5	105301
金属制品、机械和设备修理业	30.7	5.2	76.4	2.0	0.9	167465
电力、热力生产和供应业	19.9	-0.1	34.7	0.4	-2.2	130104
燃气生产和供应业	9.8	8.5	54.6	1.8	6.7	599824
水的生产和供应业	61.9	17.3	68.7	1.4	44.8	756858

4-20 大中型工业企业主要经济指标（2020年）

Main Indicators of Large and Medium-sized Industrial Enterprises (2020)

项目	企业单位数（个）	#亏损企业	工业增加值（万元）	营业收入（万元）
总　计	1733	352	30515326	167687821
按轻重工业分				
轻工业	821	185	9490253	34884652
重工业	912	167	21025074	132803169
按企业规模分				
大型企业	276	32	19712018	124002630
中型企业	1457	320	10803308	43685191
按工业行业分（大类）				
煤炭开采和洗选业				
石油和天然气开采业				
黑色金属矿采选业				
有色金属矿采选业				
非金属矿采选业				
开采专业及辅助性活动				
其他采矿业				
农副食品加工业	11	2	283061	4006357
食品制造业	18	1	301179	1004281
酒、饮料和精制茶制造业	5		118745	494106
烟草制品业				
纺织业	23	5	350712	1168410
纺织服装、服饰业	57	29	544600	1913466
皮革、毛皮、羽毛及其制品和制鞋业	74	36	362699	1113494
木材加工和木、竹、藤、棕、草制品业	6	1	92531	181398
家具制造业	68	13	639433	2015331
造纸和纸制品业	54	7	1574246	6044750
印刷和记录媒介复制业	45	8	489289	1674915
文教、工美、体育和娱乐用品制造业	107	21	811786	2519387
石油、煤炭及其他燃料加工业				
化学原料和化学制品制造业	16	2	275284	949767
医药制造业	6	2	153513	375847
化学纤维制造业	4	1	44742	92024
橡胶和塑料制品业	156	27	1328023	4104935
非金属矿物制品业	35	7	727193	2346173
黑色金属冶炼和压延加工业				
有色金属冶炼和压延加工业	4	2	40285	81697
金属制品业	107	15	1359689	3842081
通用设备制造业	58	16	935275	4993047
专用设备制造业	100	16	1365800	3587180
汽车制造业	20	3	355424	1459892
铁路、船舶、航空航天和其他运输设备制造业	12	3	125236	593292
电气机械和器材制造业	232	42	2830693	11168937
计算机、通信和其他电子设备制造业	452	82	13667632	104117298
仪器仪表制造业	42	6	357220	1152034
其他制造业	12	3	101286	332739
废弃资源综合利用业				
金属制品、机械和设备修理业	1		7730	11990
电力、热力生产和供应业	4		1138263	5726419
燃气生产和供应业	1		33405	396636
水的生产和供应业	3	2	100352	219938

4-20 续表

(2020年)

项目	亏损企业亏损总额(万元)	利润总额(万元)	人均利润(元)
总计	806125	6071291	35425
按轻重工业分			
轻工业	364225	1814465	25993
重工业	441899	4256827	41907
按企业规模分			
大型企业	255264	4367995	50664
中型企业	550861	1703296	19999
按工业行业分（大类）			
煤炭开采和洗选业			
石油和天然气开采业			
黑色金属矿采选业			
有色金属矿采选业			
非金属矿采选业			
开采专业及辅助性活动			
其他采矿业			
农副食品加工业	10014	95335	158945
食品制造业	4177	67468	43293
酒、饮料和精制茶制造业		56283	169578
烟草制品业			
纺织业	1792	71589	28699
纺织服装、服饰业	97343	-37825	-6404
皮革、毛皮、羽毛及其制品和制鞋业	53495	-29753	-5063
木材加工和木、竹、藤、棕、草制品业	29	21807	52421
家具制造业	22748	132375	26995
造纸和纸制品业	3881	574889	135023
印刷和记录媒介复制业	5722	95487	26974
文教、工美、体育和娱乐用品制造业	14983	52209	5042
石油、煤炭及其他燃料加工业			
化学原料和化学制品制造业	15610	76157	79355
医药制造业	39031	36059	100695
化学纤维制造业	2344	23503	122220
橡胶和塑料制品业	46233	190528	15772
非金属矿物制品业	9859	207180	64262
黑色金属冶炼和压延加工业			
有色金属冶炼和压延加工业	1158	2864	7033
金属制品业	42099	261286	27982
通用设备制造业	49338	214192	37677
专用设备制造业	13476	349525	39050
汽车制造业	1921	98357	56936
铁路、船舶、航空航天和其他运输设备制造业	3668	14907	21356
电气机械和器材制造业	69017	610805	30057
计算机、通信和其他电子设备制造业	273298	2739643	44607
仪器仪表制造业	6250	83603	30530
其他制造业	2900	9008	9794
废弃资源综合利用业			
金属制品、机械和设备修理业		981	24232
电力、热力生产和供应业		27997	15094
燃气生产和供应业		18483	558399
水的生产和供应业	15740	6352	30436

4-21 大中型工业企业主要经济效益指标（2020年）

Main Indicators on Economic Benefit of Large and Medium-sized Industrial Enterprises (2020)

项　　目	工业增加值率 (%)	总资产贡献率 (%)	资　产负债率 (%)	流动资产周转率 (次/年)	成本费用利润率 (%)	全员劳动生产率 (元/人)
总　计	19.7	7.9	57.5	1.9	3.8	178053
按轻重工业分						
轻工业	26.6	8.7	48.7	1.6	5.5	135952
重工业	17.6	7.6	60.5	2.0	3.3	206986
按企业规模分						
大型企业	18.0	8.2	59.0	2.0	3.6	228638
中型企业	23.9	7.1	54.2	1.6	4.1	126847
按工业行业分（大类）						
煤炭开采和洗选业						
石油和天然气开采业						
黑色金属矿采选业						
有色金属矿采选业						
非金属矿采选业						
开采专业及辅助性活动						
其他采矿业						
农副食品加工业	8.4	7.6	61.7	4.1	2.4	471926
食品制造业	28.7	11.5	57.0	1.5	7.4	193262
酒、饮料和精制茶制造业	22.0	23.2	38.3	2.1	13.0	357773
烟草制品业						
纺织业	29.5	6.4	30.5	1.1	6.6	140594
纺织服装、服饰业	23.2	1.0	43.2	1.0	-2.0	92200
皮革、毛皮、羽毛及其制品和制鞋业	32.2	-1.1	55.2	1.7	-2.6	61715
木材加工和木、竹、藤、棕、草制品业	44.8	15.8	63.1	1.0	13.8	222430
家具制造业	30.3	11.3	41.9	1.7	7.0	130401
造纸和纸制品业	24.9	15.1	40.2	1.8	10.5	369741
印刷和记录媒介复制业	28.2	8.1	48.6	1.4	6.1	138221
文教、工美、体育和娱乐用品制造业	31.3	5.6	52.5	1.9	2.1	78400
石油、煤炭及其他燃料加工业						
化学原料和化学制品制造业	27.7	11.2	57.7	2.0	8.8	286844
医药制造业	69.3	6.4	57.5	0.6	12.5	428688
化学纤维制造业	39.3	31.0	42.4	1.5	34.7	232668
橡胶和塑料制品业	30.9	9.3	58.0	1.8	4.9	109934
非金属矿物制品业	31.3	9.3	45.8	1.1	9.9	225556
黑色金属冶炼和压延加工业						
有色金属冶炼和压延加工业	46.8	6.2	85.1	1.5	3.6	98932
金属制品业	33.6	9.0	46.5	1.5	7.3	145614
通用设备制造业	17.9	7.9	56.0	1.8	4.5	164516
专用设备制造业	35.8	11.5	48.8	1.3	10.8	152593
汽车制造业	23.9	9.9	38.6	1.7	7.2	205745
铁路、船舶、航空航天和其他运输设备制造业	21.1	4.8	97.3	1.7	2.6	179498
电气机械和器材制造业	24.0	8.0	53.9	1.5	5.8	139341
计算机、通信和其他电子设备制造业	15.3	7.4	64.3	2.0	2.7	222535
仪器仪表制造业	29.4	7.8	43.7	1.2	7.9	130663
其他制造业	27.5	7.5	58.8	1.9	2.8	110129
废弃资源综合利用业						
金属制品、机械和设备修理业	65.3	31.4	46.5	2.0	9.0	191337
电力、热力生产和供应业	20.3	3.4	56.1	7.9	0.5	613685
燃气生产和供应业	8.4	9.4	59.2	-34.0	4.9	1009215
水的生产和供应业	45.2	2.7	50.4	1.0	3.0	480843

4-22 主要年份规模以上工业企业经济效益指标

Main Indicators on Economic Benefit of Industrial Enterprises above Designated Size in Main Years

项 目	单位	1985年	1990年	1995年	2000年	2005年	2010年	2015年	2019年	2020年
成本费用利润率	%	6.5	1.5	5.0	5.4	3.3	4.8	3.3	3.7	3.6
产值利税率	%	6.9	6.4	9.8	9.2	4.6	6.1	5.1	5.5	5.8
资金利税率	%	9.0	6.3	6.9	7.5	5.5	7.8	7.8	8.1	8.0
销售利税率	%	8.2	6.7	9.1	9.2	4.7	6.1	5.2	5.6	5.7
每百元固定资产原值实现的产值	元	174.85	133.63	108.70	125.49	212.40	240.60	292.63	358.87	336.05
每百元固定资产原值实现的利税	元	14.24	8.48	10.65	11.54	9.90	14.60	14.88	19.81	19.64
每百元固定资产原值实现的利润	元	4.36	1.76	5.52	6.90	6.70	11.00	9.36	12.87	12.25
每百元流动资产实现的产值	元	210.15	247.80	169.43	178.59	216.30	204.30	205.91	182.93	171.79
每百元流动资产实现的利税	元	17.12	15.73	16.59	16.42	10.00	12.40	10.47	10.10	10.04
每百元流动资产实现的利润	元	4.89	3.29	8.60	9.83	6.80	9.30	6.58	6.56	6.26
亏损企业亏损面	%	7.2	11.1	25.9	31.3	30.1	16.2	15.0	13.7	17.1
全部流动资产周转天数	天	173.69	155.62	201.07	189.04	169.80	179.40	175.88	195.71	198.47
全员劳动生产率	元/人	2906	6439	13778	36101	53340	60854	102756	157461	170029

注：由于1993年财务会计制度改革，本表中有关财务指标1993年起数据与往年不可比；全员劳动生产率1993年起按增加值计算，以前年份按净产值计算；1993年以前的流动资产按定额资金计算，下同。

4-23 主要年份规模以上国有经济工业企业经济效益指标

Main Indicators on Economic Benefit of State-owned and State-holding Industrial Enterprises above Designated Size in Main Years

项 目	单位	1985年	1990年	1995年	2000年	2005年	2010年	2015年	2019年	2020年
成本费用利润率	%	8.0	-0.8	15.5	7.0	5.8	3.2	5.4	0.3	1.3
产值利税率	%	13.2	9.2	40.6	69.4	11.3	7.3	10.0	1.8	3.7
资金利税率	%	20.4	8.3	14.9	21.6	10.6	6.7	12.2	2.0	3.9
销售利税率	%	14.8	9.0	20.6	19.2	11.3	7.3	9.6	1.8	3.6
每百元固定资产原值实现的产值	元	142.93	85.48	61.08	63.42	105.00	79.00	70.94	80.13	76.19
每百元固定资产原值实现的利税	元	21.11	7.82	24.82	43.98	11.80	5.70	7.07	1.48	2.79
每百元固定资产原值实现的利润	元	9.55	-0.63	10.81	14.46	5.60	2.40	3.79	0.27	0.97
每百元流动资产实现的产值	元	445.06	397.84	96.27	73.38	443.40	794.50	417.58	325.77	328.70
每百元流动资产实现的利税	元	65.73	36.41	39.12	50.89	50.00	57.70	41.60	6.01	12.04
每百元流动资产实现的利润	元	27.46	-2.44	17.03	16.73	23.80	24.60	22.33	1.11	4.19
亏损企业亏损面	%	9.9	16.7	20.9		20.0		25.8	21.7	17.5
全部流动资产周转天数	天	80.86	88.69	299.83	137.70	83.00	46.10	32.33	109.20	106.79
全员劳动生产率	元/人	3641	11253	73910	456736	2320312	405232	533494	372285	371930

4-24 主要年份规模以上集体经济工业企业经济效益指标

Main Indicators on Economic Benefit of Collective-owned Industrial Enterprises above Designated Size in Main Years

项目	单位	1985年	1990年	1995年	2000年	2005年	2010年	2015年	2019年	2020年
成本费用利润率	%	5.9	3.3	5.2	2.7	3.3	9.7	-1.4	-2.7	5.0
产值利税率	%	9.3	6.9	9.0	5.1	5.8	10.4	0.3	-1.0	7.3
资金利税率	%	15.1	9.7	6.0	2.9	3.2	9.7	0.3	-0.8	3.9
销售利税率	%	11.0	7.5	8.7	5.2	5.8	10.7	0.4	-1.0	7.5
每百元固定资产原值实现的产值	元	236.65	159.39	127.97	99.30	98.10	131.10	71.76	70.76	44.65
每百元固定资产原值实现的利税	元	22.07	10.98	11.46	5.01	5.70	13.60	0.25	-0.74	3.26
每百元固定资产原值实现的利润	元	10.77	4.54	6.43	2.44	3.00	11.50	-0.85	-2.02	2.11
每百元流动资产实现的产值	元	509.04	225.69	179.47	113.76	157.70	214.90	145.21	127.71	90.02
每百元流动资产实现的利税	元	47.47	15.55	16.07	5.74	9.10	22.40	0.50	-1.34	6.57
每百元流动资产实现的利润	元	23.16	6.44	9.02	2.79	4.80	18.80	-1.72	-3.65	4.25
亏损企业亏损面	%	6.6	8.8	12.8	18.6	25.9	22.5	41.9	22.2	12.0
全部流动资产周转天数	天	84.25	175.32	197.36	340.07	241.70	175.10	293.10	272.65	405.97
全员劳动生产率	元/人	2664	5437	5820	16344	28414	31412	80545	75837	258170

4-25 主要年份大中型工业企业经济效益指标

Main Indicators on Economic Benefit of Large and Medium-sized Industrial Enterprises in Main Years

项目	单位	1985年	1990年	1995年	2000年	2005年	2010年	2015年	2019年	2020年
成本费用利润率	%	14.3	2.2	12.9	12.0	3.8	5.1	3.4	4.2	3.8
产值利税率	%	16.1	8.7	19.9	21.4	4.7	6.4	5.1	5.9	6.1
资金利税率	%	14.8	6.5	14.0	15.3	6.1	8.4	8.1	8.8	8.4
销售利税率	%	15.5	8.4	19.8	21.7	4.7	6.4	5.2	6.0	5.8
每百元固定资产原值实现的产值	元	106.02	87.07	112.80	98.43	229.80	221.60	286.90	343.42	317.33
每百元固定资产原值实现的利税	元	17.10	7.57	22.40	21.06	10.70	14.20	14.59	20.16	19.28
每百元固定资产原值实现的利润	元	11.50	1.69	13.09	12.98	8.40	10.90	9.34	13.92	12.43
每百元流动资产实现的产值	元	758.81	329.30	174.27	183.41	227.40	220.60	221.16	190.39	174.83
每百元流动资产实现的利税	元	122.37	28.61	34.60	39.24	10.60	14.20	11.24	11.18	10.62
每百元流动资产实现的利润	元	82.34	6.39	20.22	24.18	8.30	10.90	7.20	7.72	6.85
亏损企业亏损面	%		17.2	22.2	12.8	20.1	12.2	14.8	16.5	20.3
全部流动资产周转天数	天	46.12	107.14	209.45	210.16	160.80	164.80	163.80	188.15	190.37
全员劳动生产率	元/人	6202	16492	81787	280810	72657	66101	98655	167888	178053

4-26 主要年份规模以上港澳台商投资工业企业经济效益指标

Main Indicators on Economic Benefit of Industrial Enterprises above Designated Size with Hong Kong, Macao and Taiwan Funds in Main Years

项　　目	单位	1995年	2000年	2005年	2010年	2015年	2019年	2020年
成本费用利润率	%	2.1	4.6	3.2	5.4	3.5	4.0	4.4
产值利税率	%	4.9	6.6	4.0	6.3	4.8	5.4	6.0
资金利税率	%	3.8	5.4	4.6	7.6	6.5	7.3	7.5
销售利税率	%	4.9	6.5	4.1	6.3	5.0	5.5	6.3
每百元固定资产原值实现的产值	元	114.79	114.54	198.10	216.60	221.70	235.57	226.44
每百元固定资产原值实现的利税	元	5.61	7.54	8.00	13.60	10.68	12.69	13.50
每百元固定资产原值实现的利润	元	2.58	5.07	6.00	11.10	7.22	8.85	9.31
每百元流动资产实现的产值	元	165.18	182.24	192.30	189.10	187.80	179.14	164.39
每百元流动资产实现的利税	元	8.08	12.00	7.80	11.80	9.05	9.65	9.30
每百元流动资产实现的利润	元	3.71	8.09	5.80	9.70	6.12	6.73	6.76
亏损企业亏损面	%	46.4	36.1	35.1	20.2	19.9	19.0	25.5
全部流动资产周转天数	天	199.12	199.88	191.10	194.10	196.26	202.91	225.16
全员劳动生产率	元/人	17478	28933	41933	54793	86953	119053	130466

4-27 主要年份规模以上外商投资工业企业经济效益指标

Main Indicators on Economic Benefit of Foreign-funded Industrial Enterprises above Designated Size in Main Years

项　　目	单位	1995年	2000年	2005年	2010年	2015年	2019年	2020年
成本费用利润率	%	-2.6	4.7	2.8	4.4	3.1	4.2	4.4
产值利税率	%	-0.6	5.7	3.2	5.3	4.2	5.3	6.0
资金利税率	%	-0.5	7.4	4.1	7.5	7.0	8.1	8.4
销售利税率	%	-0.6	5.7	3.2	5.3	4.3	5.4	6.2
每百元固定资产原值实现的产值	元	155.45	231.22	285.20	286.90	310.33	271.31	242.09
每百元固定资产原值实现的利税	元	-0.87	13.08	9.20	15.30	12.93	14.40	14.45
每百元固定资产原值实现的利润	元	-1.90	10.26	7.60	12.10	9.23	10.74	9.90
每百元流动资产实现的产值	元	94.26	250.96	223.60	211.10	224.39	197.00	185.75
每百元流动资产实现的利税	元	-1.53	14.20	7.20	11.20	9.35	10.45	11.09
每百元流动资产实现的利润	元	5.53	11.14	5.90	8.90	6.67	7.80	7.59
亏损企业亏损面	%	38.2	31.3	34.5	18.8	20.2	22.3	23.7
全部流动资产周转天数	天	174.06	148.44	164.40	173.00	163.11	184.31	198.40
全员劳动生产率	元/人	3646	50318	70722	66212	95545	123173	146041

4-28 主要年份规模以上工业产品产量

Output of Main Industrial Products of Industrial Enterprises above Designated Size in Main Years

产品名称	单位	1985年	1990年	1995年	2000年	2005年	2010年	2019年	2020年
精制食用植物油	吨	5571	4431	6824	5180	181869	1135677	3904925	4285146
饮料酒	千升	4034	2441	1720			493644	425548	426322
饮料	吨		44061	71566	158599	861853	3142076	426667	292454
棉　纱	吨		321	9902	3048	49383	11252	2170	1091
布	万米		82	31045	28139	65669	15794	8849	11674
服　装	万件	108	1835	112177	85635	70054	140556	114034	94192
#衬　衫	万件			2518	3624	2210	6372	4546	3228
西服套装	万件			205	1761	555	204	146	120
轻　革	万平方米		5	1076	378	1391	744	51	27
皮革鞋靴	万双	17	457	27184	23474	31942	43062	11830	7528
人造板	立方米		7100	40666		167088	266113	271703	276845
家　具	万件	815	8657	77501	151374	7974	7390	4270	4071
机制纸及纸板	万吨	3	11	34	62	408	933	1507	1553
中成药	吨		216	6268	2354	1759	2478	4040	3569
塑料制品	吨	3089	17335	624476	571900	1265865	3998208	1632129	1323256
#塑料薄膜	吨		1928	59128	71394	83954	134737	141568	162842
水　泥	万吨	41	140	283	435	305	249	644	621
钢　材	吨	4678	1730	19690	14550	1087242	191656	294374	324951
铝　材	吨		881	3536	4080	61510	69933	76528	77794
电动手提式工具	万台		1.89	471	357	6	1520	3518	3476
滚动轴承	万套	36	373	691	594	1333	4232	11506	9292
民用钢质船舶	载重吨	1916	841	3620	2894		18186	126271	119655

注：2000年以前家具的计量单位为“万元”。

4-28 续表

产品名称	单位	1985年	1990年	1995年	2000年	2005年	2010年	2019年	2020年
交流电动机	万千瓦	23	19	43	87		193	254	296
变压器	千伏安				6730	816409	2980343	4412076	5097020
电力电缆	千米		15091	20694	61996	78266	383829	3056188	1321854
原电池及原电池组	万只	12354	7607	63237	69401	214507	417215	714324	583231
家用吸尘器	万台	0.13	7.35	483	67	464	428	55	56
家用电风扇	万台		106	474	436	964	2081	1414	1422
自行车	辆			95439	185608	885211	1014533	1150519	2358574
白炽灯泡	万只			5778	8560	45164	13198	9126	9025
灯具及照明装置	万套(万台、万个)		87	42407	25135	14017	22819	19290	16398
电话单机	万部		17	877	1074	3651	4809	2500	2317
移动通信手持机（手机）	万部				619	639	1995	40574	31625
电子计算机整机	万台				27	180	44	1581	984
电子元件	亿只	0.14	2.05	72	104	4642	9185	10606	19674
显示器	万台						157	508	95
打印机	万台						57	22	11
硬盘存储器	万台						30	491	528
半导体分立器件	亿只			248	3	220	404	818	818
彩色电视机	万台		1.04	81	134	135	536	62	31
组合音响	万台			1136	1572	2446	3637	1641	1506
表	万只		15	8514	954	1370	2163	1786	1653
钟	万只			1986	984	1193	3775	501	410
发电量	亿千瓦时	0.29	93	139	269	344	356	305	291
自来水生产量	万立方米			21070	102083	94962	179639	175098	171206

4-29 规模以上五大支柱产业及四个特色产业主要经济指标（2020年）

Main Indicators of Five Pillar Industries & Four Characteristic Industries above Designated Size (2020)

项　　目	企业单位数（个）	#亏损企业	工业增加值（万元）	营业收入（万元）
总　　计	8105	1495	34486355	193083538
按轻重工业分				
轻工业	3473	803	10991655	47515285
重工业	4632	692	23494700	145568253
按企业规模分				
大型企业	241	28	17199104	114631778
中型企业	1153	264	8189211	35344166
小型企业	6149	1029	8790141	41580627
微型企业	562	174	307899	1526968
按工业行业分（大类）				
五大支柱产业	6620	1221	30574148	178504727
电子信息制造业	1836	328	15376884	112701631
电气机械及设备制造业	3094	465	9738083	38194817
纺织服装鞋帽制造业	1147	336	2271133	8065575
食品饮料加工制造业	162	30	1152023	10663325
造纸及纸制品业	381	62	2036024	8879379
四个特色产业	1485	274	3912207	14578812
玩具及文体用品制造业	426	89	1174634	3945634
家具制造业	443	103	1002821	3533789
化工制品制造业	384	37	995587	4486579
包装印刷业	232	45	739165	2612810

4—29 续表

(2020年)

项目	亏损企业亏损总额（万元）	利润总额（万元）	人均利润（元）
总计	1157626	6468043	31174
按轻重工业分			
轻工业	515451	1690194	20795
重工业	642175	4777849	37858
按企业规模分			
大型企业	243048	4068710	54687
中型企业	403685	1196534	17619
小型企业	369020	1312597	20331
微型企业	141873	-109798	-180204
按工业行业分（大类）			
五大支柱产业	959924	5934140	33719
电子信息制造业	416704	2915953	38085
电气机械及设备制造业	282362	2021744	31115
纺织服装鞋帽制造业	210688	26997	1147
食品饮料加工制造业	36801	357191	92815
造纸及纸制品业	13368	612254	86790
四个特色产业	197702	533903	16951
玩具及文体用品制造业	112805	-14695	-1026
家具制造业	45547	137497	16580
化工制品制造业	23302	294534	86046
包装印刷业	16049	116568	21385

4-30 规模以上电子信息、电气机械及仪器仪表制造业主要指标

Main Indicators of Electronic Information，Machinery and Instrument Manufacturing above Designated Size

指　　标	单位	2010年	2015年	2019年	2020年
企业单位数	个	1616	1728	2956	3285
#亏损企业单位数	个	289	287	450	546
工业增加值	亿元	624.72	1039.00	1896.59	2015.44
主营业务收入	亿元	3219.91	6236.17	11488.84	12730.63
成本费用总额	亿元	3110.48	6173.07	11621.54	12892.24
#营业成本及销售费用	亿元	2955.35	5659.08	10531.40	11754.34
管理费用	亿元	153.14	341.81	485.17	422.33
研发费用	亿元			610.34	705.52
财务费用	亿元	1.99	-2.91	-5.36	10.05
利润总额	亿元	122.56	174.91	425.60	384.72
应交增值税	亿元	21.11	65.44	161.11	202.91
亏损企业亏损总额	亿元	10.19	22.86	40.42	54.40
资产总计	亿元	2026.27	3801.31	7892.35	8712.91
#流动资产合计	亿元	1390.37	2916.84	6447.90	6984.44
#应收帐款	亿元	580.85	1219.75	2130.17	2038.23
产成品存货	亿元	103.57	777.49	569.52	443.67
负债合计	亿元	1209.40	2439.83	5291.81	5446.54
资产负债率	%	59.7	64.2	67.1	62.5
成本费用利润率	%	3.9	2.8	3.7	3.0

注：本表统计范围为规模以上计算机、通信和其他电子设备制造业、电气机械和器材制造业、仪器仪表制造业。

4−31 规模以上先进制造业企业主要经济指标（2020年）

Main Indicators of Advanced Manufacturing Enterprises above Designated Size (2020)

项　　目	企　业 单位数 （个）	#亏 损 企 业	工　业 增加值 （万元）	营　业 收　入 （万元）
总　　计	6917	1225	23713918	140262918
按企业规模分				
大型企业	158	16	12292464	93582246
中型企业	838	205	4969554	19194710
小型企业	5390	852	6201121	26388128
微型企业	531	152	250778	1097834
按工业行业分				
高端电子信息制造业	1248	216	12874041	99267355
集成电路及关键元器件	1144	192	5482842	22850114
信息通信设备	89	23	7318235	75536577
新型显示	15	1	72964	880654
先进装备制造业	1835	268	7144555	22869179
智能制造装备	511	79	1644240	4879430
船舶与海洋工程装备	6	3	34472	179331
节能环保装备	156	17	499600	2004877
轨道交通设备	1		7538	12015
航空装备	3	1	11541	73918
新能源装备	358	54	1212077	4332947
汽车制造	98	18	518696	2112956
卫星及应用	85	15	1803997	4062419
重要基础件	617	81	1412393	4711237
石油化工产业	361	33	905307	4001596
先进轻纺制造业	1932	491	1697286	8283411
绿色食品饮料	164	30	349351	3218474
高附加值纺织服装	1177	342	714742	2599241
环保多功能家具	443	103	300846	1060137
智能节能型家电	148	16	332346	1405559
新材料制造业	1742	245	3222287	11102265
高端精品钢材	41	3	136221	422173
高性能复合材料及特种功能材料	1700	242	3085283	10678114
战略前沿材料	1		783	1973
生物医药及高性能医疗器械	82	22	540056	1354707
生物制药	29	8	194333	485562
高性能医疗器械	53	14	345723	859145

4−31 续表 1

(2020年)

项　　目	亏损企业亏损总额(万元)	利　润总　额(万元)	人　均利　润(元)	工业增加值率(%)
总　　计	782113	4572013	29129	18.8
按企业规模分				
大型企业	160768	2810414	52861	15.6
中型企业	256003	890231	18035	25.1
小型企业	329551	880799	16364	23.2
微型企业	35791	-9432	-15480	21.3
按工业行业分				
高端电子信息制造业	330046	2669688	50049	15.2
集成电路及关键元器件	170279	1115573	29916	23.0
信息通信设备	159752	1539281	98411	12.3
新型显示	15	14834	36224	7.6
先进装备制造业	157203	1300547	30307	30.0
智能制造装备	28421	388905	41202	31.9
船舶与海洋工程装备	3722	-3364	-22117	19.1
节能环保装备	9436	75023	20864	24.4
轨道交通设备		3857	205133	51.3
航空装备	2005	1839	21412	15.3
新能源装备	32368	271012	29186	24.1
汽车制造	17844	122481	45657	23.2
卫星及应用	22947	197254	25011	42.3
重要基础件	40461	243541	24939	29.5
石油化工产业	22827	271391	91004	21.9
先进轻纺制造业	89983	238644	6005	20.8
绿色食品饮料	11040	107398	27760	12.7
高附加值纺织服装	63862	22794	960	25.9
环保多功能家具	13664	41249	4974	27.4
智能节能型家电	1417	67204	17556	21.6
新材料制造业	160555	412978	14542	28.3
高端精品钢材	354	8418	28958	30.5
高性能复合材料及特种功能材料	160201	404498	14394	28.2
战略前沿材料		62	11096	38.8
生物医药及高性能医疗器械	44245	97988	26308	42.4
生物制药	37891	42049	69802	52.5
高性能医疗器械	6354	55940	17917	38.3

4-31 续表 2

(2020年)

项目	总资产贡献率(%)	资产负债率(%)	流动资产周转率(次/年)	成本费用利润率(%)	全员劳动生产率(元/人)
总计	7.7	61.3	1.8	3.4	151083
按企业规模分					
大型企业	8.2	63.1	2.1	3.1	231209
中型企业	7.4	54.5	1.5	4.9	100679
小型企业	7.2	62.0	1.6	3.5	115212
微型企业	1.2	77.8	1.3	-0.9	411584
按工业行业分					
高端电子信息制造业	7.5	64.5	2.0	2.7	241353
集成电路及关键元器件	8.4	49.6	1.7	5.1	147031
信息通信设备	7.1	71.6	2.1	2.1	467876
新型显示	5.0	76.9	1.7	1.7	178179
先进装备制造业	9.2	58.1	1.5	6.1	166492
智能制造装备	10.0	51.1	1.2	8.7	174196
船舶与海洋工程装备	0.9	126.7	1.2	-1.9	226638
节能环保装备	7.1	50.3	1.5	3.9	138940
轨道交通设备	28.8	32.7	0.7	44.9	400947
航空装备	6.0	60.9	1.9	2.6	134354
新能源装备	8.4	56.6	1.4	5.9	130530
汽车制造	8.3	49.0	1.5	6.2	193356
卫星及应用	11.2	76.0	2.1	5.2	228736
重要基础件	9.3	56.7	1.5	5.5	144631
石油化工产业	10.9	54.0	1.6	7.3	303570
先进轻纺制造业	6.5	56.8	1.8	3.0	42706
绿色食品饮料	9.0	60.8	2.9	3.5	90300
高附加值纺织服装	3.4	54.4	1.3	0.9	30089
环保多功能家具	7.9	53.8	1.6	4.1	36278
智能节能型家电	8.8	58.5	1.7	5.0	86820
新材料制造业	7.5	58.7	1.7	3.9	113466
高端精品钢材	6.3	58.0	2.1	2.0	468597
高性能复合材料及特种功能材料	7.5	58.8	1.6	4.0	109787
战略前沿材料	9.2	75.8	2.6	3.3	139786
生物医药及高性能医疗器械	7.7	54.3	1.2	8.1	144997
生物制药	6.5	61.1	0.7	10.5	322597
高性能医疗器械	9.5	43.4	2.0	6.9	110731

4-32 规模以上高技术制造业企业主要经济指标（2020年）

Main Indicators of High-tech Manufacturing Enterprises above Designated Size (2020)

项　　目	企业单位数（个）	#亏损企业	工业增加值（万元）	营业收入（万元）
总　计	2324	417	17699758	120406506
按企业规模分				
大型企业	133	14	12137732	96169684
中型企业	410	84	3132045	13264229
小型企业	1647	272	2329446	10581715
微型企业	134	47	100536	390878
按工业行业分				
医药制造业	29	8	242916	606953
化学药品制造	8	3	30374	85024
中药饮片加工	2		245	9360
中成药生产	4	2	52793	148898
兽用药品制造				
生物药品制造	4	2	113473	273218
卫生材料及医药用品制造	10	1	45118	87116
药用辅料及包装材料	1		912	3338
航空、航天器及设备制造业	1		8676	31245
飞机制造				
航天器制造				
航空、航天相关设备制造				
其他航空航天器制造	1		8676	31245
航空航天器修理				
电子及通信设备制造业	1854	338	15313718	109568507
电子工业专用设备制造	124	23	409859	1081787
光纤、光缆及锂离子电池制造	130	25	796793	3005278
通信设备、雷达及配套设备制造	91	23	7325097	75593946
广播电视设备制造	38	7	136221	569901
非专业视听设备制造	157	31	567683	3595147
电子器件制造	347	68	1608199	7503408
电子元件及电子专用材料制造	626	102	3222214	13146958
智能消费设备制造	48	14	188258	1019399
其他电子设备制造	293	45	1059394	4052683
计算机及办公设备制造业	250	47	1425547	7956596
计算机整机制造	11	1	68663	538162
计算机零部件制造	141	27	703980	4068950
计算机外围设备制造	61	8	361586	2075443
工业控制计算机及系统制造	2		2143	5129
信息安全设备制造	2		1672	10169
其他计算机制造	17	2	117730	447409
办公设备制造	16	9	169772	811333
医疗仪器设备及仪器仪表制造业	190	24	708901	2243206
医疗仪器设备及器械制造	37	7	204913	613352
通用仪器仪表制造	76	9	253364	749074
专用仪器仪表制造	36	3	70378	278939
光学仪器制造	29	2	142582	482839
其他仪器仪表制造业	12	3	37664	119002
信息化学品制造业				
信息化学品制造				

4-32 续表 1

(2020年)

项目	亏损企业亏损总额(万元)	利润总额(万元)	人均利润(元)	工业增加值率(%)
总计	561911	3363978	37584	16.6
按企业规模分				
大型企业	216687	2612399	57529	14.9
中型企业	167149	460773	18345	22.7
小型企业	157896	298542	15913	21.3
微型企业	20179	-7734	-35610	21.7
按工业行业分				
医药制造业	47363	52561	87252	52.5
化学药品制造	5350	3339	46445	27.2
中药饮片加工		158	8921	2.5
中成药生产	39342	-37700	-318948	34.6
兽用药品制造				
生物药品制造	2063	72565	344234	123.0
卫生材料及医药用品制造	608	14145	80095	49.6
药用辅料及包装材料		54	7458	19.0
航空、航天器及设备制造业		3773	95265	27.8
飞机制造				
航天器制造				
航空、航天相关设备制造				
其他航空航天器制造		3773	95265	27.8
航空航天器修理				
电子及通信设备制造业	431246	3010133	41477	15.1
电子工业专用设备制造	8520	82439	30903	34.5
光纤、光缆及锂离子电池制造	42156	146718	33447	25.1
通信设备、雷达及配套设备制造	159752	1541925	98189	12.3
广播电视设备制造	10904	292	187	20.8
非专业视听设备制造	9241	65312	11076	14.8
电子器件制造	63652	254888	24544	19.8
电子元件及电子专用材料制造	96606	706160	31673	23.9
智能消费设备制造	17634	4076	2105	18.3
其他电子设备制造	22781	208324	26899	24.9
计算机及办公设备制造业	66474	120302	9729	17.3
计算机整机制造	493	6557	11780	12.5
计算机零部件制造	9685	96256	15994	16.3
计算机外围设备制造	23845	14859	4754	17.2
工业控制计算机及系统制造		1667	287397	41.8
信息安全设备制造		892	72480	16.5
其他计算机制造	2111	3114	2404	26.7
办公设备制造	30340	-3042	-2250	20.9
医疗仪器设备及仪器仪表制造业	16827	177210	45149	30.6
医疗仪器设备及器械制造	4974	46491	39117	32.4
通用仪器仪表制造	4506	81571	72366	32.5
专用仪器仪表制造	6436	7357	17238	24.4
光学仪器制造	83	33534	35800	28.8
其他仪器仪表制造业	829	8257	33591	30.7
信息化学品制造业				
信息化学品制造				

4–32 续表 2

(2020年)

项目	总资产贡献率(%)	资产负债率(%)	流动资产周转率(次/年)	成本费用利润率(%)	全员劳动生产率(元/人)
总计	7.3	63.9	1.9	2.9	197750
按企业规模分					
大型企业	7.7	64.9	2.1	2.8	267290
中型企业	6.2	57.8	1.5	3.6	124697
小型企业	6.5	64.8	1.6	2.9	124164
微型企业	0.2	79.4	1.3	-2.0	462871
按工业行业分					
医药制造业	6.5	61.1	0.7	10.5	403247
化学药品制造	3.5	74.5	0.7	4.1	422448
中药饮片加工	18.4	42.1	6.7	1.7	13856
中成药生产	-4.5	30.7	0.6	-28.4	446644
兽用药品制造					
生物药品制造	13.7	77.9	0.6	36.1	538295
卫生材料及医药用品制造	24.6	48.9	1.9	19.4	255483
药用辅料及包装材料	6.9	100.4	1.0	1.6	126710
航空、航天器及设备制造业	15.8	25.1	1.4	13.9	219090
飞机制造					
航天器制造					
航空、航天相关设备制造					
其他航空航天器制造	15.8	25.1	1.4	13.9	219090
航空航天器修理					
电子及通信设备制造业	7.3	64.5	1.9	2.8	211011
电子工业专用设备制造	11.0	62.1	1.2	8.2	153638
光纤、光缆及锂离子电池制造	5.6	63.7	1.2	5.2	181643
通信设备、雷达及配套设备制造	7.1	71.6	2.1	2.1	466460
广播电视设备制造	2.7	68.6	1.5	0.1	87473
非专业视听设备制造	4.7	65.7	1.8	1.9	96270
电子器件制造	7.6	49.9	1.8	3.5	154856
电子元件及电子专用材料制造	8.3	48.3	1.7	5.7	144524
智能消费设备制造	2.6	76.0	1.7	0.4	97241
其他电子设备制造	9.7	59.3	1.7	5.4	136790
计算机及办公设备制造业	5.5	63.3	2.0	1.5	115284
计算机整机制造	6.2	72.4	2.3	1.2	123362
计算机零部件制造	7.0	58.1	1.9	2.4	116975
计算机外围设备制造	3.5	74.6	2.2	0.7	115693
工业控制计算机及系统制造	30.7	16.6	0.9	45.8	369555
信息安全设备制造	7.7	32.8	0.8	8.8	135912
其他计算机制造	4.4	53.2	2.3	0.7	90883
办公设备制造	3.3	65.1	2.1	-0.4	125589
医疗仪器设备及仪器仪表制造业	10.5	47.8	1.4	8.6	180612
医疗仪器设备及器械制造	14.9	50.5	2.2	8.2	172413
通用仪器仪表制造	10.8	44.2	1.0	12.3	224772
专用仪器仪表制造	7.9	60.0	1.8	2.8	164898
光学仪器制造	7.9	47.8	1.3	7.5	152217
其他仪器仪表制造业	11.6	51.9	1.6	7.4	153228
信息化学品制造业					
信息化学品制造					

4-33 规模以上IT制造业企业主要经济指标（2020年）

Main Indicators of IT Manufacturing Enterprises above Designated Size (2020)

项　　目	企业单位数（个）	#亏损企业	工业增加值（万元）	营业收入（万元）
总　计	2369	413	16868623	117072275
按企业规模分				
大型企业	123	17	11687495	93430078
中型企业	414	87	2910562	12607302
小型企业	1687	265	2185020	10662127
微型企业	145	44	85546	372768
按工业行业分（小类）				
训练健身器材制造	5	1	8143	34515
玩具制造	219	43	695543	1993691
信息化学品制造				
照相机及器材制造	10	4	30279	200527
复印和胶印设备制造	12	5	166993	794954
计算器及货币专用设备制造	4	4	2779	16379
医疗诊断、监护及治疗设备制造	6	2	10757	46653
微电机及其他电机制造	40	5	291908	1135049
电线、电缆制造	252	26	602627	3378773
光纤、光缆制造	5		19237	59825
锂离子电池制造	119	25	764459	2876273
镍氢电池制造	1	1	3908	25263
其他电池制造	26	4	103302	409913
计算机整机制造	11	1	68663	538162
其他计算机制造	21	2	121546	462707
通信系统设备制造	32	8	1639802	3376118
通信终端设备制造	57	15	5678432	72160460
电视机制造	10		63760	859803
音响设备制造	128	26	440917	2370250
影视录放设备制造	19	5	63006	365094
电子真空器件制造	83	12	193758	1036191
集成电路制造	32	8	194033	1008501
光电子器件及其他电子器件制造	213	45	1038440	4914974
电子元件及组件制造	530	81	2712046	11154006
印制电路板制造	96	21	510168	1992952
其他电子设备制造	341	59	1247652	5072082
电子测量仪器制造	17		33074	121947
其他未列明制造业	80	10	163391	667203

4-33 续表 1

(2020年)

项　　目	亏损企业亏损总额(万元)	利润总额(万元)	人均利润(元)	工业增加值率(%)
总　　计	479645	3133769	35176	16.4
按企业规模分				
大型企业	203681	2520433	57779	14.9
中型企业	120166	377103	14689	22.0
小型企业	144031	236126	12042	19.9
微型企业	11767	107	577	19.2
按工业行业分(小类)				
训练健身器材制造	221	1121	24108	23.0
玩具制造	12114	29144	3173	34.2
信息化学品制造				
照相机及器材制造	2716	-870	-3388	15.2
复印和胶印设备制造	29042	-1745	-1349	21.0
计算器及货币专用设备制造	1298	-1298	-22457	17.5
医疗诊断、监护及治疗设备制造	2654	-1826	-17575	23.0
微电机及其他电机制造	7080	27815	12231	25.1
电线、电缆制造	6947	117845	24098	17.0
光纤、光缆制造		3737	23607	31.0
锂离子电池制造	42156	139752	33850	25.3
镍氢电池制造	361	-361	-9601	25.1
其他电池制造	1488	29061	64294	25.5
计算机整机制造	493	6557	11780	12.5
其他计算机制造	2111	5673	4319	26.6
通信系统设备制造	5715	194220	31250	46.9
通信终端设备制造	154037	1345061	142692	10.1
电视机制造		15079	55848	6.8
音响设备制造	8087	44894	8927	17.5
影视录放设备制造	1154	5339	8934	15.8
电子真空器件制造	3376	40148	24676	18.2
集成电路制造	5145	43024	43525	19.1
光电子器件及其他电子器件制造	51896	135091	19798	18.9
电子元件及组件制造	75230	631813	32996	23.8
印制电路板制造	21376	74347	23621	24.7
其他电子设备制造	40414	212400	21941	23.6
电子测量仪器制造		6984	37957	26.8
其他未列明制造业	4533	30766	25731	23.0

4-33 续表 2

(2020年)

项　　目	总资产贡献率(%)	资产负债率(%)	流动资产周转率(次/年)	成本费用利润率(%)	全员劳动生产率(元/人)
总　计	7.2	64.0	2.0	2.7	189346
按企业规模分					
大型企业	7.7	64.9	2.1	2.8	267928
中型企业	5.9	57.5	1.6	3.1	113370
小型企业	5.7	65.4	1.6	2.3	111434
微型企业	2.6	76.7	1.3	0.03	461164
按工业行业分（小类）					
训练健身器材制造	13.9	58.7	2.4	3.4	175118
玩具制造	4.7	60.9	1.8	1.5	75719
信息化学品制造					
照相机及器材制造	3.5	54.6	1.8	-0.4	117909
复印和胶印设备制造	3.6	65.3	2.1	-0.2	129052
计算器及货币专用设备制造	-6.1	59.6	1.1	-7.4	48080
医疗诊断、监护及治疗设备制造	-1.7	49.7	1.5	-3.8	103532
微电机及其他电机制造	5.6	43.7	1.7	2.5	128362
电线、电缆制造	8.7	56.3	1.9	3.6	123232
光纤、光缆制造	9.1	67.0	1.5	6.7	121522
锂离子电池制造	5.4	64.1	1.2	5.1	185152
镍氢电池制造	-0.2	11.9	1.0	-1.5	103936
其他电池制造	11.3	50.1	1.7	7.7	228544
计算机整机制造	6.2	72.4	2.3	1.2	123361
其他计算机制造	5.0	51.7	2.1	1.2	92536
通信系统设备制造	12.6	77.3	2.2	6.2	263842
通信终端设备制造	6.7	71.2	2.1	1.9	602403
电视机制造	5.1	80.8	1.7	1.8	236148
音响设备制造	4.7	63.8	1.8	1.9	87671
影视录放设备制造	3.7	45.3	1.8	1.5	105432
电子真空器件制造	10.8	62.2	2.2	4.0	119089
集成电路制造	8.3	42.4	1.7	4.5	196290
光电子器件及其他电子器件制造	6.7	50.0	1.7	2.8	152186
电子元件及组件制造	8.8	47.5	1.7	6.0	141637
印制电路板制造	6.0	52.2	1.7	3.9	162087
其他电子设备制造	8.4	62.6	1.7	4.4	128880
电子测量仪器制造	13.5	66.4	2.1	6.1	179750
其他未列明制造业	8.3	61.5	1.9	4.8	136649

主要统计指标解释

Explanatory Notes on Main Statistical Indicators

工业 指从事自然资源的开采，对采掘品和农产品进行加工和再加工的物质生产部门。具体包括：对自然资源的开采，如采矿、晒盐、森林采伐等（但不包括禽兽捕猎和水产捕捞）；对农副产品的加工、再加工，如粮油加工、食品加工、轧花、缫丝、纺织、制革等；对采掘品的加工、再加工，如炼铁、炼钢、化工生产、石油加工、机器制造、木材加工等，以及电力、自来水、煤气的生产和供应等；对工业品的修理、翻新，如机器制造设备的修理、交通运输工具（包括小卧车）的修理等。

轻工业 是指主要提供生活消费品和制作手工工具的工业。按其所使用的原料不同，可分为两大类：以农产品为原料的轻工业，是指直接或以农产品为基本原料的轻工业，主要包括食品制造、饮料制造、烟草加工、纺织、缝纫、皮革和毛皮制作、造纸以及印刷等工业；以非农产品为原料的轻工业，是以工业品为原料的轻工业，主要包括文教体育用品、化学药品制造、合成纤维制造、日用化学制品、日用玻璃制品、日用金属制品、手工工具制造、医疗器械制造、文化和办公用机械制造等工业。

重工业 是指为国民经济各部门提供物质技术基础的主要生产资料的工业。按其生产性质和产品用途，可以分为下列三类：采掘（伐）工业，是对自然资源的开采，包括石油开采、煤炭开采、金属矿开采等工业；原材料工业，指向国民经济各部门提供基本材料、动力和燃料的工业，包括金属冶炼及加工、炼焦及焦炭化学、化学原料、水泥、人造板以及电力、石油和煤炭加工等工业；加工工业，是指对工业原材料进行再加工制造的工业，包括装备国民经济各部门的机械设备制造工业、金属结构、水泥制造等工业，以及为农业提供的生产资料如化肥、农药等工业。

资产总计 指企业过去的交易或者事项形成的、由企业拥有或者控制的、预期会给企业带来经济利益的资源。包括企业拥有的土地、办公楼、厂房、机器、运输工具、存货等实物资产和现金、存款、应收账款和预付账款等金融资产。资产一般按流动性（资产的变现或耗用时间长短）分为流动资产和非流动资产。其中流动资产可分为货币资金、交易性金融资产、应收票据、应收账款、预付款项、其他应收款、存货等；非流动资产可分为长期股权投资、固定资产、无形资产及其他非流动资产等。

流动资产合计 资产满足以下条件之一应归为流动资产：（1）预计在一个正常营业周期中变现、出售或耗用，主要包括存货、应收账款等；（2）主要为交易目的而持有；（3）预计在资产负债表日起一年内（含一年）变现；（4）自资产负债表日起一年内，交换其他资产或清偿负债的能力不受限制的现金或现金等价物。包括货币资金、应收票据、应收账款、存货等项目。

固定资产原价 指固定资产的成本，包括企业在购置、自行建造、安装、改建、扩建、技术改造某项固定资产时所发生的全部支出总额。

负债合计 指企业过去的交易或者事项形成的，预期会导致经济利益流出企业的现时义务。包括银行贷款、借款、应付账款、应付职工工资、应付职工福利费、应交税金等企业负有偿还责任的债务。

营业收入 指企业从事销售商品、提供劳务和让渡资产使用权等生产经营活动形成的经济利益流入。

税金及附加 指企业因从事生产经营活动按税法规定应缴纳的消费税、城市维护建设税、资源税、环境保护税、教育费附加、房产税、城镇土地使用税、车船税、印花税等相关税费。

利润总额 指企业在一定会计期间的经营成果，是生产经营过程中各种收入扣除各种耗费后的盈余，反映企业在报告期内实现的盈亏总额。

应交增值税 指按照税法规定，以销售货物、服务、无形资产、不动产或提供加工、修理修配劳务的增值额和货物进口金额为计税依据而课征的一种流转税。

资产利税率 是在一定时期内已实现的利润、税金总额与同期的资产总额之比。

产值利税率　是报告期已实现的利润、税金总额（包括利润总额、税金及附加和应交增值税）占同期全部工业总产值的百分比。

总资产贡献率　是指企业一定时期内全部资产获利能力，是企业经营业绩和管理水平的集中体现，是评价和考核企业盈利能力的核心指标。

资产负债率　是指反映企业经营风险的大小，反映企业利用债权人提供的资金从事经营活动的能力。

流动资产周转率　是指一定时期内流动资产完成的周转次数，反映投入工业企业流动资金的周转速度，一般以一年内周转多少次表示。

成本费用利润率　是指工业企业投入的生产成本及费用的经济效益，同时也反映企业降低成本所取得的经济效益。

全员劳动生产率　是指反映企业的生产效率和劳动投入的经济效益。一般用平均每人一年创造的工业增加值表示。

五、固定资产投资与建筑业

Investment in Fixed Assets and Construction

5-1 主要年份固定资产投资主要指标

Main Indicators of Investment in Fixed in Main Years

项目	单位	1990年	2000年	2005年	2010年	2015年	2019年比2018年增长(%)	2020年比2019年增长(%)
固定资产投资总额	万元	75052	1028914	5972443	11149822	14465180	17.5	13.0
#国有单位	万元	50658	197658	686333	1479886	1782379	48.2	49.6
私营个体经济	万元			1027969	2077250	3304853	16.7	14.5
港澳台投资经济	万元		130501	1246450	1326063	1343480	-21.2	5.6
外商投资经济	万元		92699	507322	938943	1336845	-17.5	-24.5
新增固定资产	万元			1732967	5778616	7269377	25.9	-2.7
固定资产交付使用率	%			29.0	51.8	50.3	39.6	33.5
固定资产计划总投资	万元			13905355	45000174	68582894	14.5	21.2
固定资产投资资金来源	万元	50100	1047861	6717711	18550102	26149934	8.9	13.9
#国家预算内资金	万元	3600	10490	536	130717	553110	134.7	35.2
国内贷款	万元	2900	122561	651723	1882278	2087480	10.7	40.5
利用外资	万元	17000	207444	940432	1400920	698707	-33.4	-41.1
自筹资金	万元	25400	587176	3901138	8390847	8998227	16.9	27.5
房地产开发投资	万元		112498	1444277	2989853	5752145	8.1	9.3
房地产开发当年房屋施工面积	万平方米		315.45	1160.17	2060.54	3921.20	-5.8	3.1
房地产开发当年房屋竣工面积	万平方米		103.20	132.88	296.59	325.43	-26.6	-14.9
#住宅	万平方米		77.97	115.23	256.09	266.01	-30.6	-10.6
商品房销售面积	万平方米		63.21	321.85	511.25	1040.65	3.1	23.6
#住宅	万平方米		51.02	297.19	469.90	948.50	4.4	37.4

注：1.2011年起，固定资产投资统计起点由计划投资50万元提高到计划投资500万元，2018年起，资金来源指标以及新增固定资产指标不包含5000万元以下项目数据，增速为可比口径，下同。
2.固定资产交付使用率为当年值，非增长速度。

5-2 历年固定资产投资

Total Investment in Fixed Assets over Years

单位：万元

年 份	固定资产投资总额						
	总 量	增长速度(%)	#房地产开发		#民营	#外资	
			总 量	增长速度(%)			#港澳台
1978	2319						
1979	1641	-29.2					
1980	2395	45.9					
1981	3756	56.8					
1982	18102	381.9					
1983	18370	1.5					
1984	30050	63.6					
1985	70600	134.9					
1986	115173	63.1					
1987	141856	23.2					
1988	165459	16.6					
1989	50135	-69.7					
1990	75052	49.7					
1991	137464	83.2					
1992	188824	37.4					
1993	327630	73.5	52110			62600	
1994	1407621	329.6	78392	50.4		1038599	
1995	631355	-55.1	85163	8.6		240690	
1996	676185	7.1	86258	1.3		259705	
1997	658941	-2.6	86662	0.5		69055	
1998	769953	16.8	95451	10.1		91719	35868
1999	883201	14.7	104411	9.4		188036	116708
2000	1028914	16.5	112498	7.7		146887	96112
2001	1254945	22.0	148544	32.0		224812	181822
2002	1915741	52.7	268350	80.7		466569	213458
2003	3193889	66.7	551184	105.4		888664	619193
2004	4548691	42.4	1144195	107.6		1094045	716611
2005	5972443	31.3	1444277	26.2		1753772	1246450
2006	7054511	18.1	1642398	13.7	2410417	2297486	1584104
2007	8412074	19.2	2094187	27.5	2841860	2356983	1136955
2008	9443426	12.3	2714197	29.6	3240949	2710398	1469186
2009	10940753	13.0	2776623	2.3	4279669	2038232	1114631
2010	11149822	1.9	2989853	7.7	4847208	2265006	1326063
2011	10793144	8.1	3733062	25.0	4438880	2228117	1460388
2012	11803493	9.4	3773210	1.1	6662441	2942143	1891724
2013	13839352	18.3	4976593	31.9	8835235	2566790	1460423
2014	14271099	10.0	5880630	18.2	9496756	2234743	1174881
2015	14465180	3.3	5752145	-2.2	9475855	2680325	1343480
2016	15574580	7.7	6427591	11.7	10610512	2931385	1851731
2017	17128291	10.0	7021544	9.2	11469734	3142963	1931125
2018年比2017年增长	-	5.8	-	4.9	1.8	-4.7	-3.9
2019年比2018年增长	-	17.5	-	8.1	17.1	-19.8	-21.2
2020年比2019年增长	-	13.0	-	9.3	7.8	-6.2	5.6

5-3 按登记类型和行业分的固定资产投资增长速度(2019-2020年)

Growth Rate of Total Investment in Fixed Assets by Registration Status and Sector (2019-2020)

单位：%

项　　目	2019年	2020年
合　　计	17.5	13.0
按登记注册类型分		
内资	24.9	15.4
国有	29.7	65.7
集体	23.4	-15.5
股份合作	-51.9	1076.2
国有联营	-	-
集体联营	-100.0	-
国有与集体联营	-100.0	-
其他联营	-	-
国有独资公司	97.3	21.4
其他有限责任公司	23.9	3.5
股份有限公司	44.5	9.6
私营	-6.6	14.4
其他	-29.0	43.9
个体经营：个体户	-62.4	121.3
个人合伙	-	-
港澳台商投资	-21.2	5.6
#合资经营	-26.7	-6.9
合作经营	9.2	-23.7
独资	-20.3	13.8
股份有限公司	-78.0	166.3
外商投资	-17.5	-24.5
#合资经营	-11.8	56.4
合作经营	-100.0	-
独资	-28.4	-36.8
股份有限公司	-2.1	-55.0
按国民经济行业分		
第一产业	-100.0	-
第二产业	20.3	11.0
制造业	12.8	15.4
电力、热力、燃气及水的生产和供应业	82.3	-11.8
建筑业	923.6	-100.0
第三产业	16.1	14.1
交通运输、仓储和邮政业	23.5	-5.3
信息传输、软件和信息技术服务业	-12.4	64.2
批发和零售业	-24.1	15.4
住宿和餐饮业	-62.3	2.5
金融业	7.6	106.2
房地产业	6.8	6.9
租赁和商务服务业	158.8	138.8
科学研究和技术服务业	1.5	41
水利、环境和公共设施管理业	58.8	43
居民服务、修理和其他服务业	-29.5	-54.8
教育	65.1	8.3
卫生和社会工作	51.0	30.1
文化、体育和娱乐业	90.3	-9
公共管理、社会保障和社会组织	685.4	-16.8

5-4 按构成和行业分工业投资增长速度(2019-2020年)

Growth Rate of Industrial Investment in Fixed Assets by Structure and Sector (2019-2020)

单位：%

项　　目	2019年	2020年
工业合计	20.2	11.0
#技术改造	16.7	3.6
先进制造业	21.4	11.8
高技术制造业	24.8	13.5
按国民经济行业分		
#制造业	12.8	15.4
农副食品加工业	-22.8	17.5
食品制造业	-12.8	40.3
酒饮料和精致茶制造业	123.8	6.0
纺织业	4.1	91.6
纺织服装服饰业	-6.2	6.7
皮革毛皮羽毛及其制品和制鞋业	10.1	-40.6
木材加工和木竹藤棕草制品业	179.9	-72.5
家具制造业	-19.8	-12.4
造纸和纸制品业	-24.6	-13.2
印刷和记录媒介复制业	7.6	45.8
文教工美和体育娱乐用品制造业	-8.8	-12.9
石油煤炭及其它燃料加工业	-34.7	-49.5
化学原料和化学制品制造业	15.8	-33.8
医药制造业	114.7	137.1
化学纤维制造业	99.3	-80.4
橡胶和塑料制品业	8.2	68.2
非金属矿物制品业	-13.0	31.2
黑色金属冶炼和压延加工业	-5.8	-76.2
有色金属冶炼和压延加工业	-59.4	104.3
金属制品业	-14.5	15.7
通用设备制造业	92.6	39.5
专用设备制造业	19.5	38.8
汽车制造业	-9.6	25.8
铁路传播航空航天和其它运输设备制造业	-43.6	-83.7
电气机械和器材制造业	15.2	54.2
计算机通信和其它电子设备制造业	23.4	6.3
仪器仪表制造业	9.0	32.1
其它制造业	2.3	15.8
废弃资源综合利用业	1110.9	-82.2
金属制品机械和设备修理业	-16.6	-100.0
#电力、热力、燃气及水的生产和供应业	82.3	-11.8
电力热力生产和供应业	64.1	3.5
燃气生产和供应业	11.7	41.4
水的生产和供应业	214.0	-66.0

5-5 按登记注册类型和行业分财务拨贷款资金来源主要指标(2020年)

Main Indicators on Sources of Funds and Loans for Investment by Status of Registration And Sector (2020)

单位：万元

项　　目	本年资金来源合计	国家预算内资金	国内贷款	利用外资	自筹资金	其他资金来源
合　　计	12816796	2051653	2224534	70690	7537573	932346
按登记注册类型分						
内资	11458045	2047353	2078953	1432	6568836	761471
国有	3072874	1739785	66826		1036475	229788
集体	188988	33490			103674	51824
股份合作	11289				11289	
国有联营						
集体联营						
国有与集体联营						
其他联营						
国有独资公司	1104921	109092	859908		98910	37011
其他有限责任公司	3367752	162984	666554		2271540	266674
股份有限公司	623241		26890		573118	23233
私营个体	2842195	2002	416182	1432	2280126	142453
其他	246785		42593		193704	10488
港澳台商投资	942823	4300	108799	47196	632923	149605
外商投资	415928		36782	22062	335814	21270
按国民经济行业分						
第一产业						
第二产业	6461838	49623	1415670	67773	4510448	418324
制造业	5441501	44879	627737	67773	4305272	395840
电力、热力、燃气及水的生产和供应业	1020337	4744	787933		205176	22484
建筑业						
第三产业	6354958	2002030	808864	2917	3027125	514022
交通运输、仓储和邮政业	1415059	318763	567029		402166	127101
信息传输、软件和信息技术服务业	443714		10727	1232	427815	3940
批发和零售业	94954		13153		64134	17667
住宿和餐饮业	38256				37949	307
金融业	9219				2219	7000
房地产业	481282	4001	22251		414312	40718
租赁和商务服务业	294972	9133	36091	1685	233968	14095
科学研究和技术服务业	389566	36	31640		318106	39784
水利、环境和公共设施管理业	2508723	1468100	45219		766847	228557
居民服务、修理和其他服务业						
教育	473857	120775	82754		253444	16884
卫生和社会工作	133031	33667			83864	15500
文化、体育和娱乐业	23285	19993			3292	
公共管理、社会保障和社会组织	35571	27562			8009	

注：本表不含计划总投资5000万元以下和房地产开发项目数据。

5-6　房地产开发主要指标

Main Indicators of Real Estate Development

项　　目	单位	2005年	2010年	2015年	2019年	2020年
本年土地购置面积	万平方米	45	136	122	30	109
本年完成投资额	万元	1444277	2989853	5752145	7965436	8705444
#住宅	万元	1197154	2504525	4016931	5732781	6409593
本年资金来源	万元	1632570	6533564	10836961	14566073	19279575
#国内贷款	万元	114755	1271530	1112220	1226121	2555346
利用外资	万元	2075	75182	2960	3065	494
自筹资金	万元	867824	2025670	2405896	3507433	5383553
房屋施工面积	万平方米	1160	2061	3921	4166	4294
#住宅	万平方米	890	1687	2831	2941	3107
房屋竣工面积	万平方米	133	297	325	281	239
#住宅	万平方米	115	256	266	175	157
商品房屋销售额	万元	1193991	3737742	10191063	13696844	20166419
#住宅	万元	1091095	3341485	9145019	11114079	18406531
商品房屋销售面积	万平方米	322	511	1041	712	880
#住宅	万平方米	297	470	949	558	767

5-7　房地产开发企业主要经济指标(2020年)

Main Indicators of Real Estate Enterprises (2020)

单位：万元

项　　目	资产总计	负债总计	主营业务收入	税金及附加	利润总额
合　　计	64143061	52063623	11574237	1759125	1624190
按登记注册类型分					
#内资	58134312	47910528	10497669	1604705	1416111
港澳台商投资	3819765	2795506	604438	119920	103212
外商投资	2188984	1357589	472129	34501	104866
民营经济	54303411	44470097	9961383	1571435	1321151
按控股情况分					
国有控股	4958255	4283236	589988	45176	96814
集体控股	1982570	1809319	153938	12527	12960
私人控股	33875991	27962259	7288065	1061116	907282
港澳台控股	3575371	2562320	554781	107425	103382
外商控股	1306023	747970	468085	35090	102843
其他控股	18444851	14698519	2519380	497792	400909
按资质等级分					
一级	3336770	1874028	174864	177231	-9644
二级	5855760	5346012	319812	67321	20272
三级	5240309	3932280	887875	119116	408579
四级	7726744	5151507	1886222	257006	398277
暂定	32401204	27493213	6522820	917934	471510
其他	9582274	8266583	1782645	220518	335195

5-8 房地产开发投资情况（2019—2020年）

Investment in Real Estate Development (2019-2020)

项　　目	2019年		2020年	
	房地产开发投资（万元）	#住宅	房地产开发投资（万元）	#住宅
合　　计	7965436	5732781	8705444	6409593
内资	7661366	5488452	8318769	6111388
国有	263728	170291	236285	214117
集体	141827	97950	167759	131155
国有独资公司	166934	166934	352541	215361
其他有限责任公司	4497926	3001437	5065552	3734256
私营独资	166458	157610	75607	69246
私营有限责任公司	2119622	1632806	2286788	1622917
私营股份有限公司			2715	310
其他(内资企业)	27042	21036		
港澳台商投资	207142	181732	258874	219362
外商投资	96928	62597	127801	73843

5-9 房地产开发企业、房屋建筑面积及价值(2019—2020年)

Floor Space and Value of Buildings in Real Estate Development (2019-2020)

项　　目	2019年			2020年		
	房屋建筑面积(平方米)		竣工房屋价值（万元）	房屋建筑面积(平方米)		竣工房屋价值（万元）
	施工面积	竣工面积		施工面积	竣工面积	
合　　计	41661672	2810109	1113500	42942522	2389997	1192049
内资	38494401	2659551	1016158	39333164	2317457	1156141
国有	64435			149012		
集体	1119783	45665	17575	1286642	93567	36588
国有独资公司	60467			722896		
其他有限责任公司	22168167	1553821	662063	22702145	1722630	924206
私营独资	155801			131493		
私营有限责任公司	14206095	1048772	330873	13552026	453741	183856
私营股份有限公司				25079		
其他(内资企业)	75940					
港澳台商投资	2076614	150558	97342	2575101	48219	28658
外商投资	1090657			1034257	24321	7250

5-10 商品房屋销售情况(2020年)

Sale of Commercialized Buildings (2020)

项　　目	商品房屋销售面积 (平方米)	#住宅	商品房屋销售额 (万元)	#住宅
合　　计	8795656	7667876	20166419	18406531
内资	8037890	6995974	18078641	16446832
国有	98508	98508	241578	241578
集体	385043	339919	774834	739352
国有独资公司	219762	217165	466972	460352
其他有限责任公司	4703642	4058107	10963318	9903914
私营独资				
私营有限责任公司	2407270	2101675	5220800	4734346
私营股份有限公司	3779	1978	5173	3462
其他内资企业				
港澳台商投资	462193	409721	1253848	1185177
外商投资	295573	262181	833930	774522

5-11 建筑业企业生产经营情况

Production Conditions of Construction Enterprises

项　　目	单　位	2020年
企业个数	个	1017
建筑业合同情况		
签订合同额	亿元	1755.30
上年结转合同额	亿元	836.83
本年新签合同额	亿元	918.47
承包工程完成情况		
直接从建设单位承揽工程完成的产值	亿元	713.29
自行完成施工产值	亿元	639.37
分包出去工程的产值	亿元	73.92
从建设单位以外承揽工程完成的产值	亿元	25.10
建筑业总产值	亿元	664.48
#装配式建筑工程产值	亿元	8.13
#装饰装修产值	亿元	47.36
#在外省完成的产值	亿元	59.85
建筑工程产值	亿元	581.62
安装工程产值	亿元	66.52
其他产值	亿元	16.34
竣工产值	亿元	234.27
房屋施工面积	万平方米	2269.60
#新开工面积	万平方米	1120.94
从业人员		
从事建筑业活动的平均人数	万人	14.52
建筑业企业期末人数	万人	15.10

5-12 建筑业企业财务状况

Financial Indicators of Construction Enterprises

项　　目	单　位	2020年
期末资产负债		
固定资产原价	亿元	54.51
累计折旧	亿元	24.42
资产总计	亿元	884.67
负债合计	亿元	551.64
所有者权益合计	亿元	333.03
损益及分配		
营业收入	亿元	727.58
#主营业务收入	亿元	719.23
营业成本	亿元	651.43
#主营业务成本	亿元	642.76
税金及附加	亿元	2.87
#主营业务税金及附加	亿元	2.59
营业利润	亿元	17.48
利润总额	亿元	17.34
人工成本及增值税		
应付职工薪酬（本年贷方累计发生额）	亿元	99.41
应交增值税	亿元	16.64

主要统计指标解释

Explanatory Notes on Main Statistical Indicators

固定资产投资额 是以货币形式表现的在一定时期内建造和购置固定资产的工作量以及与此有关的费用的总称。它是反映固定资产投资规模、结构和发展速度的综合性指标，又是观察工程进度和考核投资效果的重要依据。

新增固定资产 指已经完成建造和购置过程，并已交付生产或使用单位的固定资产的价值。它是表示固定资产投资成果的价值指标，也是反映建设进度，计算固定资产投资效果的重要依据。

固定资产交付使用率 指一定时期新增固定资产与同期完成投资额的比率。它是反映各个时期固定资产动用速度，衡量建设过程中投资效果的一个综合性指标。

基础设施 基础设施投资指在电力、热水的生产和供应业，燃气生产和供应业，水的生产和供应业，铁路运输业，道路运输业，水上运输业，航空运输业，管道运输业，装卸搬运和运输代理业，邮政业，电信、广播电视和卫星传输服务，互联网和相关服务，水利管理业，生态保护和环境治理业和公共设施管理业等行业方面的固定资产投资。

房地产开发投资 各种登记注册类型的房地产开发公司 、商品房建设公司及其他房地产开发单位统一开发的包括统代建、拆迁还建的住宅、厂房、仓库、饭店、宾馆、度假村、写字楼、办公楼等房屋建筑物和配套的服务设施、土地开发工程，如道路、给水、排水、供电 、供热、通讯、平整场地等基础设施工程的投资。包括实际从事房地产开发或经营活动的附营房地产开发单位。不包括单纯的土地交易活动。

房屋建筑施工面积 指报告期内施工的全部房屋建筑面积。包括本期新开工的面积和上期开工跨入本期继续施工的房屋面积，以及上期已停建在本期复工的房屋面积。本期竣工和本期施工后又停缓建的房屋，其建筑面积仍计入本期施工房屋面积中。

住宅 指供人们居住的房屋，包括职工家属宿舍、集体宿舍（包括职工单身宿舍和学生宿舍）及供居住的各种公寓等。住宅建筑面积中不包括作为人防用、不住人的地下室面积和供办公用的公寓。

房屋建筑竣工面积 指在报告期内房屋建筑按照设计要求已全部完工，达到住人和使用条件，经验收鉴定合格(或达到竣工验收标准)，可正式移交使用的各栋房屋建筑面积的总和。

房屋建筑面积竣工率 指一定时期内房屋竣工面积占同期房屋施工面积的比率。它是从房屋建筑施工速度的角度反映投资效果和建筑业经济效益的指标。

建筑业总产值 是以货币表现的建筑业企业在一定时期内生产的建筑业产品和服务的总和。建筑业总产值包括三部分内容：

⑴建筑工程产值：指列入建筑工程预算内的各种工程价值。

⑵设备安装工程产值：指设备安装工程价值，但不包括设备本身的价值。

⑶其他产值：建筑业总产值中除建筑工程、安装工程以外的产值。包括房屋构筑物修理产值、非标准设备制造产值、总包企业向分包企业收取的管理费以及不能明确划分的施工活动所完成的产值。

①房屋构筑物修理产值：指房屋和构筑物的修理所完成的价值，但不包括被修理房屋构筑物的本身价值和生产设备的修理价值。

②非标准设备制造产值：指加工制造没有定型的非标准生产设备的加工费和原材料价值以及附属加工厂为本企业承建工程制作的非标准设备的价值。

六、规模以上服务业

Service Enterprises above Designated Size

6-1 规模以上服务业企业财务指标

Main Financial Indicators of Service Enterprises above Designated Size

单位：万元

项　　目	2019年	2020年
年初存货	687278	659237
期末资产负债		
固定资产原价	24331944	26586252
本年折旧	1118190	1251165
资产总计	44364792	53558904
负债合计	21908377	29003104
所有者权益合计	22456415	24555801
损益及分配		
营业收入	13531956	14364858
营业成本	8705068	9376343
税金及附加	93164	97040
销售费用	718704	709331
管理费用	1496999	1553352
财务费用	325875	402809
其中：利息收入	69429	85080
利息支出	319412	436576
投资收益(损失以“−”号记)	413966	592483
营业利润	2697410	2775531
利润总额	2728264	2743294
所得税费用	305154	285658
人工成本及增值税		
应付职工薪酬(本年贷方累计发生额)	2580800	2753122
应交增值税	286134	280599

6-2 规模以上服务业企业分行业主要指标（2020年）

Main Indicators of Service Enterprises above Designated Size by Sector（2020）

单位：万元

项　　目	企业单位数（个）	营业收入		营业成本	
		总　量	比2019年增长(%)	总　量	比2019年增长(%)
总　　计	2082	14364858	5.3	9376343	5.8
按经济类型分					
内资企业	1932	13176176	6.2	8794462	6.3
#国有企业	16	344990	6.5	342477	13.2
集体企业	313	1297490	3.8	372153	0.6
有限责任公司	580	5737205	8.5	3855674	7.2
私营企业	898	4699759	5.4	3633114	5.7
港澳台商投资企业	96	584497	-7.7	308130	-9.8
外商投资企业	54	604185	-1.0	273751	11.5
按行业分					
交通运输、仓储和邮政业	321	3101113	2.2	2726130	5.1
铁路运输业	2	2121	-71.5	1646	-76.2
道路运输业	143	678598	-14.1	778785	2.1
水上运输业	12	114579	-3.2	88840	5.3
多式联运和运输代理业	39	339452	59.3	302900	60.8
装卸搬运和仓储业	98	1002505	-3.3	673663	-12.6
邮政业	27	963858	11.0	880296	12.9
快递服务	23	760224	28.1	693761	33.0
信息传输、软件和信息技术服务业	124	2914173	8.9	1521409	9.2
电信、广播电视和卫星传输服务	11	1888054	2.6	986411	3.7
互联网和相关服务	14	71069	0.3	61177	0.8
软件和信息技术服务业	99	955050	24.7	473821	24.4
房地产业	268	1069294	-7.5	749530	-7.7
物业管理	146	553677	1.9	396663	0.7
房地产中介服务	30	177766	8.2	147944	18.7
房地产租赁经营	92	337851	-24.7	204922	-30.2
租赁和商务服务业	816	3938724	-0.5	2122323	-0.5
租赁业	27	84447	12.6	60188	18.5
商务服务业	789	3854276	-0.7	2062135	-0.9
人力资源服务	214	1162830	3.5	933071	2.9
科学研究和技术服务业	218	1399616	31.6	812388	24.5
研究和试验发展	20	508705	125.3	250745	95.2
专业技术服务业	171	770384	8.8	477242	9.2
科技推广和应用服务业	27	120527	-6.6	84400	-3.0
水利、环境和公共设施管理业	58	550688	51.8	417123	52.8
生态保护和环境治理业	26	219742	96.4	160753	95.3
公共设施管理业	32	330945	31.9	256370	34.4
居民服务、修理和其他服务业	85	253207	10.3	191919	15.1
居民服务业	15	54069	1.7	36414	5.7
机动车、电子产品和日用产品修理业	21	50261	29.2	39301	37.7
汽车、摩托车等修理与维护	18	48888	32.2	38459	41.1
其他服务业	49	148877	8.3	116203	12.0
教育	110	399527	6.1	283380	6.8
初等教育	46	163267	11.2	96836	4.6
中等教育	23	131159	12.9	120798	17.1
高等教育	3	26737	-12.8	7804	-39.3
卫生和社会工作	41	640334	-0.9	495572	1.5
卫生	40	638326	-1.0	494078	1.4
医院	29	598168	-1.5	470074	2.1
社会工作	1	2008	76.1	1494	53.5
文化、体育和娱乐业	41	98183	-32.7	56570	-36.0
广播、电视、电影和录音制作业	19	11925	-72.3	13048	-58.1
体育	11	75984	-11.1	34741	-24.3
娱乐业	11	10274	-41.4	8781	-23.0

注：增速按可比口径计算。

6-2 续表 1

(2020年)

单位：万元

项目	税金及附加		销售费用		管理费用	
	总量	比2019年增长(%)	总量	比2019年增长(%)	总量	比2019年增长(%)
总计	97040	1.8	709331	-1.4	1553352	2.0
按经济类型分						
内资企业	80265	1.0	659108	-0.8	1304862	2.5
#国有企业	1066	35.3	9126	51.5	23032	3.6
集体企业	15098	-3.9	12230	1.8	114452	-3.7
有限责任公司	36079	12.2	365477	-2.0	528749	5.5
私营企业	24306	-9.0	225210	2.6	483639	-3.1
港澳台商投资企业	8924	-0.1	19384	-12.1	151448	-6.3
外商投资企业	7851	14.6	30839	-6.2	97042	10.7
按行业分						
交通运输、仓储和邮政业	15556	6.5	84734	0.8	247248	3.5
铁路运输业	15	17.1			104	8.6
道路运输业	2341	-24.6	17688	-22.0	76579	-4.5
水上运输业	389	26.2	10108	89.0	12971	-11.3
多式联运和运输代理业	676	48.0	4661	6.4	22089	26.8
装卸搬运和仓储业	10800	18.6	38421	-6.0	78549	1.6
邮政业	1335	-17.4	13858	28.4	56957	15.3
快递服务	698	-8.8	13858	28.4	46368	26.3
信息传输、软件和信息技术服务业	7592	-9.5	210467	-7.3	149133	3.8
电信、广播电视和卫星传输服务	2526	-35.3	166166	-12.5	51388	5.2
互联网和相关服务	137	-24.9	2846	63.9	6343	13.5
软件和信息技术服务业	4929	14.6	41455	17.2	91403	2.4
房地产业	28077	35.9	44911	-10.5	163413	-5.2
物业管理	7952	7.9	14994	8.2	81814	-2.3
房地产中介服务	646	-12.8	11058	-19.7	12298	-4.6
房地产租赁经营	19480	55.2	18858	-16.4	69300	-8.6
租赁和商务服务业	33513	-9.5	249255	5.4	482732	-0.8
租赁业	230	17.8	15032	28.9	8749	-5.1
商务服务业	33283	-9.7	234224	4.2	473983	-0.7
人力资源服务	1343	-0.4	155855	8.1	61977	1.9
科学研究和技术服务业	5751	9.6	39182	4.7	215600	2.7
研究和试验发展	1374	14.1	2464	28.6	29416	-3.9
专业技术服务业	3455	5.6	32032	7.7	171135	2.7
科技推广和应用服务业	922	19.7	4686	-18.7	15050	17.8
水利、环境和公共设施管理业	1894	-19.3	10661	10.7	34889	7.9
生态保护和环境治理业	1112	15.9	5460	70.6	10484	24.5
公共设施管理业	781	-43.6	5201	-19.1	24405	2.0
居民服务、修理和其他服务业	1041	-9.0	18739	9.1	28234	-7.1
居民服务业	157	-14.5	7032	17.4	6887	-15.9
机动车、电子产品和日用产品修理业	230	46.4	4653	6.0	3614	-5.3
汽车、摩托车等修理与维护	227	51.1	3915	-6.3	3401	-2.0
其他服务业	654	-18.6	7054	3.8	17733	-3.6
教育	491	31.2	7480	-8.2	129226	19.3
初等教育	235	1073.5	1309	1.6	78815	29.9
中等教育	40	108.4	78	385.1	15924	-0.3
高等教育	6	-59.2	226	-52.6	15227	9.6
卫生和社会工作	785	-16.8	27386	-8.5	79501	10.5
卫生	785	-16.8	27385	-8.5	79175	10.3
医院	768	-14.3	22480	-10.1	73383	12.0
社会工作			1	-	326	110.7
文化、体育和娱乐业	2341	-48.4	16516	-13.8	23376	-17.0
广播、电视、电影和录音制作业	294	-80.4	2052	-44.4	3856	-38.0
体育	2024	-28.6	10667	10.0	17362	-9.3
娱乐业	24	-88.6	3798	-34.3	2158	-23.5

6-2 续表 2

(2020年)

单位：万元

项目	财务费用		利润总额		所得税费用	
	总量	比2019年增长(%)	总量	比2019年增长(%)	总量	比2019年增长(%)
总计	402809	19.1	2743294	4.0	285658	-7.7
按经济类型分						
内资企业	357279	17.2	2565487	8.4	247964	-4.9
#国有企业	7703	3315.8	13496	2786.2	3444	810.9
集体企业	25413	-11.0	774084	7.5	7844	-2.8
有限责任公司	176191	16.1	1278363	13.5	177924	-8.0
私营企业	130632	17.6	177442	8.5	37838	9.4
港澳台商投资企业	26826	28.1	52259	-17.4	16229	11.6
外商投资企业	18704	51.0	125548	-40.0	21465	-37.3
按行业分						
交通运输、仓储和邮政业	106284	-4.4	183848	-17.3	57187	-4.6
铁路运输业	-34	-104.8	214	-55.2	60	-
道路运输业	17442	-38.7	12579	-81.8	10448	-57.5
水上运输业	10569	-6.7	-7800	-384.4	900	317.2
多式联运和运输代理业	2130	5.6	2322	215.2	2138	109.7
装卸搬运和仓储业	75121	10.2	162045	32.7	35799	27.2
邮政业	1057	-14.0	14488	-46.7	7841	31.2
快递服务	1006	-14.2	8057	-66.5	7841	35.8
信息传输、软件和信息技术服务业	4085	-7.7	891195	3.8	122345	2.3
电信、广播电视和卫星传输服务	5154	4.4	646897	1.0	97621	0.9
互联网和相关服务	184	-28.2	-526	-142.9	244	-38.3
软件和信息技术服务业	-1252	-63.5	244824	13.0	24480	8.8
房地产业	63571	20.6	386823	287.6	20747	1.6
物业管理	13284	27.8	52791	30.1	11571	33.0
房地产中介服务	155	3.5	6329	-47.4	2585	-12.3
房地产租赁经营	50132	18.9	327702	594.5	6591	-24.9
租赁和商务服务业	161514	23.5	1079375	-15.1	54217	-25.8
租赁业	2135	51.1	-2550	-252.9	102	-47.4
商务服务业	159379	23.2	1081925	-14.8	54116	-25.8
人力资源服务	1132	115.8	11091	3.4	1335	-15.6
科学研究和技术服务业	7925	327.7	136740	36.5	10458	-21.2
研究和试验发展	2453	167.2	78527	129.4	1057	-72.6
专业技术服务业	4044	885.3	53213	6.2	8279	7.6
科技推广和应用服务业	1428	-1.5	5001	-68.4	1121	-34.6
水利、环境和公共设施管理业	31114	264.8	61562	65.3	9089	72.6
生态保护和环境治理业	21944	610.2	18378	22.5	3965	30.0
公共设施管理业	9170	68.6	43184	94.1	5124	131.0
居民服务、修理和其他服务业	1238	13.4	12120	-6.8	2705	-6.8
居民服务业	83	53.2	3601	-17.3	944	-30.0
机动车、电子产品和日用产品修理业	223	4.7	2271	15.0	564	19.4
汽车、摩托车等修理与维护	222	4.4	2686	42.5	564	19.6
其他服务业	932	13.0	6248	-6.5	1197	10.6
教育	13198	50.2	-23812	-296.0	828	-26.5
初等教育	7284	42.0	-16033	-71.0	128	-71.5
中等教育	1748	1747900.0	-2996	-110855.6	247	-19.2
高等教育	3914	22.8	-2723	-2814.9		
卫生和社会工作	6952	-11.2	26957	-41.9	6943	-43.2
卫生	6939	-11.3	26756	-42.3	6943	-43.2
医院	6681	-12.1	22093	-53.3	6162	-48.5
社会工作	13	36.5	202	600.3		
文化、体育和娱乐业	6928	-36.6	-11514	-248.8	1138	-34.6
广播、电视、电影和录音制作业	189	-9.0	-7791	-806.9	-141	-121.3
体育	7984	-6.1	-633	-208.4	1274	21.5
娱乐业	-1244	-156.0	-3090	38.0	4	-86.6

6-2 续表 3

(2020年)

单位：万元

项　　目	应付职工薪酬		应交增值税		平均用工人数(人)
	总　量	比2019年增长(%)	总　量	比2019年增长(%)	
总　　计	2753122	4.1	280599	-8.4	300721
按经济类型分					
内资企业	2429866	4.7	254183	-8.2	274548
#国有企业	100695	25.1	4048	74.2	5942
集体企业	151951	11.1	15274	1.8	27160
有限责任公司	1011915	3.3	134276	-8.7	97707
私营企业	934206	2.6	92890	-11.3	121269
港澳台商投资企业	184209	-3.5	10119	-23.6	14915
外商投资企业	139047	3.5	16296	-0.1	11258
按行业分					
交通运输、仓储和邮政业	545969	10.6	40896	-1.6	52971
铁路运输业	769	-8.9	87	43.6	59
道路运输业	259000	22.7	12717	-15.3	27956
水上运输业	16792	30.8	1049	-41.5	1153
多式联运和运输代理业	29158	4.7	4128	115.6	3164
装卸搬运和仓储业	135629	12.8	18263	1.8	10857
邮政业	104621	-13.3	4652	-3.6	9782
快递服务	56552	-15.0	3926	-3.6	6556
信息传输、软件和信息技术服务业	320048	16.1	86532	-10.2	17881
电信、广播电视和卫星传输服务	150491	4.0	50968	-21.6	5715
互联网和相关服务	5804	0.2	1240	-43.5	596
软件和信息技术服务业	163752	30.9	34325	17.7	11570
房地产业	244626	-11.5	43872	8.7	34490
物业管理	170931	-4.5	25383	18.5	26198
房地产中介服务	45085	-1.1	5903	25.3	5370
房地产租赁经营	28610	-44.7	12587	-11.7	2922
租赁和商务服务业	720749	-0.5	64261	-11.3	94900
租赁业	12800	50.0	1330	-62.4	2042
商务服务业	707949	-1.1	62932	-8.7	92858
人力资源服务	225504	-7.9	10692	-3.8	30559
科学研究和技术服务业	329716	-4.0	21820	1.1	29404
研究和试验发展	62129	-30.2	1291	-58.0	4342
专业技术服务业	249029	4.5	18051	10.7	23529
科技推广和应用服务业	18558	16.0	2478	12.6	1533
水利、环境和公共设施管理业	90936	8.8	8528	-43.0	19125
生态保护和环境治理业	14306	28.8	4332	-36.5	1523
公共设施管理业	76629	5.7	4196	-48.5	17502
居民服务、修理和其他服务业	73805	1.8	13071	-6.7	13289
居民服务业	15351	8.5	3977	-24.5	1784
机动车、电子产品和日用产品修理业	7907	9.6	1298	-4.4	1076
汽车、摩托车等修理与维护	7044	3.3	1271	-3.3	910
其他服务业	50547	-1.2	7796	5.5	10429
教育	209917	18.2	733	-49.9	19925
初等教育	78780	16.0	8	-69.3	9071
中等教育	68399	16.2	96	-	6541
高等教育	8665	3.5	4	-78.9	949
卫生和社会工作	189471	15.3	358	-21.1	14751
卫生	188824	15.2	358	-21.1	14645
医院	179364	18.1	307	12.7	13399
社会工作	648	45.5			106
文化、体育和娱乐业	27887	-18.4	527	-34.1	3985
广播、电视、电影和录音制作业	2595	-48.1	34	-95.3	520
体育	22729	-12.4	436	-32.1	3110
娱乐业	2562	-21.0	58	-64.4	355

主要统计指标解释

Explanatory Notes on Main Statistical Indicators

从事服务业活动从业人员平均人数 指报告期内平均拥有的从事服务业活动的人员数。按“谁用工，谁统计”的原则实施统计，包括参加企业服务业活动的正式人员，劳务派遣人员和临时聘用人员。不包括在本企业领取工资、股息、红利未参加服务业活动的人员。

东莞统计

七、运输邮电

Transport, Postal and Telecommunication Services

7-1 主要年份运输邮电主要指标

Main Indicators of Transport, Postal and Telecommunication Services in Main Years

项　　目	单　位	1985年	1990年	1995年	2000年	2005年	2010年	2015年	2019年	2020年
公路通车里程	公里	1240	1325	2327	2519	2871	4751	5165	5284	5223
#高速公路	公里				89	154	217	335	406	343
一级公路	公里		6	679	782	1315	2394	2601	2633	2607
内河通航里程	公里	532	598	598	798	664	643	673	673	673
公路桥梁	座	211	267	338	538	826	1211	1422	1518	1460
民用汽车	辆	7897	19394	88311	153684	406577	920766	1844948	3235140	3409628
#载客	辆	1878	7225	25366	69658	268918	772701	1694322	3025648	3176200
载货	辆	5980	12087	52242	80405	129298	143005	145659	203067	226064
摩托车	辆	11786	47881	255591	482636	775838	423766	32698	121	386
机动船	艘	2883	5885	5292	806	467	286	422	387	365
机动船净载重	吨位	80324	186056	259329	152661	148737	557846	1767170	1959653	1908293
邮电局(所)	处	52	53	273	594	702	555	797	516	507
邮路长度	公里	790	459	685	3550	6835	4667	5168	15029	17254
固定电话用户	万户	0.77	4.90	31.57	78.12	384.52	332.42	298.23	240.78	218.62
移动电话用户	万户		0.05	4.77	123.68	1016.41	1607.60	1756.75	1716.02	1552.33
固定互联网宽带接入用户	万户			0.05	13.78	52.90	153.92	201.74	322.89	342.26
移动互联网用户	万户								1500.07	1474.62
邮政业务收入(含快递)	万元						63178	992490	2382773	2733858
电信业务收入	万元						1490174	1497315	1713698	1735580
客运量	万人	2072	5758	10237	30697	33551	77446	4951	3276	831
#公路	万人	1940	5728	10210	30680	33510	77415	4928	3254	828
旅客周转量	万人公里	95237	322236	446230	1001906	1185290	1290692	771316	422945	114560
#公路	万人公里	90950	320690	444293	1000492	1182000	1288675	759168	421482	114359
货运量	万吨	2913	2701	4266	5431	6400	9312	15385	17426	17139
#公路	万吨	1922	1571	2377	3440	4586	7640	10469	9903	9647
货物周转量	万吨公里	171591	184700	264605	404678	424829	1090340	5043509	4558906	5287710
#公路	万吨公里	113038	72162	128026	246046	272500	510801	715902	827343	788809
港口货物吞吐量	万吨	276	233	201	746	2280	5657	13149	19808	19857

注：1．2006年起公路通车里程含专用公路和村道，下同。

2．2010年起，邮政业务相关指标不包括速递物流及邮政储蓄银行独立运营部分；2015年起采用邮管局数据，含快递业务，下同。

3．2014年起，客运量和旅客周转量不含城市客运量，数据与往年不可比，下同。

7-2 历年运输线路长度与公路密度

Length of Transportation Routes and Road Density over Years

年份	公路通车里程(公里)	等级公路	#一级	等外公路	高级、次高级路面通车里程(公里)	内河通航里程(公里)	公路密度(公里/百平方公里)
1978	1259	287		972		530	51.08
1979	1225	355		870		603	49.70
1980	1225	355		870		603	49.70
1981	1225	845		380		415	49.70
1982	1225	845		380		115	49.70
1983	1225	872		353		132	49.70
1984	1240	896		344		132	50.30
1985	1240	490		750		132	50.30
1986	1248	977		271		274	50.63
1987	1261	991		270		598	51.16
1988	1302	1068	6	234		598	52.82
1989	1325	1091	6	234		598	53.75
1990	1325	1102	6	223	750	598	53.75
1991	1759	1226	6	533	1137	598	71.36
1992	2055	1431	151	624	1442	599	83.37
1993	2260	1673	315	587	1675	598	91.68
1994	2292	1868	599	424	1773	598	92.98
1995	2327	1930	679	397	1650	598	94.40
1996	2330	2087	689	243	1653	598	94.50
1997	2330	2087	690	243	1563	598	94.50
1998	2429	1897	714	480	1958	598	98.52
1999	2467	1935	717	480	2048	798	100.06
2000	2519	2339	782	91	2253	798	102.15
2001	2570	2393	845	78	2321	798	104.26
2002	2641	2464	908	78	2406	798	107.14
2003	2688	2508	967	75	2472	716	109.05
2004	2759	2609	1148	37	2637	798	111.93
2005	2871	2686	1315	31	2774	664	116.47
2006	3891	3619	1585	117	3823	664	157.85
2007	3924	3650	1591	116	3860	535	159.19
2008	4001	3884	1639	117	3864	643	162.31
2009	4713	4598	2389	115	4643	643	191.21
2010	4751	4637	2394	114	4681	643	192.74
2011	4828	4716	2420	112	4759	673	196.24
2012	4966	4861	2484	108	4800	673	201.98
2013	5002	4896	2507	106	4937	673	202.94
2014	5145	5058	2580	87	5093	673	208.72
2015	5165	5078	2601	86	5165	673	209.53
2016	5265	5180	2649	86	5225	673	214.08
2017	5262	5179	2624	83	5227	673	213.92
2018	5262	5248	2633	15	5261	673	213.91
2019	5284	5284	2633	-	5284	673	214.79
2020	5223	5223	2607	-	5223	673	212.30

注：公路密度数据来源于交通运输局，下同。

7-3　主要年份运输线路长度

Length of Transport Routes in Main Years

项　　目	单　位	1980年	1990年	1995年	2000年	2005年	2010年	2015年	2019年	2020年
公路通车里程合计	公里	1225	1325	2327	2519	2871	4751	5165	5283.86	5222.64
#按等级分										
等级公路	公里	355	1102	1930	2339	2686	4637	5078	5283.86	5222.64
高速公路	公里				89	154	217	335	405.97	343.45
一　级	公里		6	679	782	1315	2394	2601	2633.36	2607.20
二　级	公里		65	361	684	703	1317	1366	1451.65	1585.27
三　级	公里		60	135	310	297	178	256	301.74	376.27
四　级	公里	355	971	755	563	371	532	520	491.14	310.45
等外公路	公里	870	223	397	91	31	114	86	-	-
#按路面分										
有路面里程	公里		800	1808	2508	2858	4689	5165	5283.86	5222.64
#高级、次高级	公里		750	1650	2253	2774	4681	5165	5283.86	5222.64
无路面里程	公里		524	519	11	13	62	41	-	-
桥梁合计	座		267	338	538	826	1211	1422	1518	1460
	延米				39956	112385	162767	242319	295417	294678
公路密度	公里/百平方公里	49.70	53.75	94.40	102.15	116.47	192.74	209.53	214.79	212.30
#等级公路密度	公里/百平方公里	14.40	44.71	78.30	94.89	108.97	188.12	206.00	214.79	212.30
内河通航里程	公里	603	598	598	798	664	643	673	673	673

7-4　主要年份运输工具拥有量

Possession of Main Means of Transport in Main Years

项　　目	单　位	1985年	1990年	1995年	2000年	2005年	2010年	2015年	2019年	2020年
民用车辆拥有量										
汽车	辆	7897	19394	88311	153684	406577	920766	1844948	3235140	3409628
载客汽车	辆	1878	7225	25366	69658	268918	772701	1694322	3025648	3176200
	客位	23462	66361	302844	560155	2420591	5101240	9742352	16668088	17409343
载货汽车	辆	5980	12087	55000	81623	129298	143005	145659	203067	226064
	吨位	20428	38010	133757	332621	243390	253879	305135	492395	715831
其他汽车	辆	39	82	7945	2403	8361	5060	4967	6425	7364
摩托车	辆	11786	47881	255591	482636	775838	423766	32698	121	386
挂车	辆				8	2222	2983	3757	6667	8082
民用运输船舶拥有量										
机动船	艘	2883	5885	5292	806	467	286	422	387	365
	净载重吨位	80323	186056	259329	152661	148737	557846	1767170	1959653	1908293
	客位	2056	776	1881	1054	604	902	550	717	717
#货船	艘	2866	5875	5259	796	465	283	420	384	359
	净载重吨位	80285	186038	259314	152661	148431	557236	1766865	1959482	1908293
客船	艘			26	10	2	3	2	3	3
	客位			1295	1054	604	902	550	717	717
期末机动车驾驶员	人	44186	118229	351947	563564	798086	1287738	2254658	3239260	3365113
#汽车驾驶员	人	10661	28768	94778	173865	428912	1110932	2202712	3209824	3332992

注：2002年起民用汽车拥有量按新的口径分类，部分指标数值与往年不可比。

7–5 历年客货运输量

Passenger and Freight Traffic over Years

年 份	客运量（万人）	公 路	水 运	旅客周转量（万人公里）	公 路	水 运
1978	403	224	179	9425	5097	4328
1979	467	272	195	11162	6354	4808
1980	572	362	210	13584	8285	5299
1981	578	349	229	13845	7943	5902
1982	639	405	234	16026	9683	6343
1983	1281	1071	210	54075	47939	6136
1984	1287	1130	157	62107	56890	5217
1985	2072	1940	132	95237	90950	4287
1986	2304	2224	80	127458	124322	3136
1987	3359	3283	76	159117	156578	2539
1988	3223	3176	47	173335	171575	1760
1989	5288	5254	34	240999	239193	1806
1990	5758	5728	30	322236	320690	1546
1991	6749	6719	30	373284	371720	1564
1992	9267	9247	20	503973	502607	1366
1993	10907	10897	10	577800	576116	1684
1994	11234	11229	5	595134	594100	1034
1995	10237	10210	27	446230	444293	1937
1996	10749	10723	26	477466	476072	1394
1997	11300	11273	27	511592	509614	1978
1998	17485	17463	22	577452	575541	1911
1999	25404	25385	19	804278	802590	1688
2000	30697	30680	17	1001906	1000492	1414
2001	31220	31203	17	1031579	1030192	1387
2002	32100	32081	19	1091821	1090155	1666
2003	32588	32566	22	1126964	1125098	1866
2004	33240	33200	40	1166262	1163010	3352
2005	33551	33510	41	1185290	1182000	3290
2006	35182	35143	39	1213809	1210944	2865
2007	37182	37136	46	1264982	1261777	3205
2008	122468	122431	37	2248521	2246128	2393
2009	73324	73291	33	1053469	1051324	2145
2010	77446	77415	31	1290692	1288675	2017
2011	80337	80306	31	1458811	1456782	2029
2012	79739	79707	32	1568758	1566652	2106
2013	78113	78082	31	1559856	1557823	2033
2014	5555	5524	31	854595	852594	2004
2015	4961	4928	33	771316	769168	2148
2016	4874	4847	27	773196	771437	1757
2017	4342	4319	23	681427	679900	1527
2018	3383	3360	24	456292	454745	1547
2019	3276	3254	22	422945	421482	1463
2020	831	828	3	114560	114359	200

7-5 续表 1

年 份	货运量(万吨)	公 路	#个体及联户	水 运	#个体及联户
1978	394	73		321	
1979	399	68		331	
1980	349	51		298	
1981	317	37		280	
1982	319	35		284	
1983	2366	1519	1515	847	535
1984	2738	1728	1710	1018	718
1985	3110	1922	1906	1188	814
1986	3296	2208	2190	1088	725
1987	2618	1304	1288	1314	928
1988	2685	1374	1358	1311	912
1989	3233	1516	1501	1717	1375
1990	2701	1571	1557	1130	837
1991	2456	1300	1286	1156	282
1992	2895	1703	1688	1192	902
1993	3256	1976	1960	1280	1011
1994	3646	2233	2222	1413	1147
1995	4266	2377	2368	1889	1599
1996	4451	2645	2636	1806	1556
1997	4644	2748	2740	1896	1522
1998	4776	2808	2808	1968	1578
1999	5016	3039	3039	1977	1553
2000	5431	3440	3440	1991	1560
2001	5527	3539	3539	1988	1559
2002	5857	4015	4015	1842	1504
2003	5877	4046	4046	1831	1496
2004	6054	4250	4250	1804	721
2005	6400	4586	4586	1814	1484
2006	5481	4930	4930	551	
2007	5676	5115	1194	561	75
2008	9273	8010	1273	1263	86
2009	8733	6944	1973	1789	159
2010	9312	7640	2080	1672	158
2011	10165	8210	2155	1955	133
2012	11191	8421	2310	2770	84
2013	12863	9162	2897	3701	80
2014	15375	10915	4033	4460	81
2015	15385	10469	4523	4916	100
2016	15593	10325	4493	5269	90
2017	16725	10521	4368	6204	171
2018	17272	10975	3872	6298	180
2019	17426	9903	2719	7524	112
2020	17139	9647	1477	7491	92

7−5 续表 2

年份	货物周转量(万吨公里)	公路	#个体及联户	水运	#个体及联户	港口货物吞吐量(万吨)
1978	15148	924		14224		293
1979	15390	636		14654		297
1980	16353	1479		14874		295
1981	15606	304		15302		272
1982	17185	252		16933		253
1983	108634	70723	70572	37911	20317	319
1984	140113	91774	91702	48339	29179	268
1985	171591	113038	113002	58553	31784	276
1986	126898	71392	71358	55506	27916	268
1987	174942	101285	101253	73657	41049	296
1988	169112	69014	68986	100098	82351	320
1989	186626	70942	70921	115684	82351	297
1990	184700	72162	72141	112538	83094	233
1991	194101	82555	82534	111546	82075	267
1992	232752	116698	116673	116054	85084	292
1993	248230	134918	134890	113312	87574	313
1994	273053	151108	148152	121945	93235	370
1995	264605	128026	127928	136579	105099	201
1996	267193	121625	121603	145568	118169	289
1997	278649	126336	126244	152313	122428	338
1998	285889	130378	130378	155511	123343	516
1999	300410	143465	143465	156945	119120	654
2000	404678	246046	246046	158632	119855	746
2001	406247	250121	250121	156126	118112	883
2002	420684	265908	265908	154776	115444	1611
2003	422822	268998	268998	153824	114812	2352
2004	423669	272220	272220	151449	48377	2600
2005	424829	272500	272500	152329	113249	2280
2006	336783	278566	278566	58217		1951
2007	356677	297223	50803	59454	6414	2017
2008	1747489	462797	38398	1284692	5598	3208
2009	1016490	452880	126052	563610	8787	3530
2010	1090340	510801	131929	579539	9399	5657
2011	1874802	531304	138976	1343498	9606	6848
2012	2967132	543633	147604	2423499	5941	9228
2013	4322745	683889	216590	3638856	5296	11187
2014	4480053	755240	389342	3724812	4103	12900
2015	5048509	716902	307772	4331607	5629	13149
2016	4552332	716734	311885	3835597	4909	14584
2017	4836221	743334	312111	4092888	8133	15714
2018	5272636	783118	275042	4489519	8860	16417
2019	4558906	827343	194210	3731564	5373	19808
2020	5287710	788809	114688	4498901	5522	19857

7-6 历年主要运输工具年末拥有量

Possession of Main Means of Transport at Year-end over Years

年 份	民用汽车(辆)	#客车	货车	摩托车(辆)	机动船(艘)	城市每万人拥有公交车标台数(标台)
1978	623	78	506	134	2169	
1979	1115	178	1089	156	2034	
1980	2009	516	1457	170	1948	
1981	3039	751	2031	517	2107	
1982	3419	791	2724	1168	2285	
1983	4473	854	3580	1636	2313	
1984	6059	1243	4822	7060	2563	
1985	7897	1878	5980	11786	2883	
1986	8632	2245	6334	18006	4368	
1987	9983	2954	6973	21308	4884	
1988	13581	3456	8690	26995	4911	
1989	16340	4214	10434	36820	4901	
1990	19394	7225	12087	47881	5885	
1991	20734	5206	15423	65770	4405	
1992	32625	5753	25048	106013	4351	
1993	48145	8710	35421	153014	4379	
1994	61572	11550	43925	200543	4562	
1995	88311	25366	55000	255591	5292	
1996	90793	29430	54870	249492	5313	
1997	103425	40101	62507	287076	5054	
1998	113435	47769	64434	382010	455	
1999	127007	55715	69470	399324	690	
2000	153684	69658	82841	482636	806	
2001	183638	89577	91304	560310	536	
2002	220134	116783	102253	642034	483	
2003	255603	155206	97047	692562	392	
2004	319725	210531	105050	687651	417	
2005	406577	268918	129298	775838	467	
2006	489306	351265	131704	697175	440	
2007	608933	466999	134825	567002	393	
2008	701600	557359	136295	521118	326	
2009	795554	653273	137334	470818	293	
2010	920766	772701	143005	423766	286	
2011	1061373	906454	149635	352553	312	
2012	1207044	1047922	153655	276401	333	
2013	1389103	1225695	158298	154568	351	15.19
2014	1559588	1405878	148612	88339	386	15.49
2015	1844948	1694322	145659	32698	422	14.18
2016	2246220	2082986	158212	772	424	17.97
2017	2627618	2449663	172735	536	423	17.79
2018	2946909	2753765	187428	354	397	18.08
2019	3235140	3025648	203067	121	387	19.11
2020	3409628	3176200	226064	386	365	20.51

7-7 主要年份邮电通信业务基本情况

Basic Statistics on Postal and Telecommunication Services in Main Years

项　　目	单位	1978年	1990年	1995年	2000年	2005年	2010年	2015年	2019年	2020年
邮电通信网										
邮电局、所	处	50	53	273	594	702	555	797	516	507
邮路长度	公里	513	459	685	3550	6835	4667	5168	15029	17254
农村投递线路长度	公里	1985	1812	2057	8865	19722	13261	21549	52755	56840
邮电通信工具										
邮政汽车	辆		7	10	35	192	131	190	225	331
移动电话用户	万户				123.68	1016.41	1607.60	1756.75	1716.02	1552.33
移动电话用户(不含充值卡)	万户		0.05	4.77	80.97	176.83	174.04	752.06	840.41	699.17
固定电话用户	万户	0.20	4.90	31.57	78.12	384.52	332.42	298.23	240.78	218.62
固定互联网宽带接入用户	万户			0.05	13.78	52.90	153.92	201.74	322.89	342.26
移动互联网用户	万户								1500.07	1474.62
邮电业务量										
邮电业务收入(含快递)	亿元					132.82	155.34	248.98	409.65	446.94
#电信业务	亿元						149.02	149.73	171.37	173.56
邮政业务收入(含快递)	亿元							99.25	238.28	273.39
邮政函件业务量	万件		3372	10407	8124	9429.79	4507.00	6718.32	8968.89	3696.65
快递业务量	万件							75122	163012	211687
快递业务收入	万元							854642	2074608	2501700

7-8 历年邮电通信业务主要指标

Main Indicators of Postal and Telecommunication Services over Years

年份	邮电局、所（处）	固定电话期末用户（万户）	移动电话期末用户（万户）	邮电业务收入（亿元）	邮电业务总量（亿元）
1978	50	0.20			0.07
1979	50	0.21			0.08
1980	50	0.31			0.09
1981	50	0.34			0.10
1982	51	0.35			0.09
1983	51	0.39			0.10
1984	52	0.48			0.13
1985	52	0.77			0.16
1986	53	0.88			0.20
1987	45	1.63			0.34
1988	48	2.52			0.57
1989	50	4.30	0.02		0.96
1990	53	4.90	0.05		1.76
1991	60	7.50	0.11		2.77
1992	91	9.70	0.30		4.22
1993	161	14.98	0.72		6.57
1994	216	23.19	2.41		10.22
1995	273	31.57	4.77		15.28
1996	310	36.91	8.24		20.76
1997	339	42.65	15.29		28.43
1998	397	50.13	26.17		37.67
1999	458	60.87	51.01		51.59
2000	594	78.12	123.68		74.05
2001	689	98.96	295.76		88.64
2002	696	127.93	412.39	90.56	109.45
2003	846	206.11	660.86	105.12	157.05
2004	854	281.35	856.09	120.78	245.52
2005	702	384.52	1016.41	132.82	304.76
2006	560	451.31	1216.34	146.69	368.25
2007	567	469.17	1408.23	161.90	400.93
2008	547	439.41	1454.29	172.38	525.79
2009	546	378.40	1409.29	156.31	563.47
2010	555	332.42	1607.60	155.34	674.09
2011	626	319.55	1677.77	164.86	218.36
2012	595	330.79	1797.75	169.96	250.47
2013	611	314.48	1850.39	175.78	254.73
2014	715	327.22	1763.09	169.46	359.56
2015	797	298.23	1756.75	248.98	475.59
2016	787	272.63	1575.08	295.13	756.06
2017	535	244.64	1680.97	335.19	694.35
2018	540	231.27	1892.77	365.01	1282.22
2019	516	240.78	1716.02	409.65	1947.19
2020	507	218.62	1552.33	446.94	2562.96

注：1.邮电业务总量1978—2000年按1990年不变价格计算，2001—2010年按2000年不变价格计算，2011—2016年按2010年不变价格计算；2017年起，电信业务总量按2015年不变价格计算，邮政业务总量仍按2010年不变价格计算。
2.固定电话2015年起取消小灵通用户。

7-9 邮电通信企业财务指标（2019-2020年）

Main Financial Indicators of Postal and Telecommunication Enterprises (2019-2020)

单位：万元

指　　标	2019年	2020年
年初存货	4746	3476
期末资产负债		
流动资产合计	145795	181185
#应收账款	98876	118533
存货	3483	3085
固定资产原价	3896959	3915438
本年折旧	201759	209819
资产总计	1982939	2088944
负债合计	1560819	1391914
所有者权益合计	422120	697030
损益及分配		
营业收入	2050360	2070691
#主营业务收入		
营业成本	1153070	1156149
#主营业务成本		
税金及附加	4317	3019
销售费用	187930	164668
管理费用	57656	59618
研发费用	130	514
财务费用	4950	5155
#利息收入	194	48
利息支出	987	3694
资产减值损失	8863	16065
资产处置收益(损失以“-”号记)	10881	-4670
投资收益（损失以“-”号记）		
其他收益	1093	1367
营业利润	645418	662201
营业外收入	9435	3187
营业外支出	12604	12155
利润总额	642249	653232
所得税费用	96691	97614
成本费用及增值税		
应付职工薪酬（本年贷方累计发生额）	193292	193644
#社会保险和住房公积金(单位负担部分)	34963	31497
应交增值税	65204	51330
平均用工人数（人）	7996	7803

主要统计指标解释

Explanatory Notes on Main Statistical Indicators

公路通车里程 指在一定时点上实际达到交通部规定的公路技术等级标准，并经公路主管部门正式验收交付使用的公路里程数。包括大、中城市的郊区公路以及公路通过城镇（指县城、集镇）街道的里程数。但不包括大、中城市街道，厂矿、林区内部生产用道、农业生产用道，以及新建公路尚未进行验收交付使用的路段里程。公路按工程技术等级分为高速、一、二、三、四级公路；按公路是否铺设路面分为有路面和无路面公路；按公路通车情况分为晴雨通车里程和晴通雨阻里程。

民用汽车拥有量 指报告期末，在公安交通管理部门按照《机动车注册登记工作规范》，已注册登记领有民用车辆牌照的全部汽车数量。汽车拥有量统计的主要分类：根据汽车结构分为载客汽车、载货汽车及其他汽车；根据汽车所有者不同分为个人（私人）汽车、单位汽车；根据汽车的使用性质分为营运汽车、非营运汽车；根据汽车大小规格不同，载客汽车分为大型、中型、小型和微型，载货汽车分为重型、中型、轻型和微型。

机动船 又称自航船，指装有各种发动机推进装置，以机械动力行驶的船舶。

货（客）运量 在一定时期内，各运输部门实际运送的货物（旅客）数量。货运按吨计算，客运按人计算。货物不论运输距离长短，货物类型，均按实际重量统计；旅客不论行程远近或票价多少，均按一人一次作为客运量统计。半价票，小孩票也按一人统计。货（客）运量反映运输业为国民经济和人民生活服务的数量，也是制定和检查运输生产计划，研究运输发展规模和速度的重要指标。

货物（旅客）周转量 指在一定时期内，由各种运输工具运输业运送的货物（旅客）数量与其相应运输距离的乘积，通常以吨公里和人公里为计算单位。计算货物周转量通常按发出站与到达站之间的最短距离，也就是计费距离计算。它是反映运输业生产总成果的重要指标，也是编制和检查运输生产计划，计算运输效率，劳动生产率以及核算运输单位成本的主要基础资料。

港口货物吞吐量 是指经由水运运进、运出港区范围，并经过装卸的货物数量。货物吞吐量分别按国内进口（装卸）、出口（装船），外贸进口、出口统计。货物吞吐量按货物实际重量吨统计，以货物交接清单或货单上记载的重量吨为准。如无实际重量吨，可根据船舶装载情况来推算。在本港区内的水运转口分别按进口和出口各计算一次吞吐量。货物吞吐量是衡量港口生产规模的一个主要数量指标。

邮电业务收入 是指邮电营运企业从事邮政、电信、移动及其他邮电业务所取得的营业收入。

局用交换机容量 指安装在本地电信运营商内用于接读本地固定电话的电话交换机容量，有倍增设备按倍增后的数量计数。包括现用和备用的人工或自动交换全部容量。

固定电话用户 是指接入本地电信运营商固定电话网上的电话用户。包括：住宅电话、单位用户、公用电话用户等。按电话用户位置又分城市电话用户和乡村电话用户。按通信手段又分为固定电话用户和无线电话用户。

移动电话用户 是指在移动通信部门办理登记手续，通过移动电话交换机进入移动电话网，占用移动电话号码的电话用户。包括签约用户和智能网预付费用户。一个移动电话号码统计为一户。

邮政局所 指经邮政部门审批许可，有固定的地址，领有上级发给的邮政日戳或邮政戳记，对外营业直接为用户办理邮政业务（至少办理出售邮票和收寄给据函件）的服务机构。邮政局所按经营方式分为自办局所和代办局所；按设置地点分为城市局所和农村局所。

八、国内贸易

Domestic Trade

8-1 历年社会消费品零售总额

Total Retail Sales of Consumer Goods over Years

年 份	社会消费品零售总额		按城乡分	
	绝对值（万元）	增速（%）	城镇（万元）	乡村（万元）
1978	21269			
1979	24956	17.3		
1980	31595	26.6		
1981	40201	27.2		
1982	48126	19.7		
1983	52255	8.6		
1984	73930	41.5		
1985	93640	26.7		
1986	122420	30.7		
1987	150511	23.0		
1988	246518	63.8		
1989	270354	9.7		
1990	319738	18.3		
1991	364972	14.2		
1992	454431	21.5		
1993	664401	46.2		
1994	881693	32.7		
1995	1229750	39.5		
1996	1353397	10.1		
1997	1597209	18.0		
1998	1986130	24.4		
1999	2316340	16.6		
2000	2710461	17.0		
2001	3195674	17.9		
2002	3745901	17.2		
2003	4351040	16.2		
2004	5083418	16.8		
2005	6083777	19.7		
2006	7215935	18.6		
2007	8647900	19.8		
2008	10665695	23.3		
2009	12465338	16.9		
2010	14562684	16.8	13772342	790342
2011	17063459	17.2	16160997	902462
2012	18738545	9.8	17775823	962722
2013	20951914	11.8	19916369	1035545
2014	23099694	10.3	21886015	1213679
2015	26226475	13.5	24803736	1422739
2016	29888446	14.0	27664560	2223886
2017	33130545	10.8	30511973	2618573
2018	36373743	9.8	32838215	3535528
2019	40038871	10.1	36311028	3727843
2020	37401403	-6.6	33758775	3642628

注：本表1979—2003年数据根据东莞市第一次全国经济普查结果重新核定，2005—2008年数据根据东莞市第二次全国经济普查结果重新核定，2009—2013年数据根据东莞市第三次全国经济普查结果重新核定，1993—2019年数据根据东莞市第四次全国经济普查结果重新核定。

8-2 历年批发零售贸易企业与个体户数

Wholesale and Retail Trades Enterprises and Self-employed Individuals over Years

单位：个

年份	单位数合计	国有经济	集体经济	其他经济	#私营个体经济
1979	2459	406	1918	135	135
1980	2613	395	1679	539	537
1981	4603	371	1954	2278	2274
1982	3323	373	1838	1112	1107
1983	8723	401	1539	6783	6783
1984	18917	431	6720	11766	11766
1985	16885	670	4543	11672	11671
1986	18547	823	3063	14661	14660
1987	23468	739	4102	18627	18626
1988	26247	665	4405	21177	21176
1989	28453	695	4196	23562	23561
1990	27931	709	3512	23710	23709
1991	29474	678	3934	24862	24862
1992	34465	803	4193	29469	29469
1993	43511	886	7640	34985	34985
1994	49706	633	11396	37677	37677
1995	56339	745	14492	41102	41101
1996	60078	670	15183	44225	44224
1997	48910	811	8477	39622	39546
1998	52543	1064	4046	47433	46615
1999	55925	1056	3843	51026	50172
2000	57474	1024	3581	5289	51914
2001	68909	866	2960	65083	63760
2002	89246	748	2424	86078	84614
2003	113531	530	2068	110933	109236
2004	149067	539	1941	146587	144304
2005	192525	393	1451	190681	188082
2006	236124	283	1090	234751	231930
2007	284109	268	930	282911	279524
2008	301996	288	833	300875	296613
2009	300088	256	744	299088	294753
2010	300668	239	654	299775	295166
2011	288904	223	629	288052	283209
2012	305784	227	594	304963	299666
2013	313612	197	555	312860	307352
2014	339933	183	513	339237	333920
2015	378148	198	482	377468	371503
2016	437800	199	457	437144	430547
2017	507972	198	431	507343	499538
2018	563484	137	401	562946	553707
2019	589155	82	379	588694	579122
2020	617592	36	360	617196	607564

8-3 历年限额以上批发和零售企业商品购进、销售、库存总额

Total Purchases, Sales and Inventory of Enterprises above Designated Size in Wholesale and Retail Trades over Years

单位：万元

年　份	商品购进总额	商品销售总额	批发总额	零售总额	年末库存总额
1978	82347	74936	50207	24729	7576
1979	91074	82878	55528	27350	8378
1980	109147	99324	66547	32777	10041
1981	131797	119936	80357	39579	12125
1982	156730	142615	95552	47063	14418
1983	160485	146042	97848	48194	14764
1984	214364	195072	130698	64374	19721
1985	254458	231557	155143	76414	23410
1986	630988	283945	190243	93702	28706
1987	380242	346021	231834	114187	34982
1988	714661	650342	435729	214613	65749
1989	729163	663539	444570	218969	67083
1990	766549	697560	467365	230195	70523
1991	796488	672666	433991	238675	74092
1992	881697	743990	473014	270976	64939
1993	1141163	1063567	725979	337588	92249
1994	1323263	1296363	912457	383906	177377
1995	1584470	1556882	1044334	512548	143404
1996	1694496	1737121	1117111	620010	166267
1997	1857884	1922001	1212399	709602	175715
1998	779319	863214	696921	166293	91640
1999	1064070	1106048	875799	230249	73620
2000	1232026	1354640	1072929	281711	58304
2001	1312924	1405409	1080688	324721	67415
2002	1588853	1682579	1188961	493618	102657
2003	1712564	1805840	1138496	667344	107996
2004		5406921	3479209	1927712	251427
2005	4798504	5683548	3882222	1801326	322445
2006	5324450	6487742	4215562	2272180	335108
2007	6706290	8102415	4875668	3226748	485401
2008	8349926	10772768	6604662	4168106	790691
2009	8689984	10167222	6137228	4029994	839175
2010	12846503	14271362	9046899	5224463	1002940
2011	15777469	18129917	11738336	6391581	1401733
2012	20036523	22307974	15515426	6792549	1699355
2013	26698507	29369393	21570487	7798906	3189454
2014	25329332	29033764	20733048	8300715	2551678
2015	27857102	32191772	21844876	10346896	4769611
2016	35341899	39108916	27811404	11297512	2113452
2017	46650914	51413974	38137326	13276648	3873710
2018	51030439	57454728	43641136	13813592	4197575
2019	54407509	62936933	48183606	14753327	3655738
2020	58608697	63552991	49915402	13637589	3610366

注：本表2004年采用经济普查数据，由于普查报表制度没有设“商品购进”指标，故数据空缺。

8-4 限额以上批发和零售企业商品购进、销售、库存总额（2020年）

Total Purchases, Sales and Inventory of Enterprises above Designated Size in Wholesale and Retail Trades (2020)

项目	法人企业（个）	从业人数（人）	商品购进总额（万元）	商品销售总额（万元）			年末库存总额（万元）
					批发额	零售额	
总计	3636	125087	58608697	63552991	49915402	13637589	3610366
批发企业	2930	76225	47030243	50318164	49420081	898083	2766834
按登记注册类型分							
内资企业	2727	67285	38096844	40977186	40168270	808916	2498634
港、澳、台商投资企业	122	5136	6947739	7237554	7225434	12121	144293
外商投资企业	81	3804	1985660	2103423	2026377	77046	123907
按国民经济行业分							
农、林、牧产品批发业	26	1468	1073733	1116600	1116366	234	49405
食品、饮料及烟草制品批发业	229	11755	4340553	4977014	4941220	35794	302414
纺织、服装及家庭用品批发业	390	11005	5141774	5511867	5455507	56360	338082
文化、体育用品及器材批发业	120	3759	1124640	1214780	1190796	23983	184825
医药及医疗器材批发业	64	4305	1445837	1593400	1546946	46455	160448
矿产品、建材及化工产品批发业	1357	24419	16706086	17926903	17815028	111875	999060
机械设备、五金交电及电子产品批发业	531	13719	7314476	7839703	7293899	545805	530946
贸易经纪与代理	45	535	701703	720310	720310		2530
其他批发业	168	5260	9181441	9417586	9340009	77577	199125
零售企业	706	48862	11578454	13234828	495321	12739506	843532
按登记注册类型分							
内资企业	659	40912	10085904	11462364	484509	10977855	755083
港、澳、台商投资企业	28	3664	928556	1146849	4077	1142772	56510
外商投资企业	19	4286	563994	625614	6735	618879	31939
按国民经济行业分							
综合零售业	69	10642	831029	1048618	53458	995160	85162
食品、饮料及烟草制品专门零售业	22	610	149023	165582	112355	53227	13511
纺织、服装及日用品专门零售业	18	1115	41976	53648	244	53404	14401
文化、体育用品及器材专门零售业	6	243	23330	25316	51	25264	4769
医药及医疗器材专门零售业	38	4377	174312	236721	48206	188515	31020
汽车、摩托车、燃料及零配件专门零售业	465	27963	7337012	8587455	250629	8336826	618303
家用电器及电子产品专门零售业	43	1149	178044	190799	11766	179033	51164
五金、家具及室内装修材料专门零售业	12	547	45205	52661	760	51901	5668
货摊、无店铺及其他零售业	33	2216	2798525	2874028	17851	2856177	19535

8-5 限额以上批发和零售企业财务状况（2020年）

Main Financial Indicators of Enterprises above Designated Size in Wholesale and Retail Trade (2020)

项目	法人企业数（个）	年末资产负债				
		流动资产合计（万元）	#存货	固定资产原价（万元）	累计折旧（万元）	#本年折旧
总计	3636	22434641	3573539	1869079	853697	123563
批发企业	2930	18527367	2751948	1145944	507750	75176
按登记注册类型分						
内资企业	2727	14703849	2453971	1009815	452498	65498
港、澳、台商投资企业	122	3006740	147124	87260	25120	5136
外商投资企业	81	816778	150853	48870	30132	3543
按国民经济行业分						
农、林、牧产品批发业	26	179195	59046	45262	6692	1549
食品、饮料及烟草制品批发业	229	1427374	274459	93531	46550	4660
纺织、服装及家庭用品批发业	390	2286120	348476	70897	38479	3448
文化、体育用品及器材批发业	120	603431	174549	21679	9932	2928
医药及医疗器材批发业	64	829306	152628	46946	20851	3138
矿产品、建材及化工产品批发业	1357	6094555	1005569	578599	277488	32908
机械设备、五金交电及电子产品批发业	531	3681541	517400	186957	68801	15864
贸易经纪与代理	45	217083	3708	46971	13159	1828
其他批发业	168	3208761	216113	55101	25797	3854
零售企业	706	3907274	821591	723134	345947	43387
按登记注册类型分						
内资企业	659	3372780	732770	582551	272728	33714
港、澳、台商投资企业	28	371600	57525	80794	41277	5665
外商投资企业	19	162894	31297	59790	31942	4008
按国民经济行业分						
综合零售业	69	401348	88560	137437	78363	3135
食品、饮料及烟草制品专门零售业	22	96896	13954	8107	3264	442
纺织、服装及日用品专门零售业	18	130326	22136	30524	13950	1450
文化、体育用品及器材专门零售业	6	17900	7053	716	476	73
医药及医疗器材专门零售业	38	72004	31688	17203	7659	802
汽车、摩托车、燃料及零配件专门零售业	465	2350098	576558	457934	208723	33869
家用电器及电子产品专门零售业	43	152775	56402	34721	15244	1760
五金、家具及室内装修材料专门零售业	12	33738	5348	4940	4128	247
货摊、无店铺及其他零售业	33	652191	19891	31552	14140	1608

8-5 续表 1

（2020年）

单位：万元

项目	年末资产负债				损益及分配	
	资产总计	负债合计	所有者权益合计	#实收资本	营业收入合计	#主营业务收入
总计	30033609	19854699	10183196	5145297	58344546	57813162
批发企业	25134109	17362798	7777661	4537252	46118837	45844784
按登记注册类型分						
内资企业	17451387	13713416	3744494	2082840	37441069	37264176
港、澳、台商投资企业	6824769	3078222	3746373	2334233	6440320	6421620
外商投资企业	857954	571160	286794	120179	2237449	2158988
按国民经济行业分						
农、林、牧产品批发业	374136	193516	180620	147085	1049384	1048571
食品、饮料及烟草制品批发业	1934080	1405162	528918	168054	4618285	4512192
纺织、服装及家庭用品批发业	2613326	1985866	634756	448905	5180129	5150626
文化、体育用品及器材批发业	690581	561929	128652	84597	1091444	1090586
医药及医疗器材批发业	880679	759439	121240	61075	1493959	1490612
矿产品、建材及化工产品批发业	7395556	5825289	1569575	980015	16059439	16035892
机械设备、五金交电及电子产品批发业	4126693	3214663	911777	402995	7216663	7179616
贸易经纪与代理	275052	169269	105784	20987	727403	709184
其他批发业	6844006	3247666	3596339	2223540	8682131	8627506
零售企业	4899500	2491901	2405535	608045	12225709	11968378
按登记注册类型分						
内资企业	4207954	2095675	2110216	458446	10541122	10328429
港、澳、台商投资企业	442074	229908	212166	62747	1080501	1053729
外商投资企业	249472	166319	83153	86852	604086	586221
按国民经济行业分						
综合零售业	592627	490030	102597	95510	947219	899291
食品、饮料及烟草制品专门零售业	103425	98486	4939	2868	160435	158597
纺织、服装及日用品专门零售业	140658	147305	-8316	7258	57416	44851
文化、体育用品及器材专门零售业	22232	17785	4447	5908	24668	24457
医药及医疗器材专门零售业	84829	67348	17482	7427	213624	212405
汽车、摩托车、燃料及零配件专门零售业	3034902	875152	2159670	393977	8037957	7854389
家用电器及电子产品专门零售业	184339	143973	40367	22055	184206	178216
五金、家具及室内装修材料专门零售业	53646	35703	17943	25872	50832	50823
货摊、无店铺及其他零售业	682841	616121	66406	47169	2549352	2545349

8-5 续表 2

(2020年)

单位：万元

项　　目	损益及分配				
	营业成本	税金及附加	其他业务利润	销售费用	管理费用
总　计	54391711	210442	231021	2018483	957505
批发企业	43279087	188012	127587	1268577	723072
按登记注册类型分					
内资企业	35017900	177493	125333	1126964	610543
港、澳、台商投资企业	6200301	6940	939	84426	64660
外商投资企业	2060886	3579	1315	57187	47869
按国民经济行业分					
农、林、牧产品批发业	1026722	588	-30.9	14175	3119
食品、饮料及烟草制品批发业	3926845	144081	100523	233849	134656
纺织、服装及家庭用品批发业	4900124	5317	2465	191731	89039
文化、体育用品及器材批发业	1015590	1969	1281	44536	25523
医药及医疗器材批发业	1377729	2120	2295	41117	37770
矿产品、建材及化工产品批发业	15204222	17767	8776	434918	210771
机械设备、五金交电及电子产品批发业	6710988	8007	7669	218640	149054
贸易经纪与代理	699738	777	178	19953	3405
其他批发业	8417129	7386	4431	69659	59734
零售企业	11112624	22430	103434	749906	234433
按登记注册类型分					
内资企业	9641221	17943	83441	647238	196178
港、澳、台商投资企业	951191	3459	10487	51567	21283
外商投资企业	520212	1028	9506	51101	16972
按国民经济行业分					
综合零售业	748930	3046	22214	164770	23860
食品、饮料及烟草制品专门零售业	144626	173	25	9834	4028
纺织、服装及日用品专门零售业	41988	266		10152	4729
文化、体育用品及器材专门零售业	20302	79	110	2981	1058
医药及医疗器材专门零售业	164441	486	141	27910	15177
汽车、摩托车、燃料及零配件专门零售业	7423326	14668	78982	343839	165836
家用电器及电子产品专门零售业	165065	980	955	15473	8902
五金、家具及室内装修材料专门零售业	39569	198	1	8522	2277
货摊、无店铺及其他零售业	2364378	2535	1006	166427	8566

8-5 续表 3

(2020年)

单位：万元

项 目	损益及分配				应付职工薪酬	应交增值税
	财务费用	营业利润	利润总额	所得税费用		
总 计	211632	894334	880759	158158	1015297	440294
批发企业	158375	820369	799308	117760	647480	320271
按登记注册类型分						
内资企业	128560	375317	374564	86617	543432	262750
港、澳、台商投资企业	27793	379376	359890	11288	63103	28208
外商投资企业	2023	65676	64854	19854	40946	29313
按国民经济行业分						
农、林、牧产品批发业	2180	-2477	-378	428	7423	1771
食品、饮料及烟草制品批发业	12126	178606	160178	47406	104762	63592
纺织、服装及家庭用品批发业	19792	-44463	-49003	-8838	92913	45370
文化、体育用品及器材批发业	1466	2251	2332	1399	28099	8366
医药及医疗器材批发业	11473	22114	21969	6260	31016	14022
矿产品、建材及化工产品批发业	61828	139891	142015	37693	202229	108014
机械设备、五金交电及电子产品批发业	18579	101049	101823	13611	123602	49370
贸易经纪与代理	605	-2754	-3481	574	5515	1012
其他批发业	30327	426152	423854	19228	51922	28757
零售企业	53257	73964	81451	40398	367817	120023
按登记注册类型分						
内资企业	49724	8218	14288	23569	299664	96809
港、澳、台商投资企业	1593	51736	52227	13288	36668	15355
外商投资企业	1940	14011	14937	3541	31486	7859
按国民经济行业分						
综合零售业	3528	3333	5435	2926	63974	9153
食品、饮料及烟草制品专门零售业	41	1726	2068	347	5380	1074
纺织、服装及日用品专门零售业	3117	-2811	-2694	31	5740	967
文化、体育用品及器材专门零售业	146	103	118	162	1926	110
医药及医疗器材专门零售业	359	5212	5402	669	27095	4280
汽车、摩托车、燃料及零配件专门零售业	43197	64177	65516	33481	232704	77292
家用电器及电子产品专门零售业	1216	-6600	-7121	63	10121	2596
五金、家具及室内装修材料专门零售业	24	292	493	185	4524	1445
货摊、无店铺及其他零售业	1628	8532	12236	2534	16355	23106

8-6 限额以上批发和零售业商品销售情况（2020年）

Total Sales of Commodities above Designated Size in Wholesale and Retail Trades (2020)

单位：万元

项　　目	商品销售总额	批发额	零售额
粮油、食品类	3928101	3315021	613080
#粮油类	1827523	1640919	186604
肉禽蛋类	306457	225656	80801
水产品类	54371	35820	18551
蔬菜类	218520	178174	40346
干鲜果品类	199469	139865	59604
饮料类	905141	686515	218626
烟酒类	1682537	1530617	151921
服装鞋帽、针纺织品类	2552254	2288593	263661
#服装类	1314215	1131412	182803
鞋帽类	412969	377297	35673
针、纺织品类	825070	779884	45186
化妆品类	159812	85598	74213
金银珠宝类	175838	118756	57082
日用品类	1059270	642028	417242
#儿童玩具类	169	150	19
五金、电料类	800690	787557	13134
体育、娱乐用品类	540536	460403	80133
#照相器材类	465795	420948	44847
书报杂志类	56960	34921	22038
电子出版物及音像制品类	427	49	378
家用电器和音像器材类	2355535	1391620	963915
中西药品类	1621135	1406533	214602
#西药	769813	657177	112637
中草药及中成药	581345	500833	80512
文化办公用品类	1674597	370519	1304078
#计算机及其配套产品	1267550	99934	1167616
家具类	1169516	1084086	85430
通讯器材类	5080185	3870287	1209898
煤炭及制品类	1145618	1145618	
木材及制品类	558232	558232	
石油及制品类	7099098	5305510	1793588
化工材料及制品类	6089941	6089941	
#化肥类	15242	15242	
金属材料类	3439072	3439072	
建筑及装潢材料类	2004700	1967093	37607
机电产品及设备类	1993058	1993014	44
#农机类	520	520	
汽车类	7460849	703211	6757638
种子饲料类	164898	164898	
棉麻类	2295	2295	
其它	8824976	8784632	40344

注：分类别情况采用月度数据。

8-7 限额以上住宿业和餐饮企业经营情况（2020）

Business of Hotels and Catering Services above Designated Size (2020)

项　　目	法人企业（个）	从业人数（人）	营业额（万元）	客房收入	餐费收入	商品销售收入	其它收入
总　计	633	48114	1055215	152966	751293	96382	54574
住宿业	217	19835	339830	148631	134035	7613	49550
按登记注册类型分							
内资企业	202	17344	299270	138890	114848	6464	39068
港、澳、台商投资企业	11	1933	32624	7669	15609	1149	8197
外商投资企业	4	558	7936	2073	3578	0.1	2285
按国民经济行业分							
旅游饭店	144	17130	297162	113023	129354	7468	47317
一般旅馆	67	2471	39084	32180	4612	94	2198
民宿服务	1	20	479	421	14	44	
其它住宿服务业	5	214	3105	3008	55	7	35
餐饮业	416	28279	715385	4335	617258	88769	5024
按登记注册类型分							
内资企业	394	22490	580598	4335	485536	86187	4541
港、澳、台商投资企业	16	4499	83014		80068	2523	422
外商投资企业	6	1290	51773		51653	59	61
按国民经济行业分							
正餐服务业	262	13292	250644	4335	232187	10984	3137
快餐服务业	29	6889	171682		171571	111	
饮料及冷饮服务业	8	584	8707		5869	2566	272
餐饮配送及外卖送餐服务	65	5161	203831		134582	67690	1559
其他餐饮服务业	52	2353	80522		73048	7418	56

8-8 限额以上住宿和餐饮企业财务状况（2020年）

Main Financial Indicators of Enterprises above Designated Size in Hotels and Catering Services (2020)

项目	法人企业数（个）	年末资产负债				
		流动资产合计（万元）	存货（万元）	固定资产原价（万元）	累计折旧（万元）	本年折旧（万元）
总计	633	841182	36879	1111261	651682	42206
住宿业	217	457940	17640	953873	576348	32455
按登记注册类型分						
内资企业	202	351388	14238	759294	441825	27833
港、澳、台商投资企业	11	100953	2819	154019	113918	3717
外商投资企业	4	5600	583	40560	20605	906
按国民经济行业分						
旅游饭店	144	436508	16709	920839	556900	30487
一般旅馆	67	18814	832	31177	18585	1730
民宿服务	1	73	30	200	177	12
其它住宿服务业	5	2545	70	1658	586	227
餐饮业	416	383242	19239	157388	75334	9751
按登记注册类型分						
内资企业	394	233798	17523	104150	45478	5447
港、澳、台商投资企业	16	139495	1234	44928	25759	3607
外商投资企业	6	9949	482	8311	4098	696
按国民经济行业分						
正餐服务业	262	164640	7802	114741	51364	6380
快餐服务业	29	98793	2320	34153	19958	2322
饮料及冷饮服务业	8	1820	569	1156	380	117
餐饮配送及外卖送餐服务	65	77254	7443	5494	2984	662
其他餐饮服务业	52	40735	1105	1845	649	271

8-8 续表 1

(2020年)

单位：万元

项 目	年末资产负债				损益及分配	
	资产总计	负债合计	所有者权益合计	#实收资本	营业收入	#主营业务收入
总 计	1729953	1824664	-96263	380652	1038853	1030241
住宿业	1060017	1407088	-347679	198543	330309	324018
按登记注册类型分						
内资企业	854887	1066574	-212295	134275	290876	285375
港、澳、台商投资企业	174393	308527	-134134	43988	31537	31017
外商投资企业	30737	31987	-1250	20281	7896	7627
按国民经济行业分						
旅游饭店	1012323	1357442	-345727	183132	288843	282617
一般旅馆	38802	39829	-1027	14511	38019	37987
民宿服务	661	409	252	50	463	440
其它住宿服务业	8230	9407	-1176	850	2984	2974
餐饮业	669936	417576	251416	182109	708544	706222
按登记注册类型分						
内资企业	437629	299343	138058	147550	573780	572111
港、澳、台商投资企业	209976	107475	101796	27874	85848	85332
外商投资企业	22330	10758	11563	6685	48916	48780
按国民经济行业分						
正餐服务业	364556	270632	92981	128049	247073	245519
快餐服务业	170371	60778	109593	26406	171395	171016
饮料及冷饮服务业	3010	1481	1529	900	8549	8499
餐饮配送及外卖送餐服务	87162	59935	27227	16757	201082	200747
其他餐饮服务业	44836	24750	20086	9997	80445	80442

8-8 续表 2

(2020年)

单位：万元

项　　目	损益及分配				
	营业成本	税金及附加	其他业务利润	销售费用	管理费用
总　　计	609969	2484	17131	249222	194855
住宿业	117060	1808	7813	123029	107242
按登记注册类型分					
内资企业	104521	1501	7567	106959	91944
港、澳、台商投资企业	9163	226		12072	13651
外商投资企业	3375	81	246	3998	1647
按国民经济行业分					
旅游饭店	97982	1641	7770	110828	92183
一般旅馆	16781	142	43	11619	13316
民宿服务	113	16		277	73
其它住宿服务业	2184	9		306	1170
餐饮业	492909	676	9319	126193	87613
按登记注册类型分					
内资企业	430523	530	837	72845	76826
港、澳、台商投资企业	36087	133	8470	39132	5955
外商投资企业	26298	14	11	14216	4833
按国民经济行业分					
正餐服务业	165158	409	202	58081	35678
快餐服务业	89967	73	8506	50544	19932
饮料及冷饮服务业	3037	2		4803	486
餐饮配送及外卖送餐服务	174001	153	609	8114	18928
其他餐饮服务业	60746	40	1	4651	12589

8-8 续表 3

(2020年)

单位：万元

项目	损益及分配				应付职工薪酬	应交增值税
	财务费用	营业利润	利润总额	所得税费用		
总计	23716	-38565	-19721	6559	234641	7388
住宿业	22672	-40177	-24450	2713	98423	4609
按登记注册类型分						
内资企业	20657	-33384	-17716	2679	86464	3550
港、澳、台商投资企业	1978	-5551	-5353	4	9608	938
外商投资企业	37	-1243	-1381	30	2351	121
按国民经济行业分						
旅游饭店	22629	-34991	-19580	2679	84732	4139
一般旅馆	25	-4491	-4175	32	12193	443
民宿服务	-0.1	4	4	0.2	67	16
其它住宿服务业	19	-699	-699	2	1431	11
餐饮业	1044	1612	4729	3846	136218	2780
按登记注册类型分						
内资企业	1270	-6576	-3659	1250	100128	2354
港、澳、台商投资企业	-176	4569	4867	1586	26164	425
外商投资企业	-50	3618	3520	1011	9926	1
按国民经济行业分						
正餐服务业	510	-11659	-9305	499	58023	586
快餐服务业	81	10929	10774	2526	39049	943
饮料及冷饮服务业	6	217	329	34	2417	0.2
餐饮配送及外卖送餐服务	357	-576	112	342	24740	1071
其他餐饮服务业	91	2700	2818	446	11990	180

8-9 历年住宿餐饮企业与个体户数

Enterprises and Self-employed Individuals in Hotels and Catering Services over Years

单位：个

年 份	单位数合 计	国有经济	集体经济	其他经济	
					非私营个体经济
1979	147	22	115	10	10
1980	182	23	121	38	38
1981	622	24	283	315	315
1982	308	24	102	182	182
1983	2069	31	98	1940	1940
1984	4012	31	445	3536	3536
1985	2982	36	389	2557	2557
1986	3268	38	270	2960	2956
1987	2281	35	308	1938	1934
1988	2265	31	296	1938	1934
1989	2850	32	276	2542	2538
1990	3387	30	439	2918	2914
1991	3438	44	225	3169	3165
1992	4456	25	320	4111	4106
1993	7119	12	1851	5256	5232
1994	7819	12	1748	6059	6051
1995	8918	26	1802	7090	7082
1996	9708	9	1900	7799	7789
1997	9968	28	606	9334	9210
1998	11069	102	368	10599	10532
1999	11904	80	337	11487	11392
2000	8335	78	361	7896	7831
2001	9776	67	343	9366	9318
2002	15128	74	265	14789	14740
2003	17615	64	229	17322	17276
2004	19802	39	424	19339	19224
2005	25972	28	315	25629	25522
2006	27108	16	247	26845	25747
2007	38435	11	219	38205	38094
2008	40154	9	177	39968	39687
2009	38220	5	130	38085	37795
2010	36156	4	113	36039	35728
2011	29280	4	91	29185	28825
2012	29381	4	81	29296	28874
2013	31780	2	70	31708	31205
2014	36172	2	55	36115	35559
2015	41690	3	53	41634	41021
2016	54831	1	49	54781	54115
2017	73499		46	73453	72686
2018	91276		41	91235	90314
2019	107703		35	107668	106641
2020	125354		33	125321	124176

8-10 专业市场分类基本情况（2019—2020年）

Basic Statistics on Specialized Market Classification (2019-2020)

单位：个

项目	2019年			2020年		
	合计	城市	农村	合计	城市	农村
合计	230	97	133	232	98	134
消费品市场	186	85	101	188	86	102
消费品综合市场	96	38	58	97	38	59
农副产品市场	21	8	13	21	8	13
农副产品综合市场						
农副产品专业市场	21	8	13	21	8	13
工业品消费市场	45	24	21	45	24	21
工业消费品综合市场	14	8	6	14	8	6
工业消费品专业市场	31	16	15	31	16	15
其他消费品市场	24	15	9	25	16	9
生产资料市场	44	12	32	39	11	28
生产资料综合市场	13	1	12	13	1	12
工业生产资料市场	22	5	17	17	4	13
机动车交易市场	4	1	3			
钢材交易市场	1		1	1		1
煤炭交易市场						
木材交易市场	4		4			
其他工业生产资料市场	13	4	9	16	4	12
其他生产资料市场	9	6	3	9	6	3

注：本表数据来源于市市场监管局，不包括集贸市场数。

8-11　历年城乡集市贸易

Statistics on Urban and Rural Trade Fairs over Years

单位　个

年　份	集贸市场 总　数	城　市	农　村
1978	35		35
1979	35		35
1980	35		35
1981	38		38
1982	40		40
1983	41		41
1984	43		43
1985	48		48
1986	57	7	50
1987	63	10	53
1988	66	12	54
1989	69	11	58
1990	73	10	63
1991	75	10	65
1992	53	7	46
1993	155	13	142
1994	162	12	150
1995	189	17	172
1996	219	20	199
1997	241	23	218
1998	252	25	227
1999	286	36	250
2000	308	29	279
2001	375	31	344
2002	495	28	467
2003	576	34	542
2004	610	35	575
2005	665	36	629
2006	812	39	773
2007	845	36	809
2008	871	228	643
2009	883	225	658
2010	792	194	598
2011	812	181	631
2012	816	186	630
2013	815	185	630
2014	779	146	633
2015	816	392	424
2016	390	78	312
2017	407	79	328
2018	416	77	339
2019	420	76	344
2020	572	102	470

注：1.2008年以前的城市集贸市场数只包括莞城的集贸市场，2008年起包括莞城、东城、南城和万江四大街道办的市场数。
　　2.2016年起，按统计标准要求，剔除了部分不符合要求的集贸市场数据。

主要统计指标解释

Explanatory Notes on Main Statistical Indicators

社会消费品零售总额 指企业（单位、个体户）通过交易直接售给个人、社会集团非生产、非经营用的实物商品金额，以及提供餐饮服务所取得的收入金额。个人包括城乡居民和入境人员，社会集团包括机关、社会团体、部队、学校、企事业单位、居委会或村委会等。

商品购进总额 指从本企业以外的单位和个人购进（包括从国外直接进口）作为转卖或加工后转卖的商品金额（含增值税）。本指标反映批发和零售业从国内外市场上购进商品的总价。

商品销售总额 指对本单位以外的单位和个人出售的商品金额（包括售给本单位消费用的商品，含增值税），本指标反映批发和零售业在国内市场上销售商品以及出口商品的总量。

期末库存 对于批发和零售业法人企业和个体经营户，是指取得所有权的全部商品金额（含增值税）；对于批发和零售业产业活动单位，是指期末实际在库且归属法人具有所有权的全部商品金额（含增值税）。这个指标反映批发和零售业的商品库存情况，以及对市场商品供应的保证程度。

批发额 指售给国民经济各行业企业（单位）用于生产、经营用的商品金额。

零售额 指售给城乡居民用于生活消费和社会集团用于公共消费的商品金额。

住宿和餐饮业零售额 指住宿和餐饮业单位因为提供就餐服务或销售商品取得的全部收入，包括餐费收入和商品销售收入（含增值税）。

流动资产合计 资产满足以下条件之一应归为流动资产：（1）预计在一个正常营业周期中变现、出售或耗用，主要包括存货、应收帐款等；（2）主要为交易目的而持有；（3）预计在资产负债表日起一年内（含一年）变现；（4）自资产负债日起一年内，交换其他资产或清偿负债的能力不受限制的现金或现金等价物。包括货币资金、应收票据、应收账款、存货等项目。根据会计“资产负债表”中“流动资产合计”项目的期末余额数填报。

固定资产合计 指企业为生产商品、提供劳务、出租或经营管理而持有的，使用寿命超过一个会计年度的有形资产。包括使用期限超过一年的房屋、建筑物、机器、机械、运输工具以及其他与生产、经营有关的设备、器具、工具等。固定资产合计是时点指标，表示固定资产经过扣减折旧、减值准备等后的期末余额。根据会计“资产负债表”中“固定资产”项目的期末余额数填报。

所有者权益合计 指企业资产扣除负债后由所有者享有的剩余权益。公司的所有者权益又称股东权益。包括实收资本、资本公积、盈余公积、未分配利润等。根据会计“资产负债表”中“所有者权益合计”项目的期末余额数填报。

营业税金及附加 指企业因从事生产经营活动按税法规定缴纳的应从经营收入中抵扣的税金和附加，包括营业税、消费税、城市维护建设税、教育费附加等。根据会计“利润表”中“营业税金及附加”项目的本期金额数填报。

利润总额 指企业在一定会计期间的经营成果，是生产经营过程中各种收入扣除各种耗费后的盈余，反映企业在报告期内实现的亏盈总额。根据会计“利润表”中“利润总额”项目的本期金额数填报。执行2006年《企业会计准则》的企业，利润总额为营业利润加上营业外收入，减去营业外支出后的金额；未执行2006年《企业会计准则》的企业，利润总额为营业利润加上投资收益、补贴收入、营业外收入，再减去营业外支出后的金额。

应交增值税 指企业按税法规定，从事货物销售或提供加工、修理修配劳务等增加货物价值的活动本期应交纳的税金。指企业在报告期应交增值税额。

计算公式一 本年应交增值税＝销项税额－（进项税额－进项税额转出）－出口抵减内销产品应纳税额－减免税款＋出口退税

计算公式二　应交增值税 ＝ 销项税额－（进项税额－进项税额转出－免、抵、退应退税额） ＋ 简易计税办法计算的应纳税额 ＋ 按简易计税办法计算的纳税检查应补缴税额 － 应纳税额减征额

批发零售贸易、餐饮业统计限额标准

行业类别	统计指标名称	限额标准
批发业	年主营业务收入	2000万元
零售业	年主营业务收入	500万元
住宿业、餐饮业	年主营业务收入	200万元

说明：

1. 外贸企业包括在批发业中，其年销售额以外币计量的，应折合成人民币，按批发业标准执行。

2. 本限额标准对象为批发和零售业、住宿和餐饮业法人企业和个体经营户、非批发和零售业、住宿和餐饮业法人单位附营的批发和零售业、住宿和餐饮业产业活动单位。

九、价格指数

Price Indices

9-1 各种价格指数（以上年价格为100）

Price Indices (Preceding Year=100)

年　份	商品零售价格总指数	#食品	#家用电器及音像器材	居民消费价格总指数	#食品	#服务价格指数	工业生产者出厂价格指数
1978	100.4	101.6					
1979	102.6	107.1					
1980	110.9	114.5					
1981	109.3	110.3					
1982	101.2	100.8					
1983	99.6	99.5					
1984	98.6	97.5		99.3	97.5	102.0	
1985	106.9	108.7		106.5	108.7	103.3	
1986	104.4	105.0		104.2	105.0	102.3	
1987	112.2	113.6		112.0	113.6	109.6	
1988	132.8	133.9		136.0	133.9	168.0	
1989	122.4	125.7		122.0	127.5	118.8	
1990	94.9	92.8		96.6	92.8	111.0	
1991	101.4	101.1		102.4	101.1	109.8	
1992	107.7	109.0		109.2	109.0	117.9	
1993	119.5	123.7		121.8	123.7	134.6	
1994	118.4	125.9	99.6	123.5	126.4	141.2	
1995	109.7	119.5	95.6	113.9	119.1	123.9	
1996	104.7	108.1	94.5	106.8	107.8	115.0	
1997	99.7	100.0	92.7	101.5	99.4	113.1	
1998	98.7	99.9	93.3	99.9	99.5	108.4	
1999	95.9	95.6	94.9	97.9	95.7	109.5	
2000	100.1	100.3	97.2	101.5	100.4	112.8	
2001	97.8	99.1	97.0	96.6	98.9	101.1	
2002	99.1	100.9	98.0	98.1	99.0	98.7	
2003	101.7	103.6	99.0	100.7	103.5	97.8	
2004	103.2	108.6	98.7	103.0	108.6	99.7	
2005	103.0	106.5	101.1	102.4	106.5	100.4	100.4
2006	102.8	100.1	100.5	101.2	100.1	101.6	100.7
2007	104.2	108.3	98.2	103.1	108.0	100.2	101.4
2008	107.9	115.6	100.4	105.5	115.1	100.1	101.7
2009	95.3	97.9	95.6	96.9	98.1	96.3	96.8
2010	103.2	104.8	95.6	102.8	104.6	102.6	102.6
2011	104.7	111.1	99.3	104.9	111.1	103.0	102.9
2012	102.4	106.4	95.2	102.9	106.1	101.1	99.8
2013	100.6	103.2	96.9	101.9	103.1	102.1	98.9
2014	101.2	106.1	95.9	102.3	106.0	101.4	99.0
2015	99.4	104.0	98.6	101.4	103.8	101.9	98.2
2016	100.9	106.0	99.7	102.7	106.1	102.1	99.9
2017	101.1	99.9	97.6	101.4	99.0	102.8	101.7
2018	102.7	103.5	97.6	102.5	103.7	102.6	100.6
2019	102.3	108.3	97.7	103.5	110.6	102.2	100.4
2020	101.0	108.0	100.8	102.9	111.1	101.1	99.4

9-2 居民消费价格分类指数（2020年，以上年价格为100）

Consumer Price Indices by Category (2020, Preceding Year=100)

项目	指数	项目	指数
居民消费价格总指数	102.9	水电燃料	98.3
非食品烟酒价格指数	100.1	自有住房	99.3
服务价格指数	101.1	生活用品及服务	99.9
消费品价格指数	104.0	家具及室内装饰品	100.5
扣除鲜菜鲜果价格指数	103.3	家用器具	100.6
食品烟酒	108.4	家用纺织品	99.3
食品	111.1	家庭日用杂品	99.1
粮食	105.1	个人护理用品	99.3
薯类	107.9	家庭服务	100.1
豆类	104.9	交通和通信	97.2
食用油	106.3	交通	95.4
菜	103.4	交通费	95.2
畜肉类	143.5	通信	100.5
禽肉类	98.5	邮递服务	99.3
水产品	103.3	教育文化和娱乐	104.5
蛋类	94.0	教育	104.7
奶类	103.4	教育用品	102.1
干鲜瓜果类	89.2	教育服务	104.9
茶及饮料	100.4	文化娱乐	104.2
烟酒	108.9	旅游	107.3
在外餐饮	102.8	医疗保健	102.0
衣着	98.7	药品及医疗器具	104.1
服装	99.5	中药	108.1
服装材料	100.0	西药	102.0
其他衣着及配件	93.2	医疗服务	100.7
衣着加工服务费	100.6	其他用品和服务	103.4
鞋类	96.7	其他用品类	108.3
居住	99.1	其他服务类	99.6
租赁房房租	99.3	旅馆住宿	93.3
住房保养维修及管理	100.4		

9-3 居民消费价格分月指数（2020年，以上月价格为100）

Consumer Price Indices by Month (2020, Preceding Month=100)

项目	1月	2月	3月	4月	5月	6月
居民消费价格总指数	101.9	100.3	98.2	99.4	99.5	100.3
非食品烟酒价格指数	101.0	99.4	99.4	99.5	99.9	100.0
服务价格指数	101.4	99.2	99.2	100.3	100.0	100.2
消费品价格指数	102.1	101.0	97.8	98.9	99.2	100.4
扣除鲜菜鲜果价格指数	101.7	100.3	98.4	99.3	99.7	100.2
食品烟酒	103.6	102.0	96.3	99.4	98.8	100.8
衣着	99.4	99.8	100.3	99.8	100.5	98.8
居住	100.2	99.9	99.9	99.2	99.8	100.0
生活用品及服务	100.2	99.5	100.3	99.5	100.0	99.6
交通和通信	102.7	97.8	96.3	98.9	99.9	100.5
教育文化和娱乐	101.5	100.1	100.1	100.0	99.7	100.4
医疗保健	100.1	100.1	100.9	99.8	100.0	100.0
其他用品和服务	103.2	98.3	99.5	100.4	100.4	100.2

9-3 续表

项目	7月	8月	9月	10月	11月	12月
居民消费价格总指数	100.6	100.7	99.9	99.9	99.5	100.7
非食品烟酒价格指数	100.1	100.2	100.1	100.0	100.1	100.1
服务价格指数	100.0	100.3	100.2	100.0	99.9	100.0
消费品价格指数	100.9	100.9	99.8	99.9	99.2	101.1
扣除鲜菜鲜果价格指数	100.5	100.7	99.9	99.8	99.6	100.5
食品烟酒	101.5	101.6	99.7	99.8	98.3	101.8
衣着	99.6	99.5	100.4	99.6	100.8	99.6
居住	99.8	99.9	99.8	99.9	100.1	100.1
生活用品及服务	100.0	99.4	99.8	100.3	100.2	100.1
交通和通信	100.3	100.4	99.6	99.9	100.0	100.5
教育文化和娱乐	100.4	100.6	101.4	100.4	100.1	99.9
医疗保健	100.0	100.4	100.1	100.1	100.4	100.2
其他用品和服务	101.5	102.6	98.7	99.1	99.2	99.6

9-4 居民消费价格分月指数（2020年，以上年同月价格为100）

Consumer Price Indices by Month (2020, Same Month of Preceding Year=100)

项目	1月	2月	3月	4月	5月	6月
居民消费价格总指数	106.5	105.5	104.4	103.6	102.8	102.7
非食品烟酒价格指数	102.1	100.9	100.7	100.0	99.8	99.9
服务价格指数	102.5	100.9	101.1	101.2	101.2	101.5
消费品价格指数	108.8	108.1	106.3	105.0	103.7	103.3
扣除鲜菜鲜果价格指数	106.7	105.9	105.2	104.2	103.7	103.8
食品烟酒	115.5	114.6	112.0	111.0	109.0	108.1
衣着	100.6	99.9	99.8	99.8	99.3	98.3
居住	100.1	100.0	99.8	98.9	98.8	99.1
生活用品及服务	101.0	100.6	101.5	100.6	100.7	99.8
交通和通信	102.8	100.5	97.0	95.6	95.5	96.7
教育文化和娱乐	104.6	103.6	105.3	105.2	104.2	104.7
医疗保健	106.2	100.9	101.8	101.5	101.4	101.2
其他用品和服务	103.9	102.0	103.0	103.5	103.8	102.9
工业生产者价格指数	99.3	99.6	99.5	99.3	99.2	99.3

9-4 续表

项目	7月	8月	9月	10月	11月	12月
居民消费价格总指数	102.6	103.1	102.3	101.0	100.1	101.0
非食品烟酒价格指数	99.6	99.8	99.7	99.7	99.7	99.8
服务价格指数	100.7	100.9	100.9	100.8	100.7	100.7
消费品价格指数	103.7	104.3	103.0	101.0	99.7	101.2
扣除鲜菜鲜果价格指数	103.6	103.4	102.2	100.6	99.7	100.6
食品烟酒	108.6	109.6	107.2	103.3	100.8	103.4
衣着	98.1	97.9	97.7	97.6	97.9	98.1
居住	99.0	98.9	98.9	98.8	98.6	98.5
生活用品及服务	99.5	98.9	98.6	99.1	99.0	99.0
交通和通信	95.9	96.6	96.7	96.4	96.4	96.7
教育文化和娱乐	103.7	104.1	104.3	104.6	104.7	104.6
医疗保健	101.2	101.7	101.6	101.8	102.1	102.4
其他用品和服务	103.3	105.2	104.1	103.6	103.4	102.7
工业生产者价格指数	99.7	100.0	99.2	99.2	99.2	99.1

9-5 居民消费价格分月指数（2020年，以上年同期价格为100）

Consumer Price Indices by Month (2020, Cumulative Month(s) of Preceding Year=100)

项　　目	1 月	2 月	3 月	4 月	5 月	6 月
居民消费价格总指数	106.5	106.0	105.4	105.0	104.5	104.2
非食品烟酒价格指数	102.1	101.5	101.2	100.9	100.7	100.6
服务价格指数	102.5	101.7	101.5	101.4	101.4	101.4
消费品价格指数	108.8	108.5	107.7	107.1	106.4	105.9
扣除鲜菜鲜果价格指数	106.7	106.3	105.9	105.5	105.1	104.9
食品烟酒	115.5	115.0	114.0	113.3	112.4	111.7
衣着	100.6	100.2	100.1	100.0	99.9	99.6
居住	100.1	100.1	100.0	99.7	99.5	99.5
生活用品及服务	101.0	100.8	101.0	100.9	100.9	100.7
交通和通信	102.8	101.6	100.1	99.0	98.3	98.0
教育文化和娱乐	104.6	104.1	104.5	104.7	104.6	104.6
医疗保健	106.2	103.5	102.9	102.6	102.3	102.1
其他用品和服务	103.9	102.9	103.0	103.1	103.2	103.2
工业生产者价格指数	99.3	99.5	99.5	99.4	99.4	99.4

9-5 续表

项　　目	7 月	8 月	9 月	10 月	11 月	12月
居民消费价格总指数	104.0	103.9	103.7	103.4	103.1	102.9
非食品烟酒价格指数	100.4	100.3	100.3	100.2	100.2	100.1
服务价格指数	101.3	101.3	101.2	101.2	101.1	101.1
消费品价格指数	105.6	105.4	105.1	104.7	104.2	104.0
扣除鲜菜鲜果价格指数	104.7	104.6	104.3	103.9	103.5	103.3
食品烟酒	111.2	111.0	110.6	109.8	108.9	108.4
衣着	99.4	99.2	99.0	98.9	98.8	98.7
居住	99.4	99.3	99.3	99.2	99.2	99.1
生活用品及服务	100.5	100.3	100.1	100.0	99.9	99.9
交通和通信	97.7	97.6	97.5	97.4	97.3	97.2
教育文化和娱乐	104.5	104.4	104.4	104.4	104.5	104.5
医疗保健	102.0	102.0	101.9	101.9	101.9	102.0
其他用品和服务	103.2	103.4	103.5	103.5	103.5	103.4
工业生产者价格指数	99.4	99.5	99.4	99.4	99.4	99.4

9-6 服务项目价格分类指数（2019-2020年，以上年价格为100）

Service Price Indices by Category (2019-2020, Preceding Year=100)

项　　目	2019年	2020年
服务价格指数	102.2	101.1
#租赁房房租	102.9	99.3
家庭服务	101.6	100.1
交通费	99.3	95.2
通信服务	100.0	100.9
邮递服务	99.0	99.3
教育服务	102.8	104.9
文化娱乐服务	99.7	102.3
旅游	103.4	107.3
医疗服务	107.9	100.7
其他服务类	100.5	99.6

9-7 商品零售价格分类指数（2020年，以上年价格为100）

Retail Price Indices by Category (2020, Preceding Year=100)

项　　目	指　数	项　　目	指　数
商品零售价格总指数	101.0	专业音像器材	96.9
食品	108.0	文化办公用品	103.8
粮食	104.8	日用品	99.2
薯类	107.9	日用百货	97.8
豆类	104.9	厨具餐具茶具	99.5
食用油	106.2	清洗用品	101.0
菜	103.5	其他日用品	99.6
畜肉类	143.0	体育娱乐用品	99.6
禽肉类	98.6	体育户外用品	101.4
水产品	103.3	娱乐用品	98.7
蛋类	94.1	交通、通信用品	98.5
奶类	103.5	交通运输机械	98.2
干鲜瓜果类	89.7	通信器材	99.3
糖果糕点类	96.8	家具	100.6
调味品	99.5	化妆品	99.2
其他食品类	101.5	金银饰品	115.4
在外餐饮	102.3	中西药品及医疗保健用品	104.0
饮料、烟酒	105.8	医疗卫生器具	102.7
茶及饮料	100.3	中药	108.0
烟草	115.2	西药	101.9
酒类	99.3	保健器具及用品	102.8
服装、鞋帽	98.8	书报杂志及电子出版物	101.7
服装	99.5	教材及参考书	101.9
鞋帽袜	96.2	书报杂志	102.6
其他衣着配件	99.1	计算机办公软件	100.0
纺织品	99.4	燃料	89.7
服装材料	100.0	煤炭及制品	94.5
床上用品	99.0	石油及制品	89.6
家用电器及音像器材	100.8	建筑材料及五金电料	99.8
家庭设备	100.5	建筑装璜材料	99.6
文娱用耐用消费品	102.4	五金水暖	100.3

9-8 工业生产者出厂价格指数（2019-2020年，以上年价格为100）

Producer Price Index (PPI) for Manufactured Goods (2019-2020, Preceding Year=100)

项　　目	2019年	2020年
工业生产者出厂价格指数	100.4	99.4
#轻工业	100.3	99.7
重工业	100.4	99.2
#农副食品加工业	102.9	105.9
食品制造业	100.8	99.6
酒、饮料和精制茶制造业	103.7	102.3
纺织业	102.4	99.5
纺织服装、服饰业	100.7	99.0
皮革、皮毛、羽毛及其制品和制鞋业	102.4	99.2
木材加工和木、竹、藤、棕、草制品业	97.0	99.4
家具制造业	101.9	98.0
造纸和纸制品业	94.8	96.1
印刷和记录媒介复制业	102.6	99.8
文教、工美、体育和娱乐用品制造业	103.2	102.3
石油加工、炼焦和核燃料加工业	95.8	83.8
化学原料和化学制品制造业	96.1	96.4
医药制造业	104.0	101.0
化学纤维制造业	96.2	87.7
橡胶和塑料制品业	100.4	98.1
非金属矿物制品业	98.2	102.7
黑色金属冶炼和压延加工业	99.0	98.1
有色金属冶炼和压延加工业	98.9	100.2
金属制品业	101.0	99.4
通用设备制造业	102.1	101.9
专用设备制造业	100.1	100.1
汽车制造业	100.4	101.5
铁路、船舶、航空航天和其他运输设备制造业	101.6	100.6
电气机械和器材制造业	98.8	98.8
计算机、通信和其他电子设备制造业	100.8	99.4
仪器仪表制造业	99.4	96.9
其他制造业	100.3	99.3
废弃资源综合利用业	103.2	98.1
金属制品、机械和设备修理业		
电力、热力的生产和供应业	98.7	97.5
燃气生产和供应业	96.5	93.7
水的生产和供应业	99.6	99.6

主要统计指标解释

Explanatory Notes on Main Statistical Indicators

居民消费价格指数 是度量消费商品及服务项目价格水平随着时间而变动的相对数，反映居民家庭购买的消费品及服务价格水平的变动情况。它是宏观经济分析、决策、调控和价格总水平监测以及国民经济核算的重要指标。其按年度计算的变动率通常被用来作为反映通货膨胀(或紧缩)程度的指标。

商品零售价格指数 是度量市场商品零售价格水平变动趋势和变动程度的相对数，反映商品在流通过程中最后一个环节的价格即工业、商业、餐饮业和其他零售企业向城乡居民、机关团体出售生活消费品和办公用品价格水平的变动趋势。它可以为国家宏观调控和国民经济核算提供参考依据，并在此基础上派生其他价格指数。

工业生产者出厂价格总指数 是反映各工业部门主要工业产品出厂价格变动趋势和程度的相对数。编制该价格指数，用以观察和分析在生产环节中工业品价格变动对企业经济效益及宏观经济运行的影响，并为工业增长速度的科学计算提供重要的依据。

东莞统计

十、对外经济贸易与旅游

Foreign Trade and Tourism

10-1 主要年份对外经济与旅游业主要指标

Main Indicators of Foreign Trade and Economic Cooperation and Tourism in Main Years

指　　标	单 位	1985年	1995年	2000年	2005年	2010年	2015年	2019年	2020年
进出口总额(美元)	万美元		1539112	3204526	7437150	12133773	16767331	20015115	19209104
出口总额	万美元	17545	779867	1715927	4092905	6959751	10371861	12508471	11953024
进口总额	万美元		759245	1488599	3344245	5174022	6395470	7506644	7256080
进出口总额(人民币)	万元						103999200	138016523	133030319
出口总额	万元						64289105	86287845	82815484
进口总额	万元						39711907	51728678	50214835
新签利用外资协议(合同)数	宗	625	3077	1276	992	875	440	1028	896
"三资"项目	宗	111	983	405	773	869	440	1028	896
利用外资增资项目宗数	宗				1138	1059	552	371	278
合同规定外商投资额	万美元	6815	330920	183633	475238	307282	509030	197911	240618
"三资"项目	万美元	4945	233492	114331	308875	259740	505854	197911	240618
合同规定外商增资项目	万美元				187422	180723	429045	105508	154364
实际利用外资	万美元	2894	105665	164712	375139	316287	546338	129092	114499
"三资"项目	万美元	1383	67247	108737	282116	273171	531982	129092	114499
本年止累计"三资"企业投产数	宗	51	2629	3908	6657	8338	10016	13196	13213
年末"三资"企业从业人员	万人	0.64	25.01	87.17	145.50	163.53	203.50	168.04	149.85
合同规定外商投资额(新口径)	万美元				298029	259740	505854	197911	240618
实际利用外资(新口径)	万美元				146796	273171	531982	129092	114499
全年接待旅游人数	万人次		89	291	1156	2251	3199	4749	3877
#国际及港澳台旅游者	万人次		27	106	169	327	373	405	25
#外国人	万人次		6	15	70	109	105	113	4
国内旅客	万人次		62	185	987	1924	2826	4344	3852
国际旅游收入	万美元		5679	7617	28189	67592	157743	159108	11696
星级以上宾馆酒店客房数	间		7568	18024	18258	16631	12127	9436	8398
宾馆酒店客房开房率	%		68.80	61.88	58.90	58.12	54.00	42.00	23.21

注：1.对外经济部分除有注明新口径的以外均为旧口径，旧口径包括"三资"和"三来一补"，新口径不含"三来一补"且以验资作为统计标准，后同。
2.2002年起，旅游业指标采用旅游局口径，与往年数不可比。
3.2016年起，主管部门对外发布的进出口相关数据采用人民币口径。

10−2 进出口贸易（2015−2020年）

Total Imports and Exports (2015-2020)

单位：亿元

项　　目	2015年	2016年	2017年	2018年	2019年	2020年	2020年比2019年增长(%)
进出口总额	10399.92	11415.99	12264.37	13418.70	13801.65	13303.03	-3.8
出口总额	6428.91	6556.85	7027.38	7955.64	8628.78	8281.55	-4.4
按贸易方式分							
#一般贸易	2345.95	2360.95	3050.47	4094.57	4707.08	4647.40	-1.9
加工贸易	3861.95	3794.46	3713.49	3571.30	3502.46	3115.82	-11.0
来料加工	654.43	559.69	583.03	480.72	432.01	369.08	-14.6
进料加工	3207.53	3234.77	3130.46	3090.58	3070.45	2746.74	-10.5
保税物流	219.49	262.40	245.08	288.15	418.10	496.84	18.8
按经济类型分							
#国有企业	149.02	143.13	105.76	107.84	117.82	7.13	-94.0
三资企业	3955.09	3907.19	4006.88	3990.67	3992.23	3727.59	-6.6
集体企业	8.96	4.07	2.44	1.08	0.64	0.66	3.6
民营企业	2310.79	2486.96	2912.28	3856.05	4518.09	4531.38	-0.4
进口总额	3971.19	4859.15	5236.99	5463.06	5172.87	5021.48	-2.9
按贸易方式分							
#一般贸易	869.28	991.21	1291.88	1435.68	1451.67	1329.38	-8.5
加工贸易	2340.64	2255.11	2177.24	1975.07	1731.09	1564.76	-9.6
来料加工	445.54	326.98	346.93	290.54	252.10	218.88	-13.2
进料加工	1895.10	1928.12	1830.31	1684.53	1478.98	1345.89	-9.0
保税物流	742.42	1585.85	1750.10	2037.27	1980.87	2117.85	6.9
按经济类型分							
#国有企业	80.64	70.64	56.36	53.08	29.32	6.51	-77.8
三资企业	2429.22	2246.34	2324.02	2170.82	2226.35	2305.39	3.5
集体企业	4.91	1.51	1.29	0.39	0.13	0.01	-92.8
民营企业	1455.95	2526.85	2849.12	3224.11	2901.20	2709.57	-6.6
贸易顺差	2457.72	1697.70	1790.39	2492.60	3455.92	3260.06	-5.7

10−3 历年进出口总额

Total Value of Imports and Exports over Years

单位：万美元

年 份	进出口总额	出口总额	#一般贸易	来料加工装配	进料加工	进口总额	#一般贸易	来料加工装配	进料加工
1978		3938							
1979		5382							
1980		7737							
1981		9173							
1982		10879							
1983		11890							
1984		12966							
1985		17545							
1986		23280							
1987		26755							
1988		31781							
1989		34868							
1990	108229	56828				51401			
1991	317463	165159				152304			
1992	509007	260272				248735			
1993	675647	321137				354510			
1994	882997	429416				453581			
1995	1539112	779867	23180	434646	320186	759245	5394	353138	259397
1996	1784222	918683	16377	496833	405066	865539	8956	383988	309710
1997	2129885	1136768	18020	582863	535708	993117	7598	445237	420014
1998	2327324	1306055	15409	652853	636822	1021269	10406	462194	463450
1999	2846291	1515391	16347	759638	738191	1330900	51726	584224	582721
2000	3204526	1715927	20937	834347	858409	1488599	72475	645562	616319
2001	3445457	1898924	25945	940908	931766	1546533	68392	684323	656910
2002	4424706	2373646	34848	1171688	1167047	2051060	83522	922916	886599
2003	5210623	2800227	48988	1257934	1492723	2410396	144235	962367	1127404
2004	6451775	3519237	85056	1503757	1929967	2932538	222262	1090197	1402413
2005	7437150	4092905	175502	1611676	2304325	3344245	236133	1216566	1625629
2006	8422107	4737640	265784	1661399	2806910	3684467	259709	1265725	1879233
2007	10687290	6023212	357941	2235125	3398212	4664078	371073	1702595	2196521
2008	11329947	6553738	487193	2428365	3585619	4776209	455447	1712939	2206139
2009	9415458	5516861	571682	1823160	3055047	3898597	456075	1297315	1820382
2010	12133773	6959751	954098	1955379	3946227	5174022	755349	1424118	2457194
2011	13522382	7832871	1341146	1693479	4654300	5689511	988370	1174341	2881689
2012	14441587	8506606	1692301	1216525	5398579	5934981	1096531	901512	3322199
2013	15307167	9086371	2007791	1070242	5758315	6220796	1237293	806988	3573281
2014	16253046	9706918	2687709	1102722	5472315	6546128	1614999	775951	3333100
2015	16767331	10371861	3796284	1054049	5167717	6395470	1400324	718358	3055447
2016	17231357	9903479	3571993	847655	4896564	7327879	1499468	495662	2915403
2017	18117300	10386135	4511970	861158	4620598	7731165	1904938	512155	2701884
2018	20333110	12044313	6199734	728437	4679165	8288797	2180242	441060	2553459
2019	20015115	12508471	6822840	626303	4453172	7506644	2109189	355733	2145902
2020	19209104	11953024	6705763	532679	3965920	7256080	1916587	316512	1946018

注：1.出口总额1990年以前为外经贸口径，1990年起为海关口径。
2.2016年起，主管部门对外发布的进出口相关数据采用人民币口径。2020年人民币口径的进出口总额为13303.03亿元。其中，出口总额8281.55亿元，进口总额5021.48亿元。

10-4 分国别（地区）进出口总值（2019-2020年）

Total Value of Imports and Exports by Countries (Regions) (2019-2020)

单位：亿元

国别（地区）	实际出口				进口到货			
	2019年	比重（%）	2020年	比重（%）	2019年	比重（%）	2020年	比重（%）
全市	8628.78	100.0	8281.55	100.0	5172.87	100.0	5021.48	100.0
亚洲	4348.97	50.4	4303.02	52.0	4676.59	90.4	4553.18	90.7
东南亚联盟	1059.85	12.3	1132.98	13.7	742.96	14.4	701.40	14.0
非洲	126.11	1.5	139.32	1.7	30.29	0.6	27.80	0.6
欧洲	1800.56	20.9	1629.14	19.7	189.96	3.7	163.84	3.3
欧盟	1615.71	18.7	1246.83	15.1	179.84	3.5	142.88	2.8
拉丁美洲	393.33	4.6	374.26	4.5	99.99	1.9	104.31	2.1
北美洲	1816.36	21.1	1686.65	20.4	153.93	3.0	145.56	2.9
大洋洲	143.45	1.7	149.15	1.8	22.07	0.4	26.74	0.5
美国	1683.22	19.5	1571.46	19.0	133.28	2.6	132.30	2.6
香港	1624.34	18.8	1571.81	19.0	18.39	0.4	15.42	0.3
日本	418.52	4.9	388.34	4.7	525.63	10.2	531.50	10.6
荷兰	269.96	3.1	228.56	2.8	10.20	0.2	4.98	0.1
德国	298.32	3.5	290.98	3.5	66.67	1.3	62.92	1.3
英国	233.21	2.7	219.54	2.7	12.81	0.2	6.94	0.1
韩国	309.43	3.6	260.54	3.1	953.81	18.4	758.12	15.1
台湾	148.79	1.7	152.83	1.8	1044.39	20.2	1229.76	24.5
法国	132.48	1.5	123.05	1.5	12.40	0.2	9.62	0.2
加拿大	133.05	1.5	115.17	1.4	20.64	0.4	13.26	0.3
澳大利亚	127.11	1.5	131.25	1.6	18.48	0.4	20.96	0.4
新加坡	98.07	1.1	111.86	1.4	146.89	2.8	104.94	2.1
马来西亚	125.39	1.5	146.00	1.8	193.00	3.7	180.13	3.6

10-5 主要商品类别出口总值(2019-2020年)

Total Export Value by Category of Main Commodities(2019-2020)

单位：亿元

商品名称	2019年	2020年
机电产品（包括本目录已具体列名的机电产品）	6513.85	6259.66
高新技术产品	3855.12	3624.83
电话机	1479.85	1197.66
文化产品	475.46	468.24
自动数据处理设备及其部件	457.74	686.12
服装及衣着附件	344.16	221.48
家具及其零件	286.03	275.87
玩具	223.52	210.27
自动数据处理设备的零件	214.50	255.95
鞋类	173.93	86.60
贵金属或包贵金属的首饰	3.34	3.03
灯具、照明装置及零件	148.06	142.74
箱包及类似容器	135.70	90.38
电线和电缆	158.68	146.80
塑料制品	193.15	241.56
纺织纱线、织物及制品	146.52	152.61
打印机（包括多功能一体机）	63.49	56.88
眼镜及其零件	79.61	60.80
印刷电路	65.69	63.20

10-6　主要商品进口数量与金额(海关口径，2019-2020年)

Main Import Commodities in Volume and Value(Custom Statistics)(2019-2020)

金额单位：万元

商品名称	数量单位	2019年		2020年	
		数量	金额	数量	金额
肉类（包括杂碎）	吨	12080.51	19852	17598.37	37478
猪肉及猪杂碎	吨	9821.20	15254	13715.09	28590
水产品	吨	3858.59	6957	2970.07	6485
乳品	吨	3414.09	12586	10192.94	27298
粮食	吨	1971648.99	539788	2703768.74	733189
谷物及谷物粉	吨	164413.97	46785	219479.68	59285
大豆	吨	1805212.53	492443	2481919.65	672803
食用植物油	吨	355895.21	134321	79285.64	40019
棕榈油	吨	349618.44	130638	70572.26	35262
食糖	吨	124239.98	27116	143345.91	31506
酒类及饮料	金额		32783		19489
煤及褐煤	吨	7364817.00	244860	4383281.02	143439
成品油	吨	18446.88	17170	14480.66	14429
天然气	吨	726814.99	205441	518324.82	115170
液化天然气	吨	726814.99	205441	518324.82	115170
基本有机化学品	金额		313841		279464
肥料	吨	104550.68	20149	217070.59	33320
美容化妆品及洗护用品	吨	12343.28	221302	6960.12	134508
初级形状的塑料	吨	1992313.96	2405807	2008479.02	2243359
塑料制品	吨	80174.32	692991	70114.79	688085
天然及合成橡胶（包括胶乳）	吨	65249.88	83833	73940.48	84515
皮革、毛皮及其制品	金额		286044		172407
牛皮革及马皮革	吨	43910.48	226318	32808.75	147369
原木	吨	409466.32	89740	279596.75	60780
锯材	吨	256075.59	108443	222032.03	92734
纸浆、纸及其制品	吨	1327770	485235	2877827.33	809131
纸浆	吨	374575.60	118186	1059679.65	259191
纺织原料	吨	4985.35	10923	7222.10	13261
纺织纱线、织物及其制品	金额		628853		442553
纺织纱线	吨	88948.65	237058	51474.08	138721
服装及衣着附件	金额		47130		44242
玻璃及其制品	金额		243862		257526
珍珠、宝石及半宝石	金额		16587		41765
钢材	吨	459431.98	403228	463191.52	384625

10-6 续表

金额单位：万元

商品名称	数量单位	2019年		2020年	
		数量	金额	数量	金额
未锻轧铜及铜材	吨	91938.86	531786	78481.25	491672
未锻轧铝及铝材	吨	10754.37	45699	10648.54	41733
机械基础件	金额		199963		190599
农业机械	金额		1618		2146
食品加工机械	金额		2646		3850
包装机械	金额		20775		23812
印刷、装订机械及其零件	金额		239536		191928
打印机、复印机及一体机	万台	37	54067	25	41203
通用机械设备	金额		89529		82971
阀门及类似装置	万套	573	22645	637	17226
机床	台	3744	97824	6543	76317
自动数据处理设备及其零部件	金额		1613478		1891041
存储部件	万台	2606	761125	2304	643787
自动数据处理设备的零件、附件	吨	8242.86	737165	8377.27	982684
半导体制造设备	万台	0.20	106366	0.11	67524
电工器材	金额		2372716		2378856
锂离子蓄电池	万个	35702	458310	36617	434499
电气控制装置	金额		1192539		1290943
电线及电缆	吨	16510.15	263835	14306.83	223303
家用电器	金额		14694		7637
音视频设备及其零件	金额		343997		363271
电视摄像机，数字照相机及视频摄录一体机	万台	936.77	20786	1020.85	51064
音视频设备的零件	金额		320214		278199
电子元件	金额		26657318		26958978
印刷电路	万块	187735.80	674229	155534.13	567319
二极管及类似半导体器件	万个	6224705.15	1864023	5737113.50	1687491
集成电路	万个	3531469.41	22580088	3684842.71	23069879
汽车零配件	金额		59693		93723
液晶显示板	万个	12988.00	408001	7842.81	272294
生命科学技术	金额		45321		48706
光电技术	金额		615561		439815
计算机与通信技术	金额		6316251		5735560
电子技术	金额		24979163		25391157
计算机集成制造技术	金额		732638		669967
文化产品	金额		155470		182024

10-7 主要商品出口数量与金额(海关口径，2019-2020年)

Main Export Commodities in Volume and Value (Custom Statistics)(2019-2020)

金额单位：万元

商品名称	数量单位	2019年		2020年	
		数 量	金 额	数 量	金 额
肉类（包括杂碎）	吨	6469.17	14866	4732.28	10228
水产品	吨	1375.83	4784	1608.10	5818
蔬菜及食用菌	吨	71475.71	14473	98807.13	39415
粮食	吨	8394.74	1864	4075.59	1940
酒类及饮料	金额		16954		9974
啤酒	万升	1461.12	3946	1409.40	3522
水泥及水泥熟料	吨	871369.94	33693	899996.73	33064
成品油	吨	1796.91	1171	2412.58	1665
基本有机化学品	吨	26492.12	28102	27971.72	28640
医药材及药品	吨	1549.55	11077	1235.58	18088
肥料	吨	14019.70	1801	12933.66	1459
塑料制品	吨	821569.68	2586601	725029.59	2343567
皮革、毛皮及其制品	金额		314208		202651
箱包及类似容器	吨	153426.36	1352775	91587.32	903490
木及其制品	吨	87053.56	214732	87049.04	188961
纸浆、纸及其制品	吨	332769.98	653400	304905.70	586741
纺织原料	吨	3864.96	3267	3706.35	2626
纺织纱线、织物及其制品	金额		1460600		1525133
服装及衣着附件	金额		3243522		2214570
服装	金额		3075029		2117485
鞋靴	吨	120190.49	1483622	68877.69	865961
帽类	万个	7030.44	179091	6603.92	142310
陶瓷产品	吨	122916.71	173388	102095.71	210950
日用陶瓷	吨	27189.88	143422	27683.66	187152
建筑用陶瓷	吨	95271.95	27870	74130.81	22403
玻璃及其制品	金额		454194		420221
珍珠、宝石及半宝石	金额		27217		27519
贵金属或包贵金属的首饰	金额		33380		30362
钢材	吨	25700.98	44768	36927.09	43784
未锻轧铜及铜材	吨	21052.69	112370	21210.87	120544
未锻轧铝及铝材	吨	7460.14	19980	9492.29	25124
家具及其零件	金额		2844693		2745596
玩具	金额		2234705		2102602
体育用品及设备	金额		501890		489622
笔及其零件	金额		53134		35014
机械基础件	金额		355533		325900
手用或机用工具	吨	55521.00	527164	36899.20	332213
农业机械	金额		76381		66859

10-7 续表

金额单位：万元

商品名称	数量单位	2019年		2020年	
		数量	金额	数量	金额
食品加工机械	万台	28.42	6893	12.32	7368
包装机械	万台	178.66	63374	244.40	64317
印刷、装订机械及其零件	金额		1266010		963982
通用机械设备	金额		374803		403515
纺织机械及其零件	金额		41332		180978
缝制机械及其零件	金额		22884		21094
机床	万台	13.20	119750	9.30	107314
自动数据处理设备及其零部件	金额		6085726		6861209
自动数据处理设备	万台	2499.81	1375460	1923.10	1546787
电工器材	金额		6962819		7593361
原电池	万个	285369.24	191676	306354.05	196865
蓄电池	万个	27580.36	1010205	30207.59	1301372
电气控制装置	金额		1719859		2029643
电线及电缆	吨	171384.32	1531461	164104.17	1467772
手机	万台	16567.84	14430195	16262.74	11976511
家用电器	金额		1464387		1710873
音视频设备及其零件	金额		2667624		2742798
电子元件	金额		7705267		7835345
二极管及类似半导体器件	万个	8206249.71	572794	9193423.58	604657
集成电路	万个	942930.41	3155777	857555.69	3327430
摩托车	万辆	35.13	60783	28.96	37221
自行车	万辆	68.64	40428	72.26	49440
摩托车及自行车的零配件	金额		195786		194572
汽车零配件	金额		513827		462215
婴孩车及其零件	吨	45572.85	206757	41806.32	186034
眼镜及其零件	金额		795748		607999
液晶显示板	万个	16242.83	276384	11750.64	240500
计量检测分析自控仪器及器具	金额		744877		904953
医疗仪器及器械	金额		318419		361748
钟表及其零件	金额		427296		268338
手表	万只	4389.41	137001	2252.97	88837
灯具、照明装置及其零件	金额		1478647		1426871
游戏机及其零附件	金额		451389		415492
生命科学技术	金额		243428		274620
光电技术	金额		553756		534340
计算机与通信技术	金额		32265205		29695984
电子技术	金额		4804911		5036633
文化产品	金额		4751470		4682355

10−8　历年新签利用外资协议(合同)宗数

Number of Signed Agreements or Contracts of Utilization of Foreign Capital over Years

单位：宗

年　份	新签协议（合同）数	“三来一补”企业	“三资”企业
1979	184	184	
1980	415	415	
1981	555	553	2
1982	470	468	2
1983	454	447	7
1984	551	508	43
1985	625	514	111
1986	618	559	59
1987	824	729	95
1988	2048	1839	209
1989	939	779	160
1990	1267	1075	192
1991	1636	1268	368
1992	2232	1374	858
1993	3118	1773	1345
1994	2678	1521	1157
1995	3077	2094	983
1996	1678	1343	335
1997	1685	1492	193
1998	1383	1051	332
1999	1362	1135	227
2000	1276	871	405
2001	1395	705	690
2002	1391	524	867
2003	1524	392	1132
2004	1423	391	1032
2005	992	219	773
2006	786	177	609
2007	790	82	708
2008	588	35	553
2009	601	22	579
2010	875	6	869
2011	1325	1	1324
2012	690		690
2013	506		506
2014	465		465
2015	440		440
2016	446		446
2017	925		925
2018	1400		1400
2019	1028		1028
2020	896		896

10-9 历年新签利用外资协议(合同)规定外商投资额

Amount of Signed Agreements or Contracts of Utilization of Foreign Capital over Years

单位：万美元

年　份	协议（合同）规定外商投资额	“三来一补”企业	“三资”企业
1979	476	476	
1980	1055	1055	
1981	806	784	22
1982	787	771	16
1983	1616	841	775
1984	3217	1013	2204
1985	6815	1870	4945
1986	3398	1593	1805
1987	18513	14082	4431
1988	62173	42507	19666
1989	23365	9268	14097
1990	30180	12346	17834
1991	64483	19348	45135
1992	208825	29720	179105
1993	355515	54823	300692
1994	349703	47700	302003
1995	330920	97428	233492
1996	208861	62811	146050
1997	121351	62114	59237
1998	163677	58709	104968
1999	147247	69756	77491
2000	183633	69302	114331
2001	209779	56833	152946
2002	248914	47285	201629
2003	325633	59538	266095
2004	413216	124089	289127
2005	475238	166363	308875
2006	552758	197836	354922
2007	625088	176903	448185
2008	393701	134952	258749
2009	203040	41420	161620
2010	307282	47542	259740
2011	370189	19353	350836
2012	415522	34491	381031
2013	415614	11504	404110
2014	443973	12514	431459
2015	509080	3226	505854
2016	479046	5873	473173
2017	261769	986	260783
2018	225050	1459	223591
2019	197911		197911
2020	240618		240618

10-10 历年实际利用外资

Foreign Capital Actually Utilized over Years

单位：万美元

年 份	累计实际利用外资	当年实际利用外资	“三来一补”企业	“三资”企业
1979	173	173	173	
1980	1107	934	934	
1981	1642	535	528	7
1982	2357	715	668	47
1983	3258	901	871	30
1984	5175	1917	1233	684
1985	8069	2894	1511	1383
1986	11111	3042	1553	1489
1987	22370	11259	9185	2074
1988	46496	24126	17717	6409
1989	71445	24949	16559	8390
1990	95764	24319	14309	10010
1991	121918	26154	11478	14676
1992	168510	46592	13716	32876
1993	261938	93428	14181	79247
1994	366750	104812	26938	77874
1995	472415	105665	38418	67247
1996	579979	107564	38061	69503
1997	701406	121427	33467	87960
1998	835219	133813	40780	93033
1999	980951	145732	48620	97112
2000	1145663	164712	55975	108737
2001	1327225	181562	66841	114721
2002	1542073	214848	68980	145868
2003	1798409	256336	80936	175400
2004	2715217	303430	89555	213875
2005	3090356	375139	93023	146796
2006	3524129	433773	98543	180789
2007	4028524	504395	94365	211759
2008	4351094	322570	77902	244668
2009	4645251	294157	34758	259399
2010	4961538	316287	43116	273171
2011	5283359	321821	16769	305052
2012	5655263	371904	34966	336938
2013	6057448	402935	9160	393775
2014	6519582	462134	9215	452919
2015	7066420	546838	14856	531982
2016	7464805	398385	5768	392617
2017	7640842	176038	4145	171893
2018	7780274	130557	3310	127247
2019	7911553	129092		129092
2020	8029172	114499		114499

10-11 主要年份"三资"企业利用外资

Utilization of Foreign Capital of Enterprises with Foreign Investment in Main Years

项　　目	单　位	1990年	1995年	2000年	2005年	2010年	2015年	2019年	2020年
全部"三资"企业利用外资情况									
当年新签协议宗数	宗	192	983	405	773	869	440	1028	896
本年止累计执行宗数	宗	591	2807	4012	6657	8338	10016	13196	13213
#已投产	宗	454	2629	3908	5870	7469	9561	12015	12459
项目（协议）终止宗数	宗	24	48	338	193	471	270	202	181
实际利用外资总额	万美元	18642	75853	115801	290553	277547	521982	129092	114499
引进设备价值	万美元	6619	50267	80215	118401	63822	15852	2775	5458
出口总值	万美元	13439	178351	835600	2353253	4426236	6371274	5789901	5379650
期末职工人数	万人	3.81	25.01	87.17	145.50	163.53	203.50	168.04	149.85
中外合作企业利用外资情况									
当年新签协议宗数	宗	72	195	19	2			2	
本年止累计执行宗数	宗	237	730	705	337	184	107	87	87
#已投产	宗	177	682	700	299	184	107	87	87
项目（协议）终止宗数	宗	15	12	130	25	23	10	1	
实际利用外资总额	万美元	5072	15159	10045	13529	1345	4264		
引进设备价值	万美元	2411	9320	5033	4060	651			
出口总值	万美元	2423	35718	92100	116157	117188	46676	26060	13374
期末职工人数	万人	1.02	5.82	13.57	10.38	3.50	1.49	0.98	0.87

注：本表2000年起出口总值是海关口径。

10-11 续表

项目	单位	1990年	1995年	2000年	2005年	2010年	2015年	2019年	2020年
中外合资企业利用外资情况									
当年新签协议宗数	宗	93	378	29	31	18	43	152	228
本年止累计执行宗数	宗	338	1590	1690	712	507	502	748	963
#已投产	宗	251	1498	1650	668	489	459	676	870
项目（协议）终止宗数	宗	9	31	159	53	99	9	46	10
实际利用外资总额	万美元	13070	39659	23966	25672	36342	40981	18290	5126
引进设备价值	万美元	3920	25557	14365	4060	28850	2886		
出口总值	万美元	10934	90357	248800	289344	348622	299587	323844	349163
期末职工人数	万人	2.69	13.51	24.68	17.95	11.60	9.57	8.67	7.72
外商独资企业利用外资情况									
当年新签协议宗数	宗	27	410	357	740	851	397	874	650
本年止累计执行宗数	宗	16	487	1614	5607	7641	9388	12361	12459
#已投产	宗	8	449	1555	4903	6790	8991	11252	11340
项目（协议）终止宗数	宗		5	49	115	349	251	155	171
实际利用外资总额	万美元	500	21035	79113	252194	239860	482771	110802	109373
引进设备价值	万美元	288	15390	58140	91288	34321	12966	2775	5458
出口总值	万美元	82	52276	494700	1947751	3960425	6025010	5439997	5017112
期末职工人数	万人	0.10	5.67	48.92	117.17	148.43	192.44	158.40	141.25

10-12 主要年份分方式、分国别(地区)实际利用外资

Foreign Capital Actually Utilized by Type and Countries(Regions)in Main Years

单位：万美元

项　　目	1990年	1995年	2000年	2005年	2010年	2015年	2019年	2020年
按引进方式分								
总　计	10167	68438	164712	375139	316287	546841	129092	114499
外商直接投资	10010	67247	108737	282116	273171	531985	129092	114499
合资经营企业	5871	31314	18865	18195	32135	40981	18290	5126
合作经营企业	3645	14983	8305	12669	1176	4264		
外资（独资）经营企业	494	20950	78890	251252	239634	482771	110802	109373
外商投资股份公司			2677		226	3969		
外商其他投资	157	1191	55975	93023	43116	14856		
国际租赁								
补偿贸易								
加工装配	157	1191	55975	93023	43116	14856		
按国家和地区分								
总　计	10167	67247	164712	375139	316287	546841	129092	114499
香　港	10167	58333	88950	185214	182600	373441	108126	98130
澳　门		13		44	442	389	33	88
台　湾		3016	23722	130682	82674	100227	2375	1220
日　本		391	7476	25253	12861	19413	1701	5000
泰　国		96	33	20		2		88
新加坡		822	3511	3994	6094	9070	1291	1233
德　国		3	1884	487	1488	250	219	313
法　国			89	20	688	881		
瑞　士			546		127		110	
加拿大		46	15	99	568	4226	74	16
美　国		3230	2391	8122	3309	8685	639	99
澳大利亚		56	14	48	61	215	1	7
韩　国			2362	6958	5955	4970	2893	681
利比亚			153					
英　国		79		12	277	572	159	1104
其　他		1162	33566	14186	19143	24500	11471	6520

注：1995年分国别地区的外商投资额是外商直接投资额。

10-13 外商直接投资分行业情况(2019-2020年)

Foreign Direct Investment by Sector(2019-2020)

单位：万美元

行业	2019年			2020年		
	项目个数（个）	合同外资金额	实际投资金额	项目个数（个）	合同外资金额	实际投资金额
总计	1028	197911	129092	896	240618	114499
农、林、牧、渔业	4	273	13			
采矿业						
制造业	458	100858	87777	193	89326	64298
#纺织业	9	-397	1998	2	407	323
化学原料及化学制品制造业	12	1350	1177	7	1462	674
医药制造业		847	315	1	34	
通用设备制造业	18	15061	4082	10	5057	2902
专用设备制造业	41	4052	3561	13	2009	859
通信设备、计算机及其他电子设备制造业	76	30724	20164	27	12333	24979
电力、燃气及水的生产和供应业	2	624	1000	2	5270	5723
建筑业	11	2446	1030	9	439	799
交通运输、仓储和邮政业	7	14883	10529	7	5897	3339
信息传输、计算机服务和软件业	39	1871	59	21	1659	5
批发和零售业	336	22241	6702	268	40154	17503
住宿和餐饮业	13	656	124	22	320	64
金融业	6	1409	1712	9	6394	154
房地产业	26	35263	13777	20	32316	5672
#房地产开发经营						
租赁和商务服务业	60	11351	4345	108	36043	11889
科学研究、技术服务和地质勘查业	46	5380	1290			
居民服务和其他服务业	3	446	334	3	464	15
卫生、社会保障和社会福利业						
公共管理和社会组织						

10-14 东莞电子商务交易额

E-commerce transactions of Dongguan

单位：亿元

项　目	2019年	2020年	2020年比2019年增长(%)
电子商务交易额	5377.0	6016.0	11.9
电子商务网络零售交易额	497.7	566.9	13.9
服装	154.1	167.2	8.5
手机数码	92.2	87.8	-4.8
家居家装	78.6	112.8	43.6
母婴	29.6	30.2	1.9
运动健康	18.8	30.5	62.0
工业/农业/商业	28.5	20.9	-26.8
食品酒水	14.9	20.6	38.4
电脑办公	19.7	25.6	29.7
个护化妆	8.3	12.4	49.0
汽车用品	12.9	15.4	19.5
家用电器	11.2	11.4	1.7
珠宝礼品	9.3	10.2	9.7
其他	12.1	10.8	-10.7
箱包饰品	6.5	9.6	47.4
中西药品	0.4	1.3	223.4
图书音像	0.3	0.2	-22.6
虚拟用品	0.2	0.2	-12.8

10−15 主要年份宾馆酒店接待能力和接待人数

Capacity and Tourists Received by Hotels in Main Years

项　　目	单 位	1990年	1995年	2000年	2005年	2010年	2015年	2019年	2020年
三星级以上宾馆（酒店）	家	3	16	30	63	82	54	28	25
三星级	家	3	16	23	27	35	18	4	3
四星级	家			6	22	25	17	11	10
五星级	家			1	14	22	19	13	12
客房（已评1星以上）	间	3793	7568	18024	18258	16631	12127	9436	8398
床位（已评1星以上）	张	8531	15136	30895	25014	24841	16444	13360	12078
开房率	%	60.2	68.8	61.9	58.9	58.1	54.0	42.0	23.2
全年接待人数	万人次	125	89	291	1156	2251	3199.09	4748.61	3876.53
国际及港澳台旅游者	万人次	27	27	106	169	327	373.40	404.99	24.83
＃外国人	万人次	1	6	15	70	109	105.02	112.94	4.06
港澳台同胞	万人次	26	21	89	99	219	268.38	292.05	20.77
国内旅客	万人次	98	62	185	987	1924	2825.69	4343.63	3851.70
外出旅游人数	万人次					154	142.88	171.12	37.37
国内旅游人数	万人次					139	124.64	156.06	36.63
出国（境）游人数	万人次					15	18.24	15.06	0.74

注：按省文旅厅要求，2020年统计数据按最新《全国文化文物和旅游统计调查制度》进行测算，数据与往年不可比，下同。

10-16 历年旅游业情况

Basic Statistics on Tourism over Years

年 份	三星级以上宾馆(酒店)(家)	客房(已评1星以上)(间)	床位(已评1星以上)(张)	开房率(%)	全年接待人数(万人次)	国际及港澳台旅游者	外国人	港澳台同胞	国内游客	国际旅游外汇收入(万美元)
1986					80	11		10	69	554
1987					107	19	1	18	87	453
1988		6435	7641	65.8	125	20		19	105	710
1989		3324	7376	64.8	115	18		18	97	504
1990		3793	8531	60.2	125	27	1	26	98	1025
1991		4004	8701	64.9	155	37	1	36	118	2443
1992		4042	8770	72.6	172	47	2	46	125	2473
1993		4258	8517	75.1	169	52	2	50	117	2888
1994		3542	7443	77.6	119	44	4	40	75	3464
1995	16	7568	15136	68.8	89	27	6	21	62	5679
1996	16	13409	26818	50.3	175	36	6	29	139	6464
1997	19	10420	19142	50.6	171	59	5	54	112	6778
1998	20	17428	31987	53.3	216	75	11	63	141	6601
1999	20	17931	25482	63.5	253	97	17	77	156	7055
2000	30	18024	30895	61.9	291	106	15	89	185	7617
2001	48	20572	32789	62.0	327	110	22	88	217	8200
2002	53	9427	14652	69.0	930	108	22	86	822	11847
2003	52	8170	12599	65.0	1086	80	24	56	1006	13825
2004	60	10530	14934	61.2	1131	149	66	83	982	23437
2005	63	18258	25014	58.9	1156	169	70	99	987	28189
2006	71	18258	25014	60.1	1363	193	81	112	1170	33180
2007	74	19023	26132	63.4	1725	248	102	146	1477	42702
2008	77	19510	26864	58.9	1872	268	103	165	1604	45614
2009	80	16332	24389	58.0	2037	286	104	182	1751	51756
2010	82	16631	24841	58.1	2251	327	109	219	1924	67592
2011	77	17899	24348	60.0	2615	357	121	236	2258	90975
2012	75	17254	23612	59.9	2744	415	135	280	2329	126924
2013	75	18611	24437	56.9	2826	418	138	280	2408	144981
2014	58	12855	16921	51.2	2791	356	122	234	2435	157493
2015	54	12127	16444	54.0	3199	373	105	268	2826	157743
2016	36	10354	14324	57.4	3792	400	111	289	3392	153117
2017	32	9666	13176	59.2	4142	404	113	291	3738	159582
2018	30	9619	13027	41.7	4434	402	111	291	4032	163012
2019	28	9436	13360	42.0	4749	405	113	292	4344	159108
2020	25	8398	12078	23.2	3877	25	4	21	3852	11696

注：1.国际旅游外汇收入1995年以前单位为万元（外汇券），1995年起为万美元。
2.按省文旅厅要求，2020年统计数据按最新《全国文化文物和旅游统计调查制度》进行测算，数据与往年不可比，下同。

主要统计指标解释

Explanatory Notes on Main Statistical Indicators

海关进出口总额 指实际进出我国国境的货物（包括贸易和非贸易）的价值总和。主要包括对外贸易实际进出口货物，来料加工装配、补偿贸易、进料加工进出口货物，国家间及国际组织无偿援助物资和赠送品，华侨、港澳台同胞和外籍华人捐赠品，租赁期满归承租人所有的租赁货物，边境地方贸易及边境地区小额贸易进出口货物（边民互市贸易除外），中外合资、合作经营企业、外商独资经营企业进出口货物和公用物品，到、离岸价格在规定限额以上的进出口货样和广告品（无商业价值、无使用价值和免费提供出口的除外），从保税仓库提取在中国境内销售的进出口货物，以及其他进出口货物。海关进出口总额反映一个国家在对外经济贸易方面实际进出口货物的总规模。

贸易出口 指由外贸进出口公司、工农贸易进出口公司和地方性的进出口公司由国家统一安排的出口、代理出口和自营、联营出口，其中包括进料加工出口，以及各进出口公司在国内以外汇结算方式售给友谊商店、华侨商店、出国人员服务公司和中外合资、合作经营和外资企业等的出口商品。

“三来一补”出口 指来料加工装配出口按工缴费计算，中小型补偿贸易按金额计算。

“三资”企业出口 指三资企业自己出口的本企业产品。不包括委托外贸进出口公司出口的商品。

利用外资 指我国各级政府、部门、企业和其他经济组织通过对外借款、吸收外商直接投资以及向境外发行债券、股票等方式筹措的境外资金。

外资的形式可以是现汇、实物、工业产权或专有技术等有形资本和无形资本。

我国自有外汇如国家外汇、中国银行等金融机构用自有资金发放的外汇贷款等，华侨、港澳同胞的捐赠，联合国或其他国际组织的无偿赠送资金、无偿援建的项目均不属于外资范围。

利用外资的方式有：对外借款，外国（或港澳地区）企业和经济组织或个人在我国境内开办独资企业，与我国境内的企业或组织共同开办合资企业合作经营（企业）项目或合作开发资源，以及补偿贸易、国际租赁等。

外商直接投资 指外国企业和经济组织或个人（包括华侨、港澳同胞以及我在境外注册的企业）按我国有关政策、法规，在我国境内开办外商独资企业，与我国境内的企业或经济组织共同举办中外合资企业、合作经营企业或合作开发资源的投资以及外商从企业得到收益的再投资。

新口径合同利用外资 根据2003年修订的《利用外资统计制度》，明确指出合同外资的统计指外商直接投资（三资企业）企业设立时，根据合同（章程）规定，外方投资者应缴付的注册资本。

国际旅游（外汇）收入 指国内各部门为来我国旅游的外国人、华侨、港澳和台湾同胞提供商品和劳务而得到的外汇收入。包括供应商品、饮食和提供住宿、交通、邮电、文化娱乐、导游等各项服务所得的全部外汇收入。

东莞统计

十一、财政、金融与保险

Finance, Banking and Insurance

11–1　主要年份财政收支主要指标

Main Indicators of Government Revenue and Expenditure in Main Years

单位：万元

项　目	1978年	1980年	1985年	1990年	2000年	2005年
财政收入						
来源于东莞的财政收入	6604	6710	11118	35719	1035561	3319079
中央财政收入					617151	1935069
#关税和海关代征税					273972	483327
省级财政收入					113681	344330
一般公共预算收入	6604	6710	11118	35719	304730	1039680
工商税收						
工商税收总额					867584	2923001
国税（不含关税）					607216	1849818
地税					260368	1073183
财政支出						
一般公共预算支出	1792	2015	4999	22779	336102	1170427
#基本建设支出					27426	276646
企业挖潜改造支出		88	15	37	1584	9107
科技三项费用支出		7		140	9963	31572
农林水气部门事业费支出		304	1154	3261	40097	62181
工交部门事业费支出		2	7	180	192	20499
城市维护费支出		31	219	1350	41267	162370
科教文卫体事业费支出		1051	2139	7357	86737	210620
#科学事业费				404	936	3956
教育事业费		760	1504	3786	68194	171055
卫生事业费		185	262	743	12083	11469
体育事业费		18	50	827	1517	2860
抚恤和社会福利救济支出		75	132	368	2888	8335
行政管理费支出		293	320	1324	29817	102296
公检法司支出			92	740	46446	156055

注：1．1995年及以前年份，来源于东莞的财政收入不含关税。
　　2．从2007年起财政收支按新的分类项目，在10—1续表中反映。

11-1 续表

单位：万元

指　　标	2010年	2015年	2019年	2020年
一般公共预算收入	2778404	5179682	6732663	6947509
#增值税	626301	1421654	2312510	2286633
企业所得税	247986	396494	694683	689542
个人所得税	110441	144828	234965	274012
房产税	92706	184115	312422	244533
契税	186994	354276	446162	633423
罚没收入	78400	88266	116291	93385
一般公共预算支出	2898306	5812410	8630134	8403253
#一般公共服务	269505	470871	859551	893751
公共安全	388243	635334	1121147	1116916
教育	653090	1309337	1853932	2028916
科学技术	79830	308338	253628	341923
社会保障和就业	264017	529597	574359	601528
农林水事务	229613	312956	376273	328730
交通运输	90609	542551	535871	410236
税收总额	6887249	14130921	21666058	21531867

11-2 历年财政收支

Basic Conditions of Local Government General Budgetary Revenue and Expenditure over Years

单位：万元

年 份	一般公共预算收入						一般公共预算支出	
	总 量	增长速度 (%)	#各项税收	工商税收	专项收入	其他收入	总 量	增长速度 (%)
1978	6604		6595	5826		9	1792	
1979	6634	0.5	6625	5725		9	1908	6.5
1980	6710	1.1	6699	5785		11	2015	5.6
1981	6823	1.7	6805	5942		18	2139	6.2
1982	8103	18.8	8068	7184		35	2612	22.1
1983	8578	5.9	8501	7599		77	2804	7.4
1984	8469	-1.3	8385	7442		84	3013	7.5
1985	11118	31.3	10998	9708		120	4999	65.9
1986	16053	44.4	15865	14574	45	143	9916	98.4
1987	20221	26.0	19989	18551	50	182	12512	26.2
1988	27076	33.9	26837	25309	76	163	17475	39.7
1989	31888	17.8	30997	29331	116	775	21623	23.7
1990	35719	12.0	33544	31911	686	1489	22779	5.3
1991	44374	24.2	41659	39302	913	1802	27499	20.7
1992	56204	26.7	52620	48272	1351	2233	38162	38.8
1993	93828	66.9	88920	83462	1947	2961	72910	91.1
1994	76940	-18.0	70451	60889	2697	3792	88984	22.0
1995	115618	50.3	106388	95463	4070	5160	124173	39.5
1996	96541	-16.5	85648	74323	4470	6423	124059	-0.1
1997	114069	18.2	96980	85245	4794	12295	148510	19.7
1998	151012	32.4	123816	106700	5693	21503	179064	20.6
1999	182577	20.9	159873	134852	8759	13945	212641	18.8
2000	304730	66.9	265565	248159	14709	24456	336102	58.1
2001	450163	47.7	402668	381660	18356	29139	478646	42.4
2002	552933	22.8	489780	467998	26438	36715	649606	35.7
2003	674461	22.0	575342	536390	30710	68409	765190	17.8
2004	721959	7.0	707954	655571	35273	83162	941554	23.0
2005	1039680	44.0	879653	797038	36423	123604	1170427	24.3
2006	1289445	24.0	1077152	990029	49285	163008	1478955	26.4
2007	1864468	44.6	1652620	1291335	55863	155985	1930968	30.6
2008	2092248	12.2	1682270	1555499	60590	349388	2182626	13.0
2009	2311555	10.5	1822650	1618514	60007	428899	2326216	6.6
2010	2778404	20.2	2217675	1950773	72153	488576	2898306	24.6
2011	3130639	12.7	2433937	2171228	133951	562751	3519171	21.4
2012	3563245	13.8	2792883	2514813	159582	610780	3855844	9.6
2013	4092897	14.9	3318201	2938124	221062	553634	4446589	15.3
2014	4552119	11.2	3651289	3364746	233430	667400	4576816	2.9
2015	5179682	10.2	3995152	3564401	412612	771918	5812410	27.0
2016	5447543	8.2	4311691	3786326	420802	715050	5992899	3.1
2017	5920682	11.2	4789158	4420501	486407	645117	6676462	11.4
2018	6499110	9.8	5482360	5063018	559906	456844	7654053	14.6
2019	6732663	3.6	5554553	5087616	493874	684236	8630134	12.8
2020	6947509	3.2	5710999	5060655	515196	721314	8403253	-2.6

11-3 税收情况（2019-2020年）

Taxes (2019-2020)

单位：万元

指　　标	2019年	2020年
税收总额	21666058	21531867
#内资企业	15617677	15498286
国有企业	53034	43696
集体企业	200105	117077
股份合作企业	8421	3254
联营企业	297	436
有限责任公司	5767446	5940317
股份有限公司	954389	974623
私营企业	4387536	4569914
其它企业	4246449	3848969
#港澳台投资企业	2960225	2697156
#外商投资企业	1861380	2095392
#个体经营	1226776	1241033
#增值税	13372638	9206338
消费税	157151	130857
企业所得税	3518737	3495107
个人所得税	1174823	1387165
房产税	312423	244533
印花税	167001	174394
城镇土地使用税	99746	76142
土地增值税	1190588	1335193
车船税	100036	110611
车辆购置税	534408	475475
#第一产业	2487	2188
第二产业	9518683	9671603
#采矿业	1533	1633
制造业	8797844	8983404
农副食品加工业	40845	35553
食品制造业	98708	92598
酒、饮料和精制茶制造业	56409	44327
烟草制品业		
纺织业	162207	149907
纺织服装、服饰业	262094	185717
皮革、毛皮、羽毛及其制品和制鞋业	254454	234455
木材加工和木、竹、藤、棕、草制品业	36414	36445
家具制造业	217101	221017
造纸和纸制品业	363423	362778

11-3 续表

单位：万元

指标	2019年	2020年
印刷和记录媒介复制业	123257	122253
文教、工美、体育和娱乐用品制造业	233542	221808
石油加工、炼焦和核燃料加工业	6320	7189
化学原料和化学制品制造业	160345	170159
医药制造业	37967	29132
化学纤维制造业	13022	16124
橡胶和塑料制品业	649528	638845
非金属矿物制品业	197636	224350
黑色金属冶炼和压延加工业	10010	10795
有色金属冶炼和压延加工业	16496	17084
金属制品业	728634	756497
通用设备制造业	429640	500566
专用设备制造业	455773	515927
汽车制造业	109173	38761
铁路、船舶、航空航天和其他运输设备制造业	14491	22059
电气机械和器材制造业	710181	726553
计算机、通信和其他电子设备制造业	3006416	3018070
仪器仪表制造业	93196	110324
其他制造业	280949	341687
废弃资源综合利用业	2508	2236
金属制品、机械和设备修理业	27105	30188
电力、燃气及水的生产和供应业	227748	154270
建筑业	491558	532296
房屋建筑业	129975	132875
土木工程建筑业	66910	32857
建筑安装业	157634	152896
建筑装饰和其他建筑业	137039	153668
第三产业	12144889	11858076
#交通运输、仓储及邮政业	183162	158703
信息传输、软件和信息技术服务业	175206	131404
批发和零售业	1461573	1409614
住宿和餐饮业	48641	18899
金融业	886554	953344
房地产业	3261168	3374598
租赁和商务服务业	659205	625483
科学研究和技术服务业	201316	232803
水利、环境和公共设施管理业	29247	23732
居民服务、修理和其他服务业	210675	133103
教育	23629	23145
卫生和社会工作	24153	21092
文化、体育和娱乐业	29777	20739
公共管理、社会保障和社会组织	4502969	4303660
其他行业	447614	377757

11-4 历年金融机构各项存贷款余额

Deposits and Loans in All Financial institutions over Years

单位：万元

年 份	各项本外币存款余额	#住户存款	各项本外币贷款余额	各项人民币存款余额	#住户存款	各项人民币贷款余额
1978	10496	5410	19607	10496	5410	19607
1979	14875	7185	21302	14875	7185	21302
1980	26093	11718	30797	26093	11718	30797
1981	38003	20339	40243	38003	20339	40243
1982	45120	27650	45525	45120	27650	45525
1983	60547	38597	57618	60547	38597	57618
1984	110265	61823	121891	110265	61823	121891
1985	134867	91941	142437	134867	91941	142437
1986	195948	131352	206813	195948	131352	206813
1987	284819	189654	312431	284819	189654	312431
1988	380511	249134	415818	380511	249134	415818
1989	468203	325670	493737	468203	325670	493737
1990	680696	455140	630355	680696	455140	630355
1991	1029899	679935	852849	949713	614737	783957
1992	1577735	895260	1185126	1473354	815404	1059794
1993	1946346	1186421	1512129	1795701	1071713	1338033
1994	2737104	1700582	1990311	2497834	1515445	1709945
1995	4114645	2526179	2828201	3836761	2329685	2548512
1996	5201272	3392956	3404854	4896463	3180215	3128076
1997	7083202	4507195	4076237	6711687	4258238	3826560
1998	9166048	5724445	4641324	8640053	5337482	4427394
1999	11169344	6740770	5426244	10408377	6163430	5243735
2000	13277901	7537819	6421906	12286706	6720704	6308405
2001	15659074	8868348	7656842	14586491	7991768	7501801
2002	19024082	10930292	9517967	17901799	10016909	9334054
2003	22377551	13173589	12472347	21267775	12310616	12067237
2004	25769443	15142762	14502244	24628693	14316777	14052461
2005	30367695	17966871	15404787	29334026	17282760	15005217
2006	34643620	20739887	17752094	33656508	20133979	17305554
2007	38433605	21640637	22179330	37518345	21207413	21547660
2008	44602450	26775123	24328833	43545340	26380433	23803585
2009	50949212	29455910	30170741	49866108	29045704	29037984
2010	60778667	34258874	34419920	59433885	33868535	33298244
2011	67566598	37503559	38609164	66093904	37109919	37160847
2012	76912423	42469653	44468248	74304570	42042032	41956074
2013	88749114	45175855	49894985	86307325	44764310	47742282
2014	93232801	46482691	55623579	90699213	46067942	53316348
2015	99687961	46306942	59808985	97362437	45913850	58160376
2016	115450990	49435649	65456575	111984273	48829068	64024779
2017	124979678	51607075	69862641	118366589	51034188	68554427
2018	141572229	56560095	82096962	134305611	56013557	79996011
2019	164264429	63657037	101321403	154114179	63169006	95997294
2020	182328347	69985160	127771186	174404805	69519707	120232965

注：2015年起，"城乡居民储蓄存款余额"改名为"住户存款"，口径有变，数据与往年不可比。

11-5 保险行业主要指标

Main Indicators of Insurance

指　　标	单位	2010年	2011年	2012年	2013年	2014年	2015年	2015年	2019年	2020年
保险公司	家	37	38	46	52	52	54	56	66	65
保险业从业人员	人	27281	28064	33449	40867	43886	57664	71226	69500	64106
保费收入	万元	1597166	1636513	1776566	2071338	2580654	3053737	4726882	5611103	5597686
寿险类	万元	1129950	1085528	1166113	1355224	1731887	2062920	3650822	4006012	4000578
#传统寿险	万元	72494	72212	79299	110599	465876	717225	1351292	1625424	1804362
分红险	万元	867738	813006	966343	1072335	1026853	945344	1015713	1467644	1294189
万能险	万元	110035	18650	17032	16823	18354	16280	307938	16615	16068
投连险	万元	18953	805	724	680	768	827	883	1049	1039
意外险	万元	18718	23730	27899	37653	54475	79625	104923	161920	136529
健康险	万元	42012	57507	74816	117135	165561	303619	870073	733360	748392
财险类	万元	467216	550985	610453	716114	848797	990817	1076060	1605091	1597109
#机动车险	万元	400405	460241	515282	612210	722660	852862	945118	1221177	1246477
企财险	万元	32123	34107	32135	35318	35246	32487	31770	44344	49429
家财险	万元	1832	1806	1476	1761	1482	1634	2379	4284	7594
货运险	万元	4576	6917	7164	5695	6218	3622	3648	2663	2738
责任险	万元	9772	10516	12930	16584	19837	22055	27050	59736	58833
短健险	万元	4289	7222	6924	7268	7382	8362	7998	29768	49985
短意险	万元	11073	10271	11959	13650	14914	17525	20409	50199	59823
农业险	万元	55	35	61	130	25	27	47	197	255

主要统计指标解释

Explanatory Notes on Main Statistical Indicators

一般公共预算收入 指国家财政参与社会产品分配所取得的收入，是实现国家职能的财力保证，主要包括：

（1）各项税收：包括国内增值税、国内消费税、进口货物增值税和消费税、出口货物退增值税和消费税、营业税、企业所得税、个人所得税、资源税、城市维护建设税、房产税、印花税、城镇土地使用税、土地增值税、车船税、船舶吨税、车辆购置税、关税、耕地占用税、契税、烟叶税等。

（2）非税收入：包括专项收入、行政事业性收费、罚没收入和其他收入。

一般公共预算支出 指国家财政将筹集起来的资金进行分配使用，以满足经济建设和各项事业的需要。主要包括：一般公共服务、外交、国防、公共安全、教育、科学技术、文化体育与传媒、社会保障和就业、医疗卫生、环境保护、城乡社区事务、农林水事务、交通运输、资源勘探电力信息等事务、商业服务等事务。

信贷资金 指金融机构以信用方式积聚和分配的货币资金。金融机构信贷资金的来源有各项存款、金对国际金融机构负债、流通中现金、银行自有资金及当年结益等；信贷资金的运用有各项贷款、黄金占款、外汇占款、财政借款及在国际金融机构中的资产等。

存款 指机构或个人在保留资金或者货币所有权的条件下，以不可流通的存款凭证为依据，暂时让渡或者接受资金使用权所形成的债权或者债务。存款对象或性质的不同可划分为单位存款、个人存款、财政性存款等项目。

贷款 指机构或个人在保留资金或者货币所有权的条件下，以不可流通的贷款凭证或类似凭证为依据，暂时让渡或者接受资金使用权所形成的债权或者债务。贷款分单位贷款、个人贷款、融资租赁等项目。

住户存款 个人客户在其他存款性公司开立账户并存入资金或者货币，由其他存款性公司出具存款凭证，个人客户凭存款凭证可以支取本金或利息的存款。

保费 指投保人为取得保险人在约定范围内所承担赔偿责任而支付给保险人的费用。

东莞统计

十二、人民生活

People's Living Conditions

12-1 主要年份人民生活主要指标

Basic Statistics on People's Living Conditions in Main Years

指　　标	单位	1985年	1990年	1995年	2000年	2005年	2010年	2015年	2019年	2020年
全市职工年平均工资	元				7765	10639	16108	41864	53655	59903
城镇在岗职工年平均工资	元	1456	3552	9682	14051	28253	46576	53221	74017	79601
国有单位	元	1400	3600	9390	16371	37919	57275	91982	157562	172422
城镇集体单位	元	1501	3507	7507	10475	15958	27391	63105	82188	97491
其他各种单位	元	1571	3525	7891	14218	20882	37803	50487	58878	73793
城镇常住居民人均可支配收入	元	791	2508	9588	14142	22882	35690	39793	55156	58052
城镇常住居民人均消费性支出	元	689	2038	9220	12529	21768	25733	29001	36198	34706
食品烟酒	元	493	1295	3644	4048	6035	8732	9625	11328	11491
衣着	元	28	95	604	487	1285	1706	1637	1971	1895
居住	元	58	184	1084	1218	1242	2089	4870	7117	7360
生活用品及服务	元	48	153	694	623	1165	1771	1643	1932	2015
医疗保健	元	14	42	258	431	811	1294	1315	1666	1733
交通通信	元	4	25	1562	3309	7482	5925	5820	6870	6059
教育文化娱乐	元	21	113	991	1517	3205	3443	3168	4244	3296
其他用品和服务	元	23	131	383	896	543	773	924	1070	858
农村常住居民人均可支配收入	元	803	1542	4769	8484	13076	20486	24225	35905	38827
农村常住居民人均消费性支出	元						11842	19889	27721	26890
居民人均可支配收入	元							38651	53657	56533
居民人均消费性支出	元							28255	35730	34260

注：1. 2012年起城镇在岗职工含劳务派遣人员；2013年起，将原属于乡镇企业且符合城镇非私营单位条件的“四上”企业纳入城镇单位从业人员及工资统计的范围，下同。

2. 全市职工年平均工资调查范围为东莞市辖区内除农户以外各类经济实体。

3. 按照国家统计局的统一部署，自2012年12月起正式启动城乡住户调查一体化改革工作。2014年起正式对外发布全体居民人均可支配收入和消费性支出指标，新口径指标将原城市居民人均可支配收入改为城镇常住居民人均可支配收入，农民人均纯收入改为农村常住居民人均可支配收入，与往年数不可比，下同。

12-2 历年城镇在岗职工工资总额与平均工资

Total and Average Wage of Employed Persons in Urban Areas over Years

年份	工资总额(万元)	国有单位	城镇集体单位	其他单位	平均工资(元)	国有单位	城镇集体单位	其他单位
1978	4485	2911	1574		474	630	325	
1979	5869	3611	2258		650	708	574	
1980	7255	4210	3045		750	867	632	
1981	9416	5000	4416		887	979	801	
1982	11839	6440	5399		1095	1089	1102	
1983	12808	6834	5974		1197	1138	1273	
1984	14963	7002	7961		1383	1333	1431	
1985	17260	7619	9238	403	1456	1400	1501	1571
1986	20980	10336	10026	618	2616	1698	1525	1940
1987	27610	12300	14159	1151	2067	2028	2094	2166
1988	35007	17931	14854	2222	2757	2942	2588	2574
1989	42947	20340	20808	1799	3320	3355	3295	3236
1990	46780	22321	21012	3447	3552	3600	3507	3525
1991	54002	24456	23268	6278	3777	3841	3674	3933
1992	68360	30469	28886	9005	4531	4610	4404	4696
1993	107088	47088	40171	19829	6228	7007	5583	6044
1994	131160	61869	49323	19968	8360	9390	7507	7891
1995	171543	75157	51398	44988	9682	10802	8007	10367
1996	178968	83372	52581	43015	10382	11623	8658	10775
1997	175156	87890	47185	40081	10691	12160	8774	10610
1998	187636	98109	50302	39225	11422	13123	9362	10959
1999	204550	109437	52217	42896	12557	14601	9966	12062
2000	229404	125711	53903	49790	14051	16371	10475	14218
2001	261645	152564	52645	56436	16183	19869	11001	15238
2002	291778	165611	58907	67260	17804	22228	11640	17348
2003	362935	230464	55866	76605	22598	29773	12940	19140
2004	432893	282512	62898	87483	25326	35163	13954	19223
2005	518216	349572	70872	97772	28253	37919	15958	20882
2006	608670	413718	74637	120315	31135	41457	17174	23032
2007	707007	487826	74408	144773	35284	46197	18807	26218
2008	809893	570134	82432	157327	39516	51441	20833	28838
2009	944243	639161	76001	229081	42585	56129	22077	31195
2010	1029873	678673	96664	254537	46576	57275	27391	37803
2011	1229001	826777	104824	297400	50398	61504	30549	39591
2012	1434133	960274	126456	347404	57007	66857	35977	47726
2013	10499782	1138596	218818	9142369	42870	75846	38409	40776
2014	11319163	1189178	226508	9903477	47600	78384	47024	45469
2015	12308012	1288341	255177	10764494	53221	91982	63105	50487
2016	13160504	1511235	235480	11413789	57649	109565	72895	54026
2017	14844731	1643574	304130	12897027	61619	116358	88696	57742
2018	17152468	2059199	383532	14709737	69937	136364	90588	65110
2019	21402401	2491214	518523	18392664	74017	157562	82188	68878
2020	22086422	2562994	598202	18925226	79601	172422	97491	73793

12-3 城镇在岗职工工资总额及平均工资(2020年，按经济类型、行业分)

Total and Average Wage of Fully Employed Persons in Urban Areas (2020, by Status of Registration and Sector)

项目	工资总额(万元)	国有单位	城镇集体单位	其他单位	平均工资(元)	国有单位	城镇集体单位	其他单位
总计	22086422	2562994	598202	18925226	79601	172422	97491	73793
按国民经济行业分								
农、林、牧、渔业	10935	7395		3541	92809	133210		56819
工业	14096270	14635	30868	14050767	69519	75802	57816	69544
建筑业	391220	4437	3768	383016	72622	161343	86118	72052
交通运输、仓储和邮政业	411343	104960	1357	305026	95024	131273	65973	86934
信息传输、软件和信息技术服务业	208019	2770	95	205154	142221	167701	67589	142003
批发和零售业	713146	18493	6555	688099	70971	192789	70617	69789
住宿和餐饮业	132677	34	1307	131336	47866	48385	46500	47880
金融业	762499	49263	11	713226	233619	239617	71621	233224
房地产业	423382	6002	11087	406293	87367	131648	91168	86837
租赁和商务服务业	774318	27766	145507	601045	73894	121425	53239	79958
科学研究、技术服务业	340594	61456	10725	268412	109810	170952	148625	100529
水利、环境和公共设施管理业	105332	34619	1545	69168	58188	158745	97291	43881
居民服务、修理和其他服务业	65996	2563	94	63339	51547	312653	52544	49861
教育	1540790	665554	220960	654276	134411	243659	156214	89415
卫生和社会工作	884889	474063	139169	271658	170462	202821	165023	135123
文化、体育和娱乐业	79604	29732	2591	47281	84134	157345	103268	64582
公共管理、社会保障和社会组织	1145408	1059255	22562	63591	139754	144068	120159	96993
国际组织								

12-4 主要年份各种分组的城镇在岗职工平均工资

Average Wage of Employed Persons in Urban Areas by Item in Main Years

单位：元

项　　目	1985年	1990年	1995年	2000年	2005年	2010年	2015年	2019年	2020年
职工平均工资	1456	3552	9682	14051	28253	46576	53221	74017	79601
按经济类型分									
国有单位	1400	3600	10802	16371	37919	57275	91982	157562	172422
城镇集体单位	1501	3507	8007	10475	15958	27391	63105	82188	97491
其他单位	1571	3525	10367	14218	20882	37803	50487	68878	73793
按国民经济行业分									
农、林、牧、渔业	1312	3639	12412	14000	37046	61606	99510	81575	92809
工　业	1450	3481	8945	12316	18371	30418	48893	66072	69519
建筑业	2052	3813	9125	9820	18385	31020	47757	69370	72622
交通运输、仓储和邮政业					31989	40809	61710	88335	95024
信息传输、软件和信息技术服务业					71801	110207	124608	129157	142221
批发和零售业					28565	38986	50656	65655	70971
住宿和餐饮业					18257	21955	34957	48350	47866
金融业	1500	3303	13254	20560	40655	94569	176578	149105	233619
房地产业	1779	4414	11184	17993	34805	53939	74262	87821	87367
租赁和商务服务业					29824	47505	52828	69242	73894
科学研究、技术服务业					37423	51017	84770	87415	109810
水利、环境和公共设施管理业					34573	51426	44510	68297	58188
居民服务、修理和其他服务业					44853	56776	32474	44534	51547
教　育					27255	37734	89780	111872	134411
卫生和社会工作					37991	52867	86091	155230	170462
文化、体育和娱乐业					37710	58317	58686	76931	84134
公共管理、社会保障和社会组织	1519	3666	12347	15424	37888	56817	79271	146796	139754
国际组织									

12-5 各种经济类型分行业城镇在岗职工工资总额、平均工资(2019-2020年)

Total and Average Wage of Employed Persons in Urban Areas by Status of Registration and Sector (2019-2020)

项　　目	国有经济		城镇集体经济		其他经济类型	
	2019年	2020年	2019年	2020年	2019年	2020年
职工工资总额(万元)	2491214	2562994	518523	598202	13392664	18925226
农、林、牧、渔业	4935	7395			3239	3541
工业	4376	14635	86663	30868	13849294	14050767
建筑业	456	4437	3422	3768	303812	383016
交通运输、仓储和邮政业	54147	104960	1469	1357	245625	305026
信息传输、软件和信息技术服务业	4912	2770	268	95	223183	205154
批发和零售业	727	18493	8587	6555	792309	688099
住宿和餐饮业	31	34	1119	1307	135414	131336
金融业	18824	49263	76	11	369505	713226
房地产业	2501	6002	15694	11087	503477	406293
租赁和商务服务业	26618	27766	120149	145507	633871	601045
科学研究、技术服务业	46062	61456	14184	10725	409391	268412
水利、环境和公共设施管理业	15975	34619	2055	1545	38568	69168
居民服务、修理和其他服务业	8267	2563	267	94	80289	63339
教育	402525	665554	151199	220960	512691	654276
卫生和社会工作	598738	474063	93644	139169	199352	271658
文化、体育和娱乐业	24919	29732	2245	2591	52407	47281
公共管理、社会保障和社会组织	1277202	1059255	17483	22562	40238	63591
国际组织						
职工平均工资(元)	157562	172422	82188	97491	68878	73793
农、林、牧、渔业	113186	133210			57224	56819
工　业	64452	75802	59916	57816	66115	69544
建筑业	123162	161343	58797	86118	69465	72052
交通运输、仓储和邮政业	154220	131273	61718	65973	80923	86934
信息传输、软件和信息技术服务业	126917	167701	86387	67589	129284	142003
批发和零售业	64884	192789	51020	70617	65861	69789
住宿和餐饮业	38375	48386	43882	46500	48393	47880
金融业	68352	239617	54286	71621	158715	233224
房地产业	86847	131648	72155	91168	88424	86837
租赁和商务服务业	108333	121425	50154	53239	73427	79958
科学研究、技术服务业	191607	170952	162851	148625	81148	100529
水利、环境和公共设施管理业	106712	158745	101748	97291	58543	43881
居民服务、修理和其他服务业	132912	312653	48545	52544	41670	49861
教　育	182559	243659	139495	156214	82113	89415
卫生和社会工作	176901	202821	157147	165023	113005	135123
文化、体育和娱乐业	119918	157345	75319	103268	65780	64582
公共管理、社会保障和社会组织	150356	144068	119091	120159	88943	96993
国际组织						

12-6 国有企、事业和机关单位城镇在岗职工工资总额及平均工资(2020年)

Total and Average Wage of Employed Persons in Urban State-owned Enterprises, Institutions and Government Agencies (2020)

项　　目	单位从业人员工资总额(万元)	在岗职工工资总额	其他从业人员工资总额	在岗职工平均工资(元)
总　计	2610726	2562994	51983	172422
按行业分				
农、林、牧、渔业	7581	7395	195	133210
工　业	14628	14635		75802
建筑业	9003	4437	4576	161343
交通运输、仓储和邮政业	105337	104960		131273
信息传输、软件和信息技术服务业	2816	2770	48	167701
批发和零售业	18547	18493	71	192789
住宿和餐饮业	34	34		48386
金融业	49382	49263		239617
房地产业	5994	6002		131648
租赁和商务服务业	27993	27766	119	121425
科学研究、技术服务业	62861	61456	1410	170952
水利、环境和公共设施管理业	36310	34619	1680	158745
居民服务、修理和其他服务业	2589	2563	26	312653
教　育	674781	665554	9066	243659
卫生和社会工作	475114	474063	948	202821
文化、体育和娱乐业	30013	29732	279	157345
公共管理、社会保障和社会组织	1087743	1059255	33565	144068
国际组织				

12–7 历年城乡居民收入

Income of Households over Years

单位：元

年 份	全体居民人均可支配收入	城镇常住居民人均可支配收入	农村常住居民人均可支配收入
1978			149
1979			188
1980			272
1981			463
1982			567
1983			618
1984			691
1985		791	803
1986		1033	951
1987		1247	1142
1988		1778	1325
1989		2282	1424
1990		2508	1542
1991		3068	1673
1992		4026	2290
1993		5970	2903
1994		8270	3769
1995		9588	4769
1996		10824	5554
1997		11032	6132
1998		11506	6830
1999		12954	7704
2000		14142	8484
2001		16938	9383
2002		16949	10178
2003		18471	11033
2004		20526	11941
2005		22882	13076
2006		25320	14313
2007		27025	15747
2008		30275	16904
2009		33045	18098
2010		35690	20486
2011		39513	22842
2012		42944	24944
2013		46594	27214
2014	35712	36764	22327
2015	38651	39793	24225
2016	41902	43096	26526
2017	45451	46739	29078
2018	49331	50721	32277
2019	53657	55156	35905
2020	56533	58052	38827

注：本表城镇居民人均可支配收入1997年以前是生活费收入口径，1997年起是可支配收入口径，2014年起为新口径，下同。

12-8 历年城镇常住居民人均可支配收入

Income of Urban Households over Years

单位：元

年 份	可支配收入				
		工资性收入	经营净收入	财产净收入	转移净收入
1985	791	603			
1986	1033	974			
1987	1247	989			
1988	1778	1097			
1989	2282	1185			
1990	2508	1459	46	30	417
1991	3062	2160	226	55	534
1992	4026	2560	411	175	709
1993	5969	3684	749	889	319
1994	8270	5758	840	553	994
1995	9588	6260	1210	659	1329
1996	10824	8428	1127	455	1273
1997	11032	8024	625	349	1544
1998	11506	8334	884	319	1207
1999	12954	7910	1799	357	1541
2000	14142	8702	2740	895	720
2001	16938	11037	2643	895	1879
2002	16949	13050	1662	1076	1923
2003	18471	15282	1598	1210	1388
2004	20526	17153	1634	1553	1535
2005	22882	18524	2709	1894	1536
2006	25320	18318	4389	2504	1946
2007	27025	18930	3359	4849	2101
2008	30275	20872	4521	3527	3047
2009	33045	23723	4724	4209	3094
2010	35690	26799	4171	4771	3220
2011	39513	27272	4075	7481	4374
2012	42944	30518	3940	9099	3484
2013	46594	33051	4003	10136	3941
2014	36764	28256	3993	6711	-2196
2015	39793	29750	3973	7397	-1326
2016	43096	31826	4576	7505	-810
2017	46739	34415	4718	8203	-597
2018	50721	36258	5532	9265	-333
2019	55156	38539	6309	10576	-269
2020	58052	40001	6032	12233	-214

12-9 历年城镇常住居民人均消费性支出

Living Expenditure of Urban Resident over Years

单位：元

年 份	年人均消费性支出	食品烟酒	衣 着	居 住	生活用品及服务	医 疗保 健	交 通通 信	教育文化娱乐	其他用品和服务	恩格尔系数(%)
1985	689	493	28	58	48	14	4	21	23	71.6
1986	883	588	43	66	84	15	6	46	35	66.6
1987	1174	709	64	79	128	55	9	106	24	60.4
1988	1583	977	64	136	171	22	12	124	77	61.7
1989	1980	1235	101	156	196	55	24	115	98	62.4
1990	2038	1295	95	184	153	42	25	113	131	63.5
1991	2481	1476	188	254	122	47	47	211	136	59.5
1992	3901	1834	259	369	263	94	587	331	164	47.0
1993	5533	2615	373	333	583	133	855	389	252	47.3
1994	7270	3172	420	761	925	192	850	714	236	43.6
1995	9220	3644	604	1084	694	258	1562	991	383	39.5
1996	8585	3682	706	674	660	225	990	847	802	42.9
1997	8309	3681	594	880	435	415	916	939	449	44.3
1998	8644	3785	457	659	612	455	1025	1074	577	43.8
1999	11348	3712	400	898	601	371	3398	1043	923	32.7
2000	12529	4048	487	1218	623	431	3309	1517	896	32.3
2001	14669	4572	648	1173	746	513	4258	1429	1330	31.2
2002	15157	4818	748	1060	611	529	4303	2660	428	31.8
2003	15446	4804	921	2966	1093	693	2062	2512	395	31.1
2004	18426	5041	1134	2517	925	811	4973	2673	352	27.4
2005	21768	6035	1285	1242	1165	811	7482	3205	543	27.7
2006	18995	6321	1238	2341	1229	809	3531	3001	525	33.3
2007	21545	6966	1213	1903	1342	860	5208	3515	538	32.3
2008	23208	7778	1349	2585	1539	1332	4462	3464	699	33.5
2009	24270	7972	1492	2232	1616	1400	5456	3326	776	32.8
2010	25733	8732	1706	2089	1771	1294	5925	3443	773	33.9
2011	27495	9513	1806	2128	1902	1251	6035	3886	974	34.6
2012	31369	11103	2121	2852	2173	1521	6108	4348	1143	35.4
2013	33251	11704	2280	3034	2328	1619	6408	4666	1212	35.2
2014	27071	9022	1653	4550	1932	1280	4712	3200	723	33.3
2015	29001	9625	1637	4870	1643	1315	5820	3168	924	33.2
2016	30688	9966	1836	5407	1688	1344	6146	3383	917	32.5
2017	32498	10533	1834	5716	1780	1505	6589	3526	1016	32.4
2018	33675	10625	1887	6507	1788	1497	6544	3852	975	31.6
2019	36198	11328	1971	7117	1932	1666	6870	4244	1070	31.3
2020	34706	11491	1895	7360	2015	1733	6059	3296	858	33.1

12-10　历年农村常住居民人均收入

Per Capita Actual Income of Rural Households over Years

单位：元

年　份	可支配收入				
		工资性收入	经营净收入	财产净收入	转移净收入
2006	17676	8522	4195	4171	789
2007	19945	9446	4388	5191	920
2008	20622	9876	4326	5531	889
2009	22077	10442	4517	6210	908
2010	22537	11201	3629	6402	1305
2011	26460	13254	4150	7232	1822
2012	27008	14045	3829	7013	2121
2013	29399	15147	4171	7368	2713
2014	22327	21030	2286	1846	-2836
2015	24225	21405	2241	2181	-1602
2016	26526	23113	2250	2207	-1043
2017	29078	25068	2306	2505	-801
2018	32277	27512	2661	2946	-842
2019	35905	30340	3064	3385	-884
2020	38827	32275	3022	4159	-629

注：本表2006—2013年相关数据为家庭现金收入。

12-11　历年农村常住居民人均消费性支出

Per Capita Consumption Expenditure of Rural Households over Years

单位：元

年　份	年人均消费性支　出	食品烟酒	衣　着	居　住	生活用品及服务	医　疗保　健	交　通通　信	教育文化娱乐服务	其他用品和服务
2006	9370	3380	448	1458	474	510	1543	932	625
2007	10771	3805	602	2001	581	494	1953	1029	306
2008	10887	3823	691	1500	622	545	1799	1198	709
2009	10598	3711	633	1485	471	565	1764	1223	746
2010	11842	4447	627	1877	480	569	2120	1082	640
2011	14055	5313	655	2345	574	665	2698	1225	580
2012	16103	5980	751	2817	771	765	2828	1533	659
2013	17003	6291	812	2744	752	748	3103	1769	784
2014	18505	7154	1131	3191	817	471	3811	1684	245
2015	19889	7493	1197	2861	975	881	3861	2316	304
2016	21539	8102	1263	3150	1079	904	4153	2567	323
2017	23090	8637	1227	3398	1180	1001	4535	2765	348
2018	25355	9258	1393	4001	1219	1157	5216	2711	399
2019	27721	10053	1559	4346	1318	1366	5520	3108	451
2020	26890	9995	1460	4438	1398	1295	5286	2583	436

12-12 居民人均收入和支出（2019-2020年）

Income and Expenditure of Households (2019-2020)

单位：元

项 目	2019年			2020年		
	常住居民	城镇常住居民	农村常住居民	常住居民	城镇常住居民	农村常住居民
人均可支配收入	53657	55156	35905	56533	58052	38827
工资性收入	38169	38539	30340	39621	40001	32275
经营净收入	5881	6309	3064	5628	6032	3022
财产净收入	10017	10576	3385	11604	12233	4159
转移净收入	-410	-269	-884	-320	-214	-629
人均消费支出	35730	36198	27721	34260	34706	26890
食品烟酒	11315	11328	10053	11451	11491	9995
衣着	1952	1971	1559	1861	1895	1460
居住	6912	7117	4346	7130	7360	4438
生活用品及服务	1893	1932	1318	1978	2015	1398
交通通信	6795	6870	5520	6026	6059	5286
教育文化娱乐	4144	4244	3108	3263	3296	2583
医疗保健	1662	1666	1366	1705	1733	1295
其他用品和服务	1056	1070	451	847	858	436

主要统计指标解释

Explanatory Notes on Main Statistical Indicators

可支配收入 指调查户在调查期内获得的、可用于最终消费支出和储蓄的总和，即调查户可以用来自由支配的收入。可支配收入既包括现金，也包括实物收入。按照收入的来源，可支配收入包含四项，分别为：工资性收入、经营净收入、财产净收入和转移净收入。计算公式为：

可支配收入 = 工资性收入 + 经营净收入 + 财产净收入 + 转移净收入

其中：经营净收入 = 经营收入 – 经营费用 – 生产性固定资产折旧 – 生产税

财产净收入 = 财产性收入 – 财产性支出

转移净收入 = 转移性收入 – 转移性支出

工资性收入 指就业人员通过各种途径得到的全部劳动报酬和各种福利，包括受雇于单位或个人、从事各种自由职业、兼职和零星劳动得到的全部劳动报酬和福利。

经营净收入 指住户或住户成员从事生产经营活动所获得的净收入，是全部经营收入中扣除经营费用、生产性固定资产折旧和生产税之后得到的净收入。

财产净收入 指住户或住户成员将其所拥有的金融资产、住房等非金融资产和自然资源交由其他机构单位、住户或个人支配而获得的回报并扣除相关的费用之后得到的净收入。财产净收入包括利息净收入、红利收入、储蓄性保险净收益、转让承包土地经营权租金净收入、出租房屋净收入、出租其他资产净收入和自有住房折算净租金等。

转移净收入 计算公式为：转移净收入 = 转移性收入 – 转移性支出

转移性收入 指国家、单位、社会团体对住户的各种经常性转移支付和住户之间的经常性收入转移。包括政府、非行政事业单位、社会团体对居民转移的养老金或退休金、社会救济和补助、惠农补贴、政策性生活补贴、救灾款、经常性捐赠和赔偿以及报销医疗费等；住户之间的赡养收入、经常性捐赠和赔偿以及在外（含国外）工作的本住户非常住成员寄回带回的收入等。

转移性支出 指调查户对国家、单位、住户或个人的经常性或义务性转移支付。包括缴纳的税款、各项社会保障支出、赡养支出、经常性捐赠和赔偿支出、外来从业人员寄给家人的支出以及其他经常转移支出等。

消费支出 指住户用于满足家庭日常生活消费需要的全部支出，包括用于消费品的支出和用于服务性消费的支出。根据用途不同，消费支出可划分为食品烟酒、衣着、居住、生活用品及服务、交通通信、教育文化娱乐、医疗保健、其他用品及服务八大类。根据来源不同，消费支出可划分为现金消费支出、实物消费支出（含自产自用、来自单位、来自政府和其他社会组织）。

职工工资总额 指各单位在一定时期内直接支付给本单位全部职工的劳动报酬总额。工资总额的计算原则应以直接支付给职工的全部劳动报酬为根据。各单位支付给职工的劳动报酬以及其他根据有关规定支付的工资，不论是计入成本的还是不计入成本的，不论是按国家规定列入计征奖金税项目的，还是未列入计征奖金税项目的，不论是以货币形式支付的还是以实物形式支付的，均包括在工资总额内。

职工平均工资 指企业、事业、机关单位的职工在一定时期内平均每人所得的货币工资额。它表明一定时期职工工资收入的高低程度，是反映职工工资水平的主要指标。计算公式为：职工平均工资=报告期实际支付全部职工工资总额/报告期全部职工平均人数。

十三、社会事业

Social Undertakings

13-1　主要年份社会事业主要指标

Main Indicators of Social Undertakings in Main Years

项　　目	单位	1985年	1990年	1995年	2000年	2005年	2010年	2015年	2019年	2022年
公有企事业单位科学技术人员数	人	9166	11629	16856		42593	40025	42624	46275	47127
专利申请量	件		25	325	1653	6694	21654	38094	83217	95959
专利授权量	件		30	262	1399	3114	20397	26820	60419	74303
各类技术合同签订项目数	项		5	46	110	50	90	177	417	275
各类技术合同签订项目金额	万元		12	1804	3469	4058	18366	9853	2220675	695261
在校学生数										
普通高等学校	人			1628	3241	16645	38293	114626	124439	135279
成人高等学校	人	403	531	1254	3642	12665	21703	43894	47997	63587
中等职业技术学校	人	3363	8919	18737	23144	29487	47531	59734	84654	83669
普通中学	人	46596	61188	92481	112418	191044	258276	237582	349043	357275
小学	人	134421	162664	195063	272793	480923	552377	719263	837399	842240
小学学龄儿童入学率	%	99.8	99.9	100.0	100.0	100.0	100.0	100.0	100.0	100.0
小学毕业生升学率	%	79.5	95.4	99.2	99.8	99.9	100.0	100.0	100.0	100.0
初中毕业生升学率	%	38.5	43.6	85.4	90.3	94.1	97.9	98.5	99.0	99.1
普通高中毕业生升学率	%	26.5	31.2	64.9	70.5	96.5	95.1	98.0	99.5	99.6
电影放映单位	个	60	114	218	192	70	46	79	159	140
艺术表演团体	个	1	7	2	1		4	20	30	28
文化馆(群众艺术馆)	个	1	1	1	1	1	1	1	1	1
公共图书馆	个	3	5	15	18	473	505	641	653	657
博物馆	个	2	2	2	3	16	30	48	53	53
档案馆	个	1	1	1	1	1	1	1	1	1
《东莞日报》发行量	万份		177	987	1578	2751	4563	4356	5677	3734
广播电台	座		1	1	1	1	1	1	1	1
电视台	座	1	1	1	1	1	1	1	1	1
卫生事业机构病床床位数	张	2323	3866	5798	7081	11972	19980	27457	33041	33720
卫生技术人员数	人	3305	3902	5290	8065	12273	37487	45226	57332	58930
#执业（助理）医师	人	1201	1721	2299	3309	5677	13214	15889	20818	21812
举办全民健身活动	次							367	799	700
参加全民健身活动人数	万人次							20.12	69.51	42.10
律师人数	人	6	12	85	130	625	1366	2035	3392	3914
公证人员数	人	6	10	19	20	48	96	120	130	127
人民调解委员会调解人员数	人	3603	3664	3664	3644	4556	17438	14683	9577	9573
优抚收养单位收养人数	人次		19	11	7	8	8	7	6	6
一般工业固体废物综合利用率	%	37.5	17.9	18.2	63.8	86.5	95.0	88.7	81.5	78.0
城市环境空气质量达标天数	天						357	307	285	334

注：1．2010年起，公有企事业单位科学技术人员数只统计在编在岗人员数，与往年数不可比。
2．中等职业技术学校包含市技工学校，不含一般成人中专。
3．2004年起，卫生方面包含诊所、卫生所、医务室及村卫生室的数据，与往年数不可比。

13-2 科技活动基本情况（2020年）

Basic Statistics on Scientific and Technological Activities (2020)

项　　目	单位	2020年	项　　目	单位	2020年
科技企业			科技企业孵化器/加速器	个	118
国家高新技术企业	个	6385	#建筑场地面积	万平方米	207.8
科技机构			在孵企业数	个	3709
机构数	个	42	毕业企业数	个	560
职工总数	人	3965	工程中心		
#单位在职从事科技活动人员	人	3373	国家级工程中心	个	1
#大学本科及以上学历	人	2895	省级工程中心	个	439
科技活动收入	万元	178212	#工程中心从业人员	人	45024
#政府拨款	万元	138587	经费收入	万元	7154112
科技经费内部支出	万元	126479	发表论文	篇	422
课题数	项	583	专利授权数	项	13549
课题经费支出额	万元	72137	研发新产品生产项数	项	3387
科技论文数	篇	1021	研发新产品产值	万元	20907269
专利申请受理	件	95959	市级工程中心	个	284
专利授权数	件	74303	#工程中心从业人员	人	27699
科技园区和基地			经费收入	万元	1685088
国家级高新区	个	1	发表论文	篇	222
省级高新区	个	1	专利授权数	项	10113
火炬计划特色产业基地	个	6	研发新产品生产项数	项	2307
#工业总产值	亿元	1579	研发新产品产值	万元	11184897
国家高新技术企业数	个	6385			

13-3 规模以上工业企业R&D活动及相关情况

The Main Indicators on R&D of Industrial Enterprises above Designated Size

指　　标	单位	2014年	2015年	2016年	2017年	2018年	2019年	2020年
企业情况								
有研发机构的企业数	家	563	950	2004	2959	3943	4592	5292
有R&D活动的企业数	家	855	1145	1709	2119	2822	3651	4058
企业办研发机构情况								
机构数	个	716	1126	2264	3256	4203	4875	5652
机构人员合计	人	40012	54234	98662	140923	156854	176879	183342
机构经费支出	万元	746857	1016937	1966566	2723383	4269519	5561934	6301716
项目情况								
全部R&D项目数	项	4307	4484	5812	7047	11497	16061	19412
人员情况								
R&D人员合计	人	58752	59469	64963	73644	111969	124459	135841
# 研究人员	人	8707	13851	14562	13860	21454	22829	26032
R&D人员折合全时当量合计	人年	49457	47449	48209	50728	86581	93540	104105
# 研究人员	人年	7432	11240	11133	9864	16979	17406	20167
经费支出情况								
R&D经费支出合计	万元	1150506	1267890	1434038	1614225	2212356	2605714	3084248
其中：①经常费支出	万元	1041473	1142706	1295452	1521925	2031286	2419432	2866556
②资产性支出	万元	109034	125183	138586	92300	181071	186282	217692
其中：①基础研究支出	万元							154
②应用研究支出	万元	3754	4302	1086	2373	2819	2627	10222
③试验发展支出	万元	1146753	1263587	1432952	1611852	2209537	2603087	3073871
其中：①政府资金	万元	11334	15031	18231	20037	26326	637056	11322
②企业资金	万元	1114200	1232605	1365448	1583556	2180401	1968606	3061767
③境外资金	万元	14807	7670	26395	2697	2247		8561
④其他资金	万元	10165	12583	23965	7936	3382	52	2597
委托外单位开展研发的经费支出合计	万元	143368	278714	601287	793196	1367049	1189869	1389764
# 对境内研究机构支出	万元	120399	236268	522990	691110	1099666	1023620	1120639
对境内高等学校支出	万元	1626	1692	1760	1848	5220	7286	7180
对境内企业支出	万元	8166	9354	26272	31401	116687	17860	55919
对境外支出	万元	13177	31401	50265	68837	145477	141103	206026
科技活动产出及相关情况								
新产品开发项目数	项	5978	6414	9929	15286	18058	20931	24599
新产品开发经费支出	万元	1497801	1638609	2203250	2977748	3967662	5107357	6148119
新产品销售收入	万元	21901522	24215567	46427486	63927517	90096776	91549452	96496175
# 出口	万元	8113170	7917504	16506231	18840166	14417471	24462335	25377613
专利申请数	件	9586	9209	15068	22501	39891	45034	51906
# 发明专利	件	3819	2772	4427	6290	18317	21787	20915
有效发明专利数	件	5363	6084	10236	17756	29052	46728	59430
# 已被实施	件	2667	3601	5719	8224	14541	25464	19796
拥有注册商标数量	件	4327	5421	7603	9059	13287	18682	23446
发表科技论文	篇	190	174	218	273	288	240	308
形成国家或行业标准	项	139	83	154	297	342	383	485
政府相关政策落实情况								
使用来自政府部门的研发资金	万元	22395	20087	22407	28058	25911	18648	16176
研究开发费用加计扣除减免税	万元	39356	65931	101935	144843	357579	545462	890321
高新技术企业减免税	万元	68852	107146	149333	191581	489134	366705	566840
技术获取和技术改造情况								
技术改造经费支出	万元	95019	172104	102409	204403	312672	366701	457220
购买境内技术经费支出	万元	48493	359624	537856	363890	1364409	2212898	1795581
引进境外技术经费支出	万元	78964	338910	666201	299229	898604	679037	1357500
引进境外技术的消化吸收经费支出	万元	5704	2649	1373	1566	8351	5	74

13-4 规模以上服务业企业R&D活动及相关情况（2019-2020年）

The Main Indicators on R&D of Service Enterprises above Designated Size (2019-2020)

指　　标	单位	2019年	2020年
企业情况			
有研发机构的企业数	家	111	117
有R&D活动的企业数	家	97	84
企业办研发机构情况			
机构数	个	118	125
机构人员合计	人	8000	7253
机构经费支出	万元	318213	172310
项目情况			
全部R&D项目数	项	408	354
人员情况			
R&D人员合计	人	3722	1587
# 研究人员	人	1450	669
R&D人员折合全时当量合计	人年	2328	1032
# 研究人员	人年	855	451
经费支出情况			
R&D经费支出合计	万元	53953	37478
其中：①经常费支出	万元	49527	33882
②资产性支出	万元	4426	3595
其中：①基础研究支出			
②应用研究支出	万元	0.2	974
③试验发展支出	万元	53953	36504
其中：①政府资金	万元	451	433
②企业资金	万元	53502	36788
③境外资金	万元		
④其他资金	万元		257
委托外单位开展研发的经费支出合计	万元	40633	11898
# 对境内研究机构支出	万元	362	4
对境内高等学校支出	万元	3	20
对境内企业支出	万元	40265	11874
对境外支出	万元	2	
科技活动产出及相关情况			
专利申请数	件	892	1044
# 发明专利	件	467	484
有效发明专利数	件	1069	1293
# 已被实施	件	780	635
发表科技论文	篇	10	12
形成国家或行业标准	项	7	3
政府相关政策落实情况			
使用来自政府部门的研发资金	万元	703	9078
研究开发费用加计扣除减免税	万元	13690	15442
高新技术企业减免税	万元	9837	11060

13-5 主要年份公有企事业单位科学技术人员

Scientific and Technical Personnel in Public Enterprises and Institutions in Main Years

单位：人

项　　目	1990年	1995年	2005年	2010年	2015年	2019年	2020年
公有企事业单位科技人员数	11629	16856	42593	40025	42624	46275	47127
#工程技术人员	1084	1718	1839	1438	1795	2793	2928
农业技术人员	432	230	290	172	205	272	302
卫生技术人员	1430	1988	16188	11171	10360	9902	9730
科学研究人员	21	52	77	16	58	112	172
教学人员	7524	11553	21717	24010	25937	27228	27360
经济人员	278	329	636	1184	1971	3041	3337
会计人员	581	484	1299	1454	1561	2055	2220
统计人员	170	77	82	91	94	148	147

注：2010年起，公有企事业单位科学技术人员数只统计在编在岗人员数，与往年数不可比，下同。

13-6 主要年份三种专利申请量与授权量

Three Kinds of Patents Application Accepted and Granted in Main Years

单位：件

项　　目	1990年	1995年	2000年	2005年	2010年	2015年	2019年	2020年
专利申请量	25	325	1653	6694	21654	38094	83217	95959
发　明	1	5	35	245	3143	11166	20290	22045
实用新型	5	70	386	1971	7677	17567	45116	53259
外观设计	28	250	1232	4478	10834	9361	17811	20655
专利授权量	30	262	1399	3114	20397	26820	60419	74303
发　明	1	8	4	24	442	2795	8005	8718
实用新型	4	41	344	1116	7529	14074	37930	45639
外观设计	25	213	1051	1974	12426	9951	14484	19946

13-7 主要年份各类技术合同签订情况

Basic Statistics on Technical Contracts Signed by Type in Main Years

项　目	1990年	1995年	2000年	2005年	2010年	2015年	2019年	2020年
技术合同项目数(项)	5	46	110	50	90	177	417	275
#技术开发合同	3		1	41	79	156	384	236
技术咨询合同				2		1		13
技术转让合同	2	44	78	1	2	2	11	10
技术服务合同		2	31	6	9	18	22	16
技术合同金额(万元)	12	1804	3469	4058	18366	9853	2220675	695261
#技术开发合同			1000	1888	6878	7677	1919574	251436
技术咨询合同				80		10		851
技术转让合同	12	1656	2007	2000	11046	750	299034	439658
技术服务合同		148	1362	90	442	1416	2067	3316
技术合同实现金额(万元)	7	1623	2398	2522	17891	9571	2214743	679932
#技术开发合同			700	1427	6402	7505	1913754	236451
技术咨询合同				35		10		820
技术转让合同	7	1535	1260	1000	11046	750	299034	439658
技术服务合同		88	438	60	442	1306	1954	3004

13–8 主要年份高新科技发展情况

Basic Statistics on High-tech Development in Main Years

项　　目	单 位	1995年	2000年	2005年	2010年	2015年	2019年	2020年
高新技术企业								
企业数	个	11	66	247	339	986	6206	5385
总产值	亿元	30.55	274.41	925.07	1240.59	2719.73	11693.50	12218.00
总收入	亿元	26.76	266.49	927.72	1249.50	2989.10	12101.80	13960.57
出口总额	亿美元	0.54	7.34	71.59	99.08	774.69	2619.20	2995.82
从业人员数	人	6400	36304	171812	246134	320119	985532	1094656
#科技活动人员	人	832	8663	34448	72833	64010	177348	192935

注：高新技术企业情况2009年以前为省级高新技术企业情况，2009年起为国家级高新技术企业情况。

13–9 科技创新平台情况（2012–2020年）

Basic Statistics on Technology Innovation Platform (2012-2020)

单位：个

项　　目	2012年	2013年	2014年	2015年	2016年	2017年	2018年	2019年	2020年
科技创新平台									
#公共科技创新平台(新型研发机构)	13	16	17	27	24	34	32	33	33
企业创新平台									
#企业工程技术研究开发中心	124	161	186	219	289	424	512	679	724
#国家级	1	1	1	1	1	1	1	1	1
省级	45	76	92	126	166	283	388	455	439
市级	78	84	93	92	122	140	223	284	284
实验室				76	90	101	102	130	120
#国家级				1	1	1	1	1	1
省级	11	11	11	12	12	12	13	13	11
市级	31	35	37	42	77	88	88	116	108
#重点实验室	31	35	37	42	51	62	62	90	108

13-10 历年公有企事业单位科学技术人员数

Scientific and Technical Personnel in Public Enterprises and Institutions over Years

单位：人

年 份	科学技术人员	#工程技术人员	农业技术人员	卫生技术人员	科学研究人员	教学人员	经济人员	会计人员	统计人员
1980	6619	370	190	1076	19	4282		564	99
1981	7473	463	217	1166	23	4978		501	109
1982	7547	468	243	1241	28	4954		509	101
1983	8453	525	315	1699		5257		109	109
1984	9033	615	307	1791		5534		261	201
1985	9166	663	318	2319	6	5129		491	214
1986	9490	768	358	2398	5	5222		501	203
1987	10945	797	378	2426	6	6495		583	222
1988	12495	1014	359	3093	24	7064	72	590	197
1989	11306	960	388	1393	19	7394	281	632	181
1990	11629	1084	432	1430	21	7524	278	581	170
1991	15004	2170	405	3347	13	7843	308	558	153
1992	16809	2522	375	3690	18	8659	313	613	153
1993	18491	2871	264	4074	112	9511	290	916	141
1994	20198	3490	272	4513	57	9949	300	657	112
1995	23104	3944	255	4878	66	11613	329	750	171
1996	24693	4037	263	5356	51	12287	360	740	143
1997	26103	4258	294	5504	48	13371	418	882	280
1998	26582	4321	310	4862	48	14316	376	894	171
1999	28789	4620	288	5246	48	15604	416	946	152
2001	24677	795	121	5493	31	17309	252	273	40
2002	34168	5261	246	6538	28	18756	555	1319	184
2003	33070	996	159	11145	44	19614	314	741	57
2004	39398	1752	276	14541	141	20905	561	613	74
2005	42593	1839	290	16188	77	21717	636	1299	82
2006	46371	1913	462	18401	70	22434	763	1512	93
2007	49032	2037	492	19528	71	23364	892	1832	92
2008	51729	2375	343	20955	50	24063	1048	1827	100
2009	55097	2302	284	21679	43	26741	1129	1940	122
2010	40025	1438	172	11171	16	24010	1184	1454	91
2011	41370	1427	216	11117	21	25084	1393	1426	90
2012	41336	1426	217	10762	24	25412	1261	1556	79
2013	41812	1378	208	10613	17	25707	1678	1514	169
2014	42141	1552	205	10290	19	25807	1954	1628	87
2015	42624	1795	205	10360	58	25937	1971	1561	94
2016	43225	1948	210	10411	85	25951	1990	1737	91
2017	43238	2119	273	9569	318	26045	2347	1800	84
2018	45167	2231	284	10109	98	26846	2530	1713	85
2019	46275	2793	272	9902	112	27228	3041	2055	148
2020	47127	2928	302	9730	172	27360	3337	2220	147

注：本表数据来源于市科技局，经核实2000年没有公有企事业单位科学技术人员相关数据。

13-11 历年三种专利与技术合同签订情况

Basic Statistics on Three Kinds of Patents and Technical Contracts Signed by Type over Years

年 份	专利申请量(件)	#发明	专利授权量(件)	#发明	技术合同签订项目数(项)	技术合同签订金额(万元)	技术合同实现金额(万元)
1990	25	1	30	1	5	12	7
1991	86	3	50	1	4	10	10
1992	102	5	78	2	3	23	10
1993	100	3	90	1	2	24	2
1994	104	4	100	2	14	2537	1756
1995	325	5	262	8	46	1804	1623
1996	333	3	312	4	133	4839	3756
1997	725	1	321		78	2036	800
1998	890	15	709	9	62	3048	2398
1999	1221	15	819	16	20	1124	1077
2000	1653	35	1399	4	110	3469	2398
2001	2914	71	1753	5	89	1335	953
2002	3100	90	2680	10	91	766	730
2003	3865	93	2858	14	58	700	680
2004	4325	185	3167	26	69	4278	2726
2005	6694	245	3114	24	50	4058	2522
2006	9879	553	4872	28	25	13644	13402
2007	13842	876	6752	44	53	8510	8138
2008	14406	1188	8093	115	54	12838	3694
2009	19106	1593	12918	254	60	6996	6264
2010	21654	3143	20397	442	70	15760	15572
2011	24455	4214	19353	758	163	31966	29923
2012	29199	5568	20894	1385	152	14516	13577
2013	29012	6454	22595	1495	175	25960	24610
2014	28431	6912	20336	1624	177	11241	10298
2015	38094	11166	26820	2795	177	9853	9571
2016	56653	17024	28559	3682	178	17370	15002
2017	81275	20402	45204	4969	252	94186	92822
2018	97030	24674	65985	6716	272	183248	173760
2019	83217	20290	60419	8005	417	2220675	2214743
2020	95959	22045	74303	8718	275	695261	679932

13-12　历年科学技术成果项数

Scientific and Technological Achievements over Years

单位：项

年　份	获国家级科技进步奖	获省级科技进步奖	获市级科技进步奖	特等奖	一等奖	二等奖	三等奖	四等奖
1979			25			5	4	16
1980			27			2	11	14
1981			35		2	4	11	18
1982			62		1	3	21	37
1983			38		2	6	11	19
1984			35			11	11	13
1985			68		2	11	30	25
1986			86		5	14	27	40
1987			59		2	19	25	13
1988		1	37		6	10	16	5
1989		1	32		4	6	22	
1990		1	31		7	15	9	
1991		4	35	1	3	18	13	
1992		3	19		4	7	8	
1993			18	1	3	8	6	
1994		6	23		4	9	10	
1995		4	22		1	5	16	
1996		3	32		7	6	19	
1997		4	32		7	6	19	
1998		6	38	1	2	11	24	
1999		9	39		6	11	22	
2000		6	47	1	7	15	24	
2001		4	51		4	23	24	
2002		3	47		7	15	25	
2003		4	50		7	14	29	
2004		6	60	1	6	19	34	
2005		3	75	2	10	25	38	
2006		2	70	1	8	24	37	
2007		7	83	1	18	26	38	
2008		7	83		19	28	36	
2009		19	85		22	24	39	
2010		8	87		20	29	38	
2011		13	77		21	30	26	
2012		9	93		22	33	38	
2013		9	93		26	33	34	
2014		8	75		12	27	36	
2015		5	63		8	20	35	
2016		4	63		8	20	35	
2017		11	63		9	18	36	
2018		6						
2019								
2020		4						

注：2018年起，取消市级各类科学技术成果评定。

13-13 主要年份各类学校情况

Basic Statistics on Schools by Type in Main Years

项　　目	单位	1985年	1990年	1995年	2000年	2005年	2010年	2015年	2019年	2020年
普通高等专业学校										
学校数	所			1	1	4	5	8	9	9
毕业生数	人			395	985	1439	8105	23927	30715	34855
招生数	人			576	1440	7273	12660	33319	35792	45559
在校学生数	人			1628	3241	16645	38293	114526	124439	135279
教职工数	人			262	293	1761	3192	7451	7662	7828
#专任教师	人			119	161	1081	2174	5569	5717	5911
中等职业技术学校										
学校数	所	3	17	20	23	21	26	25	28	28
毕业生数	人	234	2210	4641	9554	9062	14028	17119	25219	26062
招生数	人	1508	3866	8697	8759	10971	18477	25074	30735	30611
在校学生数	人	3363	8919	18737	23144	29487	47531	69734	84654	83669
教职员工数	人	217	619	1134	1608	2230	2996	3783	5818	5992
#专任教师	人	150	434	859	1221	1621	2341	2973	4171	4308
普通中学										
学校数	所	106	64	69	77	134	190	213	246	254
毕业生数	人	12317	18688	24165	30261	48935	73810	84541	96201	101356
#高中生	人	2055	2527	3231	7120	12233	20816	25322	27135	27565
招生数	人	16978	20441	33086	41488	70843	93196	103313	128042	126240
#高中生	个	2915	3389	6099	9048	19540	24668	25720	30221	33822
在校学生数	人	46596	61188	92481	112418	191044	258276	287582	349043	357275
#高中生	人	6304	8572	13653	24677	52283	70398	78905	85561	91548
教职员工数	人	3266	4001	5900	6012	12177	16946	23537	34836	37355
#专任教师	个	2420	2963	4381	5027	9640	14572	17701	23001	24408
小　学										
学校数	所	583	570	595	552	414	330	327	331	335
毕业生数	人	17901	18262	27257	33684	61173	77429	89575	112400	109340
招生数	人	20264	26158	36702	53786	84784	108900	140200	160064	140231
在校学生数	人	134421	162664	195063	272793	480923	552377	719263	837399	842240
教职员工数	人	7009	7797	9560	9131	21964	28298	33427	45726	47831
#专任教师	人	6017	6785	8060	7946	17478	23733	30281	40157	41969

注：中等职业技术学校包含市技工学校，不含一般成人中专，下同。

13-13 续表

项目	单位	1985年	1990年	1995年	2000年	2005年	2010年	2015年	2019年	2020年
成人高等专业教育										
当年招生人数	人				1697	6387	6086	14435	23480	28095
在校学生数	人	403	531	1254	3642	12665	21703	43894	47997	63587
小学适龄儿童入学										
小学适龄儿童总数	人	103460	133011	177791	247555	423058	511439	697780	820212	824725
小学已入学儿童数	人	103282	132934	177787	247539	423058	511439	697780	837399	842240
小学学龄儿童入学率	%	99.8	99.9	100.0	100.0	100.0	100.0	100.0	100.0	100.0
小学毕业生升学										
小学毕业生人数	人	17901	18262	27257	33684	61173	77429	89575	112400	109340
已升学人数	人	14235	17413	27166	33627	61095	77429	89575	112400	109340
小学毕业生升学率	%	79.5	95.4	99.2	99.8	99.9	100.0	100.0	100.0	100.0
初中毕业生升学										
初中毕业生人数	人	10262	16161	20933	23141	36702	52994	59219	69066	73791
已升学人数	人	3955	7134	17876	20896	34536	51881	58333	69066	73791
初中毕业生升学率	%	38.5	43.6	85.4	90.3	94.1	97.9	98.5	99.0	99.1
普通高中毕业生升学										
高考录取人数	人	543	759	2095	5017	12461	20099	27426	33829	35338
#高考升本科人数	人	274	250	697	1678	5161	11033	12592	18568	19768
普通高中毕业生升学率	%	26.5	31.2	64.9	70.5	96.5	95.1	98.0	99.5	99.6
幼儿园										
幼儿园数	所	83	86	258	452	511	727	949	1171	1206
在园幼儿数	人	31382	47040	84263	111763	111330	208373	314449	364816	370798
幼教职工数	人	984	1387	1427	7517	12567	22122	39492	52019	53065
#专任教师	人	841	1160	1160	4618	7002	13947	20561	25443	25578
特殊教育										
学校数	所						1	2	1	2
毕业生数	人						89	35	121	122
招生数	人						55	111	197	240
在校学生数	人						501	739	1116	1388
教职员工数	人						55	185	290	319
#专任教师	人						41	134	191	216
全市教育经费投入总额	亿元				15.53	50.19	94.36	188.55	323.70	352.41

13-14 历年各类学校在校学生数

Number of Students Enrollment by Type of School over Years

单位：人

年 份	普通高等学校	中等职业技术学校	#技工学校	普通中学	#高中	小 学	幼儿园	特殊教育
1949		151		1960	318	52781		
1952		543		3394	296	70359		
1957		561		6652	848	88001		
1962		380		9736	1513	119998		
1965		358		10469	1397	160931		
1970				60150	9873	118128		
1975		689		49569	10847	168236		
1978		595		76025	12092	161114	18228	
1979		450		62292	7010	158008	12774	
1980		386		54829	6909	154871	7630	
1981		450		43514	5755	150857	8103	
1982		661		41683	4654	144754	14650	
1983		967		42777	4798	135440	15436	
1984		1070		46488	5766	134567	23702	
1985		3363		46596	6304	134421	31382	
1986		3891	60	49445	7880	140700	38195	
1987		5847	117	54435	8367	144287	42569	
1988		7120	229	59268	8201	150097	42845	
1989		7878	293	61955	7687	155852	44110	
1990		8919	582	61188	8572	162664	47040	
1991		10938	915	60146	8725	170064	51051	
1992		13161	1277	65171	9711	175203	57537	
1993	1079	14176	1516	75305	10297	180114	65310	
1994	1451	16084	2025	85827	11409	186244	72552	
1995	1628	18737	2404	92481	13653	195063	84263	
1996	1771	22614	2567	95150	16887	205957	85709	
1997	2025	24821	2598	98005	20609	221838	100059	
1998	2171	25588	2291	101202	22490	235787	103585	
1999	2241	25073	2001	105518	23084	248759	109773	
2000	3241	23144	1746	112418	24677	272793	111763	
2001	3802	23638	2039	122115	28232	295384	112963	
2002	5144	25363	2152	135256	32398	342804	103898	
2003	6884	27664	2564	149656	38143	386890	104832	
2004	9104	28487	2559	171336	45050	448296	112538	
2005	16645	29487	2618	191044	52283	480923	111330	
2006	22005	35403	2905	214638	57662	496828	118683	
2007	25178	40429	3063	234578	61151	520684	130932	
2008	28656	45419	3238	248442	63962	528644	156362	
2009	33992	46538	3268	249464	66750	511160	176249	
2010	38293	47531	2955	258276	70398	552377	203373	501
2011	45081	48159	2915	263076	73644	578279	227656	384
2012	52381	50092	2833	267918	75851	608118	255657	421
2013	60877	61011	13101	278289	77045	659138	277777	380
2014	69866	64412	14192	284648	78053	687269	290548	449
2015	114626	69734	16300	287582	78905	719263	314449	739
2016	112603	74700	17457	295753	79851	738686	331710	747
2017	118416	80294	22330	310169	81052	765120	347381	850
2018	121408	82311	23852	332363	82710	803482	355587	906
2019	124439	84654	27692	349043	85561	837399	364816	1116
2020	135279	83669	27992	357275	91548	842240	370798	1388

注：2013年起中等职业技术学校含东莞市技师学院、东莞市实验技工学校、东莞市联合技工学校数据。

13-15 历年各类学校当年招收学生数

Number of New Students Enrollment by Type of School over Years

单位：人

年 份	普通高等学校	中等职业技术学校	#技工学校	普通中学	#高中	小 学	特殊教育
1949		102					
1952		285		1666	190		
1957		80		2516	259		
1962		45		3716	566		
1965		134		3656	476		
1970				45069	7919		
1975		188		28329	5930		
1978		250		29788	3436	30152	
1979		200		25364	3900	28315	
1980		186		24083	3906	26857	
1981		266		16808	2594	26461	
1982		162		17492	2317	23970	
1983		573		18111	2344	19604	
1984		1964		16609	2477	17644	
1985		1508		16978	2915	20264	
1986		1977	60	17944	2781	25867	
1987		2883	64	21720	2665	28926	
1988		2832	112	23280	2925	29437	
1989		2966	124	21877	2686	27539	
1990		3866	343	20441	3389	26158	
1991		5008	445	21430	3266	27539	
1992		5696	487	26161	3751	28804	
1993	567	5835	633	29948	3944	31841	
1994	569	7064	952	32229	4440	34495	
1995	576	8697	996	33086	6099	36702	
1996	711	10119	978	33576	7385	39689	
1997	750	9718	798	35140	8273	42066	
1998	750	9664	852	36423	8118	43802	
1999	802	9060	665	38400	8199	47715	
2000	1440	8759	527	41488	9048	53786	
2001	1597	8850	1116	44729	10727	56521	
2002	2190	9417	1153	49881	11852	65066	
2003	3104	9809	874	55564	15147	71476	
2004	3804	10618	1044	63085	17467	80525	
2005	7273	10971	1100	70843	19540	84784	
2006	8032	13357	1250	79985	20866	89663	
2007	8519	16491	1297	85816	21146	92860	
2008	10218	17475	1163	89808	22313	94641	
2009	12863	15767	1598	88325	23631	92281	
2010	12660	18477	2052	93196	24668	108900	55
2011	16837	17812	1180	95155	25647	114763	78
2012	20507	18269	1306	96348	25758	123290	55
2013	20816	24687	7069	100170	26039	127237	57
2014	22830	24524	5110	102112	26741	125039	92
2015	33319	26074	6060	103313	26720	140200	111
2016	31362	29139	7442	110681	27153	138179	90
2017	35393	30437	9734	115754	27916	142485	139
2018	33114	29322	8889	123816	27956	158398	140
2019	35792	30735	11220	128042	30221	160064	197
2020	45559	30611	11534	126240	33822	140231	240

13-16 历年各类学校当年毕业生数

Number of Graduates by Type of School over Years

单位：人

年 份	普通高等学校	中等职业技术学校	#技工学校	普通中学	#高中	小 学	特殊教育
1949				414	83		
1952		48		588	44	14349	
1957		87		1365	203	59056	
1962		209		2680	468	28418	
1965		44		2363	393	32508	
1970				15081	1954	26187	
1975		374		20842	4937	25009	
1978		244		43035	8533	30480	
1979		244		33554	8004	28925	
1980		250		19578	3096	27294	
1981		191		13308	3046	27215	
1982				10483	3004	27348	
1983		260		10752	1940	26723	
1984		230		10969	1404	17870	
1985		234		12317	2055	17901	
1986		660		13527	1271	17533	
1987		819		13895	2296	23183	
1988		1323		15322	2966	23054	
1989		1960	60	15310	2716	20315	
1990		2210	57	18688	2527	18262	
1991		2634	112	19820	2559	19186	
1992		2126	123	19323	2643	23308	
1993	30	2915	390	18363	3020	26893	
1994	197	5035	445	20360	2787	28500	
1995	395	4641	541	24165	3231	27257	
1996	560	5813	753	27675	3483	27156	
1997	484	6745	691	28729	3834	27992	
1998	556	8316	918	29839	5448	29794	
1999	714	9044	796	30109	6585	31426	
2000	985	9554	634	31291	7120	33684	
2001	1019	7748	684	32409	7553	37077	
2002	753	7171	542	34204	8277	40611	
2003	1350	7217	509	39031	8784	45599	
2004	1506	8630	917	43471	10676	51831	
2005	1439	9062	777	48935	12233	61173	
2006	2269	9422	677	55856	15486	70474	
2007	5096	10061	754	60436	17354	74681	
2008	6486	10728	821	66594	19315	78037	
2009	7292	11927	962	71811	20550	78027	
2010	8105	14028	956	73810	20816	77429	89
2011	9463	14774	831	76816	22095	80463	64
2012	12625	14099	993	79449	23398	87733	64
2013	11630	16660	2426	78364	24341	84641	66
2014	12990	17521	2834	82718	25180	86693	48
2015	23927	17119	2985	84541	25322	89575	35
2016	22974	20593	5278	85524	25673	98789	78
2017	28205	20504	4063	85796	26274	103106	107
2018	28487	22441	5252	88130	26034	111340	127
2019	30715	25219	6645	96201	27135	112400	121
2020	34855	26062	7859	101356	27565	109340	122

13-17 历年各级各类学校专任教师数

Number of Full-time Teachers by Level and Type of School over Years

单位：人

年 份	普通高等学校	中等职业技术学校	#技工学校	普通中学	#高中	小 学	幼儿园	特殊教育
1978		34		3641	638	5641		
1979		31		3367	369	6136		
1980		29		2996	370	6022		
1981		32		2343	344	6433		
1982		38		2210	284	6186		
1983		61		2361	296	5830		
1984		63		2352	309	5971		
1985		150		2420	354	6017	841	
1986		168	5	2463	407	6515	720	
1987		208	7	2709	490	6878	941	
1988		306	9	3007	540	7112	967	
1989		422	11	2949	462	6743	980	
1990		434	12	2963	488	6785	1160	
1991		513	15	3019	500	6831	1470	
1992		600	17	3198	479	7164	1569	
1993	99	737	16	3583	610	7314	1773	
1994	113	767	26	4001	710	7610	1920	
1995	119	859	34	4381	733	8060	1160	
1996	119	924	40	4310	886	7410	2175	
1997	123	1151	89	4404	991	7518	2753	
1998	125	1338	93	4632	1065	7912	3247	
1999	133	1205	92	4699	1149	7198	3715	
2000	161	1221	84	5027	1310	7946	4618	
2001	231	1286	121	5348	1411	8693	4701	
2002	290	1445	125	6373	1769	10880	5351	
2003	312	1548	124	7069	1976	12490	5505	
2004	560	1531	134	8437	2367	15512	6218	
2005	1081	1621	150	9640	2817	17478	7002	
2006	1357	1801	122	10953	3215	18717	7919	
2007	1569	1965	156	12272	3678	20511	9279	
2008	1691	2218	161	12995	3976	21203	11072	
2009	1890	2321	160	13598	4178	21130	12419	
2010	2174	2341	171	14572	4541	23733	13947	41
2011	2435	2403	167	15262	4851	24787	15232	43
2012	2729	2448	180	15858	5026	25379	16689	48
2013	2952	2677	458	16422	5114	26681	17640	47
2014	3148	2861	628	17148	5291	28679	18748	54
2015	6569	2973	647	17701	5387	30281	20561	134
2016	4651	3257	700	18885	5671	32302	22089	159
2017	5257	3741	986	19991	5867	34400	23477	166
2018	5454	3863	1033	21602	5974	37894	24407	179
2019	5717	4171	1141	23001	6147	40157	25443	191
2020	5911	4308	1235	24408	6655	41969	25578	216

13-18 历年各类学校入(升)学率与高考入围人数

Number of Passing College Entrance Examination and Proportion of Students Entering Schools over Years

年　份	学龄儿童入学率(%)	小学毕业生升学率(%)	初中毕业生升学率(%)	高中毕业生升学率(%)	高考入围人数(人)
1978	98.36	85.80	14.30	8.14	846
1979	98.70	76.00	16.00	6.71	566
1980	98.85	73.40	25.40	7.15	222
1981	98.72	50.56	27.40	8.64	239
1982	99.06	54.40	34.40	8.04	252
1983	99.75	57.60	37.40	12.34	245
1984	99.65	70.80	29.86	43.32	619
1985	99.83	79.52	38.54	26.50	534
1986	99.90	84.71	33.89	43.69	595
1987	99.94	83.60	40.10	27.09	644
1988	99.93	89.88	42.00	30.63	925
1989	99.92	96.18	43.30	32.92	977
1990	99.94	95.35	43.60	31.20	759
1991	99.92	96.18	45.20	26.22	861
1992	99.94	97.58	56.00	35.59	994
1993	99.95	97.79	68.50	39.23	1102
1994	99.96	98.94	79.02	62.75	1823
1995	99.99	99.16	85.40	64.90	2095
1996	99.98	96.45	86.70	66.80	2160
1997	99.99	99.90	87.35	60.00	2212
1998	99.99	99.86	88.25	47.69	2343
1999	99.99	99.87	89.80	53.15	3501
2000	99.99	99.83	90.30	70.50	5017
2001	100.00	99.77	90.50	74.82	5651
2002	100.00	99.80	91.10	83.00	6873
2003	100.00	99.80	92.10	93.60	9167
2004	100.00	99.90	93.30	96.70	10756
2005	100.00	99.90	94.10	96.50	11196
2006	100.00	100.00	94.80	82.90	11359
2007	100.00	100.00	95.20	89.10	13275
2008	100.00	100.00	96.60	91.00	15047
2009	100.00	100.00	97.00	87.50	17487
2010	100.00	100.00	97.90	95.10	18845
2011	100.00	100.00	98.00	94.50	19588
2012	100.00	100.00	97.80	95.90	22127
2013	100.00	100.00	98.40	95.40	22840
2014	100.00	100.00	98.40	98.37	23900
2015	100.00	100.00	98.50	97.97	26519
2016	100.00	100.00	98.40	98.90	24094
2017	100.00	100.00	98.50	98.33	29907
2018	100.00	100.00	98.41	98.38	31672
2019	100.00	100.00	99.00	99.54	34697
2020	100.00	100.00	99.10	99.56	36412

13−19 历年文化艺术、文物事业机构数

Number of Institutions in Culture and Cultural Relics over Years

年 份	电 影 放 映 单 位 (个)	#影剧院	艺 术 表 演 团 体 (个)	群 众 艺术馆 (个)	文化站 (广电文化中心) (个)	公 共 图书馆 (个)	公 共 图书馆 藏书量 (万册)	博物馆 (个)	档案馆 (座)
1978	167	5	1	1	33	1	11	2	1
1979	157	5	1	1	33	1	15	2	1
1980	65	5	1	1	33	1	16	2	1
1981	75	6	1	1	33	1	17	2	1
1982	53	6	1	1	33	1	19	2	1
1983	49	6	1	1	33	1	19	2	1
1984	65	6	1	1	33	1	24	2	1
1985	60	7	1	1	33	3	30	2	1
1986	61	9	2	1	33	3	30	2	1
1987	70	13	4	1	33	8	30	2	1
1988	78	15	5	1	33	3	30	2	1
1989	102	26	6	1	33	3	30	2	1
1990	114	26	7	1	33	5	30	2	1
1991	126	36	5	1	33	6	31	2	1
1992	150	50	2	1	33	8	37	2	1
1993	163	53	2	1	33	11	47	2	1
1994	193	63	2	1	33	14	58	2	1
1995	218	97	2	1	33	15	68	2	1
1996	225	111	4	1	33	16	73	2	1
1997	229	130	4	1	33	26	84	2	1
1998	233	147	4	1	32	26	106	3	1
1999	210	87	4	1	32	20	133	3	1
2000	192	87	1	1	32	18	97	3	1
2001	145	84	1	1	32	21	99	3	1
2002	162	81	2	1	32	24	109	3	2
2003	107	55	2	1	32	346	289	3	2
2004	88	78		1	32	397	631	6	2
2005	70	31		1	32	473	660	16	2
2006	51	34		1	33	1222	771	21	2
2007	51	34		1	33	1271	896	23	2
2008	40	34	1	1	33	387	515	23	1
2009	40	62	4	1	33	504	599	31	1
2010	46	62	4	1	33	505	701	30	1
2011	52	62	5	1	33	622	771	31	1
2012	59	11	6	1	33	649	1020	31	1
2013	66	11	10	1	33	641	1061	31	1
2014	60	11	16	1	33	641	996	33	1
2015	79	9	20	1	33	641	1015	48	1
2016	96	7	20	1	33	605	1014	49	1
2017	125	7	26	1	33	653	1066	54	1
2018	140	7	26	1	33	653	1096	48	1
2019	159	7	30	1	33	653	1152	53	1
2020	140	7	28	1	33	657	1174	53	1

13-20 广播电视事业发展情况

Basic Statistics on Radio and Television Industry

项　目	单位	2015年	2016年	2017年	2018年	2019年	2020年
广播电台							
#机构数	个	1	1	1	1	1	1
节目套数	套	53	53	42	42	43	43
#交通广播	套	17	17	14	14	15	15
综合广播	套	18	18	14	14	13	13
音乐广播	套	18	18	14	14	15	15
电视台							
#机构数	个	1	1	1	1	1	1
节目套数	套	43	36	56	40	38	31
#新闻综合频道	套	23	19	30	20	19	16
公共频道	套	20	17	26	20	19	15

13-21 火灾事故发生情况

Statistics on Fire Accidents

项　目	单位	2015年	2016年	2017年	2018年	2019年	2020年
发生起数	起	1676	1670	1332	1035	3440	3439
#放火	起	29	45	13	14	13	32
电气	起	556	644	317	381	894	1171
生产作业	起	106	99	235	121	221	259
吸烟	起	16	2	43	15	146	201
用火不慎	起	147	116	270	144	498	539
玩火	起	8	7	4	11	11	17
自燃	起	130	110	154	169	454	524
雷击	起	1	3	3		5	4
其他	起	683	644	293	180	1198	692
死亡人数	人	12	14	6	6	7	11
受伤人数	人	3	10	5	3	15	14
直接财产损失折款	万元	5406	6364	4201	4813	8255	14500
平均每起事故损失	万元	3.23	3.81	3.15	4.65	2.40	4.22

注：2018年及以前，数据来源于公安局；2019年起，数据来源于市消防救援支队，且统计口径有变，数据与往年不可比。

13-22 主要年份交通事故发生情况

Basic Statistics on Traffic Accidents in Main Years

项　　目	单位	1995年	2000年	2005年	2010年	2015年	2019年	2020年
发生起数	起	2015	7386	7124	4874	3595	2978	3344
受伤人数	人	2061	8217	8642	5355	3934	2616	3005
死亡人数	人	692	903	921	528	483	457	433
损失折款	万元	685	1759	934	682	551	709	808
平均每起事故损失	元	3400	2382	1312	1400	1533	2381	2415

注：本表数据来源于市公安局和海事局，含道路和水上交通事故。

13-23 各类卫生事业机构及床位、人员数（2020年）

Number of Health Care Institutions, Beds and Employed Personnel by Type of Institution (2020)

项　　目	机构数（个）	实有床位数（张）	卫生工作人员（人）	#卫生技术人员	#执业（助理）医师
总　　计	3154	33720	70313	58930	21812
医疗机构	3137	33720	69580	58493	21696
县及县以上及其他医院	112	32900	47487	38992	13220
#综合医院	65	26404	38831	32406	11021
中医医院	6	1981	3145	2609	949
专科医院	33	3624	5131	3788	1220
护理院	8	891	380	189	30
社区卫生服务中心（站）	390		6805	5684	2233
村（社区）卫生站					
门诊部（含18所分院个数）	998		8408	7947	3647
诊所、卫生所、医务室	1635		4990	4378	2131
妇幼保健院	1	620	1603	1286	390
专科疾病防治院	1	200	287	206	75
急救中心（站）	1		29	19	1
采供血机构	1		135	109	11
疾病预防控制中心（防疫站）	1		214	156	91
卫生监督所	2		101	54	
健康教育所	1				
其他卫生机构	11		254	99	13

13-24 主要年份卫生事业机构各类人员数

Number of Personnel in Health Institutions in Main Years

单位：人

项 目	1980年	1985年	1990年	1995年	2000年	2005年	2010年	2015年	2019年	2020年
卫生工作人员	3599	3945	4503	6149	9289	22127	46102	54950	68014	70313
#卫生技术人员	2960	3305	3902	5290	8065	12273	37487	45226	57332	58930
执业（助理）医师	1167	1201	1721	2299	3309	5677	13214	15389	20818	21812
注册护士	584	643	1164	1751	2673	6303	14689	19782	27096	27954
药剂人员	236	572	546	602	706	1281	2284	2594	3144	3196
检验人员	120	147	152	216	367	781	1412	1533	1960	2010
其 他	1040	766	316	395	350	2262	5888	5228	4314	3958
其他技术人员	8		13	96	174	786	1217	1361	1382	1400
管理人员	299	282	243	432	597	1080	2418	2307	2621	2707
工勤人员	332	358	345	331	453	1504	4980	6056	6679	6807

注：2004年起，卫生方面包含诊所、卫生所、医务室及村卫生室的数据，与往年数不可比。

13-25 医疗机构服务情况（2020年）

Services in Medical Institutions (2020)

指标名称	诊疗人数（人次）	#门、急诊	入院人数（人）	住院病死率（%）
总 计	56011254	55631426	987184	0.45
医院	31302120	31020500	937921	0.47
#公立医院	24856191	24672774	680366	0.47
#卫生部门办	24422902	24242785	669037	0.47
其他部门办	82989	82989	526	2.92
社会办	350300	347000	10803	0.40
民营医院	6445929	6347726	257555	0.46
基层医疗机构	22774982	22676872		
社区卫生服务中心（站）	15549685	15454311		
村卫生室				
门诊部	2805233	2804868		
诊所、卫生所、医务室	4420064	4417693		
#诊所	1480035	1479110		
卫生所、医务室	2940029	2938583		
专业公共卫生服务机构	1934152	1934054	49263	0.02
专科疾病防治院	268592	268592	5363	0.04
妇幼保健院	1665560	1665462	43900	0.02

13–26 历年卫生事业机构、床位、人员数

Number of Health Care Institutions, Beds and Personnel over Years

年份	机构数（个）	实有床位数（张）	#医院	卫生工作人员（人）	#卫生技术人员	#执业（助理）医师
1978	82	2257	785	3242	2636	768
1979	81	2271	791	3466	2863	971
1980	83	2207	776	3599	2960	1167
1981	83	2210	826	3724	3091	1102
1982	83	2292	842	3886	3253	1097
1983	83	2098	851	3985	3335	1088
1984	83	2231	880	4005	3351	1132
1985	87	2323	960	3945	3305	1201
1986	88	3054	1646	4084	3454	1179
1987	88	3393	1902	4475	3490	1304
1988	87	3640	2152	4582	3829	1537
1989	87	3677	2129	4522	3874	1620
1990	85	3866	1764	4503	3902	1721
1991	85	4085	1784	4578	3946	1755
1992	83	4517	1879	4705	4127	1832
1993	99	4940	1918	5247	4524	2023
1994	98	5365	1949	5689	4930	2221
1995	99	5798	2089	6149	5290	2299
1996	99	5288	1584	6712	5766	2449
1997	151	5505	1649	7286	6283	2605
1998	171	5892	1659	8306	7139	2955
1999	176	6241	1770	8697	7575	3080
2000	174	7081	1830	9289	8065	3309
2001	173	7474	1961	9323	8064	3429
2002	178	8641	8396	10692	9011	3938
2003	172	9820	9546	11584	9807	4251
2004	944	10797	10528	15058	10522	4870
2005	874	11972	11688	22127	12273	5677
2006	1210	13293	13024	27128	19277	8629
2007	1649	15227	14878	34151	27060	10446
2008	2106	16778	16383	40449	33113	11869
2009	2106	18080	17685	43561	35766	12884
2010	2229	19980	19571	46102	37487	13214
2011	2249	22814	22276	48142	39582	13644
2012	2222	24617	24042	49353	40597	14043
2013	2254	25736	25026	52325	42132	14864
2014	2194	26704	25994	53013	43091	15081
2015	2237	27457	26715	54950	45226	15889
2016	2344	28138	27450	57167	47668	16680
2017	2446	29866	29046	60197	50600	17506
2018	2722	31059	30239	64349	54317	19516
2019	3055	33041	32181	68014	57332	20818
2020	3154	33720	32900	70313	58930	21812

注：2004年起本表包含诊所、卫生所、医务室及村卫生室的数据，与往年数不可比。

13-27 历年体育运动情况

Basic Statistics on Sports over Years

年 份	破（超）世界纪录（次）	破（超）亚洲纪录（次）	破（超）全国纪录（次）	在国际比赛中获得金牌总数（枚）	在全国比赛中获得金牌总数（枚）	在省级比赛中获得金牌总数（枚）	市级运动会参赛运动员人数（人）	为国家省输送运动员（人）
1978			9	1	7	26	2500	1[illegible]
1979	2		2	1	7		2250	18
1980			12		2		2400	14
1981			11	4	19		2500	13
1982			14	4	30	15	2650	9
1983	1		7	5	6		2420	7
1984			1	16	5		2500	33
1985		2	1	5	2		1960	7
1986		7	4	7	4	52	2420	16
1987	1	1	8	35	9		2130	19
1988	3	1	4	14	25		2540	15
1989			27	5	43	92	6430	13
1990	13	5		4	6		2370	25
1991	2	1	8	12	14		4800	15
1992	2	3	21	10	6		15000	30
1993	2	8	5	12	9		10350	15
1994	34	2	24	6	23	157	2720	14
1995	10	1		5	37		1500	14
1996				3	16		7800	13
1997	10	9		1	6	36	6000	74
1998	2	4	28	4	28	87	1560	74
1999				4	33		6000	5
2000			3	4	91		4000	5
2001				13	22	48	8000	5
2002				2	35	58		11
2003		7		2	31	82		6
2004	3	4	4	49	34			18
2005				2	13	46	8564	44
2006				20	21	32	16000	
2007				3	25	46	2740	9
2008				3	16	49	630	17
2009		1	3	8	20	94	1550	17
2010				4	6	40	9895	16
2011				8	27	116	3300	25
2012					10	127	3400	16
2013					5	55	3600	10
2014					8	113	3998	31
2015					48	135	2010	18
2016				5	96	212	2325	31
2017					44	150	8982	16
2018					84	125	6883	11
2019	1				93	236	14884	15
2020					16	177	7555	20

13−28 主要年份体育比赛成绩

Basic Statistics on Sports Achievements in Main Years

项　　目	单位	1980年	1985年	1990年	1995年	2000年	2005年	2010年	2015年	2019年	2020年
破世界纪录	次			13	10					1	
获得国际赛冠军	个		5	4	5	4		4			
破亚洲纪录	次		2	5	1						
破全国纪录	次	12	1			3					
获国际比赛奖牌											
金牌	枚		5	4	5	4	2	4			
银牌	枚			4	3	2	1	2			
铜牌	枚						2				
获全国比赛金牌	枚	2	2	6	37	91	13	6	48	93	16

注："获得国际赛冠军"及"获国际比赛奖牌"含地区赛。

13−29 主要年份群众体育活动情况

Basic Statistics on Activities of Mass Sports in Main Years

项　　目	单位	1980年	1985年	1990年	1995年	2000年	2005年	2010年	2015年	2019年	2020年
举办市级运动会	次	5	4	9	4	2	4	16	8	11	14
市级运动会参赛运动员人数	人	2400	1960	2370	1500	4000	8564	9895	2010	14884	7555
举办全民健身活动	次								367	799	700
参加全民健身活动人数	万人次								20.12	69.51	42.10
为国家和省输送运动员人数	人	14	7	25	14	6	47	16	18	15	20

13-30 主要年份治安案件情况

Basic Statistics on Public Security Cases in Main Years

项　　目	单位	2005年	2010年	2015年	2019年	2020年
治安案件受理数	起	13760	44979	128576	148336	104908
扰乱公共秩序	起	2816	198	336	986	1090
妨害公共安全	起	243	630	395	569	334
侵犯人身、财产权利	起	6044	24551	102807	108310	82889
#盗窃	起	2599	10513	57235	59653	38823
妨害社会管理秩序	起	4296	19600	25038	36557	20595
#吸毒	起	2697	4455	15165	3261	2253
卖淫、嫖娼	起	153	663	527	1736	1884
赌博或为赌博提供条件	起	942	10464	5495	1600	1591
治安案件查处数	起	12490	37818	58375	66171	38842
扰乱公共秩序	起	2797	186	256	715	721
妨害公共安全	起	237	583	293	460	198
侵犯人身、财产权利	起	4865	17687	32943	28623	19056
#盗窃	起	2007	5476	16391	14535	9410
妨害社会管理秩序	起	4246	19362	24883	34897	18867
#吸毒	起	2665	4317	15127	3227	2199
卖淫、嫖娼	起	147	659	524	1620	1825
赌博或为赌博提供条件	起	938	10408	5478	1329	1385
查处违法人员数	人	20692	42815	49312	57557	42927
扰乱公共秩序	人	4486	363	609	893	839
妨害公共安全	人	218	618	293	341	195
侵犯人身、财产权利	人	6769	14145	7984	7644	8559
#盗窃	人	2676	3802	2579	3214	4239
妨害社会管理秩序	人	8201	27689	40426	47516	33334
#吸毒	人	3922	4885	17049	4681	3057
卖淫、嫖娼	人	415	1506	1209	3487	3726
赌博或为赌博提供条件	人	3179	17191	18265	12758	12822

注：本表数据来源于市公安局。

13-31 主要年份刑事案件情况

Basic Statistics on Criminal Cases in Main Years

单位：起

项　　目	2005年	2010年	2015年	2019年	2020年
刑事案件立案数	44641	36965	94541	74723	72914
危害公共安全	264	586	1170	6318	9230
破坏市场经济秩序	451	577	2359	1887	1145
侵犯公民人身权利	3748	3587	2715	2474	2033
#杀人	87	69	21	23	21
伤害	3071	2882	2057	1522	1142
强奸	266	336	333	507	479
侵犯财产	39657	31251	85100	60514	57197
#抢劫	9144	5045	5290	636	219
抢夺	3736	3250	10705	169	72
入室盗窃	4150	8779	15834	4044	1883
盗窃机动车	16050	3526	1707	254	207
诈骗	897	3203	14450	27939	35829
妨害社会管理秩序	571	963	3194	3530	3291
#毒品犯罪	215	587	1863	925	400
刑事案件破案数	13682	16271	19495	24964	25376
危害公共安全	161	550	693	5386	5892
破坏市场经济秩序	439	388	1032	823	543
侵犯公民人身权利	2037	1933	1198	1514	1567
#杀人	73	61	23	24	20
伤害	1586	1449	887	892	715
强奸	171	224	164	339	487
侵犯财产	10598	12534	13887	14739	15148
#抢劫	3582	2531	1274	512	221
抢夺	1525	1700	2066	133	80
入室盗窃	1081	4182	2707	633	443
盗窃机动车	1880	631	246	66	146
诈骗	202	536	260	4612	5197
妨害社会管理秩序	490	866	2684	2502	2228
#毒品犯罪	210	569	1664	646	243

注：本表数据来源于市公安局。

13-32 主要年份道路交通违法情况

Basic Statistics on Traffic Offense in Main Years

项　　目	单位	2005年	2010年	2015年	2019年	2020年
处理违法起数	万起	61.04	282.48	174.98	326.14	394.21
#机动车	万起		280.44	174.21	323.70	328.12
非机动车	起		10084	7667	21479	447001
行人和乘车人	起		10281	14	3003	201295
罚款总额	万元	9991.70	44359.52	32453.86	58066.43	63241.07
#机动车	万元		44355.07	32411.54	58008.06	62835.80
非机动车	万元		2.80	42.31	57.85	345.54
行人和乘车人	元		16500	100	5700	587300

注：本表数据来源于市公安局。

13-33 主要年份律师、公证、基层司法及普法教育

Basic Statistics on Lawyers, Notarization, Grassroots Judicial Work and Law Education in Main Years

项　　目	单位	1990年	1995年	2000年	2005年	2010年	2015年	2019年	2020年
律师工作									
律师事务所	个	2	8	22	46	115	163	263	292
律师	人	12	85	221	625	1366	2035	3392	3914
担任常年法律顾问	家	102	364	416	1426	2752	3245	7286	10016
民事诉讼代理	件	145	343	1203	6543	12041	16122	48755	62568
非诉讼法律事务	件	110	1162	2079	13391	19967	22673	36742	18847
刑事辩护及代理	件	295	235	438	2496	2776	3565	12398	11301
公证工作									
公证处	个	1	1	1	1	3	3	3	3
公证人员	人	10	19	20	48	96	120	130	127
办结公证总数	件	5347	11377	28910	60685	48296	81253	100009	89525
#国内民事公证	件	113	2795	19607	19627	35104	66945	84538	80037
国内经济公证	件	236	898	1776	34015	3536	3027	2467	1835
涉外公证（含港澳台）	件	4998	7684	4809	4607	9656	14307	16207	9488
基层司法工作									
法律服务所	个	24	29	32	32	32	32	32	32
法律服务工作者	人					58	80	56	51
担任法律顾问	家	62	482	695	1208	724	316	54	80
民事诉讼代理	件	26	568	1221	1790	1090	426	448	356
非诉讼代理	件	129	1045	3016	3837	1549	440	2967	2816
调解工作									
人民调解委员会	个	904	813	750	814	1552	1554	1232	1236
调解人员	人	3664	3466	3644	4556	17438	14683	9577	9573
调解民间纠纷	件	2005	2632	2642	15210	15239	13471	63749	63360
参加普法教育人数	万人	79.9	170	79	571	288	651	735	692

13-34 历年计划生育情况

Basic Statistics on Family Planning over Years

年　份	已婚育龄妇女人数（人）	女性初婚人数（人）	#23周岁及以上	不　足20周岁	落实各种节育措施育龄夫妇（对）	节育率（%）
1978	130438	10974			103414	79.28
1979	134483	11914			104612	77.79
1980	136742	9270			101190	74.00
1981	141079	13714			112956	80.07
1982	142324	8729			115302	81.01
1983	149928	12664			129035	86.06
1984	156444	9579			138785	88.71
1985	159985	11208			142974	89.37
1986	168611	13983	11899		150545	89.30
1987	176868	13492	11252		158857	89.80
1988	183022	12419	10072		164889	90.10
1989	196042	13691	10228	15	172799	88.20
1990	202505	13264	9670	29	177425	87.60
1991	211544	13790	10834	12	184254	87.10
1992	224624	15295	10375	13	190151	84.70
1993	235150	13932	9793	6	200673	85.30
1994	243456	13213	9833	9	208234	85.50
1995	252627	13921	10430	26	215339	85.20
1996	258873	13556	10114	20	221805	85.70
1997	263646	12968	9623	9	226674	85.98
1998	267982	12366	9260	7	233007	86.95
1999	280455	12114	8999	4	249368	88.92
2000	285244	11122	7050	14	249741	87.55
2001	295395	10903	6755	14	260077	88.04
2002	303134	11635	7082	8	268243	88.49
2003	306157	12441	7767	5	266832	87.16
2004	312941	13957	9318	2	273387	87.36
2005	317062	13251	9057	5	275685	86.95
2006	323479	12460	9117	3	279246	86.33
2007	331556	13621	10333	1	293733	85.29
2008	343051	14485	11053	1	291049	84.84
2009	352115	14450	11157	5	297559	84.51
2010	367607	14265	11019	4	309054	84.07
2011	380570	14899	11820	1	320135	84.12
2012	384854	14875	12049	12	320907	83.38
2013	391864	13549	10952	5	327002	83.45
2014	399044	14871	12118	6	333848	83.66
2015	401786	12933	10667	6	338726	84.31
2016	418882	14465	12078	13	339885	81.14
2017	444011	14870	12592		349627	78.74
2018	489727	14229	12301		372050	75.97
2019	528570	13230	11639		266952	50.50
2020	551577	10595	9599	2	243215	44.09

13−34 续表

年 份	领取独生子女证		人口出生率（‰）	政 策 生育率 （%）	多孩率（%）
	累 计 （人）	领证率 （%）			
1978			18.73		
1979			24.13		
1980			24.41		
1981			21.86		
1982			19.07		
1983			16.74		
1984			15.54		
1985	1954	1.22	15.37	88.94	4.27
1986	2029	1.20	16.44	92.45	2.93
1987	2257	1.28	16.11	93.16	1.97
1988	2408	1.32	16.75	93.58	2.14
1989	2116	1.10	17.06	92.35	2.54
1990	2288	1.13	17.07	89.08	3.71
1991	2514	1.19	17.91	89.55	3.65
1992	2335	1.04	19.31	86.08	4.44
1993	2905	1.24	18.38	87.29	4.50
1994	3245	1.33	17.88	86.50	4.71
1995	3389	1.34	17.76	85.09	4.33
1996	4028	1.63	17.05	83.83	4.87
1997	4514	1.71	16.50	83.98	4.68
1998	4971	1.85	15.31	90.01	2.92
1999	21228	7.57	14.55	89.31	2.92
2000	30921	10.84	12.11	90.17	1.77
2001	41636	14.10	11.16	91.75	1.57
2002	49188	16.23	10.35	91.80	1.31
2003	51814	16.92	10.34	92.45	1.24
2004	55425	17.71	10.86	93.48	1.14
2005	60426	19.06	10.62	94.32	0.80
2006	69507	21.49	10.14	94.69	0.71
2007	73766	22.25	10.39	95.48	0.63
2008	77919	22.71	10.77	96.28	0.54
2009	80738	22.93	10.67	96.75	0.75
2010	81736	22.23	10.90	96.97	0.99
2011	83312	21.89	10.92	98.65	0.90
2012	81341	21.14	13.32	84.23	3.42
2013	81215	20.73	11.79	83.52	3.65
2014	80769	20.24	11.20	89.21	2.57
2015	77688	19.34	11.34	92.47	1.20
2016	69298	15.54	13.92	97.06	1.88
2017	49102	11.06	22.22	98.47	3.02
2018	38347	7.83	18.35	95.84	6.16
2019	30885	5.84	16.69	93.49	8.77
2020	25256	4.58	13.38	91.43	10.73

注：领证率是期末已领取独生子女证人数除以全市已婚育龄妇女人数。

13-35 主要年份优抚和社会救济、福利事业

Basic Statistics on Special Care, Social Relief and Welfare in Main Years

项　　目	单位	1990年	1995年	2000年	2005年	2010年	2015年	2019年	2020年
优抚事业									
优抚收养性事业单位数	个	1	1	1	1	1	1	1	1
优抚收养性单位收养人数	人次	19	11	7	8	8	7	6	6
社会救济									
社会救济人数	人次	4433	7273	19914	23886	36516	19000	8135	8169
年末社会散居孤幼人数	人	2026	2444	1596	875	11	109	31	30
#定期救济对象	人	142	569	29	18	11	109	31	30
自然灾害生活救助费	万元	4.6	70	50	744	139	536		5
社会福利									
社会福利事业单位数	个	1	1	3	36	38	37	45	49
#民政部门办	个	1	1	3	4	3	3	14	20
社会福利事业单位收养人数	人	363	351	406	2240	2609	2737	2646	3745
#民政部门办	人	363	351	406	893	1715	1252	1222	3285
安排“四残”人员就业人数	人	199	239	393	351	321	395	21	197
社会福利事业单位费用支出	万元					9770	24991	14442	31122
敬老院情况									
全市敬老院个数	个			32	31	35	34	31	29
年末敬老院供养人数	人			833	1347	894	1485	1424	460
“五保户”情况									
年末列入“五保户”户数	户			1545	1575	1254	833	828	728
年末列入“五保户”人数	人			1587	1575	1263	833	828	728
全年“五保户”费用支出	万元			2198	1594	1536	1484	1692	1454
城乡基层社会保障									
建立社会保障网络镇街数	个	33	24	32	32	32	32	32	32

注：“五保户”人数及费用支出含敬老院供养人数及费用支出。

13-36　主要年份婚姻登记情况

Basic Statistics on Marriage Registration in Main Years

项　　　目	单位	1985年	1990年	1995年	2000年	2005年	2010年	2015年	2019年	2020年
准予登记结婚	对	11870	13668	14170	10535	14293	11415	18101	16084	15797
#涉外、华侨、港澳台同胞	对	638	709	510	213	113	79	169	160	157
准予登记离婚	对				448	1319	1856	3672	6725	8403
#涉外、华侨、港澳台同胞	对						9	45	71	39

13-37　主要年份环境保护基本情况

Basic Statistics on Environmental Protection in Main Years

项　　　目	单 位	1985年	1990年	1995年	2000年	2005年	2010年	2015年	2019年	2020年
废水										
废水排放总量	万吨	3100	5259	9681	40703	69049	87953	114086	137653	127999
#工业废水	万吨	2686	4124	5511	11753	21355	29742	20429	21275	15380
污水厂集中处理率	%						71.5	95.0	99.5	96.2
废气										
工业废气排放量	亿立方米	34	307	556	1318	1695	2340	3219	5922	5482
一般工业固体废物										
一般工业固体废物产生量	万吨	16	112	108	149	284	313	486	741	668
一般工业固体废物处置量	万吨	8	2	1	5	12	15	55	131	144
一般工业固体废物处置率	%	48.2	1.8	0.9	66.9	99.8	4.8	11.3	17.6	21.6
一般工业固体废物综合利用率	%	37.5	17.9	18.2	63.8	86.5	95.0	88.7	81.5	78.2
城市环境质量及污染控制										
空气质量指数	范围值				21-87	24-123	14-108	20-201	17-206	21-206
交通干线噪声平均值	db				68.4	67.9	67.7	68.8	70.3	70.4
汽车尾气排放达标率	%				81.2	88.1	81.0	86.0	89.0	91.0
全市生活垃圾无害化处理率	%						37.3	74.9	100.0	100.0

13-38 主要年份社会保险事业情况

Basic Statistics on Social Insurance in Main Years

项　　目	单 位	1995年	2000年	2005年	2010年	2015年	2019年	2020年
各类社会保险参保人次	万人次	149.33	338.33	804.71	2726.37	2659.94	2575.30	2611.78
#失业保险	万人	6.49	17.84	177.78	279.90	412.14	431.16	437.86
养老保险	万人	8.46	82.95	182.49	421.84	670.60	593.08	596.94
医疗保险	万人	7.60	88.21	189.40	592.27	601.92	615.50	631.19
工伤保险	万人	126.78	136.53	235.10	469.08	464.46	448.53	452.65
社会保险基金总收入	万元	18155	127964	491540	1544112	4309420	6550422	7004019
#失业保险	万元	60	2732	28954	27008	186278	132085	87110
养老保险	万元	7697	85245	343429	976257	3340876	5185679	5441781
医疗保险	万元	2057	23488	82138	333342	643199	943927	1164764
工伤保险	万元	8341	15891	35073	62806	132895	138888	160244
社会保险基金总支出	万元	10520	40454	217413	547470	1684737	4545176	6851412
#失业保险	万元	16	440	6676	9681	58297	128789	233279
养老保险	万元	7450	24130	135958	194055	781414	3284796	5183426
医疗保险	万元	1436	3694	51021	299975	555937	832951	1229104
工伤保险	万元	1618	11703	22220	41910	120276	181425	205603

注：1．1997年起养老保险因口径调整，与以前年份不可比。
　　2．参加各种社会保险总人数包含生育保险人数。

13-39 主要年份最低生活保障情况

Basic Statistics on Minimum Income Relief in Main Years

项　　目	单 位	2005年	2010年	2015年	2016年	2017年	2019年	2020年
居民最低生活保障线	元/人月	320	440	610	610	880	980	1060
村民最低生活保障线	元/人月	300	440	610	610	880	980	1060
居民最低生活保障户数	户	1911	1599	2707	1938	1855	1565	1847
居民最低生活保障人数	人	4885	3643	5466	3569	3419	2873	3503
居民最低生活保障金支出	万元	790	673	6098	2510	2708	3144	5160
村民最低生活保障户数	户	6705	12214	5566	4090	4337	2482	2205
村民最低生活保障人数	人	17426	30785	11961	8343	8515	4859	4475
村民最低生活保障金支出	万元	2318	5922	3228	5317	6041	5205	5850

13-40　主要年份市政建设情况

Basic Statistics on Municipal Construction in Main Years

项　　目	单 位	1995年	2000年	2005年	2010年	2015年	2019年	2020年
水厂日供水能力	万立方米	66	187	480	700	746	723	688
年末供水管道总长度	公里	1580	2106	3680	16268	20100	21930	20935
全年供水量	万立方米	18802	70046	155100	165607	155441	160435	154623
#生活用水量	万立方米	7361	21433	51100	28560	42685	52722	46128
建成区绿地面积	万平方米	800	1396	10298	33092	38801.81	42745.40	47645.89
#公园绿地面积	万平方米				9075	11535.60	18629.37	19343.39
建成区绿化覆盖面积	万平方米	1885	1364	9436	35571	41667.00	52210.44	51591.26
建成区土地面积	平方公里	82.00	147.68	657.17	798.48	928.87	1139.83	1156.18
公园数	个		273	931	1004	1223	271	336
公园面积	公顷		1423	2887	11130	14493.14	12192.95	13163.87

注：1.公园数和公园面积不含森林公园数及其面积。
　　2.2017年起，按《全国城市(县城)建设统计报表》规定，公园个数及面积的统计范围调整为镇级和市级的城市公园，村(社区)级公园不纳入统计范围。

13-41　主要年份液化石油气及天然气供应情况

Basic Statistics on Supply of Liquefied Petroleum Gas and Natural Gas in Main Years

项　　目	单 位	1995年	2000年	2005年	2010年	2015年	2019年	2020年
年末液化石油气用户数	户	63419	110172	144797	956018	885176	1258144	1385912
#居民用户数	户	62246	106910	144035	870921	853945	1194418	1267068
全年液化石油气供气量	吨	25935	58287	161930	344762	289410	326982	291692
#家庭用量	吨	18948	22104	24354	188108	234500	172943	202572
年末天然气用户数	户			5027	147047	594731	1075050	1084719
#居民用户数	户			5000	116239	586339	1067799	1077260
全年天然气供气量	万立方米			1657	29611	72134	141290	121108
#家庭用量	万立方米			45	1600	16400	22381	15509
年末汽车天然气加气站	个				10	15	38	34
天然气汽车加气全年供应量	万立方米				5324	3836	15666	5465

注：本表2000—2006年为市喜威液化石油气有限公司与市中液石油气有限公司的业务量，2007年起调整为市城市管理综合执法局统计口径。

13-42 历年环境保护基本情况

Basic Statistics on Environmental Protection over Years

年 份	降 水 PH均值	酸 雨 PH均值	酸雨频率 (%)	酸雨占 总 降 水 量 (%)	交通干 线噪声 平均值 (db)	工 业 废 水 排放量 (万吨)
1982						1842
1983						2068
1984	6.53					2127
1985						2686
1986					76.8	2416
1987	6.64	5.38		38.4	78.9	3501
1988	4.85	4.72	63.6	75.1	77.6	3029
1989	5.44	5.21	31.0	31.8	74.1	3976
1990	6.15	5.30	29.5	43.3	75.9	4124
1991	5.24	4.78	35.4	30.4	72.2	5506
1992	5.10	4.71	36.8	35.9	76.0	5849
1993	4.93	4.41	22.5	29.1	75.8	6500
1994	5.33	4.81	23.2	25.5	72.6	7057
1995	5.89	5.49	9.2	13.7	70.3	5511
1996	5.83	5.40	14.7	10.9	70.4	6033
1997	4.94	4.84	56.6	76.4	70.6	8930
1998	4.79	4.70	60.3	80.4	70.3	7989
1999	4.97	4.68	40.0	50.5	69.1	11719
2000	4.90	4.67	50.7	56.6	68.7	11753
2001	5.06	4.74	31.6	43.9	68.2	11694
2002	5.47	5.09	29.3	28.8	68.0	25587
2003	4.55	4.44	60.5	77.2	67.9	23389
2004	4.47	4.41	69.6	85.7	68.0	22501
2005	4.07	4.00	65.7	86.2	67.9	21355
2006	3.57-6.57	4.70	50.0	42.4	68.0	24134
2007	5.21	4.36-7.59	54.2	59.2	67.9	91260
2008	4.83	4.65	60.1	63.6	63.6	33359
2009	5.03	4.88	51.8	67.3	63.8	29960
2010	5.11	4.97	52.2	65.3	67.7	29742
2011	5.02	4.59	47.6	31.9	67.8	29091
2012	5.26	4.98	33.7	47.2	67.9	26909
2013	5.23	4.93	30.8	46.7	68.3	23463
2014	5.46	5.16	38.2	40.2	68.5	28292
2015	5.91	5.35	8.2	7.8	68.8	20429
2016	5.88	5.45	12.6	14.6	65.0	17245
2017	5.79	5.04	15.0	10.9	62.4	20735
2018	6.33	5.25	2.4	0.6	66.1	19341
2019	5.74	5.21	18.0	17.8	70.3	21275
2020	5.94	5.41	9.9	13.2	70.4	15380

注：2007年起，工业废水排放量统计口径变更，与往年不可比。

主要统计指标解释

Explanatory Notes on Main Statistical Indicators

工程技术人员　指在国民经济各行业从事工程技术工作的自然科学技术专业人员，包括：高级工程师、工程师、助理工程师、技术员和未评定职称的技术人员。

农业技术人员　指在国民经济各行业从事农业技术工作的自然科学技术专业人员，包括：高级农艺师、农艺师、助理农艺师、技术员和未评定职称的技术人员。

科学研究人员　指在国民经济各行业从事科学技术活动的科学技术专业人员，包括：正副研究员、助理研究员、研究实习员、技术员和未评定职称的技术人员。

专利申请量　指企业当年向国家知识产权局提出专利申请并被受理项数。

专利授权量　指企业当年获国家知识产权局授予专利权的项数。

发明　专利法及其实施细则所称的发明是指对有关产品、方法或其改进所提出的新的技术方案。

实用新型　专利法及其实施细则所称的实用新型是指对产品的形状、构造或者其结合所提出的适于实用的新的技术方案。

外观设计　专利法及其实施细则所称的外观设计是指对产品的形状、图案、色彩或者其结合所作出的富有美感并适于工业上应用的新设计。

研究与试验发展(R&D)　指在科学技术领域，为增加知识总量，以及运用这些知识去创造新的应用进行的系统的创造性的活动，包括基础研究、应用研究、试验发展三类活动。国际上通常采用 R&D 活动的规模和强度指标反映一国的科技实力和核心竞争力。

基础研究　指为了获得关于现象和可观察事实的基本原理的新知识(揭示客观事物的本质、运动规律，获得新发现、新学说)而进行的实验性或理论性研究，它不以任何专门或特定的应用或使用为目的。其成果以科学论文和科学著作为主要形式。用来反映知识的原始创新能力。

应用研究　指为获得新知识而进行的创造性研究，主要针对某一特定的目的或目标。应用研究是为了确定基础研究成果可能的用途，或是为达到预定的目标探索应采取的新方法(原理性)或新途径。其成果形式以科学论文、专著、原理性模型或发明专利为主。用来反映对基础研究成果应用途径的探索。

试验发展　指利用从基础研究、应用研究和实际经验所获得的现有知识，为产生新的产品、材料和装置，建立新的工艺、系统和服务，以及对已产生和建立的上述各项作实质性的改进而进行的系统性工作。其成果形式主要是专利、专有技术、具有新产品基本特征的产品原型或具有新装置基本特征的原始样机等。在社会科学领域，试验发展是指把通过基础研究、应用研究获得的知识转变成可以实施的计划(包括为进行检验和评估实施示范项目)的过程。人文科学领域没有对应的试验发展活动。主要反映将科研成果转化为技术和产品的能力，是科技推动经济社会发展的物化成果。

R&D 人员　指参与研究与试验发展项目研究、管理和辅助工作的人员，包括项目(课题)组人员，企业科技行政管理人员和直接为项目(课题)活动提供服务的辅助人员。反映投入从事拥有自主知识产权的研究开发活动的人力规模。

R&D 人员全时当量　指全时人员数加非全时人员按工作量折算为全时人员数的总和。例如：有两个全时人员和三个非全时人员(工作时间分别为 20%、30%和 70%)，则全时当量为 2+0.2+0.3+0.7=3.2 人年。为国际上比较科技人力投入而制定的可比指标。

R&D 经费支出合计 指调查单位用于内部开展 R&D 活动（基础研究、应用研究和试验发展）的实际支出。包括用于 R&D 项目（课题）活动的直接支出，以及间接用于 R&D 活动的管理费、服务费、与 R&D 有关的基本建设支出以及外协加工费等。不包括生产性活动支出、归还贷款支出以及与外单位合作或委托外单位进行 R&D 活动而转拨给对方的经费支出。

毕业生数 毕业生数是指上学年内，具有学籍的学生学完教学计划规定的全部课程，考试及格，实际毕业的学生数。不包括结业生和肄业生。

招生数 招生数是指新学年开始时，按规定实际招收入学的新生数，不包括重读生和复学生（高等教育包括春秋两季招收的学生）。

在校学生数 是指具有学籍的注册学生总数。

学龄儿童入学率 指调查范围内已入小学学习的学龄儿童占校内外学龄儿童总数（包括弱智儿童在内，但不包括盲聋哑儿童）的比重。

电影放映单位 指具有放映机器设备、固定或不固定的放映场所与专职或兼职的放映技术人员，经有关部门登记批准，经常为一定的观众对象放映电影的机构。包括经批准对外开放进行营业，并与电影发行放映管理机构分帐的专用放映单位和军委系统租片单位。

公共图书馆藏书量 是指本馆已编目的古籍、图书、期刊和报纸的合订本、小册子、手稿，以及缩微制品、录像带、录音带、光盘等视听文献资料数量之和。

医疗机构 是指根据《医疗机构管理条例》的规定，经登记取得《医疗机构执业许可证》的机构。包括医院、社区卫生服务中心（站）、卫生院、门诊所、诊疗所、医务室、村卫生室、妇幼保健院（所、站）、专科疾病防治院（所、站）、急救中心、临床检验中心。

医院 指设有固定床位能收容病人住院并能为病人提供医疗、护理服务的医疗机构。包括县及县以上医院、农村乡卫生院、其他医院三部分。按所属性质分为卫生部门、工业及其他部门、集体经济单位三类。其中县及县以上医院按业务性质分为综合医院和专科医院。

实有床位 是指报告期末固定实有床位数，包括正规床、简易床、监护床、正在消毒和修理床位、因扩建或修理而停用的床位，不包括产科新生儿床、待产室待产床、库存床、观察床、临时加床和病人家属陪伴床。

诊疗人数 是指所有诊疗工作的总人数。包括病人来院就诊的门诊、急诊人次和出诊、下地段、赴家庭病床、到工厂、农村、工地、会议、集体活动等外出诊疗的人次数，以及外出进行的单项健康检查及健康咨询指导人次数。并包括本院职工的诊疗的人次数及局部的单项健康检查人数。

卫生技术人员 指卫生事业机构支付工资的全部固定职工和合同制职工中现任职务为卫生技术工作的专业人员。包括中医师、西医师、中西医结合高级医师、护师、中药师、西药师、检验师、其他技师、中医士、西医士、护士、助产士、中药剂士、西药剂士、检验士、其他技士、其他中医、护理员、中药剂员、西药剂员、检验员，其他初级卫生技术人员。

病死率 是指年内住院病人中死亡人数占出院人数的比例。

刑事案件立案 是指实施违反我国刑事法律的行为，构成犯罪的案件。根据《关于公安机关办理刑事案件程序规定》第一百六十二条，公安机关受理案件后，经过审查，认为有犯罪事实需要追究刑事责任，且属于自己管辖的，由接受单位制作《刑事案件立案报告书》，经县级以上公安机关负责人批准，予以立案。

刑事案件破案 根据《关于公安机关办理刑事案件程序规定》第一百六十六条的规定，刑事案件破案应当具备下列条件：（一）犯罪事实已有证据证明；（二）有证据证明犯罪事实是犯罪嫌疑人实施的；（三）犯罪嫌疑人或者主要犯罪嫌疑人已经归案。

治安案件查处 是指触犯了《中华人民共和国治安管理处罚条例》规定，给社会或个人造成一定危害，公安机关依照相关法律、法规和规定，应当给予处罚的行为事件。

律师 指受聘参加法律顾问处工作，担任法律顾问、刑（民）事代理人、刑事辩护人，办理非诉讼事件、解答法律询问，代写法律事务文书等主要从事律师业务的专职法律工作者和兼职律师。

公证人员 指在国家公证机关依法办理公证事务的司法人员。包括公证员、助理公证员和在公证处工作的其他人员。

调解人员 在人民调解委员会担负调解民间一般民事纠纷和轻微违法行为所引起的纠纷的工作人员。包括调解委员会的委员和调解小组的调解员。

社会保险基金收入 是指根据国家规定，由纳入基本社会保险范围的单位，按照国家规定的缴费基数和缴费比例缴纳的社会统筹基金，以及通过其他方式取得的形成基金来源的收入，包括：单位缴纳的社会统筹基金收入、财政补贴收入、利息收入、其他收入。

社会保险基金支出 是指按照国家政策规定的开支范围和开支标准从社会统筹基金中支付给参加基本社会保险人员个人的费用，以及由于保险关系转移、上下级之间调剂资金等原因而发生的支出。

社会福利事业单位 指集中收养社会孤老、残、幼的机构。包括由民政部门管理的社会福利院、儿童福利院、精神病人福利院和城镇集体办的福利院，以及农村集体举办的敬老院。

社会福利事业单位收养人数包括民政部门管理的和城镇及农村集体举办的社会福利事业单位中收养的老人、少年儿童、缺乏生活自理能力的残疾人员和精神病人。

废水排放总量 包括工业废水和生活污水。工业废水指工业企业在生产、科研过程中向企业外部排放的所有排放口的废水量总和。生活污水指居民或职工在饮用、洗涤、烹饪、清洁卫生等过程中排放的污水量。

东莞统计

十四、能　源

Energy

14-1 主要节能情况

Main Condition of Energy Conservation

单位：±%

年　份	单位生产总值能耗上升率或下降率	单位生产总值电耗上升率或下降率	单位工业增加值能耗上升率或下降率
2006	-4.86	-5.69	-10.66
2007	-5.36	-7.64	-10.07
2008	-5.11	-12.49	-10.94
2009	-4.48	-8.42	-0.26
2010	-2.02	2.84	-10.92
2011	-4.61	-3.40	-6.12
2012	-4.46	-2.85	-11.42
2013	-5.35	-6.17	-8.45
2014	-5.88	-1.50	-9.74
2015	-7.90	-6.54	-10.88
2016	-4.65	-2.62	-3.93
2017	-4.87	0.23	-7.95
2018	-5.55	-1.28	-9.15
2019	-4.46	-1.82	-11.94
2020	-2.91	1.61	-3.24

14-2 规模以上工业企业能源加工转换情况（2020年）

Energy Convertion of Industrial Enterprises Above Designated Size (2020)

能源名称	计量单位	工业生产消费量	#加工转换				能源加工转换产出	回收利用
			投入合计	火力发电	供热	加工煤制品		
原煤	吨	10847507	10427725	7180448	3095384	151893		
煤制品	吨	209698	209698	105385	104314		209698	
天然气（气态）	万立方米	217986	187423	172039	15384			
液化天然气（液态）	吨	6197	638	638				
柴油	吨	10917	5732	4163	1569			
热力	百万千焦	54340748	413985	413985			66541093	
电力	万千瓦时	969720					2906556	
城市生活垃圾（用于燃料）	吨	4221679	4221679	4221679				
生物燃料	吨标准煤	32893	32893	1480	31413			
余热余压	百万千焦	921861	921861	921861				921861
能源合计	吨标准煤	14434504	10755705	8204753	2433524	117428	5962052	31435

14-3 全市规模以上工业企业能源购进、消费及库存量（2020年）

Energy Purchases, Consumptton and Stock of Industrial Enterprises of Whole Municipality Above Designated Size (2020)

能源品种	单　位	购进量	工业生产消费量	年末库存量
原煤	吨	11020606	11123681	806812
煤制品	吨	5851	215415	1053
天然气（气态）	万立方米	264357	263501	11
液化天然气（液态）	吨	19215	19449	
汽油	吨	10779	9964	103
煤油	吨	52	65	3
柴油	吨	47431	47661	3520
燃料油	吨	6490	7275	3999
液化石油气	吨	14408	14582	21
润滑油	吨	2138	2163	193
石蜡	吨	124	127	50
溶剂油	吨	101	102	4
其他石油制品	吨	5068		80
热力	百万千焦	11896355	64574427	
电力	万千瓦时	3381444	4092655	
城市生活垃圾（用于燃料）	吨	4297339	4221679	92353
生物燃料	吨标准煤	70977	65086	9318
余热余压	百万千焦		921861	
其他燃料	吨标准煤		47	

14-4 全市规模以上工业企业分行业能源消费量（2020年）

Total Energy Consumption of Industrial Enterprises Above Designated Size by Sector (2020)

行　　业	原煤（吨）	煤制品（吨）	天然气（气态）（万立方米）	液化天然气（液态）（吨）	汽油（吨）
总　　计	11123681	215415	263501	19449	9964
采矿业					10
煤炭开采和洗选业					
石油和天然气开采业					
黑色金属矿采选业					
有色金属矿采选业					
非金属矿采选业					10
开采专业及辅助性活动					
其他采矿业					
制造业	6197231	215415	75214	13810	9805
农副食品加工业	2447	5717	3556	549	78
食品制造业			1701	448	79
酒、饮料和精制茶制造业			1109	88	7
烟草制品业					
纺织业	361951		3259	153	165
纺织服装、服饰业			819		278
皮革、毛皮、羽毛及其制品和制鞋业			445	475	494
木材加工和木、竹、藤、棕、草制品业			365	180	127
家具制造业			648	127	277
造纸和纸制品业	5829051	209698	3564	1611	256
印刷和记录媒介复制业			1590	5	165
文教、工美、体育和娱乐用品制造业			602	33	275
石油、煤炭及其他燃料加工业			501		
化学原料和化学制品制造业	3756		1925	5560	557
医药制造业			338		21
化学纤维制造业	26		236		17
橡胶和塑料制品业			3199	1117	1189
非金属矿物制品业			40163		127
黑色金属冶炼和压延加工业			9		9
有色金属冶炼和压延加工业			1205	15	210
金属制品业			3307	6198	914
通用设备制造业			385	69	1170
专用设备制造业			630	13	671
汽车制造业			1134	139	212
铁路、船舶、航空航天和其他运输设备制造业			147	829	10
电气机械和器材制造业			1183	198	900
计算机、通信和其他电子设备制造业			2815		1423
仪器仪表制造业			8		97
其他制造业			369	1005	79
废弃资源综合利用业					
金属制品、机械和设备修理业					
电力、热力、燃气及水生产和供应业	4926450		188287	638	149
电力、热力生产和供应业	4926450		187423	638	43
燃气生产和供应业					
水的生产和供应业			864		106

14-4 续表 1

(2020年)

行业	煤油（吨）	柴油（吨）	燃料油（吨）	液化石油气（吨）	润滑油（吨）	石蜡（吨）	溶剂油（吨）	石油沥青（吨）
总计	65	47661	7275	14582	2163	127	102	2806
采矿业								
煤炭开采和洗选业								
石油和天然气开采业								
黑色金属矿采选业								
有色金属矿采选业								
非金属矿采选业								
开采专业及辅助性活动								
其他采矿业								
制造业	65	42888	7275	14582	2149	127	102	2806
农副食品加工业		402						
食品制造业		1057	134	157				
酒、饮料和精制茶制造业		160						
烟草制品业								
纺织业		1312	1011					
纺织服装、服饰业	18	969	124					
皮革、毛皮、羽毛及其制品和制鞋业		673		236	16		27	
木材加工和木、竹、藤、棕、草制品业		366		94				
家具制造业		419		105	1			
造纸和纸制品业		10048	44	83	1			
印刷和记录媒介复制业	30	398		4				
文教、工美、体育和娱乐用品制造业		1006	201	214		1		
石油、煤炭及其他燃料加工业					1			1530
化学原料和化学制品制造业		1824	1	8178	1399			1276
医药制造业								
化学纤维制造业		57						
橡胶和塑料制品业		2973	1137	800	29	122		
非金属矿物制品业		8032	4448	265	146			
黑色金属冶炼和压延加工业		269						
有色金属冶炼和压延加工业		1195		4	22			
金属制品业	13	2518		937	255		72	
通用设备制造业		1004	25	1255	66			
专用设备制造业		1030	17	163	64	5		
汽车制造业	2	270			36			
铁路、船舶、航空航天和其他运输设备制造业		1692						
电气机械和器材制造业		1452	64	449	28			
计算机、通信和其他电子设备制造业	2	2753	40	1423	81		2	
仪器仪表制造业		186			1			
其他制造业		825		137				
废弃资源综合利用业								
金属制品、机械和设备修理业			30	80				
电力、热力、燃气及水生产和供应业		4772			14			
电力、热力生产和供应业		4750			14			
燃气生产和供应业								
水的生产和供应业		22						

14-4 续表 2

(2020年)

行业	热力(百万千焦)	电力(万千瓦时)	城市生活垃圾(用于燃料)(吨)	生物燃料(吨标准煤)	余热余压(百万千焦)	其他燃料(吨标准煤)
总计	64574427	4092655	4221679	65085	921861	47
采矿业		341				
煤炭开采和洗选业						
石油和天然气开采业						
黑色金属矿采选业						
有色金属矿采选业						
非金属矿采选业		341				
开采专业及辅助性活动						
其他采矿业						
制造业	64574427	3902355		35067	921861	47
农副食品加工业	5885499	71193		13		
食品制造业	443965	32089				
酒、饮料和精制茶制造业	198990	15775				
烟草制品业						
纺织业	6469010	74418		2119		
纺织服装、服饰业	83423	40460		2277		
皮革、毛皮、羽毛及其制品和制鞋业	60801	56831				
木材加工和木、竹、藤、棕、草制品业		11816		3300		
家具制造业		52277		641		
造纸和纸制品业	49836672	791371		16585		
印刷和记录媒介复制业	46091	61761				
文教、工美、体育和娱乐用品制造业		93260				
石油、煤炭及其他燃料加工业		933				
化学原料和化学制品制造业	82412	143567		3128		
医药制造业	38295	4425				
化学纤维制造业		6870				
橡胶和塑料制品业	830849	404925		52		9
非金属矿物制品业	507542	200276		6648	921861	
黑色金属冶炼和压延加工业		14271				
有色金属冶炼和压延加工业		36491				
金属制品业	25464	280534		240		
通用设备制造业		89001				
专用设备制造业		168139				
汽车制造业		38077				
铁路、船舶、航空航天和其他运输设备制造业	57752	11295				
电气机械和器材制造业		299491				39
计算机、通信和其他电子设备制造业	7665	838122		60		
仪器仪表制造业		34290				
其他制造业		29870				
废弃资源综合利用业		104				
金属制品、机械和设备修理业		422				
电力、热力、燃气及水生产和供应业		189958	4221679	30019		
电力、热力生产和供应业		139057	4221679	30019		
燃气生产和供应业		930				
水的生产和供应业		49971				

14-5 主要年份全社会用电量

Total Consumption of Electricity in Main Years

单位：万千瓦时

项　　目	2005年	2010年	2015年	2019年	2020年
全社会用电量总计	4198289	5619996	6668438	8507151	8738966
#各行业用电量合计	3855742	5036303	5822942	7427050	7588233
第一产业	9761	10279	14115	15486	16941
第二产业	3397588	4317267	4877762	5900282	6013939
第三产业	448393	708757	931065	1511282	1557353
城乡居民生活用电量合计	342547	583693	845497	1080101	1150733
各行业用电分类					
农、林、牧、渔业	9761	10279	14115	17631	19284
工　业	3374306	4262339	4833053	6025301	6110318
#采矿业	8112	8044	531	477	867
制造业	3044575	3953169	4493951	5620691	5727653
电力、热力、燃气及水的生产和供应业	321619	301126	338572	404133	381798
电力、热力生产和供应业	240737	183361	229753	289425	256425
#电厂生产全部耗用电量	41656	51096	55866	64646	73553
线路损失电量	190736	132265	163744	191431	161323
燃气生产和供应业	654	1778	382	648	525
水的生产和供应业	80228	115987	108436	114059	124848
建筑业	23282	54928	44709	44119	53679
交通运输、仓储和邮政业	14425	26524	51705	97596	102852
交通运输业	8614	16173	30546	52744	50366
装卸搬运和仓储业	2084	5774	16094	40944	48746
邮政业	3727	4577	5065	3908	3739
信息传输、软件和信息技术服务业	15277	35085	61673	69607	88334
商业住宿和餐饮业	282238	376037	511790	677378	686227
批发和零售业	148555	194549	335417	474122	502082
住宿和餐饮业	130153	181488	176372	203256	184144
金融、房地产、商务及居民服务业	65223	117690	95148	128233	147057
金融业	16158	14156	8311	13439	14957
房地产业	21976	23489	14002	20282	20145
租赁和商务服务业	27089	80045	72835	94512	111955
公共服务及管理组织	71230	153421	210750	367187	380483
科学研究技术服务业	4550	2950	4724	49012	62413
#地质勘查业	248	45	215	222	308
水利、环境和公共设施管理业	26633	56514	70396	98671	111772
#水利管理业	12157	5208	4823	8997	13561
教育、文化、体育和娱乐业	13596	29655	51512	84926	72230
#教育	4793	8615	42007	64830	59455
卫生和社会工作	12151	8964	36193	40325	42972
公共管理和社会组织、国际组织	14300	55338	47926	57945	58856

14-6 规模以上工业综合能源消费量（2019-2020年）

Overall Energy Consumpiton of Industrial Enterprises above Designated Size (2019-2020)

单位：万吨标准煤

指　　标	2019年	2020年
合　计	1399.00	1355.75
采矿业	0.05	0.04
煤炭开采和洗选业		
石油和天然气开采业		
黑色金属矿采选业		
有色金属矿采选业		
非金属矿采选业	0.05	0.04
开采专业及辅助性活动		
其他采矿业		
制造业	950.28	959.67
农副食品加工业	32.67	33.57
食品制造业	7.64	7.94
酒、饮料和精制茶制造业	3.77	4.13
烟草制品业		
纺织业	46.86	43.34
纺织服装、服饰业	7.83	6.76
皮革、毛皮、羽毛及其制品和制鞋业	9.86	8.06
木材加工和木、竹、藤、棕、草制品业	2.08	2.34
家具制造业	8.28	7.49
造纸和纸制品业	422.78	416.48
印刷和记录媒介复制业	10.25	9.77
文教、工美、体育和娱乐用品制造业	13.76	12.49
石油、煤炭及其他燃料加工业	0.64	0.99
化学原料和化学制品制造业	17.24	24.14
医药制造业	1.23	1.11
化学纤维制造业	1.75	1.16
橡胶和塑料制品业	56.40	57.86
非金属矿物制品业	71.17	75.88
黑色金属冶炼和压延加工业	1.43	1.81
有色金属冶炼和压延加工业	5.13	6.25
金属制品业	39.74	40.69
通用设备制造业	11.83	12.01
专用设备制造业	19.93	21.78
汽车制造业	6.04	6.27
铁路、船舶、航空航天和其他运输设备制造业	2.26	2.17
电气机械和器材制造业	37.61	38.84
计算机、通信和其他电子设备制造业	104.12	107.52
仪器仪表制造业	3.75	4.27
其他制造业	4.17	4.49
废弃资源综合利用业	0.03	0.01
金属制品、机械和设备修理业	0.04	0.07
电力、热力、燃气及水生产和供应业	448.67	396.04
电力、热力生产和供应业	440.43	388.61
燃气生产和供应业	0.14	0.11
水的生产和供应业	8.10	7.31

主要统计指标解释

Explanatory Notes on Main Statistical Indicators

能源购进量　指能源使用企业（单位）在报告期购进、用于本企业（单位）消费的各种能源数量。本指标解释不涉及能源贸易企业的能源购进量。

工业企业能源消费量　指工业企业在工业生产活动和非工业生产活动中消费的能源，包括工业生产活动中作为燃料、动力、原料、辅助材料使用的能源，生产工艺中使用的能源，用于能源加工转换的能源；非工业生产活动中使用的能源。

工业生产能源消费量　指工业企业为进行工业生产活动所消费的能源。主要包括：

（1）用于本企业产品生产、工业性作业的能源，包括用作原料、材料、燃料、动力的能源；作为能源加工转换企业，还包括用作加工转换的能源。

（2）产品生产过程中作为辅助材料使用的能源。

（3）生产工艺过程使用的能源。

（4）新技术研究、新产品试制、科学试验使用的能源。

（5）为了工业生产活动而在进行的各种修理过程中使用的能源。

（6）生产区内的劳动保护用能等。

能源库存量　指能源使用企业（单位）在报告期的某时间点所拥有的、用于企业（单位）消费的各种能源的库存量。本指标解释不涉及能源生产企业的能源产成品库存和能源贸易企业的能源商品库存。

综合能源消费量　指企业（单位）在报告期内工业生产实际消费的各种能源（扣除能源加工转换和能源回收利用等重复因素）的总和。计算综合能源消费量时，需要将各种能源品种的消费量换算成按照标准计量单位（如：吨标准煤）计量的消费量。

能源加工转换投入　能源加工转换，指为了特定的用途，将一种能源（一般为一次能源），经过一定的工艺，加工或转换成另外一种能源（二次能源）。

火力发电的加工转换投入　指火力发电企业为发电而投入发电锅炉燃烧室的燃料数量。通常燃料主要有：煤炭、燃料油、天然气、焦炉煤气、高炉煤气、转炉煤气、生物质燃料、可燃废弃物和可燃垃圾等。

供热的加工转换投入　指热力生产企业为生产热力而投入供热锅炉燃烧室的燃料数量，以及热电联产机组按照热电产出比例分摊的用于供热的燃料投入量。

加工煤制品的加工转换投入　指煤制品生产企业，在不改变煤炭基本属性的情况下，为生产型煤（煤球、煤饼、蜂窝煤）、煤粉、水煤浆等煤制品而使用的原煤或其他煤炭产品的数量。

能源加工转换产出量　指一次能源经过加工转换产出的二次能源产品（包括不作能源使用的其他副产品和联产品）的数量，比如火力发电产出的电力，热电联产同时产出的电力、蒸汽、热水，原煤洗选产出的洗精煤、洗中煤、洗煤泥等，炼焦产出的焦炭、焦炉煤气和其他焦化产品（煤焦油、粗苯等），炼油和煤制油产出的汽油、煤油、柴油、燃料油、液化石油气、炼厂干气 、石脑油、润滑油、石蜡、溶剂油、石油焦、石油沥青等，制气（指煤气生产）产出的发生炉煤气、焦炭和其他焦化产品（煤焦油、粗苯等）。

十五、镇街主要指标

Main Indicators of Towns

15-1 镇街生产总值

Gross Domestic Product by Town

单位：万元

镇街	(1991年) 地区生产总值	第一产业	第二产业	第三产业	(1992年) 地区生产总值	第一产业	第二产业	第三产业
莞城	22046	174	16612	5260	28881	108	22263	6510
石龙	25154	907	17669	6578	29467	1026	21163	7278
虎门	44900	10059	16412	18429	56539	10336	24781	21422
东城	23500	7179	13793	2528	32770	7362	21392	4016
万江	18518	3874	11653	2991	27997	3968	18928	5102
南城	13339	2219	8181	2939	18147	1973	12681	3493
中堂	14889	3300	9065	2524	19902	4360	10669	4873
望牛墩	11950	2794	7394	1762	13789	2854	8683	2252
麻涌	24449	10489	11478	2482	26907	9797	14294	2816
石碣	12556	2686	7660	2210	16967	2888	11140	2939
高埗	11546	3352	5163	3031	14295	4017	6503	3775
道滘	15659	4540	9542	1577	19009	4805	12003	2201
洪梅	6492	3879	1872	741	6906	2441	3435	1030
沙田	12616	6467	4552	1597	16779	6511	7850	2417
厚街	31303	5679	22403	3221	38272	6064	28528	3680
长安	24850	7961	13185	3704	36298	8980	21883	5435
寮步	23700	9030	8979	5691	30083	9256	12627	8200
大岭山	10557	5918	3123	1516	16175	6342	4928	4905
大朗	19481	11277	4870	3334	24694	10104	9836	4754
黄江	20403	2765	15888	1750	28355	3244	22864	2247
樟木头	10515	2107	6426	1982	13972	2212	8536	3224
清溪	8673	2076	4428	2169	12742	2405	6936	3401
塘厦	17826	6128	9049	2649	30454	6300	19988	4166
凤岗	8676	2698	5550	428	12119	3257	8146	716
谢岗	9472	2019	5197	2256	7178	2339	4236	603
常平	38008	13134	14511	10363	45046	11625	20103	13317
桥头	14030	4083	8114	1833	22099	5429	10336	6334
横沥	11125	2499	6349	2277	15673	2710	9342	3621
东坑	16245	3544	11393	1308	22332	3368	17294	1670
企石	16155	3731	9575	2849	21159	4699	13097	3363
石排	16123	2350	10727	3046	18091	2704	11839	3548
茶山	13328	3385	7146	2797	16377	4160	8782	3435

15-1 续表 1

单位：万元

镇街	(1993年)				(1994年)			
	地区生产总值	第一产业	第二产业	第三产业	地区生产总值	第一产业	第二产业	第三产业
莞城	41307		32838	8469	55021		43120	11901
石龙	34182	582	21188	12412	48891	216	32738	15937
虎门	74808	11281	37710	25816	103070	14350	51597	37123
东城	37567	4379	25901	7287	44963	5223	30065	9675
万江	39317	4818	26939	7561	45953	5499	31186	9268
南城	23341	2767	16312	4262	46416	2811	38511	5094
中堂	31352	7282	16982	7089	34819	6271	19472	9076
望牛墩	15717	2642	10196	2879	18449	2796	11974	3679
麻涌	34553	9305	22223	3025	42676	9160	27917	5599
石碣	23877	2542	16311	5024	34401	2816	24582	7003
高埗	17843	4751	8347	4745	22368	5495	10877	5996
道滘	24306	5086	15471	3749	37062	5383	24264	7415
洪梅	8069	2265	4292	1512	9020	2406	4756	1858
沙田	24446	6574	14434	3438	31950	6196	20646	5107
厚街	57912	6707	44408	6796	101289	7615	77637	16037
长安	49862	9995	31962	7905	68914	11024	46939	10951
寮步	46311	9423	21926	14962	63089	12428	30205	20456
大岭山	22611	6717	7660	8234	27722	6725	11258	9739
大朗	32720	10237	15152	7331	46550	13958	21052	11540
黄江	37008	3021	30171	3816	47096	3254	39031	4811
樟木头	18265	1361	13994	2910	23438	1680	18008	3750
清溪	19533	3299	12076	4158	30510	4230	20391	5889
塘厦	41635	4353	31001	6281	80870	6396	65620	8854
凤岗	16961	3282	12778	901	24520	4166	19054	1300
谢岗	12063	2367	8997	699	16093	3365	11143	1585
常平	67921	12564	34518	20839	100294	13561	62109	24624
桥头	27654	5023	15085	7546	40632	6225	22445	11962
横沥	23825	2604	13815	7406	33565	3922	17444	12198
东坑	33565	4073	25007	4485	36161	4245	26665	5251
企石	28573	5167	17684	5722	34915	6545	21854	6516
石排	25462	2992	17949	4521	31920	3699	21172	7049
茶山	21196	4908	12096	4192	30233	6017	18221	5995

15-1 续表 2

单位：万元

镇街	(1995年)				(1995年)			
	地区生产总值	第一产业	第二产业	第三产业	地区生产总值	第一产业	第二产业	第三产业
莞城	69318		52710	16608	72335		50523	21812
石龙	70501	318	46550	23633	72190	303	36303	35584
虎门	130282	18388	68784	43110	158257	25193	85444	47620
东城	85114	6208	57257	21649	100581	6744	66136	27701
万江	55648	6705	37884	11059	63649	8488	40934	14227
南城	83707	2938	63407	17362	103785	3667	79347	20771
中堂	41537	6593	23358	11585	50533	7418	28908	14206
望牛墩	21961	3197	14061	4703	25963	3440	16512	6011
麻涌	47340	11783	28584	6973	49764	15494	26884	7386
石碣	46831	3332	33206	10293	66081	3495	45532	17054
高埗	28324	6213	14403	7708	36274	6945	19348	9981
道滘	47605	5698	27835	14072	55596	6031	35931	13634
洪梅	15209	2667	6923	5619	16733	2908	7657	5168
沙田	42922	7741	29376	5806	49023	10655	32354	6015
厚街	118353	9670	90642	18041	140036	10906	83151	45979
长安	93323	12505	65233	15585	131672	12882	97066	21724
寮步	75398	14727	32311	28360	85876	15651	37022	33203
大岭山	39228	8485	17265	13478	49383	9773	21083	18527
大朗	66807	17319	25844	23644	78506	16982	29641	31883
黄江	61098	3708	46392	10998	63391	3929	46558	12904
樟木头	31914	2662	24710	4543	41323	3443	32232	5647
清溪	52550	5721	35627	11202	82953	6083	55419	21451
塘厦	112158	6909	90588	14661	139903	9900	112916	17087
凤岗	37051	4767	30135	2149	48015	5521	39670	2824
谢岗	18872	4356	12655	1861	25536	5213	18242	2081
常平	135315	18444	87856	29015	146594	19303	86033	41258
桥头	54012	7206	30626	16180	64694	8418	38393	17883
横沥	44663	4484	23559	16620	54922	4717	29045	21161
东坑	34654	5179	19727	9748	50965	5274	32218	13473
企石	44588	7760	28861	7967	54066	8947	35535	9584
石排	34349	4898	20547	8904	37946	5718	21459	10769
茶山	41484	7159	24892	9433	51339	8233	30308	12798

15-1 续表 3

单位：万元

镇街	(1997年) 地区生产总值	第一产业	第二产业	第三产业	(1998年) 地区生产总值	第一产业	第二产业	第三产业
莞城	80298		49962	30336	110076		49677	60399
石龙	95560	293	48361	46906	133953	116	77910	55927
虎门	246823	25799	130963	90061	362826	29535	176729	156562
东城	125730	5850	78959	40921	161819	5246	105142	51431
万江	69516	8749	42333	18434	82239	9424	50075	22922
南城	130392	3490	103126	23776	160524	3933	128850	27741
中堂	61741	7610	35991	18140	76980	7727	45359	23894
望牛墩	30854	3780	19390	7684	36531	3941	22769	9821
麻涌	52217	15965	29345	6907	62531	16443	35485	10603
石碣	85990	3782	54674	27534	109255	3852	70872	34531
高埗	46630	7586	26579	12465	60242	8235	36383	15624
道滘	69424	6383	47525	15516	80887	6756	54039	20092
洪梅	20052	4501	7602	7949	23134	4607	9569	8958
沙田	54881	11342	36602	6936	71203	16829	42167	12207
厚街	184205	11448	96880	75877	247177	12150	146229	88798
长安	180377	13111	134235	33031	245676	13562	183031	49083
寮步	103656	17341	45112	41203	129731	18768	60452	50511
大岭山	65246	10538	31884	22824	83268	9134	45040	29094
大朗	95301	19093	38996	37212	122409	15008	53085	54316
黄江	67618	4139	47073	16406	83585	4244	58492	20849
樟木头	55682	4725	43020	7936	71299	5333	51615	14351
清溪	120961	7519	84276	29166	160483	7802	115314	37367
塘厦	178757	11467	140870	26420	230580	12121	177569	40890
凤岗	63066	5925	51486	5655	79286	6187	65440	7659
谢岗	29488	6379	20521	2588	34881	6958	24888	3035
常平	185390	20195	98068	67127	231059	19811	131252	79995
桥头	79685	8523	51919	19243	96661	9712	61140	25809
横沥	67894	6411	34892	26591	81263	5364	45427	30472
东坑	63718	4810	44682	14226	78576	5726	54359	18491
企石	62625	9562	42240	10823	72065	9827	47551	14687
石排	43477	6463	23530	13484	53842	6606	28932	18304
茶山	63955	9321	39524	15110	77319	9878	47785	19656

15−1 续表 4

单位：万元

镇街	(1999年) 地区生产总值	第一产业	第二产业	第三产业	(2000年) 地区生产总值	第一产业	第二产业	第三产业
莞城	131005		58104	72901	184225		67030	117195
石龙	157715	349	86171	71195	184256	189	98240	85827
虎门	442633	31013	213607	198014	532946	30479	263928	238539
东城	207432	4126	125159	78147	262854	4233	153667	104954
万江	97379	9435	59636	28308	138724	11604	85526	41594
南城	198820	2756	149678	46386	233013	3119	171413	58481
中堂	94412	7001	57217	30194	123213	7032	76571	39610
望牛墩	43303	4012	26738	12553	51516	4072	31399	16045
麻涌	75449	12466	44768	18215	90816	12213	45965	32638
石碣	137148	3866	88152	45130	175180	4021	111038	60121
高埗	78709	8792	50131	19786	102516	9155	67888	25473
道滘	93751	7151	61687	24913	109999	7569	67841	34589
洪梅	26118	4162	11872	10084	29921	4383	14095	11443
沙田	86339	12167	53505	20667	109128	12714	71503	24911
厚街	300721	12412	171495	116814	405317	12705	221947	170665
长安	332335	13820	240690	77825	419347	14256	299650	105441
寮步	161782	19944	82582	59256	202379	20732	110577	71070
大岭山	108469	9238	67662	31569	138789	9742	89991	39056
大朗	156427	16699	69193	70535	201504	17826	94065	89613
黄江	97621	4410	67206	26005	123331	5243	83748	34340
樟木头	94385	4225	64138	26021	147697	4639	71921	71138
清溪	206524	8790	151219	46515	303131	9984	231303	61844
塘厦	288110	12783	217897	57430	363971	13486	272234	78251
凤岗	100753	6267	61392	33094	128298	6336	79138	42824
谢岗	42142	3610	29017	9515	50174	3975	35779	10420
常平	302805	15703	166347	120755	395318	16116	218229	160974
桥头	111892	9062	69595	33235	130380	9093	82261	39026
横沥	97209	6178	55276	35756	116749	8593	62314	45842
东坑	101287	5363	65010	30913	118430	6241	76250	35940
企石	85313	10000	51789	23524	99467	11339	58897	29231
石排	69030	6772	37874	24384	87817	6913	48532	32372
茶山	90250	9514	55468	25268	105432	10712	64726	29994

15-1 续表 5

单位：万元

镇街	(2001年) 地区生产总值	第一产业	第二产业	第三产业	(2002年) 地区生产总值	第一产业	第二产业	第三产业
莞城	222233		80203	142030	312742		76890	235852
石龙	215738	150	115691	99897	248664	144	135163	113357
虎门	618557	30469	304781	283307	717425	26838	350636	339951
东城	342044	3785	188628	149631	466960	2110	232502	232348
万江	175693	13015	90857	71821	213919	11026	106945	95948
南城	286473	2929	211622	71922	350029	2711	262431	84887
中堂	153366	7155	95677	50533	194263	5908	122819	65536
望牛墩	60921	3540	36872	20509	73104	3591	43299	26214
麻涌	127061	12298	74806	39957	173557	10052	120426	43079
石碣	243163	4139	150613	88411	340162	4141	209830	126191
高埗	133362	9477	90730	33155	173004	9701	120415	42888
道滘	128327	8011	76692	43624	153201	8479	87039	57683
洪梅	34245	4587	16543	13115	41756	4793	21676	15287
沙田	142060	13641	92266	36153	182363	13912	119778	48673
厚街	483117	13088	253149	216880	583689	13976	297707	272006
长安	529219	14496	371263	143460	679022	14622	469032	195368
寮步	252526	21246	143824	87456	314871	20276	182688	111907
大岭山	194021	10089	133489	50443	251078	5741	178811	66526
大朗	264929	17764	128283	118882	341930	15525	181234	145171
黄江	154595	5176	98438	50981	199781	5288	122001	72492
樟木头	176062	4460	84195	87407	210845	5545	101237	104063
清溪	393471	10517	302613	80341	501941	11106	382584	108251
塘厦	457175	13796	335872	107507	573947	13603	425078	135266
凤岗	162854	6400	97540	58914	205006	2035	126903	76068
谢岗	58323	4115	41585	12623	71092	5665	40790	24637
常平	493419	16451	272983	203985	557039	16077	310537	230425
桥头	151979	8366	98054	45559	179442	7245	118564	53633
横沥	140251	9252	74148	56851	168932	9380	90576	68976
东坑	132805	6013	84256	42535	149147	5438	92587	51122
企石	115314	12403	63421	39490	127616	9088	68807	49721
石排	107585	6925	61859	38801	131394	6967	75798	48629
茶山	123931	9801	75341	38789	153215	9801	91916	51498

15-1 续表 6

单位：万元

镇街	(2003年) 地区生产总值	第一产业	第二产业	第三产业	(2004年) 地区生产总值	第一产业	第二产业	第三产业
莞城	415993		80802	335191	552370		94035	458335
石龙	287713	116	167126	120471	317521	51	186652	130820
虎门	905165	27106	462105	415954	1139827	27168	598000	514659
东城	652408	1657	314094	336657	897727	900	411172	485655
万江	269593	9622	129625	130346	329849	5617	156431	167801
南城	452911	2743	314752	135416	741609	1869	349496	390244
中堂	256251	7013	162945	86292	338808	5956	206693	125159
望牛墩	87872	3520	50846	33506	106086	3550	59709	42827
麻涌	234612	8769	177540	48303	292911	8664	226131	58116
石碣	463023	4253	290495	168275	590604	3649	381862	205093
高埗	224078	9891	157949	56238	282716	9943	202317	70456
道滘	178954	8975	100566	69413	217400	9499	119688	88213
洪梅	53960	5113	29668	19179	76686	4770	41140	30776
沙田	236769	13944	155438	67387	310921	13975	202383	94563
厚街	721188	12275	374482	334431	878666	12341	454284	412041
长安	887947	14863	603308	269776	1162826	15040	759582	388204
寮步	394322	13167	234806	146349	498253	5327	303435	189491
大岭山	322872	4937	226565	91370	447412	4571	313857	128984
大朗	443891	10640	240983	192268	574604	6986	325826	241792
黄江	258682	4567	152903	101212	331432	3294	187369	140769
樟木头	250877	4863	119145	126869	291893	4350	139729	147814
清溪	645553	11218	495035	139300	848426	9610	660589	178227
塘厦	710030	13565	526730	169735	882099	13700	653816	214583
凤岗	284608	2048	170574	111986	373309	2015	220434	150860
谢岗	91482	4266	51312	35904	119007	4328	69024	45655
常平	657385	12627	377679	267079	796109	10792	468642	316674
桥头	213712	5419	134937	73356	264849	4495	144282	116072
横沥	205872	9602	117554	78716	253887	9075	153884	90928
东坑	181394	8423	113270	59701	230057	7943	145998	76116
企石	142717	5216	72284	65217	167279	3848	80461	82970
石排	157729	7144	92020	58565	190127	7259	109953	72915
茶山	195098	8607	118895	67596	268473	7413	161070	99990

15-1 续表 7

单位：万元

镇街	(2005年) 地区生产总值	第一产业	第二产业	第三产业	(2006年) 地区生产总值	第一产业	第二产业	第三产业
莞城	617849		153367	464482	712319		230144	482174
石龙	349301	141	194749	154411	384329	35	213392	170902
虎门	1283052	22937	668632	591483	1492628	11446	763086	718096
东城	1049758	480	473888	575389	1264850	427	571728	692694
万江	375471	4209	164099	207164	440346	4711	187932	247702
南城	1016644	1900	440431	574313	1229016	1995	508223	718798
中堂	424212	6122	276399	141691	507968	6428	332766	168774
望牛墩	126751	3511	73191	50049	156949	3480	87638	65831
麻涌	387211	8588	310275	68348	494018	7106	398466	88445
石碣	728816	3782	491498	233535	868731	3091	588622	277018
高埗	366593	10020	254017	102556	456695	6552	320225	129918
道滘	255589	8753	143285	103551	301036	9568	174820	116648
洪梅	102660	3939	61138	37583	123863	4082	77274	42507
沙田	364800	13695	240822	110283	442784	12585	293854	136345
厚街	1033929	11722	531019	491188	1199117	6929	609223	582965
长安	1339428	9492	917732	412204	1539236	7505	1042139	489592
寮步	598969	7765	364261	226943	739610	1136	451671	286803
大岭山	547734	4102	370108	173524	675091	2329	431260	241502
大朗	707369	14112	411161	282096	850356	1491	499588	349277
黄江	364377	3065	220654	140658	441152	741	276062	164349
樟木头	330537	3463	157434	169640	393688	600	185556	207532
清溪	984943	9036	761281	214626	1097986	8012	828219	261755
塘厦	1057175	13661	771724	271790	1186644	12312	830537	343794
凤岗	517427	1762	320177	195488	623929	1750	373375	248804
谢岗	148917	4467	91026	53424	192841	4795	118714	69332
常平	951464	10062	556932	384470	1119659	6338	644544	468777
桥头	287240	4495	168473	114271	388604	1387	210763	176454
横沥	304870	8593	195659	100619	373304	7274	242406	123624
东坑	261238	11543	165441	84254	295233	5703	194653	94877
企石	200581	3129	102183	95269	244027	2266	129255	112506
石排	234709	7268	128132	99308	294009	7283	154259	132467
茶山	305183	6652	190620	107911	384988	3215	245078	136695

15-1 续表 8

单位：万元

镇街	(2007年) 地区生产总值	第一产业	第二产业	第三产业	(2008年) 地区生产总值	第一产业	第二产业	第三产业
莞城	897597		298250	599347	1015311		294311	721000
石龙	427216	10	235821	191385	475742	7	239943	235792
虎门	1846638	10373	936639	899626	2153489	11940	1093014	1048535
东城	1559123	377	699730	859017	1816793	339	773623	1042831
万江	520636	3405	221314	295917	604659	3702	262498	338459
南城	1425257	2015	583496	839747	1632407	1285	618209	1012913
中堂	588085	6553	379181	202351	659949	6760	419455	233734
望牛墩	193635	3462	105983	84190	236495	3359	127759	105377
麻涌	651344	5985	537412	107947	834681	7564	693959	133158
石碣	994532	3096	670790	320646	1082524	2795	694349	385380
高埗	568276	6530	384637	177109	690604	6526	442377	241701
道滘	362268	8202	211240	142826	439328	7218	240510	191600
洪梅	163384	4281	110958	48145	206785	4381	147969	54435
沙田	515106	12403	327706	174997	588063	12863	337140	238060
厚街	1420026	7270	719643	693113	1616483	7971	797404	811108
长安	1770272	7746	1152474	610052	2029075	4979	1158887	865209
寮步	886584	1118	531815	353650	1038493	2141	584767	451585
大岭山	822554	2241	502679	317634	960138	2248	554712	403178
大朗	1025864	2098	592111	431655	1100875	877	688340	411658
黄江	556305	740	347972	207593	721414	724	438204	282486
樟木头	461719	505	228647	232567	507743	311	253050	254382
清溪	1266762	6207	924401	336153	1417816	5170	966538	446108
塘厦	1365736	11206	903107	451422	1602945	10447	980030	612468
凤岗	747757	1752	409163	336843	901696	1725	472782	427189
谢岗	239771	5178	143093	91500	273944	9273	160217	104454
常平	1311744	6665	747353	557726	1495652	6058	796227	693366
桥头	467790	1326	242928	223536	536868	2692	254438	279737
横沥	443014	4350	275399	163265	522130	6972	300380	214778
东坑	320991	4532	204804	111654	372361	4017	231268	137076
企石	291765	2868	150052	138844	320630	2314	159252	159064
石排	360806	7308	187787	165711	417073	7313	216033	193727
茶山	476010	3131	293991	178888	593265	4327	353036	235902

15-1 续表 9

单位：万元

镇街	(2009年) 地区生产总值	第一产业	第二产业	第三产业	(2010年) 地区生产总值	第一产业	第二产业	第三产业
莞城	1040352		299502	740850	1115792		292038	823754
石龙	500549	7	251357	249185	556305	18	304821	251466
虎门	2419910	12828	1251686	1155397	2702726	16705	1381543	1304478
东城	1981608	500	757416	1223692	2325903	656	991152	1334095
万江	610175	3390	249526	357259	685919	3222	287888	394809
南城	1872783	1284	734981	1136517	2055462	1269	555924	1498269
中堂	674939	7100	413984	253856	695262	7310	431830	256122
望牛墩	286686	3472	166118	117095	302050	3658	172713	125679
麻涌	932534	7862	777674	146998	1087720	8234	891648	187838
石碣	1086898	2648	650121	434129	1122881	3295	762820	356766
高埗	608438	5999	390194	212244	696749	5892	459823	231034
道滘	450580	8351	242454	199775	523260	8861	309422	204977
洪梅	264819	4740	197972	62107	355295	4887	276048	74360
沙田	619483	13163	368138	238182	693021	13446	436821	242754
厚街	1678908	8479	914313	756117	1902062	9339	1086280	806443
长安	2211285	4875	1323386	883024	2526623	5739	1600805	920079
寮步	1123230	1661	636883	484686	1349627	1897	789877	557853
大岭山	984070	2294	528931	452845	1075990	2490	574968	498532
大朗	1183474	1280	705331	476863	1416061	1436	879639	534986
黄江	764041	770	433072	330199	857727	852	493318	363557
樟木头	526185	370	254463	271353	553702	387	239856	313459
清溪	1367253	5502	908931	452820	1453430	6065	983652	463713
塘厦	1752390	11238	1106487	634665	1884677	11288	1223558	649831
凤岗	1011987	1233	530038	480716	1113150	1248	580298	531604
谢岗	295677	9452	172097	114128	364226	8230	231116	124880
常平	1534976	6940	822743	705293	1656766	7562	836169	813035
桥头	534067	3291	263554	267222	590294	4943	304181	281170
横沥	548695	6058	346590	196047	597618	3689	363785	230144
东坑	409118	1903	261738	145478	498756	1420	335923	161413
企石	321347	2160	182769	136418	338048	1973	206857	129218
石排	450810	7210	255950	187650	540400	6950	332869	200581
茶山	614130	4214	369256	240660	630320	2729	363192	264399

15-1 续表 10

单位：万元

镇 街	(2011年) 地区生产总值	第一产业	第二产业	第三产业	(2012年) 地区生产总值	第一产业	第二产业	第三产业
莞 城	1209471		327289	882182	1294734		310517	984217
石 龙	618112	20	335789	282303	659109	28	352454	306627
虎 门	3055730	16073	1482485	1557172	3422356	16086	1725936	1680334
东 城	2569788	869	1037274	1531645	2779290	1210	1014671	1763409
万 江	778525	2832	329963	445730	813123	2684	334656	475783
南 城	2439689	1316	657856	1780517	2784446	1230	688651	2094565
中 堂	784008	8362	490247	285399	792092	8500	487921	295671
望牛墩	357888	4049	209790	144049	366219	4493	202129	159597
麻 涌	1203578	9587	930015	263976	1255088	10132	910725	334231
石 碣	1124804	3031	768950	352823	1132253	3139	769072	360042
高 埗	804267	5677	532642	265948	844131	5775	553151	285205
道 滘	594372	10424	350440	233508	626091	11771	364416	249904
洪 梅	389405	5430	292000	91975	398013	5029	295568	97416
沙 田	755929	16062	452731	287136	815255	18396	408554	388305
厚 街	2183182	10109	1302703	870370	2676877	10596	1724407	941874
长 安	2783197	5630	1750536	1027031	3146290	5850	2089955	1050485
寮 步	1499972	1431	867299	631242	1613768	8556	915642	689570
大岭山	1257288	2592	660718	593978	1390297	2738	764318	623241
大 朗	1575776	1701	972097	601978	1725549	2111	1061396	662042
黄 江	960794	936	535697	424161	1099460	1103	529881	468476
樟木头	632085	417	266380	365288	662920	328	274257	388335
清 溪	1538949	6889	1014016	518044	1561065	7990	1021240	531835
塘 厦	2177163	11593	1375233	790337	2331403	13283	1436031	882089
凤 岗	1305130	1414	689152	614564	1391491	1634	719078	670779
谢 岗	430332	10748	280487	139097	484832	14028	327431	143373
常 平	1880290	8627	971418	900245	2084635	9493	1046525	1028617
桥 头	640000	3917	339881	296202	761527	3897	448256	309374
横 沥	657707	4617	408307	244783	714704	4492	453908	256304
东 坑	632177	1621	445554	185002	713061	1549	502910	208602
企 石	385331	2380	233371	149580	420599	2780	255153	162666
石 排	580343	6716	338977	234650	590059	6839	346502	236718
茶 山	704188	3086	386223	314879	754322	3438	442351	308533

15-1 续表 11

单位：万元

镇　　街	(2013年)				(2014年)			
	地区生产总值	第一产业	第二产业	第三产业	地区生产总值	第一产业	第二产业	第三产业
莞城街道	1313996		286637	1027359	1396413		279993	1116420
石 龙 镇	745464	40	412921	332503	800352	42	446898	353412
虎 门 镇	3797597	16924	1901654	1879019	4101082	17675	2093611	1989796
东城街道	3338081	1679	1320984	2015418	3501797	1753	1385886	2114158
万江街道	950186	2724	402216	545246	1005623	2845	425565	577213
南城街道	3277656	1269	824788	2451599	3562627	1243	825922	2735462
中 堂 镇	832363	9280	498758	324325	884564	9688	541292	333584
望牛墩镇	479910	4921	265503	209486	511728	5139	280596	225993
麻 涌 镇	1440995	11042	965867	464086	1504265	11510	1002633	490122
石 碣 镇	1163439	3046	808931	351462	1262165	3184	885834	373147
高 埗 镇	1040039	5958	707056	327025	1125947	6220	773983	345744
道 滘 镇	691767	13120	409411	269236	733749	13676	432258	287815
洪 梅 镇	476631	5536	354834	116261	555569	5782	411133	138654
沙 田 镇	961786	20113	445626	496047	1069371	20998	492683	555690
厚 街 镇	2818469	11491	1689907	1117071	2978203	11978	1721639	1244586
长 安 镇	3645756	6274	2532121	1107361	3949109	6540	2775542	1167027
寮 步 镇	1895919	7996	1092858	795065	2043777	8335	1157389	878053
大岭山镇	1630113	2899	964598	662616	1774695	3026	1054817	716852
大 朗 镇	1949820	2338	1170581	776901	2127804	2502	1283732	841570
黄 江 镇	1218902	1263	701847	515792	1264209	1317	725634	537258
樟木头镇	769119	344	323759	445016	818237	358	363646	454233
清 溪 镇	1791979	8817	1205791	577371	1913554	9221	1298877	605456
塘 厦 镇	2709553	13965	1851493	844095	2924546	14754	2036362	873430
凤 岗 镇	1687691	1734	928154	757803	1887859	1807	1123723	762329
谢 岗 镇	541679	12346	376150	153183	632614	12894	453389	166331
常 平 镇	2493932	10491	1328483	1154958	2656256	10935	1431946	1213375
桥 头 镇	908298	3873	551782	352643	1052143	4037	681758	366348
横 沥 镇	852779	4630	564237	283912	937378	4834	635104	297440
东 坑 镇	834485	1490	594323	238672	915210	1556	654331	259323
企 石 镇	487763	3258	299056	185449	523550	3396	326710	193444
石 排 镇	693392	7042	414155	272195	755786	7355	462578	285853
茶 山 镇	877459	3585	527736	346138	949892	3737	583913	362242

15-1 续表 12

单位：万元

镇街	(2015年)				(2016年)			
	地区生产总值	第一产业	第二产业	第三产业	地区生产总值	第一产业	第二产业	第三产业
莞城街道	1452479		269542	1182937	1620254		276307	1343947
石龙镇	835298	42	453893	381363	905741	46	471273	434422
虎门镇	4363778	17799	2097379	2248600	4862900	19276	2241945	2601679
东城街道	3787721	1765	1464293	2321663	4265957	1912	1643897	2620148
万江街道	1076624	2865	448529	625230	1201026	3103	507365	690558
南城街道	3884214	1252	799638	3083324	4350090	1258	806069	3542763
中堂镇	899849	9756	536874	353219	978185	10565	585139	382481
望牛墩镇	541549	5175	288001	248373	581033	5605	289313	286115
麻涌镇	1620080	11855	1046412	561813	1777904	12839	1019980	745085
石碣镇	1351678	3232	936451	411995	1545634	3394	1073984	468256
高埗镇	1209769	6264	842946	360559	1306165	6783	884598	414784
道滘镇	754773	13772	422974	318027	879504	13813	489571	376120
洪梅镇	578354	5822	424152	148380	638739	6305	458533	173901
沙田镇	1184019	21145	535930	626944	1337034	22900	570905	743229
厚街镇	3097742	12062	1695762	1389918	3420651	13063	1823685	1583903
长安镇	4389421	6586	3056154	1326681	5200720	7132	3511443	1682145
寮步镇	2144476	8393	1150206	985877	2412672	9091	1251080	1152501
大岭山镇	1957690	3047	1105756	848887	2263120	3300	1224166	1035654
大朗镇	2342547	2534	1386616	953397	2634364	2745	1576892	1054727
黄江镇	1357603	1325	758646	597632	1509471	1435	833574	674462
樟木头镇	880643	361	389196	491086	987560	391	440469	546700
清溪镇	2058013	9285	1391328	657400	2315266	10056	1592721	712489
塘厦镇	3228699	14858	2314135	899706	3626338	16091	2571814	1038433
凤岗镇	2058295	1820	1231245	825230	2368803	1971	1459441	907391
谢岗镇	691098	12984	508046	170068	767472	14062	576132	177278
常平镇	2878721	11012	1589011	1278698	3141862	11926	1674946	1454990
桥头镇	1122633	4065	716956	401612	1304386	4402	858184	441800
横沥镇	1030696	4868	709435	316393	1178695	5272	828253	345170
东坑镇	1029140	1567	765446	262127	1154794	1697	875238	277859
企石镇	579141	3420	368762	206959	659945	3704	423347	232894
石排镇	819548	7406	508310	303832	964824	8021	607672	349131
茶山镇	1020292	4040	620394	395858	1141124	4396	710697	426031

15-1 续表 13

单位：万元

镇街	(2017年) 地区生产总值	第一产业	第二产业	第三产业	(2018年) 地区生产总值	第一产业	第二产业	第三产业
莞城街道	1807582		294312	1513270	2061132		301783	1759349
石龙镇	960402	45	490340	470017	1088002	96	519842	568064
虎门镇	5430350	18852	2517147	2894351	6091139	14565	2954072	3122502
东城街道	4837211	1870	1808388	3026953	5386320	1558	2052598	3332164
万江街道	1343799	3034	579484	761281	1479224	7719	663122	808383
南城街道	4744451	1261	704623	4038567	5562042	1188	823195	4737659
中堂镇	1105728	10333	670958	424437	1258879	17178	756667	485034
望牛墩镇	717105	5482	372802	338821	852550	4583	452672	395295
麻涌镇	2035233	13481	1184372	837380	2354315	13797	1439349	901169
石碣镇	1731072	3411	1189491	538170	1932927	3483	1320148	609296
高埗镇	1440173	6634	980511	453028	1526093	8200	1053096	464797
道滘镇	994648	13509	559577	421562	1061745	9374	591961	460410
洪梅镇	807833	6166	597262	204405	880943	3713	642655	234575
沙田镇	1476993	22396	637176	817421	1719948	17059	722550	980339
厚街镇	3755234	12776	2049213	1693245	3931841	18947	2157650	1755244
长安镇	6014798	6975	4002080	2005743	7067066	1574	4686989	2378503
寮步镇	2731999	8891	1463066	1260042	3105120	39023	1638596	1427501
大岭山镇	2609140	3227	1461132	1144781	2753135	3393	1491710	1258032
大朗镇	2985724	2937	1832904	1149883	3371339	5594	2100843	1264902
黄江镇	1790100	1438	1067647	721015	2015317	1940	1186601	826776
樟木头镇	1110215	382	496239	613594	1244977	382	561454	683141
清溪镇	2588285	9835	1789618	788832	2850822	19419	2014581	816822
塘厦镇	4058335	15737	2926895	1115703	4444715	12779	3210397	1221539
凤岗镇	2673675	1928	1719513	952234	2828129	1346	1788622	1038161
谢岗镇	866082	13753	651046	201283	938838	15751	674742	248345
常平镇	3389214	11664	1824684	1552866	3552317	8922	2000427	1542968
桥头镇	1508191	4306	1020689	483196	1680889	4661	1150316	525912
横沥镇	1356313	5156	985890	365267	1538377	7333	1143029	388015
东坑镇	1318832	1660	1016355	300817	1525498	2250	1172280	350968
企石镇	779782	3622	516899	259261	963714	3633	657833	302248
石排镇	1153224	7844	749094	396286	1353952	5557	929695	418700
茶山镇	1290128	4749	815700	469679	1459395	3283	921056	535056

15-1 续表 14

单位：万元

镇 街	(2019年) 地区生产总值	第一产业	第二产业	第三产业	(2020年) 地区生产总值	第一产业	第二产业	第三产业
莞城街道	2158539		317728	1840811	2152101		299902	1852199
石龙镇	1161310	107	522452	638751	1142729	112	452345	690272
虎门镇	6458560	16266	3125055	3317240	6445643	17067	3035942	3392534
东城街道	5875670	1740	2244275	3629656	6006400	1825	2222390	3782184
万江街道	1609747	8620	730102	871024	1687014	9045	787435	890534
南城街道	6128244	1327	1034272	5092645	6244681	1392	1064518	5178771
中堂镇	1384577	19184	813554	551839	1456575	20129	826217	610229
望牛墩镇	938047	5119	529887	403041	1005500	5371	546657	453472
麻涌镇	2516292	15408	1532626	968258	2599329	16167	1477886	1105276
石碣镇	2029572	3889	1379663	646020	2053205	4081	1367894	681229
高埗镇	1669178	9158	1110327	549694	1642682	9609	1024238	608836
道滘镇	1167247	10469	659412	497367	1219773	10984	685126	523663
洪梅镇	952989	4146	686545	262297	1016000	4350	723129	288520
沙田镇	1956346	19051	824941	1112354	2093290	19990	902281	1171019
厚街镇	4140674	21160	2284269	1835245	4157237	22202	2148407	1986628
长安镇	7576507	1758	4600874	2973875	8019500	1845	4766540	3251115
寮步镇	3335062	43580	1726776	1564705	3449212	45727	1670814	1732670
大岭山镇	2838940	3789	1574797	1260354	3020737	3976	1556018	1460743
大朗镇	3537748	6248	2223030	1308470	3583738	6555	2201166	1376017
黄江镇	2156203	2166	1324289	829748	2268326	2273	1339440	926613
樟木头镇	1321394	427	590292	730675	1327938	448	572154	755337
清溪镇	3110685	21687	2189484	899513	3191562	22756	2221359	947448
塘厦镇	4706120	14271	3260493	1431355	5026700	14974	3437304	1573922
凤岗镇	3035864	1503	1851812	1182550	3184622	1577	1930783	1252262
谢岗镇	1039799	17590	736458	285750	1082431	18457	748061	315913
常平镇	3689310	9964	1991670	1687675	3744650	10455	1944219	1789975
桥头镇	1736575	5206	1199227	532142	1746251	5462	1203043	537746
横沥镇	1661211	8190	1211385	441637	1740949	8593	1255541	476815
东坑镇	1694836	2513	1308578	383746	1793137	2636	1369713	420738
企石镇	1069561	4057	725107	340397	1128387	4257	757460	366670
石排镇	1508698	6206	1043010	459482	1602466	6512	1118735	477219
茶山镇	1609010	3666	990095	615248	1694287	3847	1028734	661706

15-2 镇街第三产业增加值（2020年）

Value-added of the Tertiary Industry by Town (2020)

单位：万元

镇　街	第三产业增加值	#交通运输及仓储业	批发和零售业	住宿和餐饮业	金融业	房地产业
莞城街道	1852199	129388	155075	50807	533806	201620
石 龙 镇	690272	11454	84672	22163	93714	121614
虎 门 镇	3392634	211281	645036	113925	412923	852539
东城街道	3782184	104666	345844	118949	792042	633881
万江街道	890534	51010	221807	57597	115917	88221
南城街道	5178771	255447	864781	119724	1244414	585948
中 堂 镇	610229	9119	152623	31040	73899	105584
望牛墩镇	453472	10601	49827	8846	48498	142008
麻 涌 镇	1105276	147835	258911	18749	78839	388699
石 碣 镇	681229	16843	70021	41664	97399	208510
高 埗 镇	608836	35013	78258	25092	58722	179529
道 滘 镇	523663	16928	73935	19448	61531	161327
洪 梅 镇	288520	43519	60288	5517	34529	41166
沙 田 镇	1171019	262807	224674	22483	79992	363392
厚 街 镇	1986628	54218	454618	99878	295745	381680
长 安 镇	3251115	44617	743034	127645	508814	436577
寮 步 镇	1732670	165911	309384	80607	146931	355484
大岭山镇	1460743	24218	156228	36456	112883	751262
大 朗 镇	1376017	55603	318207	86397	191156	283622
黄 江 镇	926613	17251	179301	39631	105524	309371
樟木头镇	755337	61047	201223	37314	77525	146630
清 溪 镇	947448	32144	131597	48539	106042	279179
塘 厦 镇	1573922	37011	279774	93024	217391	376360
凤 岗 镇	1252262	27849	122640	53813	171490	301957
谢 岗 镇	315913	3560	69898	13320	40523	48271
常 平 镇	1789975	41221	445755	92275	188545	320206
桥 头 镇	537746	6976	84199	35303	60604	148317
横 沥 镇	476815	10507	67021	28275	71692	91690
东 坑 镇	420788	4293	59701	19466	53306	126087
企 石 镇	366670	11499	36921	19317	54394	67654
石 排 镇	477219	34889	84890	28899	72666	83244
茶 山 镇	661706	29978	189929	28921	61291	136241

15-3 镇街户籍户数与人口数（2020年）

Population of Household by Town (2020)

单位：人

镇　街	户　数（户）	城镇户	乡村户	人口数	按性别分 男	女	按城镇、乡村分 城镇人口	乡村人口
全　市	788118	752616	35502	2638788	1294594	1344194	2523161	115627
莞城街道	47931	47931		206565	102454	104111	206565	
石龙镇	24826	24826		84985	41415	43570	84985	
虎门镇	49620	49620		168995	82936	86059	168995	
东城街道	48176	48176		159773	77788	81985	159773	
万江街道	35874	35874		113000	55706	57294	113000	
南城街道	49289	49289		156854	76200	80654	156854	
中堂镇	25815	24695	1120	87389	44213	43176	83819	3570
望牛墩镇	15006	12998	2008	53215	26401	26814	46564	6651
麻涌镇	27864	21569	6295	88113	43585	44528	67506	20607
石碣镇	19646	19646		63466	31278	32188	63466	
高埗镇	13298	13298		45909	22899	23010	45909	
道滘镇	19677	18525	1152	66515	33001	33514	61952	4563
洪梅镇	8809	5333	3476	26877	13337	13540	15673	11204
沙田镇	18133	10861	7272	56300	27574	28726	32224	24076
厚街镇	40659	37892	2767	133290	64982	68308	124311	8979
长安镇	23798	23798		84458	40688	43770	84458	
寮步镇	35805	34241	1564	116980	56925	60055	112452	4528
大岭山镇	20086	19893	193	66422	32490	33932	65854	568
大朗镇	30952	30722	230	100203	49914	50289	99569	634
黄江镇	14357	12115	2242	44321	21300	23021	37944	6377
樟木头镇	14764	14764		49714	23662	26052	49714	
清溪镇	17186	16847	339	54981	26313	28668	54051	930
塘厦镇	29939	29939		91807	43300	48507	91807	
凤岗镇	12979	12979		47270	21949	25321	47270	
谢岗镇	7388	5631	1757	25134	12357	12777	18955	6179
常平镇	37396	37396		114542	56197	58345	114542	
桥头镇	14696	14696		47049	23267	23782	47049	
横沥镇	15813	14383	1430	52332	26106	26226	47264	5068
东坑镇	13192	13192		38347	19346	19001	38347	
企石镇	15895	12238	3657	50468	25617	24851	38775	11693
石排镇	15616	15616		51125	25560	25565	51125	
茶山镇	16561	16561		55649	27299	28350	55649	
松山湖	7072	7072		36740	18535	18205	36740	

注：户籍人口相关数据来源于市公安局，下同。

15-4 镇街户籍人口自然变动情况（2020年）

Population Household by Town (2020)

镇　　街	出　　生		死　　亡		自然增长	
	人　数（人）	出生率（‰）	人　数（人）	死亡率（‰）	人　数（人）	自然增长率（‰）
全　　市	34227	13.38	10986	4.29	23241	9.08
莞城街道	2170	11.08	938	4.79	1232	6.29
石 龙 镇	901	10.52	519	6.06	382	4.46
虎 门 镇	2035	12.08	816	4.85	1219	7.24
东城街道	1936	12.56	392	2.54	1544	10.02
万江街道	1554	13.85	469	4.18	1085	9.67
南城街道	2411	15.74	303	1.98	2108	13.76
中 堂 镇	1044	12.01	535	6.15	509	5.85
望牛墩镇	746	14.11	293	5.54	453	8.57
麻 涌 镇	1271	14.57	426	4.88	845	9.69
石 碣 镇	840	13.62	262	4.25	578	9.37
高 埗 镇	560	12.44	220	4.89	340	7.55
道 滘 镇	860	12.78	397	5.90	463	6.88
洪 梅 镇	366	13.62	124	4.62	242	9.01
沙 田 镇	784	14.29	281	5.12	503	9.17
厚 街 镇	1703	13.82	595	4.83	1108	8.99
长 安 镇	1223	14.97	230	2.82	993	12.16
寮 步 镇	1493	14.17	429	4.07	1064	10.10
大岭山镇	930	15.90	239	4.09	691	11.81
大 朗 镇	1486	15.14	467	4.76	1019	10.38
黄 江 镇	646	14.75	125	2.85	521	11.90
樟木头镇	776	15.78	153	3.11	623	12.67
清 溪 镇	660	12.82	209	4.06	451	8.76
塘 厦 镇	1209	13.33	245	2.70	964	10.63
凤 岗 镇	656	13.87	154	3.26	502	10.62
谢 岗 镇	287	12.33	133	5.71	154	6.62
常 平 镇	1497	13.06	490	4.27	1007	8.78
桥 头 镇	610	13.19	227	4.91	383	8.28
横 沥 镇	602	12.75	218	4.62	384	8.13
东 坑 镇	478	12.84	226	6.07	252	6.77
企 石 镇	629	12.34	292	5.73	337	6.61
石 排 镇	592	11.69	245	4.84	347	6.85
茶 山 镇	654	12.49	321	6.13	333	6.36
松 山 湖	618	18.16	13	0.38	605	17.78

注：本表数据来源于市卫生健康局。

15-5 镇街人口迁移变动情况（2020年）

Population Migration by Town (2020)

单位：人

镇　街	迁移总计	省　内	省　外	迁入总计	省内迁入	省外迁入	迁出总计	迁往省内	迁往省外
全　市	116184	42067	74117	107171	36900	70271	9013	5167	3846
莞城街道	4564	1964	2500	3921	1554	2367	643	410	233
石 龙 镇	2545	1152	1393	2219	947	1272	326	205	121
虎 门 镇	6765	2687	4078	6180	2375	3805	585	312	273
东城街道	9844	4056	5788	9190	3641	5549	654	415	239
万江街道	4837	1737	3100	4471	1555	2916	366	182	184
南城街道	11169	4236	6933	10187	3591	6596	982	645	337
中 堂 镇	1321	611	710	1248	554	694	73	57	16
望牛墩镇	763	247	516	693	220	473	70	27	43
麻 涌 镇	1935	765	1170	1709	604	1105	226	161	65
石 碣 镇	3469	979	2490	3267	893	2374	202	86	116
高 埗 镇	1237	405	832	1163	380	783	74	25	49
道 滘 镇	1524	531	993	1434	479	955	90	52	38
洪 梅 镇	485	151	334	450	141	309	35	10	25
沙 田 镇	2392	759	1633	2262	697	1565	130	62	68
厚 街 镇	5128	1473	3655	4772	1336	3436	356	137	219
长 安 镇	5607	1677	3930	5151	1386	3765	456	291	165
寮 步 镇	7084	2457	4627	6721	2267	4454	363	190	173
大岭山镇	3307	1188	2119	3159	1111	2048	148	77	71
大 朗 镇	3775	1544	2231	3599	1465	2134	176	79	97
黄 江 镇	2585	786	1799	2354	663	1691	231	123	108
樟木头镇	3217	1206	2011	2987	1055	1932	230	151	79
清 溪 镇	2855	911	1944	2657	822	1835	198	89	109
塘 厦 镇	5080	1852	3228	4556	1471	3085	524	381	143
凤 岗 镇	3120	1413	1707	2832	1201	1631	288	212	76
谢 岗 镇	654	320	334	593	299	294	61	21	40
常 平 镇	5237	1694	3543	4907	1546	3361	330	148	182
桥 头 镇	1779	604	1175	1648	536	1112	131	68	63
横 沥 镇	2815	872	1943	2675	816	1859	140	56	84
东 坑 镇	1805	487	1318	1741	464	1277	64	23	41
企 石 镇	1034	304	730	925	276	649	109	28	81
石 排 镇	1395	512	883	1265	476	789	130	36	94
茶 山 镇	2204	685	1519	2084	624	1460	120	61	59
松 山 湖	4653	1802	2851	4151	1455	2696	502	347	155

注：本表按户籍人口统计，数据来源于市公安局。

15-6 镇街土地面积和人口密度（2020年）

Land Area and Population Density by Town (2020)

镇　街	土地面积 （平方公里）	人口密度（人/平方公里）	
		户籍人口	常住人口
莞城街道	11.2	18443	15554
石 龙 镇	13.8	6158	10507
虎 门 镇	166.5	1015	5042
东城街道	105.1	1520	5692
万江街道	48.5	2330	6792
南城街道	56.6	2771	7403
中 堂 镇	59.9	1459	3292
望牛墩镇	31.6	1684	2756
麻 涌 镇	87.2	1010	2095
石 碣 镇	36.2	1753	7809
高 埗 镇	34.6	1327	4919
道 滘 镇	54.3	1225	2943
洪 梅 镇	33.2	810	1970
沙 田 镇	117.7	478	1788
厚 街 镇	125.7	1060	4389
长 安 镇	89.5	944	9036
寮 步 镇	72.5	1614	7088
大岭山镇	95.5	696	3840
大 朗 镇	97.5	1028	5720
黄 江 镇	92.9	477	3056
樟木头镇	118.8	418	1466
清 溪 镇	140.1	392	2462
塘 厦 镇	128.2	716	4913
凤 岗 镇	82.4	574	5074
谢 岗 镇	91.0	276	1168
常 平 镇	103.3	1109	4314
桥 头 镇	56.0	840	3707
横 沥 镇	44.7	1171	6248
东 坑 镇	23.7	1618	7941
企 石 镇	58.2	867	2916
石 排 镇	48.7	1050	4838
茶 山 镇	45.4	1226	4839
松 山 湖	89.6	410	1350

注：土地面积数据来源于市自然资源局，不包括海域面积。其中，沙田镇面积含虎门港，松山湖面积含生态园。

15-7 镇街常住人口

Permanent Population by Town

单位：万人

镇　街	2010年	2011年	2012年	2013年	2014年	2015年
莞城街道	16.22	16.33	16.44	16.48	16.53	16.59
石 龙 镇	14.20	14.22	14.25	14.28	14.31	14.34
虎 门 镇	63.91	68.70	72.76	76.22	79.02	79.43
东城街道	49.32	49.68	51.60	54.01	56.36	56.61
万江街道	24.49	27.15	28.82	30.12	31.15	31.28
南城街道	28.95	34.62	36.67	38.41	39.74	39.89
中 堂 镇	13.97	16.30	17.31	18.09	18.71	18.78
望牛墩镇	8.48	8.53	8.56	8.58	8.60	8.62
麻 涌 镇	11.82	12.53	15.96	16.68	17.26	17.33
石 碣 镇	24.71	25.03	25.27	26.07	26.87	26.97
高 埗 镇	21.75	21.20	20.68	20.16	19.66	19.17
道 滘 镇	14.32	14.47	14.58	14.64	15.15	15.21
洪 梅 镇	5.81	5.88	5.95	6.06	6.27	6.29
沙 田 镇	17.76	18.11	18.47	19.30	19.97	20.05
厚 街 镇	43.85	44.86	47.54	49.77	52.00	52.19
长 安 镇	66.46	67.98	69.97	73.21	75.94	76.45
寮 步 镇	41.88	43.09	44.29	46.37	48.53	48.85
大岭山镇	27.96	30.29	32.16	33.61	34.77	34.90
大 朗 镇	31.11	36.44	46.98	50.58	52.63	52.84
黄 江 镇	23.15	23.46	24.91	26.03	26.93	27.03
樟木头镇	13.29	14.40	15.29	15.98	16.53	16.59
清 溪 镇	31.28	31.39	31.49	31.65	32.74	32.87
塘 厦 镇	48.24	51.29	54.37	56.90	59.34	59.64
凤 岗 镇	31.92	34.55	36.60	38.33	39.65	39.80
谢 岗 镇	9.95	10.01	10.04	10.06	10.08	10.12
常 平 镇	38.67	38.70	38.80	40.63	42.17	42.40
桥 头 镇	16.69	17.17	18.23	19.05	19.71	19.79
横 沥 镇	20.49	23.10	24.52	25.62	26.50	26.50
东 坑 镇	13.89	15.55	16.51	17.25	17.85	17.92
企 石 镇	12.18	14.01	14.87	15.54	16.03	16.14
石 排 镇	16.03	19.47	20.67	21.60	22.35	22.44
茶 山 镇	15.66	18.15	19.27	20.14	20.84	20.92
松 山 湖	3.77	10.02	10.62	11.10	11.48	11.52

注：2021年，根据全国第七次人口普查结果，对2011—2019年镇街常住人口进行修订，下同。

15-7 续表

单位：万人

镇 街	2016年	2017年	2018年	2019年	2020年
莞城街道	16.87	17.22	17.32	17.36	17.42
石 龙 镇	14.36	14.38	14.42	14.46	14.50
虎 门 镇	81.07	83.13	83.57	83.68	83.95
东城街道	57.77	59.09	59.50	59.66	59.82
万江街道	31.81	32.45	32.76	32.84	32.94
南城街道	40.57	41.44	41.66	41.77	41.90
中 堂 镇	19.10	19.51	19.61	19.65	19.72
望牛墩镇	8.64	8.66	8.68	8.70	8.71
麻 涌 镇	17.62	18.08	18.18	18.22	18.27
石 碣 镇	27.37	27.93	28.10	28.17	28.27
高 埗 镇	18.70	18.25	17.78	17.35	17.02
道 滘 镇	15.47	15.80	15.88	15.92	15.98
洪 梅 镇	6.36	6.48	6.51	6.52	6.54
沙 田 镇	20.39	20.83	20.94	20.99	21.05
厚 街 镇	53.27	54.51	54.90	55.00	55.17
长 安 镇	78.05	80.02	80.55	80.66	80.87
寮 步 镇	49.68	50.84	51.11	51.23	51.39
大岭山镇	35.49	36.25	36.44	36.54	36.67
大 朗 镇	53.93	55.18	55.47	55.60	55.77
黄 江 镇	27.49	28.08	28.23	28.31	28.39
樟木头镇	16.87	17.23	17.32	17.36	17.42
清 溪 镇	33.43	34.14	34.32	34.39	34.49
塘 厦 镇	60.75	62.25	62.68	62.82	62.99
凤 岗 镇	40.48	41.34	41.61	41.67	41.81
谢 岗 镇	10.29	10.51	10.57	10.60	10.63
常 平 镇	43.12	44.04	44.33	44.41	44.56
桥 头 镇	20.13	20.56	20.67	20.70	20.76
横 沥 镇	27.05	27.62	27.77	27.84	27.93
东 坑 镇	18.23	18.62	18.72	18.76	18.82
企 石 镇	16.41	16.78	16.87	16.91	16.97
石 排 镇	22.81	23.30	23.42	23.47	23.56
茶 山 镇	21.28	21.73	21.85	21.89	21.97
松 山 湖	11.72	11.97	12.03	12.05	12.10

15-8 镇街第七次全国人口普查总户数、总人口和性别比

Total Households、Population and Gender Ratio of the 7th National Census by Town

镇 街	总户数（户）	家庭户	集体户	总人口（人）	男	女	性别比（女=100）
全 市	5057386	4388293	669093	10466625	5917079	4549546	130.06
莞城街道	72928	68404	4524	173957	88425	85532	103.38
石龙镇	58325	53558	4767	144762	74642	70120	106.45
虎门镇	428442	380858	47584	838144	469169	368975	127.15
东城街道	244840	222769	22071	597192	324106	273086	118.68
万江街道	128468	115627	12841	328856	179901	148955	120.78
南城街道	169434	146548	22886	418288	217853	200435	108.69
中堂镇	88493	79721	8772	196890	110299	86591	127.38
望牛墩镇	36896	32710	4186	86960	48599	38361	126.69
麻涌镇	78673	64940	13733	182416	101988	80428	126.81
石碣镇	138286	122209	16077	282255	160102	122153	131.07
高埗镇	91029	83334	7695	169923	95091	74832	127.07
道滘镇	72743	64725	8018	159502	87834	71668	122.56
洪梅镇	31058	27078	3980	65325	37884	27441	138.06
沙田镇	102911	91008	11903	210175	123074	87101	141.30
厚街镇	291858	261585	30273	550807	315184	235623	133.77
长安镇	436775	369460	67315	807391	471779	335612	140.57
寮步镇	251943	216823	35120	513090	292522	220568	132.62
大岭山镇	180005	155267	24738	366101	215674	150427	143.37
大朗镇	266869	231295	35574	556778	316378	240400	131.60
黄江镇	143027	123134	19893	283426	166731	116695	142.88
樟木头镇	82187	74894	7293	173875	94499	79376	119.05
清溪镇	172356	148804	23552	344303	198675	145628	136.43
塘厦镇	326773	279467	47306	629016	362973	266043	136.43
凤岗镇	216849	186191	30658	417430	239993	177437	135.26
谢岗镇	51636	45255	6381	106152	61870	44282	139.72
常平镇	213738	183174	30564	444894	244180	200714	121.66
桥头镇	102448	85084	17364	207294	119860	87434	137.09
横沥镇	140911	121259	19652	278858	162505	116353	139.67
东坑镇	92273	78945	13328	187877	111223	76654	145.10
企石镇	77057	64791	12266	169396	96881	72515	133.60
石排镇	108751	90399	18352	235194	135358	99836	135.58
茶山镇	106600	90756	15844	219333	121835	97498	124.96
松山湖	52804	28221	24583	120765	69992	50773	137.85

注：本表为第七次全国人口普查初步汇总数据，下同。

15-9 镇街第七次全国人口普查主要年龄段的人口数
Population of Main Age Groups in the 7th National Census by Town

镇街	总人口（人）	0-14岁	15-59岁	60岁及以上	65岁及以上	0-14岁人口占总人口的比例	15-59岁人口占总人口的比例	60岁及以上人口占总人口的比例	65岁及以上人口占总人口的比例
全市	10466625	1372875	8521125	572625	370020	13.12	81.41	5.47	3.54
莞城街道	173957	29833	120771	23353	16727	17.15	69.43	13.42	9.62
石龙镇	144762	23500	104241	17021	11854	16.23	72.01	11.76	8.19
虎门镇	838144	96947	700456	40741	26016	11.57	83.57	4.86	3.10
东城街道	597192	87652	468239	41301	26785	14.68	78.41	6.92	4.49
万江街道	328856	57272	244257	27327	18337	17.42	74.27	8.31	5.58
南城街道	418288	72017	318211	28060	17664	17.22	76.07	6.71	4.22
中堂镇	196890	29482	148312	19096	13011	14.97	75.33	9.70	6.61
望牛墩镇	86960	13798	63397	9765	6905	15.87	72.90	11.23	7.94
麻涌镇	182416	24971	140772	16673	11548	13.69	77.17	9.14	6.33
石碣镇	282255	36900	230027	15328	10088	13.07	81.50	5.43	3.57
高埗镇	169923	20548	138616	10759	7288	12.09	81.58	6.33	4.29
道滘镇	159502	22730	121347	15425	10925	14.25	76.08	9.67	6.85
洪梅镇	65325	8375	51517	5433	3746	12.82	78.86	8.32	5.73
沙田镇	210175	28752	168483	12940	8310	13.68	80.16	6.16	3.95
厚街镇	550807	61450	460437	28920	18944	11.16	83.59	5.25	3.44
长安镇	807391	86585	699152	21654	12457	10.72	86.59	2.68	1.54
寮步镇	513090	69878	417865	25347	15930	13.62	81.44	4.94	3.10
大岭山镇	366101	48558	302186	15357	9333	13.26	82.54	4.19	2.55
大朗镇	556778	70973	461196	24609	15239	12.75	82.83	4.42	2.74
黄江镇	283426	33891	239581	9954	5819	11.96	84.53	3.51	2.05
樟木头镇	173875	29655	133829	10391	6353	17.06	76.97	5.98	3.65
清溪镇	344303	40630	290577	13096	7900	11.80	84.40	3.80	2.29
塘厦镇	629016	76362	531353	21301	12266	12.14	84.47	3.39	1.95
凤岗镇	417430	52696	349344	15390	8801	12.62	83.69	3.69	2.11
谢岗镇	106152	12633	87829	5690	3621	11.90	82.74	5.36	3.41
常平镇	444894	62911	356800	25183	16262	14.14	80.20	5.66	3.66
桥头镇	207294	24288	172086	10920	7028	11.72	83.02	5.27	3.39
横沥镇	278858	34854	231223	12781	8251	12.50	82.92	4.58	2.96
东坑镇	187877	23806	153904	10167	6677	12.67	81.92	5.41	3.55
企石镇	169396	22754	135973	10669	7353	13.43	80.27	6.30	4.34
石排镇	235194	26417	197612	11165	7643	11.23	84.02	4.75	3.25
茶山镇	219333	25187	180781	13365	9063	11.48	82.42	6.09	4.13
松山湖	120765	16570	100751	3444	1876	13.72	83.43	2.85	1.55

15-10 镇街第七次全国人口普查每10万人口中拥有的各种受教育程度人数

Number of Population with Various Education Attainments per 100000 persons of the 7th National Census by Town

单位：人/10万人

镇　街	小　学	初　中	高　中 (含中专)	大　学 (大专及以上)
全　市	15713	42219	22279	13241
莞城街道	15439	22163	25988	27949
石 龙 镇	18150	33304	21539	13758
虎 门 镇	15474	43428	26256	3998
东城街道	14812	32468	23948	21707
万江街道	18324	29839	24144	19296
南城街道	13775	20450	24089	33036
中 堂 镇	23831	39343	17130	11731
望牛墩镇	22253	36433	17950	14447
麻 涌 镇	20465	30837	18862	21907
石 碣 镇	16550	45924	21159	10229
高 埗 镇	16951	45534	21223	9912
道 滘 镇	19913	38814	20087	12573
洪 梅 镇	21431	40419	18448	12223
沙 田 镇	18837	41603	21421	10471
厚 街 镇	17009	40239	26077	10959
长 安 镇	10720	48840	24940	10219
寮 步 镇	14573	40414	24132	14012
大岭山镇	15648	45555	21522	10158
大 朗 镇	16240	45532	21430	10408
黄 江 镇	14656	48027	21995	9790
樟木头镇	16252	37273	25281	13491
清 溪 镇	14781	50303	20726	8359
塘 厦 镇	14093	48892	20740	10439
凤 岗 镇	13412	51297	19225	9931
谢 岗 镇	16753	51563	18355	7630
常 平 镇	16480	42413	22662	12064
桥 头 镇	16286	47295	22464	8654
横 沥 镇	13900	49452	21493	9174
东 坑 镇	15894	45890	21098	10829
企 石 镇	22393	45891	16376	8261
石 排 镇	16698	54623	15207	8059
茶 山 镇	19073	48213	18235	8694
松 山 湖	8671	21109	15180	47518

注：各种受教育程度的人口包括各类学校的毕业生、肄业生和在校生。

15−11　镇街外来暂住人口数（2019−2020）

Migrant Population by Town (2019-2020)

单位：人

镇　街	2019年			2020年		
	外来暂住人口	男	女	外来暂住人口	男	女
全　市	9673671	5785802	3887869	7113860	4393830	2720030
莞城街道	126839	76890	49949	110829	64382	46447
石 龙 镇	112597	58498	54099	116631	64168	52463
虎 门 镇	867558	528500	339058	455181	288437	166744
东城街道	336289	206187	130102	296570	183777	112793
万江街道	166425	99423	67002	151565	96712	54853
南城街道	328380	193266	135114	280003	158996	121007
中 堂 镇	91599	57953	33646	69252	45807	23445
望牛墩镇	62998	38218	24780	58316	38421	19895
麻 涌 镇	110802	76010	34792	138396	93934	44462
石 碣 镇	183656	100305	83351	204665	117190	87475
高 埗 镇	150246	90710	59536	167585	91209	76376
道 滘 镇	70860	42159	28701	109204	65218	43986
洪 梅 镇	45270	28351	16919	37813	23718	14095
沙 田 镇	162106	103139	58967	100894	67966	32928
厚 街 镇	718448	457645	260803	386111	252571	133540
长 安 镇	838051	482998	355053	599284	364290	234994
寮 步 镇	464491	298030	166461	442495	288357	154138
大岭山镇	505211	332414	172797	220506	133672	86834
大 朗 镇	418082	225028	193054	254241	171789	82452
黄 江 镇	329360	181365	147995	223315	143848	79467
樟木头镇	249325	167791	81534	117688	75039	42649
清 溪 镇	276017	156043	119974	354427	216186	138241
塘 厦 镇	735806	391669	344137	404952	251864	153088
凤 岗 镇	418677	257833	160844	278865	162707	116158
谢 岗 镇	93369	55307	38062	63964	39171	24793
常 平 镇	383428	220526	162902	388755	230278	158477
桥 头 镇	147099	86577	60522	149954	87744	62210
横 沥 镇	220101	135745	84356	215515	132342	83173
东 坑 镇	129186	71195	57991	133425	80770	52655
企 石 镇	111901	69136	42765	105894	72125	33769
石 排 镇	225255	139097	86158	217965	132721	85244
茶 山 镇	184946	111414	73532	172720	104273	68447
松 山 湖	395250	237631	157619	83267	51954	31313

注：外来暂住人口相关数据来源于市公安局，下同。

15−12 镇街计划生育情况（2020年）

Basic Statistics on Family Planning by Town (2020)

镇　街	已婚育龄妇女人数（人）	女性初婚人数（人）	#23周岁及以上	落实各种节育措施 育龄夫妇（对）	节育率（%）	领取独生子女证 累计（人）	领证率（%）	政策生育率（%）	多孩率（%）
全　市	551577	10595	9599	243215	44.09	25256	4.58	91.43	10.73
莞城街道	35075	463	441	15502	44.2	2949	8.41	96.04	5.71
石龙镇	15128	194	184	7438	49.17	1197	7.91	94.01	7.66
虎门镇	34446	707	644	12149	35.27	1145	3.32	89.39	12.97
东城街道	36047	509	469	16276	45.15	1586	4.4	92.51	9.61
万江街道	24062	445	408	10668	44.34	1313	5.46	92.60	8.69
南城街道	39503	522	493	11651	29.49	1527	3.87	91.58	10.24
中堂镇	15756	445	406	7279	46.2	923	5.86	94.16	7.57
望牛墩镇	9735	310	293	4864	49.96	500	5.14	93.70	9.12
麻涌镇	17419	489	452	8474	48.65	1358	7.8	94.34	7.63
石碣镇	13398	280	255	8167	60.96	607	4.53	91.90	10.00
高埗镇	8416	206	184	3681	43.74	434	5.15	92.14	11.07
道滘镇	11730	330	304	5001	42.63	624	5.32	91.51	10.47
洪梅镇	5243	173	159	2424	46.23	264	5.04	91.26	10.66
沙田镇	12079	220	189	5246	43.43	778	6.44	90.43	13.14
厚街镇	26417	640	587	12229	46.29	1062	4.02	92.31	9.98
长安镇	21473	302	274	12512	58.27	506	2.35	90.52	10.96
寮步镇	24010	469	416	10693	44.54	762	3.17	91.63	10.92
大岭山镇	13436	354	317	4923	36.64	448	3.33	95.38	8.60
大朗镇	20584	466	405	7498	36.43	904	4.39	87.42	15.14
黄江镇	10803	175	154	5552	51.39	441	4.03	86.84	14.40
樟木头镇	12369	183	158	5421	43.83	244	1.97	90.34	10.70
清溪镇	11365	183	157	5426	47.74	408	3.59	89.24	13.64
塘厦镇	22958	314	283	8879	38.67	724	3.15	85.61	16.87
凤岗镇	11788	178	158	6052	51.34	210	1.78	86.89	15.40
谢岗镇	4796	122	106	1735	36.18	190	3.96	90.24	10.80
常平镇	25663	403	354	10419	40.6	1135	4.42	90.33	11.69
桥头镇	9632	228	202	4208	43.69	485	5.04	89.67	11.80
横沥镇	9919	171	156	4888	49.28	421	4.24	87.54	14.95
东坑镇	7353	159	142	3978	54.1	371	5.05	92.05	8.37
企石镇	9963	278	236	5122	51.41	425	4.27	91.25	12.08
石排镇	10121	284	257	4584	45.29	498	4.92	92.40	10.47
茶山镇	10620	283	246	5535	52.12	348	3.28	90.52	11.77
松山湖	10270	110	110	4741	46.16	469	4.57	93.69	9.71

15-13 镇街农林牧渔业总产值（2020年）

Gross Output Value of Agriculture by Town (2020)

单位：万元

镇　街	农林牧渔业总产值	农业	林业	牧业	渔业
石龙镇	2078	1968	92		19
虎门镇	22584	11888	180		10430
东城街道	3623	2953	153		173
万江街道	21626	11469	118		10039
南城街道	6031	4508	148		
中堂镇	25630	22892	97	87	2544
望牛墩镇	6095	5438	59	73	501
麻涌镇	23603	19955	97	16	2069
石碣镇	7151	5520	63		1539
高埗镇	17510	10408	49		6274
道滘镇	17825	11042	72	5	4413
洪梅镇	10768	7730	29	21	2988
沙田镇	30004	15937	58	555	13455
厚街镇	30562	26364	136	24	3341
长安镇	2093	1265	86	33	709
寮步镇	54452	52798	126	22	481
大岭山镇	9611	7069	73	430	131
大朗镇	16548	4855	103	267	11264
黄江镇	5543	4816	102	70	384
樟木头镇	1091	829	110	153	
清溪镇	29438	28714	144	242	224
塘厦镇	23344	21895	93		1250
凤岗镇	3051	2342	70	45	10
谢岗镇	24268	17237	28	71	6918
常平镇	19111	15249	161		3701
桥头镇	10214	5711	49	88	1270
横沥镇	18190	8655	52	5533	3950
东坑镇	2779	2082	39	143	294
企石镇	3392	2260	69	136	928
石排镇	9341	5113	55	30	4143
茶山镇	6351	3779	58	106	1737

15-14 镇街主要农产品生产及产品产量（2020年）

Production and Output of Main Agricultural Products by Town (2020)

镇　街	粮食播种面积（亩）	粮食总产量（吨）	稻谷播种面积（亩）	稻谷产量（吨）	蔬菜（含菜用瓜）播种面积（亩）	蔬菜（含菜用瓜）产量（吨）	水果总面积（亩）
石龙镇							
虎门镇	762	275	569	224	16700	19071	5747
东城街道	1635	653	1515	617	3400	4495	1190
万江街道	1221	367	1179	358	13830	23095	166
南城街道	494	113	96	24	345	342	1953
中堂镇	1352	497	1103	434	16757	23619	2514
望牛墩镇	2194	669	464	198	4216	5853	4007
麻涌镇	2774	910	2632	872	4326	3886	15078
石碣镇	223	61	117	33	10103	12778	348
高埗镇	589	235	589	235	14768	22121	220
道滘镇	3343	1231	1733	759	11702	28684	1178
洪梅镇	1260	407	891	305	828	1028	978
沙田镇	1159	459	1102	394	23687	29441	2817
厚街镇	478	170	478	170	43238	49279	29838
长安镇	70	15	40	8	1752	1757	3800
寮步镇	164	59	122	52	1758	18153	1646
大岭山镇	319	75	140	30	8252	9447	10157
大朗镇	349	76	105	26	4150	3974	12524
黄江镇	75	13	40	2	1802	2048	14776
樟木头镇	107	27	40	16	452	628	6815
清溪镇	340	82	250	58	11338	16443	12410
塘厦镇	662	190	300	105	33711	40453	11826
凤岗镇	175	58	128	45	1518	1342	9457
谢岗镇	872	299	660	239	19214	25519	16362
常平镇	528	178	200	80	9432	13673	8153
桥头镇	437	167	370	150	7804	11749	2327
横沥镇	764	271	540	214	4992	4681	2012
东坑镇	192	54	140	46	1617	1302	1390
企石镇	813	222	347	99	2917	4500	2110
石排镇	367	145	352	141	9192	11721	270
茶山镇	500	200	500	200	5910	5900	3310

15-14 续表 1

(2020年)

镇 街	水果总产量(吨)	香(大)蕉面积(亩)	香(大)蕉产量(吨)	荔枝面积(亩)	荔枝产量(吨)	生猪年末存栏量(头)	生猪出栏量(头)
石龙镇							
虎门镇	2301	110	126	4417	1365		
东城街道	718	155	189	425	169		
万江街道	211	125	134	12	5		
南城街道	380	3	3	1140	273		
中堂镇	5742	2169	5374	47	8		
望牛墩镇	6955	3700	6446	8	4		
麻涌镇	19609	13547	17822				
石碣镇	182			129	65		
高埗镇	372	50	98				
道滘镇	1745	920	1211	10	8		
洪梅镇	1619	738	1534	50	1		
沙田镇	4025	2162	3320	115	92		
厚街镇	4957	300	698	25042	3602		
长安镇	273			3668	225		
寮步镇	398			1000	106		
大岭山镇	1725			9150	1612		
大朗镇	1890			11001	1523		
黄江镇	1819			14512	1807		
樟木头镇	239			6741	230		
清溪镇	1839	80		8865	967		
塘厦镇	1850	13		10560	1278		
凤岗镇	1148			6879	759		
谢岗镇	6108	2350	3995	12848	1903		
常平镇	428	86	19	6875	275		
桥头镇	768	730	565	680	32		
横沥镇	220			1894	86	8310	13342
东坑镇	497	13	36	1054	319		
企石镇	412	168	194	1524	133		
石排镇	285	62	94	51	20		
茶山镇	985	100	306	2880	538		

15-14 续表 2

(2020年)

镇街	三鸟年末存栏量(只)	三鸟出栏量(只)	畜牧总肉量(吨)	#猪肉	淡水养殖面积(亩)	水产品产量(吨)	#淡水产量
石龙镇					6	17	17
虎门镇					8820	7594	4525
东城街道					440	114	114
万江街道					855	406	406
南城街道							
中堂镇	10652	27228	33		3525	2264	2264
望牛墩镇	3650	15580	22		1065	469	469
麻涌镇	6000	5400	6		1722	1287	1287
石碣镇					885	335	335
高埗镇					1710	1195	1195
道滘镇	1230	1312	2		5850	4184	4184
洪梅镇	3724	6400	8		4845	2408	2408
沙田镇	27500	143550	202		9143	9110	6044
厚街镇	3060	8150	9		5700	1959	1959
长安镇	9723	9357	13		1200	371	204
寮步镇	4088	6563	8		733	442	442
大岭山镇	68410	120850	142		750	128	128
大朗镇	21980	46023	59		2835	736	736
黄江镇	10853	16912	22		4410	313	313
樟木头镇	47700	42470	57				
清溪镇	3708	6829	10		79	225	225
塘厦镇					2276	1364	1364
凤岗镇	5742	14851	17		21	11	11
谢岗镇	5633	8981	10		6585	4706	4706
常平镇					1545	757	757
桥头镇	11378	26425	33		1035	1409	1409
横沥镇	31160	24342	1074	1046	1485	1051	1051
东坑镇	13234	32976	45		330	325	325
企石镇	10815	41038	50		1104	929	929
石排镇	4194	9534	11		3210	3440	3440
茶山镇	13325	29178	38		1343	1876	1876

15-15 镇街农业主要物质消耗（2020年）

Main Material Consumption of Agriculture by Town (2020)

镇 街	农 村 用 电 量 (万千瓦时)	化肥施用 实 物 量 (吨)	农 药 使用量 (吨)
石 龙 镇	2034		
虎 门 镇	501744	1164	37
东城街道		83	2
万江街道	176500	595	22
南城街道		30	0.1
中 堂 镇	165010	1191	34
望牛墩镇	72078	327	8
麻 涌 镇	18584	1038	17
石 碣 镇	206661	433	14
高 埗 镇	144367	246	3
道 滘 镇	129000	802	31
洪 梅 镇	1606	232	5
沙 田 镇	222160	1179	61
厚 街 镇	393205	1264	50
长 安 镇	729929	285	4
寮 步 镇	30895	208	4
大岭山镇	35118	697	9
大 朗 镇	425618	702	32
黄 江 镇	15759	129	15
樟木头镇	117427	137	9
清 溪 镇	348765	1190	50
塘 厦 镇	568827	1778	19
凤 岗 镇	365127	118	4
谢 岗 镇	5722	1202	24
常 平 镇	371728	535	13
桥 头 镇	160910	594	5
横 沥 镇	175130	139	4
东 坑 镇	130026	127	3
企 石 镇	124953	292	1
石 排 镇	24703	513	20
茶 山 镇	192445	300	5

15−16 镇街农村集体(经联社、经济社两级合计)经济收益分配(2020年)

Income Distribution of Rural Economy by Town (2020)

单位：万元

镇　　街	经营总收入	经营总费用	经营纯收入
全　　市	2545693	648568	1897126
莞城街道	22878	4768	18110
石 龙 镇	22750	8051	14699
虎 门 镇	237437	59636	177801
东城街道	162431	39374	123057
万江街道	74020	21710	52310
南城街道	96468	22721	73747
中 堂 镇	103702	16121	87581
望牛墩镇	17350	3759	13591
麻 涌 镇	44411	9851	34560
石 碣 镇	87838	24856	62982
高 埗 镇	31570	7731	23839
道 滘 镇	33131	7753	25377
洪 梅 镇	15463	4771	10692
沙 田 镇	38315	10491	27825
厚 街 镇	152718	49346	103372
长 安 镇	258942	48833	210109
寮 步 镇	129680	46085	83594
大岭山镇	76657	13941	62716
大 朗 镇	120188	43029	77159
黄 江 镇	37040	7600	29439
樟木头镇	33980	9659	24321
清 溪 镇	96966	23101	73866
塘 厦 镇	123751	22966	100785
凤 岗 镇	127981	22847	105133
谢 岗 镇	27714	4828	22886
常 平 镇	94060	25416	68643
桥 头 镇	48195	12372	35823
横 沥 镇	41926	11764	30162
东 坑 镇	36440	9270	27170
企 石 镇	30546	9930	20616
石 排 镇	52944	21307	31637
茶 山 镇	68203	24679	43524

15-17 镇街规模以上工业企业主要经济指标（2020年）

Main Indicators of Industrial Enterprises above Designated Size by Town (2020)

镇　街	企业单位数（个）	亏损企业	工业增加值（万元）	先进制造业工业增加值（万元）
莞城街道	41	12	261564	147377
石 龙 镇	68	21	448816	256013
虎 门 镇	646	99	1947946	779613
东城街道	487	98	1516426	738902
万江街道	226	30	561016	254345
南城街道	72	10	408904	148347
中 堂 镇	226	38	795615	110439
望牛墩镇	150	21	443679	147250
麻 涌 镇	142	38	1423926	398028
石 碣 镇	320	40	1084865	698476
高 埗 镇	233	53	839437	448889
道 滘 镇	220	36	486793	218998
洪 梅 镇	82	14	606097	228819
沙 田 镇	260	56	860359	536129
厚 街 镇	528	115	1874074	712222
长 安 镇	856	150	3930215	2777636
寮 步 镇	518	100	1354323	795611
大岭山镇	462	94	1351324	722317
大 朗 镇	615	95	1386048	645050
黄 江 镇	336	42	1310808	854441
樟木头镇	167	34	442961	196970
清 溪 镇	630	87	1836400	720708
塘 厦 镇	832	124	2608559	1087325
凤 岗 镇	410	81	1528100	511524
谢 岗 镇	210	50	524965	179323
常 平 镇	510	84	1280129	642728
桥 头 镇	399	57	1064890	402470
横 沥 镇	446	57	1056959	504252
东 坑 镇	224	47	1164490	465798
企 石 镇	270	29	548537	219166
石 排 镇	361	39	821665	320409
茶 山 镇	372	55	742674	326760

15−17 续表 1

(2020年)

镇　　街	高技术制造业工业增加值(万元)	资产总计(万元)	#流动资产合计	负债合计(万元)
莞城街道	11712	1358817	563633	512361
石 龙 镇	258893	1846282	1434980	990688
虎 门 镇	537503	7016898	5388955	3669497
东城街道	526746	5223810	3558074	3075213
万江街道	94865	2030714	1495000	1213593
南城街道	79299	2239600	1225164	1090198
中 堂 镇	11505	2489163	1688312	1539907
望牛墩镇	49217	1186158	831931	725905
麻 涌 镇	28018	6790996	3943649	3217449
石 碣 镇	733864	3487118	2778673	2064194
高 埗 镇	104211	2511919	1842052	1422129
道 滘 镇	113420	2369103	1424678	1358919
洪 梅 镇	46042	2574359	1859857	1139471
沙 田 镇	34773	3313349	1808942	1952583
厚 街 镇	427591	6652441	5241514	3528689
长 安 镇	2003602	25547845	20511152	16689497
寮 步 镇	466597	4686375	3536468	2602371
大岭山镇	485536	4586105	3244611	2662789
大 朗 镇	389569	4737852	3737187	3026249
黄 江 镇	690395	3983531	2868888	2322421
樟木头镇	59893	1697097	1096177	1071354
清 溪 镇	579816	6203065	4598773	3262814
塘 厦 镇	868813	8262314	6325871	4583783
凤 岗 镇	374539	5134697	3638237	2939111
谢 岗 镇	134909	1612086	1103671	1007817
常 平 镇	304293	5018975	3623732	2349463
桥 头 镇	254636	3454765	2688644	2276773
横 沥 镇	232497	3728131	2400942	2400400
东 坑 镇	683447	3221466	2470880	2141016
企 石 镇	131803	1727122	1314457	1052035
石 排 镇	246520	2561891	1790648	1613788
茶 山 镇	127952	2187218	1622308	1278251

15-17 续表 2

(2020年)

镇　　街	营　业 收　入 (万元)	税　金 及附加 (万元)	利　润 总　额 (万元)	本年应交 增 值 税 (万元)	从业人员 平均人数 (人)
莞城街道	1066855	3880	55647	16690	11404
石 龙 镇	2066499	7869	35873	58816	28298
虎 门 镇	7864468	36258	335881	127570	152188
东城街道	6003829	37341	302252	126509	99874
万江街道	2014260	11017	126271	52103	38467
南城街道	1503885	8144	103320	40743	15761
中 堂 镇	3634397	18712	134898	147875	30441
望牛墩镇	1725449	8986	66435	67096	20868
麻 涌 镇	9907656	27980	540279	95912	38510
石 碣 镇	5178533	16706	157356	80648	85136
高 埗 镇	3044093	13944	102754	49652	68407
道 滘 镇	2353204	7588	-3568	40693	34330
洪 梅 镇	2565589	11346	215206	75118	23831
沙 田 镇	3475658	11441	219945	90819	39244
厚 街 镇	9099994	28581	329931	142200	138458
长 安 镇	32741012	49776	731175	404795	253105
寮 步 镇	5423719	20026	199027	79547	104898
大岭山镇	4915399	21049	206420	97278	89811
大 朗 镇	5809109	20334	237140	95802	88151
黄 江 镇	4956968	18301	236982	76738	91586
樟木头镇	1860800	8198	49714	45942	32758
清 溪 镇	7651467	28021	195766	170087	151898
塘 厦 镇	10002689	40881	534536	162913	196159
凤 岗 镇	6431030	20277	219820	118156	104296
谢 岗 镇	1594995	5933	36519	50927	29459
常 平 镇	5105207	20768	190973	63606	107418
桥 头 镇	4466284	16010	166135	58696	77393
横 沥 镇	3837226	17689	218170	68639	84558
东 坑 镇	4492262	17650	123219	107082	70065
企 石 镇	2436720	9418	81557	38041	39593
石 排 镇	3071724	12461	104740	53511	73344
茶 山 镇	2841990	12174	77114	45045	51472

15-18 镇街规模以上工业企业主要经济效益指标（2020年）

Main Indicators on Economic Benefit of Industrial Enterprises above Designated Size by Town (2020)

镇　　街	工业增加值率 (%)	总资产贡献率 (%)	资　产负债率 (%)	流动资产周转率 (次/年)	成本费用利润率 (%)	全员劳动生产率 (元/人)
莞城街道	23.7	6.1	37.7	1.9	5.5	229362
石龙镇	20.6	5.8	53.7	1.4	1.8	158603
虎门镇	24.6	7.4	52.3	1.5	4.5	127996
东城街道	25.0	9.5	58.9	1.7	5.4	151834
万江街道	27.5	10.0	59.8	1.4	6.7	145843
南城街道	27.4	7.6	48.7	1.2	7.4	259440
中堂镇	21.1	12.8	61.9	2.2	3.9	261363
望牛墩镇	24.1	12.7	61.2	2.1	4.0	212612
麻涌镇	16.6	10.1	47.4	2.5	5.8	369755
石碣镇	20.6	7.6	59.2	1.9	3.1	127427
高埗镇	26.8	6.8	56.6	1.7	3.5	122712
道滘镇	21.1	3.0	57.4	1.7	-0.2	141798
洪梅镇	23.4	11.0	44.3	1.4	9.1	254331
沙田镇	23.8	10.8	58.9	1.9	5.9	219233
厚街镇	20.7	7.6	53.0	1.7	3.8	135353
长安镇	17.6	5.1	65.3	1.6	2.3	155280
寮步镇	24.1	6.8	55.5	1.5	3.8	129109
大岭山镇	24.8	7.4	58.1	1.5	4.4	150463
大朗镇	23.9	7.7	63.9	1.6	4.3	157236
黄江镇	25.9	8.6	58.3	1.7	5.0	143123
樟木头镇	23.5	6.7	63.1	1.7	2.8	135222
清溪镇	21.7	6.6	52.6	1.7	2.6	120897
塘厦镇	24.5	9.1	55.5	1.6	5.6	132982
凤岗镇	22.0	7.7	57.2	1.8	3.6	146516
谢岗镇	26.7	6.5	62.5	1.5	2.4	178202
常平镇	23.7	5.7	46.8	1.4	3.9	119173
桥头镇	22.7	7.4	65.9	1.7	3.9	137595
横沥镇	26.1	8.5	64.4	1.6	6.0	124993
东坑镇	24.3	7.8	66.5	1.8	2.8	166201
企石镇	21.5	7.3	60.9	1.9	3.5	138544
石排镇	25.3	7.2	63.0	1.7	3.5	112029
茶山镇	22.7	6.5	58.4	1.8	2.8	144287

15−19 镇街规模以上工业企业R&D人员情况（2020年）

R&D Personnel of Industrial Enterprises above Designated Size by Town (2020)

镇　　街	有R&D活动的工业企业数（个）	R&D人员合　计（人）	#参加项目人员	#女性	#研　究人　员	#全　时人　员	非全时人　员
全　　市	4058	135841	125852	26203	26032	105163	30678
莞城街道	16	321	235	84	126	282	39
石 龙 镇	45	1746	1581	426	406	1388	358
虎 门 镇	162	5986	5651	1196	812	4900	1086
东城街道	155	4800	4417	865	1025	3441	1359
万江街道	91	2408	2249	375	507	1938	470
南城街道	33	541	500	79	131	412	129
中 堂 镇	92	2299	2160	269	436	1670	629
望牛墩镇	67	1624	1526	254	242	1335	289
麻 涌 镇	79	3595	3372	767	809	2343	1252
石 碣 镇	138	4320	3794	882	632	3503	817
高 埗 镇	116	3248	2994	661	527	2554	694
道 滘 镇	66	1276	1126	212	191	1069	207
洪 梅 镇	29	1562	1499	327	232	840	722
沙 田 镇	123	2750	2517	706	413	2196	554
厚 街 镇	204	3653	4750	1347	704	3970	1174
长 安 镇	227	8469	7983	1638	1749	6848	1621
寮 步 镇	194	5610	4995	1032	1020	3921	1447
大岭山镇	156	5124	4845	820	765	4190	934
大 朗 镇	194	4750	4337	825	862	3619	1131
黄 江 镇	92	4060	3703	657	615	2991	1069
樟木头镇	48	1908	1809	416	341	1380	528
清 溪 镇	181	8216	7680	1800	1267	6742	1474
塘 厦 镇	279	11212	10080	2265	1758	8463	2749
凤 岗 镇	144	4930	4546	885	853	3627	1303
谢 岗 镇	102	2253	2089	350	304	1799	454
常 平 镇	167	4303	3930	911	661	3454	849
桥 头 镇	143	4066	3703	779	726	2951	1115
横 沥 镇	135	3370	3163	587	444	2487	883
东 坑 镇	63	2547	2394	459	543	2077	470
企 石 镇	112	2905	2626	373	593	2248	657
石 排 镇	184	4121	3740	857	619	2942	1179
茶 山 镇	103	2877	2671	621	440	2359	518
松 山 湖	117	13693	13146	2468	5251	11180	2513

15-20 镇街规模以上工业企业R&D人员全时当量情况（2020年）

R&D Personnel Full-time-equivalent of Industrial Enterprises above Designated Size by Town (2020)

镇　街	有R&D活动的工业企业数（个）	R&D人员全时当量（人年）	#研究人员	#应用研究人员	#试验发展人员
全　市	4058	104105	20167	381	103723
莞城街道	16	252	100		252
石 龙 镇	45	1439	343		1439
虎 门 镇	162	4601	584	19	4582
东城街道	155	3236	699	7	3230
万江街道	91	1896	393	14	1883
南城街道	33	372	91	4	368
中 堂 镇	92	1828	342		1828
望牛墩镇	67	1292	195		1292
麻 涌 镇	79	2527	569		2527
石 碣 镇	138	3123	444		3123
高 埗 镇	116	2513	399		2513
道 滘 镇	66	923	145	58	866
洪 梅 镇	29	1058	148		1058
沙 田 镇	123	2155	317	1	2154
厚 街 镇	204	4150	569	31	4119
长 安 镇	227	6173	1251	6	6166
寮 步 镇	194	4011	693	43	3969
大岭山镇	156	3926	608	4	3922
大 朗 镇	194	3272	578	4	3269
黄 江 镇	92	2705	451	41	2664
樟木头镇	48	1415	238		1415
清 溪 镇	181	6465	947	68	6397
塘 厦 镇	279	8707	1380	5	8702
凤 岗 镇	144	3657	622	1	3655
谢 岗 镇	102	1766	236		1766
常 平 镇	167	3198	490	21	3177
桥 头 镇	143	2933	486	20	2913
横 沥 镇	135	2625	348	5	2620
东 坑 镇	63	2122	458	7	2115
企 石 镇	112	2139	437	4	2135
石 排 镇	184	2940	422	15	2925
茶 山 镇	103	2152	338	6	2146
松 山 湖	117	12528	4843		12528

15-21 镇街规模以上工业企业R&D经费情况（2020年）

The R&D Funds of Industrial Enterprises above Designated Size by Town (2020)

镇街	R&D经费支出合计（万元）	按活动类型分组			按资金来源分组			
		基础研究支出	应用研究支出	试验发展支出	政府资金	企业资金	境外资金	其他资金
全市	3084248	154	10222	3073871	11322	3061767	8561	2597
莞城街道	8282			8282	7	8253	22	
石龙镇	33593			33593	454	33077		63
虎门镇	92285		307	91978	218	91742	275	50
东城街道	92446		1537	90909	267	92069	58	52
万江街道	33977		323	33653	95	33864		18
南城街道	13304		89	13215	23	13162		120
中堂镇	34309			34309		34309		
望牛墩镇	26587			26587		26587		
麻涌镇	73111			73111	65	73046		
石碣镇	63463			63463		62834	442	188
高埗镇	48587			48587	33	48406	139	8
道滘镇	20520		646	19874	158	20357		4
洪梅镇	20058			20058	38	19960		60
沙田镇	38897		10	38887	257	38581		59
厚街镇	81233		494	80738	80	76834	4176	143
长安镇	241360	154	88	241118	993	240194		173
寮步镇	98195		533	97662	410	97747		38
大岭山镇	87326		89	87236	28	87203		94
大朗镇	75598		214	75384	146	75353	99	
黄江镇	78542		2557	75986	15	78528		
樟木头镇	25790			25790	23	25602	32	133
清溪镇	128883		1438	127445	195	127389	1299	
塘厦镇	169386		39	169347	2	167884	585	915
凤岗镇	85208		50	85158	78	84469	621	40
谢岗镇	32445			32445	60	32001	364	20
常平镇	71031		202	70829	8	70929	95	
桥头镇	61209		376	60833		61107		101
横沥镇	57320		239	57081	81	57239		
东坑镇	54817		530	54287	23	54794		
企石镇	38829		75	38754	17	38789	18	5
石排镇	59090		324	58765	725	57976	301	88
茶山镇	34905		60	34845	273	34404		228
松山湖	1003280			1003280	6553	996694	33	

15-21 续表

(2020年)

镇　　街	按使用项目分		委托外单位开展研发的经费支出合计（万元）	对境内研究机构支出	对境内高等院校支出	对境内企业支出	对境外支出
	经常性支出	资产性支出					
全　　市	2866556	217692	1389764	1120639	7180	55919	206026
莞城街道	8227	56	11				11
石 龙 镇	32523	1070	1703	1220	9	0.2	474
虎 门 镇	87698	4587	1016			1016	
东城街道	88821	3626	439	192	18	230	
万江街道	33339	638	57		22	35	
南城街道	12647	657	433		23	410	
中 堂 镇	31768	2541	340	2	55	283	
望牛墩镇	23120	3466					
麻 涌 镇	70867	2244	434		8	422	4
石 碣 镇	57116	6347	46	46			
高 埗 镇	47561	1026	36.0	6	16	14	
道 滘 镇	19295	1225	219	0.4	19	199	
洪 梅 镇	18502	1555	0.3	0.3			
沙 田 镇	36551	2346	131.4	5	0.8	125	
厚 街 镇	78170	3063	385			340	45
长 安 镇	221324	20037	17682	23	546	10651	6462
寮 步 镇	90657	7537	651	57	38	556	
大岭山镇	78068	9258	1258	268	96	895	
大 朗 镇	67873	7725	2958		89	2869	
黄 江 镇	74132	4411	55		1	29	24
樟木头镇	23403	2387	578	188		390	
清 溪 镇	110978	17905	929	105	67	579	178
塘 厦 镇	159901	9485	1628	56		1293	279
凤 岗 镇	79034	6174	684	535		149	
谢 岗 镇	30664	1781	148		8	89	51
常 平 镇	66832	4199	70	3		45	22
桥 头 镇	57831	3378	54	0.1	5	41	8
横 沥 镇	53972	3347	1	1			
东 坑 镇	42829	11989	205	7		198	
企 石 镇	35265	3564	44	23	22		
石 排 镇	53663	5426	255		9	247	
茶 山 镇	33740	1165	184	143	40		
松 山 湖	939803	63477	1357128	1117758	6088	34813	198469

15－22 镇街规模以上工业企业办科技机构情况（2020年）

Basic Statistics on Scientific and Technological Institutions of Industrial Enterprises above Designated Size by Town (2020)

镇　街	有研发机构的工业企业数（个）	机构数（个）	机构人员合计（人）	#博士毕业	#硕士毕业	机构经费支出（万元）
全　市	5292	5652	188342	936	10395	6301716
莞城街道	28	29	526	2	16	14807
石 龙 镇	56	56	2147	3	10	51902
虎 门 镇	229	235	8307	13	96	150698
东城街道	203	219	7760	43	181	157765
万江街道	136	141	3445	25	51	71412
南城街道	37	40	823	1	22	22004
中 堂 镇	97	97	2449	2	17	72073
望牛墩镇	72	72	1910	4	35	43217
麻 涌 镇	87	94	4611	28	84	164976
石 碣 镇	145	148	5533	9	74	88981
高 埗 镇	120	122	3503	6	70	70570
道 滘 镇	97	104	1959	5	35	43974
洪 梅 镇	36	39	2003	3	24	56373
沙 田 镇	136	139	2821	14	80	61950
厚 街 镇	253	259	6033	4	105	129764
长 安 镇	322	354	18679	88	2336	1532313
寮 步 镇	253	293	7387	16	122	153373
大岭山镇	190	194	6398	15	78	128479
大 朗 镇	219	232	5868	27	89	118971
黄 江 镇	149	159	6437	13	73	146538
樟木头镇	59	68	2579	7	44	40994
清 溪 镇	262	309	11841	23	88	186645
塘 厦 镇	482	501	15790	20	144	294931
凤 岗 镇	209	215	6369	17	80	110903
谢 岗 镇	115	115	2442	6	19	50170
常 平 镇	250	253	6357	7	43	124011
桥 头 镇	156	165	4453	13	93	82253
横 沥 镇	216	227	6079	13	105	109398
东 坑 镇	95	95	3917	9	134	85712
企 石 镇	127	127	3221	12	23	51724
石 排 镇	202	211	4336	15	61	79738
茶 山 镇	139	146	3359	3	28	59925
松 山 湖	115	194	19000	470	5935	1745174

15—23 镇街固定资产投资总额增长速度（2020年）

Growth Rate of Total Investment in Fixed Assets by Town (2020)

单位：%

镇　　街	固定资产投资	#第二产业	第三产业	#工　业	#房地产开发投资	#民营
莞城街道	-20.9	-23.0	-20.2	-23.0	-28.9	-35.4
石 龙 镇	62.4	-15.5	178.8	-15.5	237.1	-8.9
虎 门 镇	12.1	-28.7	21.2	-28.7	-23.6	-42.6
东城街道	5.8	15.6	3.8	15.6	-28.5	-5.0
万江街道	24.0	53.4	8.4	53.4	14.2	39.8
南城街道	35.0	-71.1	48.4	-71.1	57.9	56.6
中 堂 镇	55.8	61.5	52.0	61.5	31.2	48.9
望牛墩镇	40.8	-16.31	114.8	-16.3	81.4	-14.8
麻 涌 镇	8.0	6.4	8.8	6.4	23.1	27.8
石 碣 镇	3.5	-26.2	20.0	-26.2	17.2	15.0
高 埗 镇	-24.4	10.6	-32.7	10.6	-51.5	-24.8
道 滘 镇	23.0	20.4	24.1	20.4	-22.4	-2.2
洪 梅 镇	26.3	42.2	11.7	42.2	17.4	57.6
沙 田 镇	20.2	-5.1	31.8	-5.1	119.9	2.7
厚 街 镇	36.2	-10.2	64.7	-10.2	55.7	52.4
长 安 镇	13.8	-18.4	57.7	-18.4	146.3	23.9
寮 步 镇	16.5	9.3	19.0	9.3	19.3	19.9
大岭山镇	26.8	2.6	43.1	2.6	50.9	27.2
大 朗 镇	6.1	79.3	-5.5	79.3	-60.6	-35.3
黄 江 镇	-23.9	13.0	-37.2	13.0	-33.5	-40.4
樟木头镇	9.8	27.0	2.4	27.0	1.3	11.9
清 溪 镇	7.3	14.2	0.9	14.2	-47.5	1.7
塘 厦 镇	-5.2	8.7	-12.6	8.7	7.2	-3.2
凤 岗 镇	1.6	38.8	-14.9	38.8	-27.4	7.1
谢 岗 镇	117.9	45.8	224.8	46.8	180.3	164.6
常 平 镇	20.0	51.6	7.0	51.6	2.2	10.1
桥 头 镇	-17.2	-16.4	-18.6	-16.4	-6.5	-13.3
横 沥 镇	39.3	-12.2	84.0	-12.2	89.7	36.4
东 坑 镇	29.1	12.7	47.0	12.7	32.5	34.8
企 石 镇	7.4	-6.9	14.3	-6.9	15.4	136.6
石 排 镇	14.1	56.4	-7.7	56.4	-30.0	0.5
茶 山 镇	28.8	19.5	32.3	19.5	15.5	18.1
松 山 湖	5.6	25.2	-14.0	25.2	265.7	-13.7

15－24　镇街邮电局、所通信能力及服务网点（2019－2020年）

Communication Capacity and Service Establishments of Telecommunication Offices by Town (2019-2020)

镇　街	邮电局（所、综合营业厅）（处）		服务网点（含报刊亭）（处）		固定电话用户（户）	
	2019年	2020年	2019年	2020年	2019年	2020年
市　区	65	66	709	1229	394390	391612
石龙镇	10	9	123	184	76668	66639
虎门镇	39	38	408	659	158219	139708
中堂镇	11	10	79	171	39674	35801
望牛墩镇	6	6	47	71	19505	18015
麻涌镇	9	9	71	116	22889	21332
石碣镇	15	15	165	271	52419	45479
高埗镇	12	13	122	172	34204	30199
道滘镇	7	6	47	97	31104	27681
洪梅镇	6	4	26	58	17457	14258
沙田镇	8	8	136	172	34755	31586
厚街镇	30	29	309	665	115432	99883
长安镇	45	42	446	772	142322	124329
寮步镇	20	20	319	397	83085	73864
大岭山镇	14	15	212	343	53754	47828
大朗镇	18	19	314	426	87977	76904
黄江镇	15	14	115	208	42166	35449
樟木头镇	14	14	282	224	54402	47466
清溪镇	23	22	311	396	61716	53286
塘厦镇	31	32	435	586	79558	68688
凤岗镇	19	20	242	456	61346	54005
谢岗镇	5	5	98	196	23027	19437
常平镇	26	26	303	530	107588	94453
桥头镇	12	12	154	232	44786	39321
横沥镇	13	13	155	275	40765	35545
东坑镇	8	7	159	209	25849	23350
企石镇	8	7	129	145	31627	28259
石排镇	11	9	209	209	42920	37559
茶山镇	12	13	160	235	42473	36041
松山湖	4	4	25	98	52039	52212

注：市区指莞城、南城、东城、万江四个街道。

15-25 镇街商贸情况（2020年）

Statistics on Commerce by Town (2020)

单位：万元

镇　　街	社会消费品零售总额	限额以上批发和零售业销售额	限额以上住宿和餐饮业营业额
莞城街道	1147224	2135095	19274
石 龙 镇	501510	417438	17861
虎 门 镇	3083501	2152467	76110
东城街道	2505566	3441158	137432
万江街道	1019398	1742012	55096
南城街道	3670589	7242388	143040
中 堂 镇	480123	1890901	8320
望牛墩镇	153986	406683	4003
麻 涌 镇	3095809	4766542	10812
石 碣 镇	548884	592215	22519
高 埗 镇	334389	497813	3152
道 滘 镇	349673	890154	6019
洪 梅 镇	92138	451429	2784
沙 田 镇	387311	5086965	9261
厚 街 镇	2294337	2431397	145037
长 安 镇	3037204	6920505	96260
寮 步 镇	3595335	3075066	52057
大岭山镇	811846	1389474	22677
大 朗 镇	1380574	1236429	38150
黄 江 镇	655301	634632	14294
樟木头镇	762408	1990745	15769
清 溪 镇	615447	456872	20071
塘 厦 镇	1656346	1315788	51475
凤 岗 镇	879094	572058	20942
谢 岗 镇	163598	328118	4017
常 平 镇	1719190	2083097	49034
桥 头 镇	403905	107409	18630
横 沥 镇	412836	471239	9594
东 坑 镇	259196	70941	9995
企 石 镇	320207	131953	4463
石 排 镇	477441	289061	9065
茶 山 镇	499391	452736	15442
松 山 湖	82652	6913740	40632

15−26 镇街注册工商企业及个体户数（2020年）

Registered Industrial & Commercial Enterprises and Self-employed Individuals by Town (2020)

单位：户

镇　　街	总户数	#内资企业	外商投资企　业	三来一补	私营企业	个体户	农　民合作社	来华经营	常驻代表机　　构
全　　市	1341011	31960	14389	843	576591	716626	207	18	377
莞城街道	32855	1182	266	3	15585	15791	1	2	25
石 龙 镇	17742	363	137	2	4241	12994		1	4
虎 门 镇	109378	1705	699	40	42982	63928	15	1	8
东城街道	97115	3490	1116	28	44854	47569	3	2	53
万江街道	44528	937	250	4	21367	21966	3		1
南城街道	79524	4464	994	7	46963	27018	3	1	74
中 堂 镇	22753	471	106	4	6519	15645	8		
望牛墩镇	7011	229	86		2783	3907	6		
麻 涌 镇	14607	553	98	6	3522	10411	17		
石 碣 镇	29714	454	249	13	10711	18278	6		3
高 埗 镇	20386	354	151	5	7217	12653	2		4
道 滘 镇	15526	377	173	3	5867	9100	5		1
洪 梅 镇	5645	164	93		2648	2736	3		1
沙 田 镇	19586	635	274	4	7783	10877	12		1
厚 街 镇	69439	1309	788	30	28166	39088	20	3	35
长 安 镇	121658	1763	1034	107	61910	56789	2		53
寮 步 镇	68643	1351	524	2	28162	38585	9		10
大岭山镇	44748	874	367	13	20379	23099	8		8
大 朗 镇	69223	966	465	47	23842	43894	8		1
黄 江 镇	30710	619	353	6	13224	16488	9		11
樟木头镇	30456	497	294	13	14625	15012	3	2	10
清 溪 镇	39459	714	639	76	16384	21631	9	1	5
塘 厦 镇	66375	1471	946	126	32829	30993	3		7
凤 岗 镇	44035	1004	647	60	18559	23759	2	1	3
谢 岗 镇	10920	266	223	23	4097	6302	6		3
常 平 镇	60436	1271	924	87	26956	31148	7	1	42
桥 头 镇	24391	429	391	30	9372	14165	4		
横 沥 镇	30539	426	360	28	10521	19180	22		2
东 坑 镇	16190	422	187	12	5929	9636	3		1
企 石 镇	18001	346	259	22	5951	11418	2		3
石 排 镇	25204	356	265	21	8697	15859	3		3
茶 山 镇	27560	498	303	21	9553	17182	1		2
松 山 湖	11629	1723	604		8180	1115	1	3	3
滨 海 湾	15025	277	124		6213	8410	1		

注：本表数据来源于市市场监管局。

15-27 镇街集市贸易市场数及私营个体户注册资金额（2019-2020年）

Fair Trades and Registered Capital of Private Enterprises & Self-employed Individuals by Town (2019-2020)

镇　街	集市贸易市场数（个）		个体工商户注册资金额（万元）		私营企业注册资金额（万元）	
	2019年	2020年	2019年	2020年	2019年	2020年
全　市	420	572	2482707	2811821	157453884	181652001
莞城街道	6	6	51822	56689	7231299	8109450
石龙镇	7	8	39511	43290	1140133	1515087
虎门镇	34	29	213843	226901	8499546	9318667
东城街道	25	41	153569	167483	16427748	19500771
万江街道	24	31	66342	87132	6214562	6753447
南城街道	21	24	108495	117806	19589367	23186039
中堂镇	8	17	54155	59200	1651476	2039311
望牛墩镇	4	6	15063	16778	1228496	1446598
麻涌镇	8	14	38886	43522	1333810	1684786
石碣镇	15	18	61175	69021	1863396	2331766
高埗镇	13	15	44309	50378	2036405	2416204
道滘镇	4	14	26130	29376	1991215	2500569
洪梅镇	3	4	11412	13661	622117	746592
沙田镇	10	14	37719	44343	2190472	2638359
厚街镇	20	24	129624	144105	6170753	7818209
长安镇	19	20	167078	183159	12643426	14017163
寮步镇	26	34	122051	135449	6211546	7446066
大岭山镇	13	14	80296	93165	4303438	5006948
大朗镇	12	30	193162	220743	5923636	5826212
黄江镇	7	18	68645	79622	2690366	3204552
樟木头镇	11	12	49477	58249	3304718	3472036
清溪镇	15	16	77794	87409	2970275	3711501
塘厦镇	22	23	112041	131794	7405008	6760522
凤岗镇	13	15	80864	91994	4914097	5557658
谢岗镇	6	5	27980	30271	1409160	1569359
常平镇	23	27	127311	138196	6453163	7564396
桥头镇	7	13	57538	64277	1850003	2348939
横沥镇	6	13	65993	74754	2210583	2378425
东坑镇	5	8	37216	41814	1240514	1572476
企石镇	10	13	45867	50858	1526207	1841953
石排镇	8	13	51236	59147	1469379	1826945
茶山镇	13	22	54002	59104	2090370	2405549
松山湖	2	2	9176	11043	10287357	11675141

注：本表数据来源于市市场监管局。

15–28 镇街“三资”企业签约、实际利用外资及出口值(新口径)(2020年)

Contracts, Foreign Capital Actually Utilized and Export Value of Enterprises with Foreign Investment by Town (2020)

镇 街	签约宗数 (宗)	协议(合同)规定外商投资总额 (万元)	外 商 实际投资 总 额 (万元)	出口值 (万元)
莞城街道	26	45393	34954	156163
石 龙 镇	8	16192	1583	931591
虎 门 镇	44	31550	4753	1326896
东城街道	83	50366	11264	1129613
万江街道	31	14280	1777	198426
南城街道	79	313766	17516	465120
中 堂 镇	5	10556	3502	116592
望牛墩镇	5	2336	3592	100264
麻 涌 镇	4	58764	10464	729962
石 碣 镇	11	8861	28356	2417570
高 埗 镇	4	13172	4134	639221
道 滘 镇	9	18273	4134	162511
洪 梅 镇	6	7832	829	237172
沙 田 镇	17	89304	40340	704179
厚 街 镇	54	228702	107591	5191835
长 安 镇	51	95417	113412	8947007
寮 步 镇	32	44133	21633	1887931
大岭山镇	19	25440	2479	817886
大 朗 镇	28	33903	14483	714095
黄 江 镇	22	17507	11251	1527027
樟木头镇	19	34122	11597	385087
清 溪 镇	22	47402	23620	2944048
塘 厦 镇	43	52941	44317	2424460
凤 岗 镇	40	42640	18760	1154623
谢 岗 镇	9	22161	66540	446701
常 平 镇	61	86775	15840	1787584
桥 头 镇	12	29162	14657	1475123
横 沥 镇	17	44409	38648	699109
东 坑 镇	4	6309	7145	1474465
企 石 镇	7	12436	1099	366562
石 排 镇	16	19681	12827	572797
茶 山 镇	16	19384	18814	419961
松 山 湖	84	122625	89533	772167

15-29 镇街进出口总额（2019-2020年，海关口径）

Total Value of Exports and Imports by Town (2019-2020, Custom Statistics)

单位：万元

镇街	2019年			2020年		
	进出口总额	进口	出口	进出口总额	进口	出口
莞城街道	1107979	379609	728371	1004551	250541	754010
石龙镇	1696720	454379	1242341	1408893	399305	1009588
虎门镇	4848064	1919544	2928520	5531401	2684794	2846607
东城街道	5073993	1074911	3999081	5175472	1036472	4139000
万江街道	621113	132644	488469	604390	106880	497510
南城街道	4051482	857928	3193553	3773063	898450	2874613
中堂镇	541778	189945	351833	491410	209321	282089
望牛墩镇	418565	102354	316211	393297	130608	262689
麻涌镇	2003088	1090721	912368	1854647	1015099	839548
石碣镇	4122993	1279774	2843219	3874311	1275151	2599160
高埗镇	2237724	612824	1624901	1907774	505347	1402427
道滘镇	615132	247956	367176	509419	177396	332023
洪梅镇	949271	650807	298464	983649	652206	331443
沙田镇	7112691	3406688	3706004	7592463	3700325	3892138
厚街镇	9056238	2562577	6493661	8878145	2807261	6070884
长安镇	28565809	15211133	13354676	28609600	14882776	13726824
寮步镇	4815972	1538841	3277131	5108919	1569618	3539301
大岭山镇	2414374	991995	1422379	2213102	932554	1280548
大朗镇	2246266	544071	1702194	2451000	633000	1818000
黄江镇	2755478	877711	1877768	3029159	940420	2088739
樟木头镇	1194397	405505	788892	1305904	377237	928667
清溪镇	5518517	1680962	3837555	5632865	1689814	3943051
塘厦镇	4486157	1222441	3263716	4627459	1208114	3419345
凤岗镇	2312037	516309	1795727	2478550	628181	1850369
谢岗镇	699886	112185	587700	814436	63142	751294
常平镇	4436717	1771298	2665419	4076198	1532372	2543826
桥头镇	3572701	1227264	2345437	3046796	1029720	2017076
横沥镇	1479760	349768	1129992	1386710	284601	1102109
东坑镇	2601541	808805	1792736	2371978	735413	1636565
企石镇	926381	142289	784092	899692	153602	746090
石排镇	1133122	175200	957923	1145898	142185	1003713
茶山镇	1193993	313919	880074	1223480	455372	768108
松山湖	22553285	8873020	13680265	18625775	7107630	11518145

15-30 镇街实际利用外资（2019-2020年）

Foreign Capital Actually Utilized by Town (2019-2020)

单位：万元

镇　　街	2019年	2020年	镇　　街	2019年	2020年
莞城街道	2999	34954	寮 步 镇	19345	21633
石 龙 镇	51559	1583	大岭山镇	13389	2479
虎 门 镇	6002	4753	大 朗 镇	15202	14483
东城街道	21377	11264	黄 江 镇	17523	11251
万江街道	1679	1777	樟木头镇	14064	11597
南城街道	26461	17516	清 溪 镇	25621	23620
中 堂 镇	7046	3502	塘 厦 镇	41804	44317
望牛墩镇	7839	3592	凤 岗 镇	49028	18760
麻 涌 镇	139221	10464	谢 岗 镇	53967	66540
石 碣 镇	5859	28356	常 平 镇	61298	15840
高 埗 镇	3979	4134	桥 头 镇	22361	14657
道 滘 镇	4256	4134	横 沥 镇	11813	38648
洪 梅 镇	5642	829	东 坑 镇	4835	7145
沙 田 镇	52570	40340	企 石 镇	11480	1099
厚 街 镇	26934	107591	石 排 镇	24036	12827
长 安 镇	79668	113412	茶 山 镇	17474	18814
松 山 湖	33972	89533			

15−31　镇街税收总额（2019−2020年）

Taxes by Town (2019-2020)

单位：万元

镇　街	2019年	2020年	镇　街	2019年	2020年
莞城街道	458115	432294	寮 步 镇	835863	795341
石 龙 镇	196048	191787	大岭山镇	584862	549853
虎 门 镇	876643	881454	大 朗 镇	506353	517577
东城街道	1353514	1236685	黄 江 镇	419353	438690
万江街道	308539	405990	樟木头镇	271658	255800
南城街道	1577545	1506801	清 溪 镇	476418	496993
中 堂 镇	238686	250441	塘 厦 镇	968433	1021782
望牛墩镇	123974	121826	凤 岗 镇	642013	609341
麻 涌 镇	350544	374924	谢 岗 镇	149159	145377
石 碣 镇	385269	407503	常 平 镇	544993	523625
高 埗 镇	260507	271365	桥 头 镇	271990	273761
道 滘 镇	234536	221740	横 沥 镇	252521	280399
洪 梅 镇	160050	169660	东 坑 镇	260451	290748
沙 田 镇	392830	414722	企 石 镇	145356	152265
厚 街 镇	736729	819971	石 排 镇	220315	246037
长 安 镇	1462768	1474350	茶 山 镇	267766	316319
松 山 湖	1638079	1729203			

15-32 镇街财政收支情况（2019-2020年）

Government Revenue and Expenditure by Town (2019-2020)

单位：万元

镇　街	地方财政收入		地方财政支出		地方财政总财力	
	2019年	2020年	2019年	2020年	2019年	2020年
莞城街道	79146	97664	153123	179196	300616	212732
石 龙 镇	66192	120928	112870	145644	127095	171790
虎 门 镇	324854	816591	412435	1001143	423606	1094524
东城街道	207145	211940	357891	387421	405934	392868
万江街道	190007	158335	237409	314994	359828	393123
南城街道	556943	335332	512127	569594	845487	758424
中 堂 镇	207549	280081	317361	488323	375461	549372
望牛墩镇	100847	77733	150943	96371	151244	132054
麻 涌 镇	214702	444249	265645	472729	277959	533094
石 碣 镇	181782	145303	157743	185119	241633	255399
高 埗 镇	62059	59006	119381	134388	141977	149348
道 滘 镇	91836	193194	160500	256362	202909	312625
洪 梅 镇	47606	345915	74563	271179	83217	377467
沙 田 镇	190397	268547	251055	309904	301846	493650
厚 街 镇	272644	456012	398797	824609	423518	884114
长 安 镇	360863	401076	477234	727241	640040	977508
寮 步 镇	366002	331135	246850	331136	466420	590113
大岭山镇	137466	452708	233544	339483	345492	673189
大 朗 镇	187681	390127	223019	303748	225912	393020
黄 江 镇	226142	133624	193961	295926	396223	395513
樟木头镇	102557	135862	148186	178376	127485	179655
清 溪 镇	229206	237502	257736	287532	312462	319440
塘 厦 镇	304567	710259	402278	584950	542802	1046497
凤 岗 镇	187546	721868	352750	579465	480385	1025470
谢 岗 镇	219512	271925	213363	245001	222501	281064
常 平 镇	198103	295551	423325	472467	426701	581031
桥 头 镇	99009	142800	155900	181409	182172	239885
横 沥 镇	69802	275042	175015	265407	217390	380543
东 坑 镇	103736	112700	126627	165605	166073	207863
企 石 镇	84447	93010	88871	109293	90039	109293
石 排 镇	89697	181572	197239	246625	455691	463520
茶 山 镇	124060	295168	195306	271563	409329	557070
松 山 湖	655490	720932	638070	485501	1022889	1128687

15–33 镇街各项人民币存贷款余额（2019–2020年）

Balance of Deposits and Loans by Town (2019-2020)

单位：万元

镇　　街	年末各项存款余额		年末各项贷款余额	
	2019年	2020年	2019年	2020年
莞城街道	14786785	14645707	5506336	8882939
石 龙 镇	2166635	2452158	1527579	1811357
虎 门 镇	9149776	10378061	6548507	8090926
东城街道	18297999	18592687	13142269	16086515
万江街道	2597159	2896548	1831711	2222548
南城街道	29745580	35230271	19790498	22765106
中 堂 镇	1756110	1971591	1041573	1412951
望牛墩镇	1034875	1263126	534827	812546
麻 涌 镇	1631690	1875558	1271004	1761651
石 碣 镇	2447158	2609719	1413532	1584916
高 埗 镇	1377346	1627658	805089	1028154
道 滘 镇	1483713	1589425	1048114	1150434
洪 梅 镇	699337	895693	440043	1025337
沙 田 镇	1561793	1825313	1551613	2001303
厚 街 镇	5922666	7103545	5641666	6816267
长 安 镇	16119159	18718254	3997451	5541608
寮 步 镇	3177655	3619124	2386744	2958317
大岭山镇	2569087	3190811	1726438	2184781
大 朗 镇	4178971	4550972	3201856	3363589
黄 江 镇	2590427	2789867	1296882	1992656
樟木头镇	1888799	2125177	1405415	1589684
清 溪 镇	2692233	3094164	1415898	1715012
塘 厦 镇	5075131	6422321	4053293	4831573
凤 岗 镇	3275738	4093014	3360006	3952100
谢 岗 镇	1131574	1238611	444688	609561
常 平 镇	4196368	4692408	3005962	3626692
桥 头 镇	1625282	1797057	1137936	1273391
横 沥 镇	1620480	1931050	1092602	1286131
东 坑 镇	1166809	1311518	868380	1156855
企 石 镇	1262683	1495215	818460	1087857
石 排 镇	1837780	2061319	883640	1210345
茶 山 镇	1866506	2137975	809433	1035262
松 山 湖	3180867	4178887	1997850	2864599

注：本表数据来源于市人民银行。

15-34 镇街普通中学情况（2020年）

Basic Statistics on Regular Secondary Schools by Town (2020)

镇街	学校数（所）	毕业生数（人）	#普通高中	招生数（人）	#普通高中	在校学生数（人）	#普通高中	教职工数（人）	#专任教师
全市	254	101356	27565	126240	33822	357275	91548	37355	24408
莞城街道									
石龙镇	4	1326		1434		4285		352	299
虎门镇	14	3984	350	6648	1146	16418	1866	2084	1078
东城街道	17	4969	1103	5881	830	16465	2251	1764	1101
万江街道	6	1891		2346		6743		690	468
南城街道	10	3540	417	4710	432	13724	1349	1817	949
中堂镇	7	2107	206	2236	224	6890	657	859	471
望牛墩镇	4	1215		1209		3728		337	259
麻涌镇	2	707		1026		2758		368	222
石碣镇	10	2081		2528		7215		699	502
高埗镇	7	1026		1281		3613		478	249
道滘镇	4	1612	428	1745	450	5395	1438	459	375
洪梅镇	1	277		293		879		113	70
沙田镇	5	2030	490	2556	522	7195	1461	851	480
厚街镇	12	3255		4046		11278		1391	769
长安镇	7	2597		3671		10159		933	632
寮步镇	9	2889		4056		11644		1160	795
大岭山镇	9	2019	264	2880	496	7699	1260	1022	552
大朗镇	8	3436	483	4307	499	12490	1466	1191	807
黄江镇	5	1109		3406	412	6856	531	911	539
樟木头镇	3	1211		1203		3743		350	254
清溪镇	8	2222		2744	300	7980	300	959	523
塘厦镇	6	3417	514	4573	789	12337	2004	1355	818
凤岗镇	11	2686	313	3775	421	10299	1162	1017	650
谢岗镇	3	746		765		2335		272	177
常平镇	12	2886		4008		11086		1084	734
桥头镇	5	2244	510	3028	867	8605	1957	880	580
横沥镇	8	1380		1806		5278		554	345
东坑镇	6	1294		1658		4765		546	334
企石镇	3	1121		1180		3610		301	257
石排镇	5	1201		1629		4484		356	304
茶山镇	8	4212	1498	5322	2182	16079	5641	1887	1093
松山湖	7	1394	457	2352	782	5604	1577	997	542
市直属	28	33272	20532	35938	23470	105636	66628	9318	7180

15-35 镇街小学情况（2020年）

Basic Statistics on Primary Schools by Town (2020)

镇 街	学校数 (所)	毕业生数 (人)	招生数 (人)	在校学生数 (人)	教职工数 (人)	#专任教师
全 市	335	109340	140231	842240	47831	41969
莞城街道	10	2404	2794	16059	1107	991
石 龙 镇	6	1805	2163	12431	704	639
虎 门 镇	27	7360	9690	56835	3039	2678
东城街道	16	6729	7921	49827	2673	2429
万江街道	16	3719	4400	26693	1637	1363
南城街道	11	4826	6636	37149	2247	1988
中 堂 镇	9	2345	2784	17827	1014	863
望牛墩镇	4	918	1289	7844	421	411
麻 涌 镇	8	1134	1889	10362	713	562
石 碣 镇	6	3149	3689	22836	1247	1159
高 埗 镇	7	1749	2227	13124	814	686
道 滘 镇	7	1670	1806	10774	665	605
洪 梅 镇	3	378	391	2507	193	137
沙 田 镇	4	2103	2460	15663	836	746
厚 街 镇	15	5216	7470	43641	2222	2084
长 安 镇	22	6411	9355	54774	3142	2574
寮 步 镇	17	4689	6436	37563	2422	1835
大岭山镇	9	3213	4166	24551	1406	1221
大 朗 镇	18	5160	6705	40236	2270	1854
黄 江 镇	9	2686	4080	22849	1369	1212
樟木头镇	7	2247	2892	17056	909	818
清 溪 镇	8	3101	4377	26770	1433	1296
塘 厦 镇	13	4867	6997	41241	2372	2116
凤 岗 镇	15	4707	5974	36791	1971	1795
谢 岗 镇	4	1127	1186	7751	497	428
常 平 镇	19	5238	6673	40479	2144	1914
桥 头 镇	8	2384	2950	18379	1018	897
横 沥 镇	5	2700	3788	23076	1181	1102
东 坑 镇	5	2259	2388	16070	890	799
企 石 镇	8	1599	1859	11476	671	557
石 排 镇	8	2267	2699	17221	912	824
茶 山 镇	5	3211	3279	21844	1165	1114
松 山 湖	4	1329	2453	12688	912	862
市 直 属	2	4640	4365	27853	1615	1350

15-36 镇街卫生事业机构、床位及人员数（2020年）

Number of Health Care Institutions, Beds and Personnel by Town (2020)

镇街	机构数（个）	#医院	病床床位（张）	卫生工作人员（人）	#卫生技术人员	#执业（助理）医师	注册护士	药剂人员	检验人员
全　市	3154	112	33720	70313	58930	21812	27954	3196	2010
莞城街道	69	7	601	1593	1259	461	617	65	58
石龙镇	47	3	2350	3223	2890	1048	1423	174	93
虎门镇	289	7	2297	5109	4270	1648	2110	212	121
东城街道	279	13	5404	11061	9106	3146	4249	432	309
万江街道	104	6	3858	6134	5128	1804	2651	236	124
南城街道	190	14	2026	4878	3887	1534	1691	137	170
中堂镇	73	2	1097	1239	1078	356	560	68	33
望牛墩镇	41	1	200	455	374	131	174	34	11
麻涌镇	44	2	519	779	621	214	282	50	29
石碣镇	71	1	284	1026	891	350	405	61	23
高埗镇	62	2	305	765	627	248	299	37	19
道滘镇	56	1	250	672	551	199	257	53	20
洪梅镇	23	2	190	318	243	72	108	30	13
沙田镇	60	2	335	771	679	289	293	39	23
厚街镇	169	3	1163	2892	2495	983	1257	106	66
长安镇	157	7	1752	3702	3208	1336	1522	171	92
寮步镇	116	3	1120	2055	1671	637	797	93	54
大岭山镇	121	2	450	1633	1461	616	641	79	37
大朗镇	138	4	1044	2354	2004	749	979	102	66
黄江镇	94	3	700	1492	1253	458	582	81	50
樟木头镇	43	2	621	1329	1086	362	521	44	39
清溪镇	100	3	669	1764	1530	566	720	95	61
塘厦镇	133	4	1023	2693	2230	883	951	154	85
凤岗镇	94	4	1079	2060	1708	604	826	104	84
谢岗镇	38	1	230	616	512	176	236	29	16
常平镇	133	5	1369	2686	2299	851	1086	136	83
桥头镇	65	1	500	1155	1015	348	522	38	30
横沥镇	74	1	420	1254	996	371	439	65	28
东坑镇	55	2	620	839	704	244	328	36	22
企石镇	51	1	448	918	782	240	379	73	22
石排镇	70	1	360	1107	955	359	460	60	29
茶山镇	59	2	436	989	845	314	382	66	29
松山湖	36			752	572	215	207	36	71

15-37 镇街优抚和社会救济基本情况（2020年）

Basic Statistics on Special Care and Social Relief by Town (2020)

镇　街	敬老院个数（个）	敬老院供养人数（人）	最低生活保障户数（户）	最低生活保障人数（人）	最低生活保障费支出（万元）
全　市	29	460	4052	7978	11010.1
莞城街道	1	27	224	434	685.5
石龙镇	1	8	133	244	398.5
虎门镇	1	17	137	252	461.0
东城街道	1	8	43	81	95.3
万江街道	1	46	213	418	634.8
南城街道			50	91	133.1
中堂镇	1	3	378	727	1002.1
望牛墩镇			230	505	684.8
麻涌镇	1	14	416	695	857.1
石碣镇	1	13	40	64	120.9
高埗镇	1		121	282	256.9
道滘镇	1	32	241	469	705.2
洪梅镇	1	22	77	127	202.3
沙田镇	1	18	125	243	259.1
厚街镇	1	17	230	408	684.4
长安镇	1	11	8	12	15.2
寮步镇	1	20	178	337	490.3
大岭山镇	1	30	144	308	435.3
大朗镇	1	12	113	279	363.7
黄江镇	1	21	44	78	94.3
樟木头镇	1	16	38	67	100.4
清溪镇	1	14	74	148	207.7
塘厦镇	1	8	50	112	147.2
凤岗镇	1	2	9	24	22.6
谢岗镇	1	4	35	68	93.5
常平镇			68	128	166.8
桥头镇	1	26	62	140	163.9
横沥镇	1	36	112	274	329.6
东坑镇	1	12	71	123	160.7
企石镇	1	7	158	359	345.1
石排镇	1	4	138	270	397.0
茶山镇	1	12	92	211	289.8

15−38 镇街专利申请与授权数（2020年）

Basic Statistics on Patents Application Accepted and Granted by Town (2020)

单位：件

镇　街	有专利申请企业数(家)	专　利申请数	#发明	实用新型	外观设计	专　利授权数	#发明	实用新型	外观设计
全　市	11585	95959	22045	53259	20655	74303	8718	45639	19946
莞城街道	88	726	123	396	207	546	11	346	189
石龙镇	54	462	69	286	107	329	14	209	106
虎门镇	597	4090	423	2488	1179	3386	54	2203	1129
东城街道	634	5234	1169	3185	880	3750	255	2645	850
万江街道	359	2615	402	1785	428	1911	57	1384	470
南城街道	380	2699	544	1670	485	2037	101	1482	454
中堂镇	128	858	85	615	158	751	13	606	132
望牛墩镇	91	695	87	428	180	495	19	355	121
麻涌镇	71	641	97	521	23	442	35	393	14
石碣镇	291	2040	178	1171	691	1640	31	1002	607
高埗镇	191	1270	196	851	223	1054	29	760	265
道滘镇	194	1339	230	845	264	1019	46	756	217
洪梅镇	41	285	45	183	57	300	16	205	79
沙田镇	188	1537	239	960	338	1159	56	784	319
厚街镇	457	4082	427	2131	1524	3532	61	1823	1648
长安镇	1129	18381	9967	6299	2115	13253	5840	5453	1960
寮步镇	566	3512	447	2203	862	2962	62	2074	826
大岭山镇	457	2902	386	1827	689	2426	52	1636	738
大朗镇	413	2865	388	1871	606	2368	96	1628	644
黄江镇	346	2654	294	1558	802	1887	47	1109	731
樟木头镇	177	1508	150	963	395	1343	37	836	470
清溪镇	411	2923	310	1848	765	2497	86	1664	747
塘厦镇	834	5784	591	3726	1467	4738	154	3104	1480
凤岗镇	458	3210	274	1694	1242	2690	24	1486	1180
谢岗镇	127	1008	84	719	205	717	19	505	193
常平镇	601	3964	418	2374	1172	3120	71	1985	1064
桥头镇	280	1778	197	1104	477	1449	24	1011	414
横沥镇	427	2632	221	1885	526	2201	43	1674	484
东坑镇	169	1274	123	795	356	1053	18	727	308
企石镇	203	1378	168	821	389	949	14	621	314
石排镇	315	2123	204	1241	678	1758	43	1104	611
茶山镇	274	1713	188	1075	450	1653	133	1052	468
松山湖	600	7698	3311	3690	697	4817	1155	2973	689
其　它	34	79	10	51	18	71	2	44	25

15－39 镇街总用电量和总售水量（2019－2020年）

Gross Comsumption of Electicity and Water by Town (2019-2020)

镇街	总用电量（万千瓦时）		总售水量（万吨）	
	2019年	2020年	2019年	2020年
莞城街道			1777	1751
石龙镇	81560	80090	1931	1861
虎门镇	558302	556577	8709	8172
东城街道			9745	14953
万江街道			3927	7742
南城街道			5087	4953
中堂镇	165010	153376	2392	2052
望牛墩镇	68435	72078	1297	1288
麻涌镇	192543	199566	3156	3106
石碣镇	206969	206661	3695	3492
高埗镇	144367	140673	2642	2588
道滘镇	122928	116510	2115	2032
洪梅镇	58470	59110	1059	942
沙田镇	198498	253784	3893	3580
厚街镇	384435	369409	7441	6927
长安镇	750288	736511	11404	10845
寮步镇	322356	329962	6085	6150
大岭山镇	282306	288119	3315	3707
大朗镇	419201	422610	6419	6929
黄江镇	237381	255150	3651	3700
樟木头镇	116178	116573	2393	2236
清溪镇	337611	348765	5079	4313
塘厦镇	545587	563384	8130	7522
凤岗镇	357720	365127	5498	5180
谢岗镇	117121	120318	1711	1718
常平镇	356279	362777	7419	7212
桥头镇	233342	238743	3276	2858
横沥镇	210742	221076	4005	3781
东坑镇	130330	137205	2200	2224
企石镇	140874	148748	2444	2553
石排镇	217266	225022	2455	2545
茶山镇	187419	192445	3592	3485
松山湖	271643	324528	3026	3[illegible]60

注：1.总售水量数据来源于市水务局。
　　2.根据市供电局反映，四个街道为统一供电，无法划分。

十六、村(居)委会主要指标

Main Indicators of Villagers'（Neighborhood）Committees

16 村（居）委会主要指标（2020年）

Main Indicators of Villagers' (Neighborhood) Committees (2020)

村（居）委会	土地面积（平方公里）	户籍人口（人）	全部企业及个体户数（个）	#工业企业	资产总额（万元）	负债总额（万元）	资产负债率（%）	村组两级经营纯收入（万元）
莞　城								
东正社区	1.7	28661	1380	22	153	8	5.0	
市桥社区	0.9	38289	1087		126	2	1.4	
北隅社区	1.0	28259	2252	1	294	6	2.0	
西隅社区	0.6	16095	351	5	324	171	52.8	
罗沙社区	1.8	20719	4875	39	435	163	37.4	
博厦社区	1.0	11643	458		72	3	4.2	
兴塘社区	2.6	21935	6928	17	172	41	23.8	
创业社区	1.5	34522	4048	25	96	-3	-3.0	
罗沙联合社					47226	22386	47.4	11733
博厦联合社					8143	1409	17.3	2208
细村联合社					23442	2395	10.2	4169
石　龙								
中山东社区	0.5	29493	1476	10	917	446	48.6	
中山西社区	0.5	20875	783	17	942	363	38.5	
兴龙社区		24506	2252	35	3515	1006	28.6	
忠维村	0.8	1067	443	4	8021	1115	13.9	856
林屋村	0.7	706	561		4326	1060	24.5	914
新维村	0.6	620	752	61	20315	1615	7.9	1900
蒲溪村	0.7	658	23	1	4750	1382	29.1	716
西湖村	3.5	3159	3598	239	101003	15676	15.5	8051
王屋洲村	3.2	1808	1317	18	23061	3172	13.8	1274
黄家山村	2.5	2093	811	79	35261	6692	19.0	942
虎　门								
东方社区	0.8	9149	399	2	1050	438	41.7	13
则徐社区	1.2	15855	1247	34	1631	641	39.3	88
虎门寨社区	2.0	7925	5980	22	30043	3980	13.2	6944
树田社区	4.0	1609	1178	510	12540	2664	21.2	2349
怀德社区	13.8	7142	2556	249	78076	8848	11.3	15847
居岐社区	1.6	1437	280	43	30875	9176	29.7	9438
村头社区	1.3	885	280	85	15243	2640	17.3	2567
陈村社区	1.3	864	81	42	7550	1729	22.9	674
黄村社区	0.9	622	130	118	4022	606	15.1	763
大宁社区	5.4	3291	2305	300	199141	12708	6.4	17952
北栅社区	5.9	5123	2394	425	38207	3397	8.9	9331
龙眼社区	2.9	3217	1515	613	193655	18768	9.7	10545
赤岗社区	7.6	4633	1150	252	83733	4203	5.0	3044
博涌社区	5.9	8015	3856	232	209822	25347	12.1	13161
新联社区	4.0	1361	563	145	31340	4953	15.8	2241

注：村（居）委会主要指标为镇、村自报数据。

16 续表 1

(2020年)

村（居）委会	土地面积（平方公里）	户籍人口（人）	全部企业及个体户数（个）	#工业企业	资产总额（万元）	负债总额（万元）	资产负债率（%）	村组两级经营纯收入（万元）
白沙社区	7.8	7904	1438	435	121467	72859	60.0	10100
镇口社区	1.8	3337	1679	479	29493	2959	10.0	4000
金洲社区	4.8	6401	2550	75	108791	20708	19.0	7468
小捷滘社区	2.0	1073	489	181	19897	3923	19.7	3765
南栅社区	8.2	5966	4040	609	121859	19445	16.0	19814
东风社区	2.8	1953	505	79	15689	5186	33.1	2186
宴岗社区	1.3	1267	482	48	8904	1558	17.5	1466
路东社区	5.6	3803	991	250	82918	7266	8.8	12996
沙角社区	11.2	6570	1657	932	52125	9624	18.5	13460
九门寨社区	2.6	1646	280	33	13407	3334	24.9	1692
南面社区	7.3	3154	256	30	22540	3483	15.5	2087
北面社区	5.5	2934	179	84	11214	4041	36.0	1057
武山沙社区	2.9	2632	185	60	76590	2375	3.1	1497
新湾社区	1.0	11931	201	26	9863	1594	16.2	1355
民泰社区								
东　城								
岗贝社区	1.7	25828	7952	91	1702	291	17.1	95
花园新村社区	0.9	4782	680		1308	388	29.7	
东泰社区	4.2	28684	2401		1257	508	40.4	
温塘社区	11.6	10872	3805	1005	27674	2551	9.2	21618
桑园社区	4.0	4160	1825	234	15138	1657	10.9	6835
周屋社区	2.8	2630	727	244	8374	799	9.5	3805
余屋社区	1.8	1841	640	178	8119	663	8.2	2771
鳌峙塘社区	2.0	1187	259	140	5572	1431	25.7	1821
峡口社区	1.6	1323	565	166	8477	977	11.5	2781
柏洲边社区	1.0	1240	895	103	8195	747	9.1	3522
上桥社区	1.0	1580	580	78	4246	287	6.8	2369
下桥社区	2.0	2922	3022	115	12822	954	7.4	8019
樟村社区	3.0	4062	1156	90	23091	2294	9.9	6136
梨川社区	1.0	1863	431	96	8112	757	9.3	3980
堑头社区	1.5	4457	1999	134	16509	4883	29.6	4792
主山社区	6.6	7862	10253	395	42373	1084	2.6	18843
石井社区	6.7	3303	3224	190	13414	1059	7.9	7886
同沙社区	4.6	2981	832	171	22378	1354	6.1	6443
光明社区	1.9	1648	1011	101	11005	380	3.5	2575
牛山社区	11.0	6145	3310	551	20800	7476	35.9	6693
立新社区	2.5	3749	920	75	7733	1810	23.4	8088
火炼树社区	1.2	2926	2089	66	7897	700	8.9	3744
星城社区	3.0	34369	1459		1033	242	23.5	
万　江								
万江墟社区	1.0	6914	836	23	5120	1290	25.2	424
万江社区	2.6	4605	1900	209	18029	3452	19.1	3521
石美社区	2.5	4675	303	199	19335	2441	12.6	4451
莫屋社区	1.0	1678	168	134	5655	1591	28.1	1574

16　续表 2

(2020年)

村(居)委会	土地面积(平方公里)	户籍人口(人)	全部企业及个体户数(个)	#工业企业	资产总额(万元)	负债总额(万元)	资产负债率(%)	村组两级经营纯收入(万元)
拔蛟窝社区	1.3	2358	498	130	20205	1693	8.4	1175
黄粘洲社区	0.5	856	117	61	3544	821	23.2	435
蚬涌社区	2.0	2354	418	313	4673	1861	39.8	2572
谷涌社区	2.0	3522	213	94	37025	4793	12.9	3359
小享社区	3.8	5520	632	193	19060	1839	9.6	2063
滘联社区	2.7	3709	630	208	12416	7715	62.1	713
金泰社区	1.4	2348	301	105	5650	1163	20.6	2262
曲海社区	1.2	1732	195	11	25598	417	1.6	1069
牌楼基社区	1.6	1755	302	87	21333	1662	7.8	1539
大莲塘社区	0.8	1099	100	41	13849	601	4.3	1278
水蛇涌社区	1.5	2504	720	182	16092	1948	12.1	1399
共联社区	1.3	2292	1600	123	8822	1685	19.1	2360
新谷涌社区	1.4	2914	196	64	21429	2211	10.3	2156
坝头社区	1.4	1731	36	27	32309	16444	50.9	3423
胜利社区	0.9	1066	135	19	6480	3205	49.5	1744
官桥滘社区	1.4	1918	180	85	14188	3552	25.0	1656
简沙洲社区	1.6	1924	626	431	3046	2202	72.3	1078
新和社区	3.7	3016	350	361	14187	1909	13.5	4116
上甲社区	1.4	2598	480	232	10054	3183	31.7	317
严屋社区	1.0	1220	76	75	6118	1204	19.7	878
大汾社区	2.6	3716	240	148	20912	2616	12.5	2479
新村社区	5.8	8721	425	281	19231	4952	25.8	3324
流涌尾社区	2.5	2565	153	141	5779	1571	27.2	1369
新城社区		29814	1720	56	463	347	74.9	
坝新社区		3876	495	8	399	74	18.5	
万新社区					181	139	76.8	
南　城								
鸿福社区		54704	7023	45				
元美社区	0.4	2868	1094		10739	2475	23.0	1021
胜和社区	4.4	7409	6983	27	49756	5698	11.5	13737
亨美社区	0.5	2454	565	26	36911	3788	10.3	4485
三元里社区	0.2	1233	83		33405	2486	7.4	3250
篁村社区	0.8	3287	476	12	29358	2946	10.0	2868
新基社区	2.0	3255	2583	7	102875	2381	2.3	5312
周溪社区	4.9	4484	462	12	68647	3943	5.7	9435
袁屋边社区	2.1	2393	1852	40	130403	1852	1.4	7853
白马社区	4.2	3767	3352	38	48824	2656	5.4	6041
石鼓社区	2.6	2041	698	22	39538	3822	9.7	4631
蛤地社区	8.0	3196	452	76	34191	4229	12.4	5476
西平社区	3.9	3728	2215	2	41542	13326	32.1	4903
水濂社区	6.4	2326	161	36	21894	9670	44.2	2248
雅园社区	1.8	1546	817	42	33735	1875	5.6	2487
新城社区	2.2	6473	3111					
宏远社区	1.2	22325	1325	3				
宏图社区		25131	875					

16 续表 3

(2020年)

村（居）委会	土地面积（平方公里）	户籍人口（人）	全部企业及个体户数（个）	#工业企业	资产总额（万元）	负债总额（万元）	资产负债率（%）	村组两级经营纯收入（万元）
中 堂								
中心社区	0.7	13125	3107	127	1423	1001	70.3	-193
斗朗社区	2.5	2954	2082	319	8915	1435	16.1	1618
红锋社区	0.1	832	80	32	2644	972	36.8	266
东泊社区	2.9	4204	1830	475	19591	2916	14.9	1776
江南社区	2.1	2835	3630	1616	16345	1904	11.6	1728
潢 涌 村	9.3	11208	1816	294	741807	15521	2.1	61212
三 涌 村	4.0	4259	886	236	9722	3968	40.8	1743
湛 翠 村	1.8	2655	385	138	8675	2688	31.0	487
袁家涌村	4.0	6116	1005	307	11043	3361	30.4	1411
吴家涌村	3.4	2996	717	200	15327	2399	15.7	3050
凤 冲 村	1.3	1759	217	88	5851	1732	29.6	593
鹤 田 村	2.2	2456	1313	437	5015	2546	50.8	844
中 堂 村	1.1	2239	223	66	9864	1611	16.3	1836
一 村 村	0.7	2128	861	63	14333	2221	15.5	1595
东 向 村	2.4	3590	911	277	5636	961	17.1	1113
蕉 利 村	4.6	5511	1466	460	7285	1994	27.4	2034
槎 滘 村	9.4	11481	1632	469	47607	9154	19.2	3929
下 芦 村	1.3	1343	155	53	6186	1576	25.5	490
马 沥 村	1.9	2128	147	39	14178	1145	8.1	873
四 乡 村	4.2	3570	180	44	9993	3074	30.8	983
望 牛 墩								
望牛墩社区		7214			7			
李 屋 村	0.6	726	143	65	7204	2241	31.1	534
望 东 村	1.4	2245	229	24	4685	1525	32.6	514
扶 涌 村	0.6	1024	99	19	5511	1073	19.5	462
赤 滘 村	1.9	3362	7	42	24358	1980	8.1	1792
五 涌 村	1.4	1637	74	65	4930	1108	22.5	413
下 漕 村	3.0	5017	131	39	9775	3503	35.8	754
上 合 村	1.9	3254	325	61	7355	2551	34.7	321
聚龙江村	0.7	1091	205	43	8022	885	11.0	657
望 联 村	2.8	5516	493	18	10440	1127	10.8	1315
洲 湾 村	1.6	2090	48	29	5691	2017	35.4	332
洲 涡 村	1.9	2931	40	23	10773	1186	11.0	589
寮 厦 村	1.4	1544	46	22	5360	1798	33.5	495
官桥涌村	0.7	1040	19	10	4234	641	15.1	696
芙蓉沙村	0.8	1110	50	20	6456	1464	22.7	559
杜 屋 村	1.8	2666	86	42	9737	2224	22.8	499
横 沥 村	1.8	2416	69	23	7288	1892	26.0	312
福 安 村	0.6	1180	40	6	5444	924	17.0	357
官 洲 村	1.0	1119	26	25	4817	1453	30.2	464
石 排 村	0.4	703	13	7	2770	1250	45.1	244
朱平沙村	2.7	3673	131	22	19306	2448	12.7	1128
锦 涡 村	2.2	1662	59	8	11039	1637	14.8	719

16 续表 4

(2020年)

村（居）委会	土地面积（平方公里）	户籍人口（人）	全部企业及个体户数（个）	#工业企业	资产总额（万元）	负债总额（万元）	资产负债率（%）	村组两级经营纯收入（万元）
麻　涌								
麻涌社区		11783						
麻二社区	6.8	3993	386	41	16857	7036	41.7	1296
麻一村	4.0	4746	610	57	25713	3874	15.1	1564
麻三村	3.6	4442	3501	292	29016	4079	14.1	2765
麻四村	4.5	5560	510	68	27445	3496	12.7	1388
大步村	10.7	8403	2406	101	200278	8378	4.2	6815
东太村	4.8	5054	1230	40	31922	2531	7.9	4777
新基村	4.4	6384	899	66	27584	2452	8.9	1526
川槎村	2.9	4464	580	100	674	574	85.2	1522
鸥涌村	2.8	4443	567	42	1958	450	23.0	1748
黎滘村	1.3	1529	230	46	4279	965	22.6	767
华阳村	5.5	5987	803	35	60277	6179	10.3	3842
南洲村	3.3	3251	450	59	9300	1320	14.2	826
大盛村	6.9	3454	1507	80	96910	4636	4.8	2629
漳澎村	25.7	14620	1143	112	117667	71852	61.1	3094
石　碣								
城中社区		22164	2709	195	8024	7054	87.9	546
唐洪村	1.0	1903	838	38	18983	6379	33.6	2315
水南村	2.8	3944	2379	403	23405	5582	23.9	7956
石碣村	4.6	6140	6898	458	14106	1559	11.1	10300
刘屋村	4.9	5175	1967	480	8339	1422	17.1	4547
横滘村	1.6	2218	1548	268	14762	2374	16.1	4127
鹤田厦村	2.5	2106	647	98	12137	1751	14.4	2065
四甲村	4.0	5179	1851	439	22444	2384	10.6	7661
沙腰村	4.0	3977	722	185	21307	1066	5.0	2411
梁家村	2.0	2722	482	98	21446	1811	8.4	1596
桔洲村	1.2	1616	945	201	51931	2685	5.2	5362
单屋村	2.3	1429	719	181	17930	2297	12.8	1470
涌口村	1.6	1957	1359	213	15026	2228	14.8	2243
西南村	2.6	2179	1904	268	72605	6460	8.9	8031
黄泗围村	1.2	757	587	128	16876	1408	8.3	2897
高　埗								
新创社区		6375	611	41	169	44	26.0	
冼沙村	7.2	8325	2932	865	10777	9147	84.9	4110
卢溪村	1.6	1916	381	86	5530	850	15.4	639
宝莲村	0.9	1110	120	66	3259	613	18.8	181
塘厦村	2.7	2112	403	32	3768	1171	31.1	1498
草墩村	0.8	890	40	25	4299	667	15.5	639
护安围村	1.5	1225	138	67	7081	813	11.5	664

16 续表 5

(2020年)

村（居）委会	土地面积(平方公里)	户籍人口(人)	全部企业及个体户数(个)	#工业企业	资产总额(万元)	负债总额(万元)	资产负债率(%)	村组两级经营纯收入(万元)
保安围村	2.8	2605	234	135	16912	15451	91.4	1715
三联村	1.1	1414	79	18	4819	1834	38.1	587
横滘头村	0.9	1203	91	61	4796	625	13.0	612
低涌村	2.4	3130	465	143	6704	2033	30.3	1987
朱磡村	1.0	1644	67	49	2986	736	24.6	516
欧邓村	0.7	1001	100	44	2670	1384	51.8	326
芦村村	1.4	1868	71	28	5870	903	15.4	351
高埗村	3.4	3667	1345	163	5850	1076	18.4	3537
凌屋村	1.4	1351	297	35	5455	2191	40.2	875
上江城村	2.5	2524	83	41	11353	5066	44.6	1416
下江城村	1.5	1708	335	105	6982	2764	39.6	2808
新联村	0.9	1841	280	27	1553	1062	68.4	1378
道滘								
兴隆社区		17827			888	782	88.1	213
南城村	5.8	4637	738	70	16646	942	5.7	3169
闸口村	4.5	3052	550	8	35085	8357	23.8	2160
北永村	4.8	4053	533	118	9882	2864	29.0	2435
永庆村	2.3	1785	225	82	18341	845	4.6	1599
厚德村	3.4	2736	255	38	23077	692	3.0	1130
蔡白村	6.5	5244	984	238	27134	6881	25.4	1158
南丫村	6.1	4563	1160	145	10437	2126	20.4	3903
九曲村	4.0	3408	208	65	18049	4034	22.4	966
大罗沙村	3.8	3261	243	70	12416	3364	27.1	1008
小河村	4.8	6153	204	84	7768	1128	14.5	2163
昌平村	3.0	3859	327	47	6645	2941	44.3	1688
大岭丫村	3.5	4081	548	120	20002	4340	21.7	3264
大鱼沙村	1.8	1856	93	47	8544	774	9.1	734
洪梅								
洪梅社区	1.4	2469	780	4				185
洪屋涡村	14.1	7949	536	56	43473	7101	16.3	3814
新庄村	1.7	995	116	46	9908	2645	26.7	778
梅沙村	4.7	4656	285	56	77997	4457	5.7	446
金鳌沙村	1.7	1417	86	13	11899	4683	39.4	2143
乌沙村	3.9	2423	104	40	13989	1378	9.9	641
尧均村	1.0	686	149	49	9820	3901	39.7	998
夏汇村	0.9	852	44	7	4794	711	14.8	357
氹涌村	2.1	2396	119	16	14479	2412	16.7	495
黎洲角村	1.6	3043	529	15	20111	4958	24.7	1020
沙田								
横流社区	0.5	3976	3221	172	6971	469	6.7	795
滨港社区		10984	7	2				

16　续表 6

（2020年）

村（居）委会	土地面积（平方公里）	户籍人口（人）	全部企业及个体户数（个）	#工业企业	资产总额（万元）	负债总额（万元）	资产负债率（%）	村组两级经营纯收入（万元）
中围村	2.7	1997	45	9	28181	3096	11.0	2501
和安村	3.5	3551	42	8	19896	5086	25.6	2609
大流村	2.2	2306	74	5	16542	3866	23.4	1964
泥洲村	5.4	4282	49	5	20857	9425	45.2	1715
杨公洲村	3.2	2199	1403	441	10625	3009	28.3	1580
阁西村	2.4	2531	1980	176	43505	11501	26.4	2578
民田村	3.4	2988	1939	358	13890	3207	23.1	1554
大泥村	2.7	2097	2157	825	11054	854	7.7	1238
福禄沙村	2.7	2217	572	101	8689	2091	24.1	1732
西大坦村	1.6	2356	195	9	11143	3873	34.8	397
穗丰年村	4.0	3131	1003	233	34178	6314	18.5	2151
齐沙村	2.3	2265	1101	285	16684	2387	14.3	2339
稔洲村	3.2	2791	3059	960	27782	17601	63.4	1679
义沙村	3.5	2139	740	243	11328	2004	17.7	645
西太隆村	3.7	2305	1495	591	8613	2232	25.9	1668
先锋村	0.1	2185	225	28	9974	2020	20.3	679
厚　街								
竹溪社区		10863	186	7	4236	599	14.1	256
厚街社区	5.7	9752	8037	1672	26466	14518	54.9	4225
珊美社区	2.0	2775	6735	334	11665	2831	24.3	3144
寮厦社区	3.4	2884	4532	475	37373	2899	7.8	5235
河田社区	10.0	6912	5986	942	75356	12326	16.4	7741
汀山社区	4.7	2201	3385	712	64148	1709	2.7	1792
环冈社区	5.0	2374	1457	232	18849	1044	5.5	2184
三屯社区	3.5	3115	3385	712	106827	4849	4.6	15301
宝屯社区	3.1	2889	4212	860	18236	4270	23.4	6119
陈屋社区	2.5	1834	2581	513	55573	2097	3.8	5502
赤岭社区	6.2	4176	4496	967	86002	15130	17.6	9174
桥头社区	11.7	8780	4832	1062	48726	11473	23.5	5421
南五社区	1.2	1776	1721	394	28517	3397	11.9	1391
溪头社区	4.5	4325	2154	483	56173	3555	6.3	8010
沙塘社区	1.4	2323	667	202	18078	1584	8.8	2722
宝塘社区	1.7	1728	1078	297	23311	1154	5.0	4106
下汴社区	4.0	1950	1423	458	28075	539	1.9	1980
白濠社区	5.5	5980	3284	1119	58242	5488	9.4	8808
新塘社区	4.4	6356	3783	674	46488	11241	24.2	6940
双岗社区	4.5	7346	2490	675	27413	4339	15.8	3144
涌口社区	4.9	5893	2402	615	60353	3338	5.5	5068
大迳社区	13.2	3972	560	153	18873	3624	19.2	1083
新围社区	17.6	5007	752	230	28181	4103	14.6	1302
湖景社区		28090						
长　安								
长盛社区	0.9	41958	4624	6	8808	744	8.4	

16 续表 7

(2020年)

村（居）委会	土地面积（平方公里）	户籍人口（人）	全部企业及个体户数（个）	#工业企业	资产总额（万元）	负债总额（万元）	资产负债率（%）	村组两级经营纯收入（万元）
涌头社区	3.9	1934	2229	202	37356	12874	34.5	9803
霄边社区	8.1	3790	5859	113	169681	16673	9.8	13807
咸西社区	4.0	1550	1648	150	98614	13481	13.7	5719
锦厦社区	8.1	5015	8895	833	252007	27121	10.8	39518
新安社区	10.4	4108	5335	285	71208	10892	15.3	16910
乌沙社区	9.2	4541	9561	820	72987	13951	19.1	47396
新民社区	2.6	1153	1273	175	46251	10900	23.6	6185
沙头社区	11.1	6993	5430	285	117171	15901	13.6	21332
上沙社区	5.8	3191	3529	328	68226	5253	7.7	13724
厦岗社区	7.8	3612	3143	647	70145	8658	12.3	11749
厦边社区	5.0	2869	2973	726	31437	5657	18.0	12991
上角社区	3.3	1531	1335	228	63917	7082	11.1	12812
寮　步								
寮步社区	1.4	7813	1971	73	7954	1257	15.8	531
塘边社区	0.7	1891	1221	61	5550	5263	94.8	3025
岭厦社区	0.9	1127	1093	208	21817	1125	5.2	2932
新旧围社区	1.3	1125	932	109	8946	682	7.6	1116
横坑社区	6.0	5578	6878	568	113977	13665	12.0	10106
牛杨社区	1.2	1878	889	83	33881	12346	36.4	1993
泉塘社区	2.3	1772	1822	310	17808	3027	17.0	3260
坑口社区	1.8	1448	1954	175	12021	1540	12.8	2712
缪边社区	3.1	1441	1002	143	16938	6158	36.4	1768
良平社区		42831	1134	24				
西溪村	4.3	5214	3218	637	40285	19034	47.2	4044
凫山村	3.9	6956	4057	583	23797	2287	9.6	9123
石步村	4.6	5069	1832	252	23013	2329	10.1	3918
良边村	2.8	3509	2216	341	7613	2025	26.6	4154
富竹山村	3.5	2374	1943	148	15813	2181	13.8	3472
塘唇村	3.4	2685	1202	188	26990	1808	6.7	4661
向西村	2.9	2882	1641	349	11866	5627	47.4	1793
下岭贝村	1.8	1786	2555	140	17117	2176	12.7	3413
霞边村	1.2	1028	1298	115	10152	846	8.3	969
竹园村	1.2	993	1145	189	9250	3494	37.8	921
上屯村	4.4	3763	1949	267	23323	4573	19.6	4239
石龙坑村	2.0	4021	2830	344	16450	1669	10.1	4249
浮竹山村	1.8	1817	871	145	15720	2532	16.1	2600
上底村	2.0	1684	446	83	5839	2540	43.5	1308
刘屋巷村	1.6	668	457	84	6183	995	16.1	552
药勒村	2.3	1397	783	144	24359	1289	5.3	1369
陈家埔村	1.5	1107	791	92	11774	3087	26.2	1803

16 续表 8

(2020年)

村（居）委会	土地面积（平方公里）	户籍人口（人）	全部企业及个体户数（个）	#工业企业	资产总额（万元）	负债总额（万元）	资产负债率（%）	村组两级经营纯收入（万元）
小坑村	1.7	947	496	35	10733	1442	13.4	1114
长坑村	1.8	1113	469	39	11433	1057	9.2	1147
井巷村	1.6	1063	772	49	8831	1639	18.6	1303
大岭山								
大岭山社区	2.4	18900	3580	51	2744	1557	56.7	378
农场社区	2.0	911	780	16	18829	8616	45.8	4443
马蹄岗村	1.8	2486	298	205	14720	3573	24.3	2641
大塘朗村	2.4	1854	536	66	9860	3776	38.3	1889
新塘村	1.7	2643	285	86	28280	2496	8.8	5285
元岭村	0.3	1229	132	1	18239	868	4.8	853
金桔村	4.7	4317	530	66	37336	2457	6.6	3259
鸡翅岭村	3.7	1561	198	43	15694	460	2.9	1775
大沙村	4.5	2274	261	150	12215	1617	13.2	3171
旧飞鹅村	3.5	568	34	20	8054	389	4.8	993
连平村	8.0	3655	512	132	10778	1523	14.1	6523
梅林村	1.1	618	265	69	4899	436	8.9	1761
下高田村	0.3	540	51	54	7630	2758	36.1	628
大环村	4.1	725	129	80	11280	359	3.2	803
太公岭村	2.3	2011	262	72	6349	679	10.7	2103
百花洞村	4.6	1535	293	63	17872	4148	23.3	2018
大片美村	3.4	1165	539	21	8077	565	7.0	1536
矮岭冚村	5.8	4563	2358	565	23138	1739	7.5	10155
大岭村	7.5	2743	1000	201	8516	839	9.9	1598
水朗村	5.1	1720	125	85	58785	3895	6.6	2441
大塘村	8.2	3792	899	570	25623	1736	6.8	3175
杨屋村	12.7	5811	980	432	32584	1190	3.7	5779
颜屋村	2.3	932	524	218	8929	1303	14.6	1873
大朗								
大朗社区	0.3	10896	1268	79	4461	1349	30.2	477
竹山社区	1.3	1852	966	219	18378	935	5.1	930
巷头社区	3.6	5233	11094	972	254310	65828	25.9	11272
巷尾社区	1.6	2254	2733	401	94025	47470	50.5	3633
求富路社区	1.7	1676	2015	268	56117	9247	16.5	5548
长塘社区	3.7	5655	4574	1052	133518	10486	7.9	11233
大井头社区	4.1	6581	3021	420	135690	60304	44.4	9976
圣堂社区	0.9	1980	2368	103	54297	19100	35.2	2079
黄草朗社区	1.5	2888	2117	647	32131	8161	25.4	1259
佛新社区	0.6	1029	803	168	25982	6341	24.4	1321
屏山社区	2.2	634	321	95	14240	1129	7.9	283
长富社区	1.5	16396	1053	11				
高英村	1.6	2059	1420	426	26316	9112	34.6	1406

16　续表 9

(2020年)

村（居）委会	土地面积（平方公里）	户籍人口（人）	全部企业及个体户数（个）	#工业企业	资产总额（万元）	负债总额（万元）	资产负债率（%）	村组两级经营纯收入（万元）
蔡边村	6.7	4828	4566	802	50308	7445	14.8	2449
水口村	3.4	3338	2516	693	57498	28568	49.7	2480
洋乌村	2.1	1947	1776	587	21041	3736	17.8	2211
洋坑塘村	1.1	1300	1357	360	14924	1236	8.3	1334
松柏朗村	2.7	5227	2124	329	70433	22853	32.4	1402
黎贝岭村	1.9	2698	2836	464	29641	4564	15.4	895
佛子凹村	1.1	2890	1007	133	13533	2622	19.4	1245
松木山村	2.9	3068	2274	600	37950	7797	20.6	3147
犀牛陂村	8.0	3988	2827	837	27867	3338	12.0	4015
水平村	8.0	2287	1695	552	31148	3893	12.5	1378
宝陂村	0.5	809	95	28	20750	6059	29.2	848
石厦村	8.0	3462	2467	658	23969	4183	17.5	1725
杨涌村	1.5	1547	1406	351	14255	3596	25.2	3117
沙步村	3.1	2555	2205	729	22814	3407	14.9	1556
新马莲村	6.6	1780	2205	670	5311	2041	38.4	2025
黄　江								
新市社区	1.6	21296	2274	38	3775	2043	54.1	280
三新社区	16.2	3461	1826	325	37246	4800	12.9	2906
田美社区	12.2	5346	6478	1422	55798	7391	13.2	8429
北岸社区	5.9	1880	1515	302	21257	3963	18.6	3268
长龙社区	18.0	2916	867	244	15681	2692	17.2	2209
梅塘社区	25.6	6053	3424	1251	70327	13613	19.4	7448
宝山社区	4.1	3369	3583	470	50806	6583	13.0	5563
樟木头								
圩镇社区	4.3	30199	2698	338	19363	8689	44.9	2193
樟罗社区	6.8	4089	3075	92	26244	1648	6.3	4390
百果洞社区	2.4	1073	1303	33	11493	1131	9.8	1388
樟洋社区	13.6	2905	1996	71	26473	5414	20.5	3287
石新社区	7.3	2732	1466	638	45324	10499	23.2	7189
柏地社区	6.6	1625	875	69	13491	7691	57.0	1168
官仓社区	3.2	1278	210	63	9269	1924	20.8	818
裕丰社区	10.0	2391	719	371	11900	3693	31.0	1357
金河社区	14.0	2015	899	287	11043	1967	17.8	1413
樟新社区								
清　溪								
清溪社区	6.1	23048	4219	211	5119	384	7.5	2094
罗马村	8.8	2055	983	362	5457	3145	57.6	2993
长山头村	4.9	1356	456	149	22957	6995	30.5	2767
荔横村	3.3	1695	1125	339	6965	2398	34.4	5311
浮岗村	3.2	2103	1756	270	12701	2509	19.8	3664
松岗村	3.8	1360	632	266	2646	733	27.7	1860
上元村	2.8	1063	494	141	7147	1263	17.7	1647

16 续表 10

(2020年)

村（居）委会	土地面积（平方公里）	户籍人口（人）	全部企业及个体户数（个）	#工业企业	资产总额（万元）	负债总额（万元）	资产负债率（%）	村组两级经营纯收入（万元）
重河村	7.7	3003	912	280	14681	827	5.6	6310
清厦村	2.6	1815	2687	302	7253	1691	23.3	9633
铁松村	5.2	2816	1370	350	11173	1879	16.8	3676
铁场村	7.6	930	50	4	9915	4443	44.8	956
九乡村	7.5	1825	705	262	9297	4408	47.4	2497
大埔村	3.0	803	267	72	4850	2010	41.4	892
大利村	9.0	2932	2632	851	20215	4059	20.1	7066
渔樑围村	2.3	1299	875	181	14002	1989	14.2	5294
三星村	2.2	1152	839	246	2292	413	18.0	1858
厦垅村	1.9	983	785	295	6524	5140	78.8	2192
土桥村	2.1	684	596	200	13246	2797	21.1	3980
谢坑村	3.2	856	1047	396	14718	3539	24.1	2082
三中村	8.2	1950	2650	590	21239	9300	43.8	4817
青皇村	6.5	1253	485	200	4901	1081	22.1	2278
塘厦								
塘厦社区	6.7	3357	5045	52	7489	701	9.4	1563
林村社区	21.0	6749	2356	256	175288	31459	17.9	26010
莲湖社区	9.0	2520	801	185	21300	4593	21.6	5717
石潭埔社区	6.8	1919	1806	120	56628	4394	7.8	5039
横塘社区	3.7	1322	340	290	24859	2104	8.5	3542
莆心湖社区	6.8	2484	332	196	49604	3829	7.7	5360
诸佛岭社区	2.9	1320	5176	195	51203	5023	9.8	5544
振兴围社区	2.4	1200	450	70	24056	2596	10.8	2721
四村社区	5.5	1364	2310	92	39038	4315	11.1	3507
蛟乙塘社区	4.9	1640	322	220	34441	4129	12.0	4554
大坪社区	13.0	1678	864	232	38240	3043	8.0	3049
田心社区	4.5	1048	810	90	49516	2433	4.9	3617
龙背岭社区	8.2	1172	1440	715	16467	2157	13.1	2008
石鼓社区	6.0	3025	2836	1754	50506	10857	21.5	7112
平山社区	4.8	903	603	162	33809	2963	8.8	3034
桥陇社区	2.8	1210	208	88	19632	5226	26.6	2210
凤凰岗社区	3.5	1589	361	79	28788	3831	13.3	4442
沙湖社区	4.6	694	278	185	20142	3724	18.5	2726
石马社区	2.7	583	225	76	10079	2291	22.7	1121
清湖头社区	4.1	1718	210	165	34362	4094	11.9	7627
塘新社区								
凤岗								
凤岗社区	1.1	26477	754	14				1573
雁田村	21.8	4035	4210	721	429838	131429	30.6	40723
官井头村	10.4	2280	2372	218	223807	11528	5.2	15046
油甘埔村	6.9	2284	855	550	131303	7370	5.6	11914

16 续表 11

(2020年)

村（居）委会	土地面积（平方公里）	户籍人口（人）	全部企业及个体户数（个）	#工业企业	资产总额（万元）	负债总额（万元）	资产负债率（%）	村组两级经营纯收入（万元）
凤德岭村	3.4	1368	889	328	20199	1641	8.1	4694
塘沥村	6.7	2129	465	125	17365	1379	7.9	6977
黄洞村	11.7	2359	898	496	15916	3489	21.9	5143
竹塘村	5.7	1397	1277	632	8487	1521	17.9	4907
竹尾田村	1.5	788	431	146	11335	925	8.2	1425
三联村	3.4	1649	1241	241	11940	3158	26.4	6248
五联村	5.6	1517	1421	614	18207	6368	35.0	3903
天堂围村	4.2	1263	350	350	34802	2680	7.7	2581
谢岗								
泰园社区	0.8	4638	1742	118	725	666	91.9	-24
黎村村	12.8	4399	392	154	35727	4520	12.7	5023
南面村	31.6	1780	67	50	9464	1391	14.7	636
窑山村	1.0	593	98	52	4376	893	20.4	492
大龙村	5.9	1194	125	100	4536	1486	32.8	1182
大厚村	6.3	1254	162	45	33288	3936	11.8	3681
谢山村	3.9	771	306	133	24964	1188	4.8	1599
谢岗村	10.4	3496	688	338	27345	1015	3.7	3536
赵林村	7.1	2009	165	97	23285	2028	8.7	2252
曹乐村	7.1	2653	556	326	16053	8800	54.8	2486
五星村	1.8	1569	144	20	4490	608	13.5	718
稔子园村	2.4	778	126	65	31464	5753	18.3	1696
常平								
常平社区	0.7	49164	2690		1858	1571	84.5	
新民社区								
下墟村	0.8	951	150	38	23832	3707	15.6	2598
岗梓村	2.7	2906	200	53	9471	3890	41.1	2704
桥梓村	1.6	2647	535	168	25139	3097	12.3	3330
塘角村	1.1	1085	703	170	9234	1081	11.7	1209
苏坑村	4.0	4106	1380	308	7681	1623	21.1	3324
袁山贝村	5.0	4096	531	325	23081	4416	19.1	3809
金美村	3.0	2944	1953	510	38427	4052	10.5	5335
还珠沥村	5.5	3122	630	33	14718	3950	26.8	3106
朗贝村	3.3	2395	282	78	8431	1198	14.2	3981
板石村	3.1	2252	673	47	3500	635	18.1	2920
桥沥村	9.8	3935	620	382	10043	1367	13.6	4066
卢屋村	1.2	1028	389	320	23819	13942	58.5	389
土塘村	8.7	3161	1600	200	27252	3897	14.3	3386
麦元村	2.4	1248	686	26	30240	2158	7.1	1729
九江水村	9.0	1613	226	65	28497	1943	6.8	1925
朗洲村	4.7	689	151	90	7504	1377	18.4	870
陈屋贝村	2.2	1194	185	35	13648	960	7.0	969

16　续表 12

(2020年)

村（居）委会	土地面积(平方公里)	户籍人口(人)	全部企业及个体户数(个)	#工业企业	资产总额(万元)	负债总额(万元)	资产负债率(%)	村组两级经营纯收入(万元)
司马村	8.1	3067	615	90	28144	6040	21.5	3489
霞坑村	1.6	795	159	24	9313	414	4.4	580
漱旧村	1.9	1197	490	60	14118	1357	9.6	1884
漱新村	2.4	1412	396	137	12154	1994	16.4	2075
黄泥塘村	1.0	980	188	167	8531	1557	18.3	339
元江元村	2.1	1661	232	120	8365	985	11.8	1746
横江厦村	5.0	3080	1955	806	17230	3247	18.8	1521
田尾村	2.1	1644	390	29	7813	2248	28.8	678
白花沥村	1.1	748	43	35	4461	920	20.6	283
沙湖口村	1.3	1074	108	20	4667	2287	49.0	707
白石岗村	5.0	4070	110	90	6512	3696	56.8	2119
松柏塘村	3.8	2598	84	34	9661	3989	41.3	856
上坑村	1.3	1052	301	124	10816	2061	19.1	1239
木榆村	3.5	2628	1325	42	37117	6679	18.0	4925
桥　　头								
莲城社区	14.6	15135						
桥头社区	1.0	1879	386	26	34987	2757	7.9	4861
迳联社区	1.5	2354	836	65	24424	1969	8.1	2485
田新社区	2.2	2641	245	180	23269	2892	12.4	3350
岭头社区	1.3	1432	558	72	17890	1045	5.8	2043
大洲社区	4.6	3610	396	143	20728	2193	10.6	2750
东江村	4.8	2846	310	62	12692	3501	27.6	1228
山和村	2.5	1184	126	45	12550	4424	35.3	1137
屋厦村	2.0	843	96	55	8450	2541	30.1	793
岗头村	0.6	595	50	40	5276	572	10.8	548
李屋村	2.3	2034	76	46	17398	3295	18.9	1425
邓屋村	2.7	2347	46	35	25552	2396	9.4	2505
朗厦村	4.1	1844	79	78	23850	2624	11.0	2579
邵岗头村	1.3	990	115	80	7066	1341	19.0	983
石水口村	7.8	5363	428	163	37919	5225	13.8	6498
禾坑村	1.5	1096	137	35	9979	1297	13.0	1315
田头角村	1.2	856	105	53	8929	872	9.8	1322
横　　沥								
恒泉社区	0.2	17320	730	11	1947	962	49.4	57
石涌村	3.7	2051	2295	110	16550	1938	11.7	2104
隔坑村	2.2	3141	930	285	18603	4506	24.2	4693
半仙山村	2.2	2022	1194	69	17006	2372	13.9	2004
横沥村	4.6	3637	1031	189	59829	3211	5.4	4159
田头村	4.1	2930	1923	65	19587	3812	19.5	3408
田坑村	4.8	3212	1625	100	8832	2321	26.3	2720
村头村	3.5	2604	890	60	15921	3204	20.1	1101
长巷村	2.1	1849	122	34	10341	2049	19.8	697

16 续表 13

(2020年)

村（居）委会	土地面积（平方公里）	户籍人口（人）	全部企业及个体户数（个）	#工业企业	资产总额（万元）	负债总额（万元）	资产负债率（%）	村组两级经营纯收入（万元）
田饶步村	2.8	2000	520	120	16097	6654	41.3	467
六甲村	1.4	1229	329	49	8746	2762	31.6	687
村尾村	2.7	1790	1182	117	17848	4811	27.0	1130
水边村	4.0	3240	642	80	10963	3073	28.0	1229
新四村	2.9	2353	636	126	2869	969	33.8	2842
山厦村	2.3	1198	1182	135	14886	1341	9.0	1135
月塘村	0.5	1307	230	53	14048	1364	9.7	1038
张坑村	1.0	714	95	24	8278	1056	12.8	750
东坑								
草塘社区	0.1	1887	421	78	119	13	10.7	
骏达社区	0.1	5908	148	28	420	265	63.1	
东坑村	2.0	3521	2711	504	43828	5474	12.5	4469
黄麻岭村	0.8	1207	568	106	10232	2454	24.0	829
长安塘村	1.3	2127	786	146	16087	3945	24.5	2111
寮边头村	0.8	1787	636	133	11051	1007	9.1	1430
塔岗村	2.1	1990	728	135	15431	2472	16.0	1172
坑美村	2.2	2190	744	138	23326	1783	7.6	1537
新门楼村	2.1	1883	676	130	22725	4344	19.1	933
井美村	1.9	2836	1634	304	25978	3865	14.9	2551
初坑村	2.8	2826	1844	343	4751	540	11.4	5131
凤大村	0.3	816	229	56	7965	1826	22.9	711
丁屋村	1.1	1203	342	110	6295	1710	27.2	906
彭屋村	2.1	2171	656	122	9842	3119	31.7	1949
黄屋村	2.0	2248	2487	463	15144	2405	15.9	1528
角社村	2.4	3752	1230	229	31413	3422	10.9	1912
企石								
宝石社区	0.9	8095	1232		449	202	45.0	
铁岗村	5.7	2796	187	55	16033	3838	23.9	1410
深巷村	4.1	2556	430	130	9623	2443	25.4	1043
湖美村	1.0	895	29	24	7799	2417	31.0	391
博厦村	6.9	4174	130	65	28990	1765	6.1	870
上洞村	5.1	3179	92	72	15237	2061	13.5	480
清湖村	4.4	2267	142	71	10228	2665	26.1	718
江边村	4.9	3466	105	70	13709	2773	20.4	723
旧围村	3.8	2152	217	48	8618	1617	18.8	564
东平村	1.6	811	851	68	7509	3411	45.4	576
上截村	0.9	1337	146	96	7505	5687	75.8	574
下截村	1.2	1600	76	48	7234	1776	24.6	805
东山村	6.0	4797	851	148	36090	2337	6.5	4499
铁炉坑村	3.4	3701	625	160	24441	1099	4.5	1693
企石村	1.5	1707	48	17	7828	2595	33.2	665
杨屋村	0.8	748	221	20	7837	5798	74.0	223
莫屋村	1.0	1457	268	67	8217	2594	31.6	859

16 续表 14

(2020年)

村（居）委会	土地面积（平方公里）	户籍人口（人）	全部企业及个体户数（个）	#工业企业	资产总额（万元）	负债总额（万元）	资产负债率（%）	村组两级经营纯收入（万元）
霞朗村	1.0	1048	355	100	16950	887	5.2	3466
新南村	2.8	2347	455	68	11473	1890	16.5	1543
南坑村	1.4	1335	148	85	14144	4983	35.2	614
石　　排								
太和社区		7642			2707	523	19.3	326
石排村	2.4	3846	3012	81	5296	823	15.5	2674
下沙村	2.6	2739	1109	178	6666	2372	35.6	3493
庙边王村	2.8	2610	1912	218	6994	2719	38.9	2888
福隆村	4.4	6385	2032	368	21821	11197	51.3	3076
沙角村	3.4	2748	528	347	6397	1697	26.5	865
黄家壆村	2.4	2033	563	108	8633	1167	13.5	1042
赤坎村	2.7	1517	602	136	10212	3614	35.4	818
向西村	2.0	1280	899	141	9109	1733	19.0	1272
水贝村	3.5	3536	832	192	9295	1131	12.2	2083
田寮村	3.3	2104	656	225	12425	4366	35.1	321
横山村	3.4	2259	950	200	3329	1138	34.2	2399
谷吓村	1.7	2035	1228	143	8383	3462	41.3	2228
埔心村	2.2	1735	1576	166	15751	994	6.3	3449
塘尾村	0.9	1145	330	170	11103	1529	13.8	779
李家坊村	0.8	975	378	130	8923	3089	34.6	530
田边村	4.2	2215	490	115	6429	1770	27.5	1493
中坑村	2.2	2449	380	160	21193	6007	28.3	1234
燕窝村	3.5	1872	426	77	9981	1466	14.7	1844
茶　　山								
茶山圩社区	0.3	6335	1583	24				
茶溪社区		8283	412	123				
上元村	5.1	3494	600	110	3808	1138	29.9	2751
茶山村	2.3	1927	859	118	17606	6605	37.5	3050
下朗村	1.8	1573	1020	32	21230	3484	16.4	2319
横江村	4.3	3563	821	268	13857	2751	19.9	2463
卢边村	3.6	2988	1250	294	14624	3093	21.2	1677
寒溪水村	1.3	1059	565	88	12586	5753	45.7	1228
增埗村	6.3	7885	3548	1025	6902	1258	13.2	8387
南社村	4.1	3899	500	218	35628	5982	16.8	3162
塘角村	2.8	3336	1215	268	23408	4802	20.5	6319
京山村	4.2	2728	1355	285	21838	5305	24.3	4755
博头村	0.9	717	113	47	6460	1011	15.7	506
冲美村	0.7	833	210	73	9641	821	8.5	819
粟边村	2.2	2177	412	104	11494	1172	10.2	1299
刘黄村	1.5	1041	190	44	8213	1814	22.1	780
孙屋村	0.8	731	140	35	4212	2006	47.6	223
超朗村	3.3	3080	683	159	32336	11135	34.4	3781

十七、历年国民经济和社会发展主要指标

Main Indicators of National Economy and Social Development over Years

17　历年国民经济和社会发展主要指标

Main Indicators of National Economy and Social Development over Years

年　份	户籍人口(万人)	常住人口(万人)	年末城镇常住人口比例(%)	外来暂住人口(万人)	户籍人口自然增长率(‰)	外来暂住从业人员(万人)	全社会从业人员(万人)	城镇在岗职工人数(万人)	城镇在岗职工年平均工资(元)
1949	68.24								
1952	71.68								
1957	77.48							3.90	400
1962	79.64							2.93	552
1965	86.46				29.60			3.17	524
1970	98.56				20.60			3.29	534
1975	107.94				14.51			3.80	577
1978	111.23				13.81		54.97	8.20	474
1979	112.04				19.00		56.51	9.68	650
1980	112.70				19.31		57.86	9.86	750
1981	114.46				16.57		59.42	10.66	887
1982	116.19				14.14		61.73	11.41	1095
1983	117.59				11.53		63.25	11.59	1197
1984	118.95				10.60		65.51	11.76	1383
1985	120.85				10.83		67.35	12.30	1456
1986	123.01			15.62	11.56	10.41	69.68	13.27	2516
1987	124.86			25.29	11.67	18.03	71.63	13.67	2057
1988	126.76			36.89	12.09	29.25	71.99	12.71	2757
1989	128.76			47.19	12.57	40.53	73.95	13.10	3320
1990	131.85	175.62		65.59	12.30	57.20	75.10	13.16	3552
1991	133.65	200.01		80.58	13.33	70.20	76.99	14.59	3777
1992	136.06	227.78		114.48	13.38	107.10	79.53	15.47	4531
1993	138.92	259.41		121.70	13.30	112.68	83.62	17.66	6228
1994	141.40	295.43		139.09	13.01	124.18	83.52	16.09	8360
1995	143.65	336.45		142.18	12.75	126.54	86.92	17.87	9682
1996	145.25	383.17		143.32	11.97	127.66	87.77	17.50	10382
1997	147.12	436.38		144.68	12.09	130.73	87.61	16.50	10691
1998	148.77	496.97		199.11	10.86	183.19	87.75	16.40	11422
1999	150.82	565.98		244.81	10.22	216.15	92.18	16.39	12557
2000	152.61	644.84		254.72	7.52	244.84	97.88	16.41	14051
2001	153.89	654.43		457.82	7.01	449.68	100.13	16.42	16183
2002	156.19	654.84		433.65	5.91	426.01	104.10	16.42	17804
2003	158.96	655.25		440.45	5.65	432.73	183.97	16.60	22598
2004	161.97	655.66		486.95	5.96	473.39	303.78	17.54	25326
2005	165.65	656.07	73.02	584.98	6.02	553.42	388.13	18.86	28253
2006	168.31	685.66	85.09	586.76	5.85	566.98	430.10	19.99	31135
2007	171.26	717.02	85.20	557.80	5.98	538.95	472.93	20.56	35284
2008	174.87	750.60	86.39	552.50	6.23	530.30	511.18	20.72	39516
2009	178.73	786.08	86.39	429.96	6.31	413.46	571.45	22.60	42585
2010	181.77	822.48	88.46	411.47	6.23	391.23	626.25	22.63	46576
2011	184.77	876.68	88.54	413.62	6.13	394.71	634.43	24.61	50398
2012	187.02	924.45	88.57	416.74	8.10	397.94	642.95	25.02	57007
2013	188.93	962.52	88.62	434.68	7.18	412.80	649.60	239.82	42870
2014	191.39	995.73	88.74	415.86	5.83	389.33	682.60	234.25	47600
2015	195.01	999.57	89.14	400.81	6.41	376.54	680.09	226.78	53221
2016	200.94	1016.58	89.34	428.39	8.64	395.39	684.93	226.94	57649
2017	211.31	1038.22	89.44	438.60	17.38	399.99	695.70	237.16	61619
2018	231.59	1043.77	89.93	453.45	13.75	399.43	705.03	237.21	69937
2019	251.06	1045.50	90.31	967.37	12.31	623.58	711.11	281.92	74017
2020	263.88	1048.36	92.15	711.39	9.08	661.86	714.59	279.58	79601

注：1.2012年起城镇在岗职工含劳务派遣人员；2013年起，将原属于乡镇企业且符合城镇非私营单位条件的“四上”企业纳入城镇单位从业人员及工资统计的范围。

2.2020年，根据东莞市第四次全国经济普查结果，对2011—2018年全社会从业人员数据进行了修订。

3.2011年，根据全国第六次人口普查结果，对2006—2009年常住人口进行修订；2021年，根据全国第七次人口普查结果，对2011—2019年常住人口进行修订，下同。

17 续表 1

年 份	地区生产总值(亿元)	第一产业	第二产业	第三产业	人均地区生产总值(元)
1978	6.11	2.72	2.68	0.71	553
1979	6.62	2.65	2.92	1.05	593
1980	7.22	2.63	3.33	1.26	643
1981	9.11	3.28	4.30	1.54	802
1982	11.43	3.73	5.81	1.89	991
1983	13.03	3.98	6.90	2.15	1115
1984	15.96	4.57	7.81	3.59	1350
1985	22.60	6.15	11.66	4.80	1885
1986	30.02	8.14	13.57	8.30	2462
1987	39.29	9.82	17.72	11.74	3170
1988	55.46	11.89	28.28	15.29	4408
1989	60.92	12.66	27.97	20.29	4768
1990	80.44	13.28	40.53	26.63	6173
1991	95.91	13.45	50.32	32.13	5106
1992	110.89	14.41	59.27	37.21	5184
1993	157.05	14.40	87.31	55.34	6447
1994	217.03	17.48	119.49	80.06	7823
1995	296.45	21.43	167.11	107.91	9383
1996	361.99	24.86	199.69	137.44	10060
1997	448.92	25.64	243.56	179.72	10955
1998	558.45	25.94	306.06	226.44	11966
1999	667.86	25.79	367.58	274.49	12566
2000	821.14	25.91	451.47	343.76	13563
2001	993.48	26.10	541.87	425.51	15293
2002	1189.05	24.88	650.62	513.55	18164
2003	1454.70	22.82	800.06	631.82	22208
2004	1809.61	22.71	1019.11	767.79	27608
2005	2189.46	21.82	1232.14	935.50	33383
2006	2635.62	12.39	1512.81	1110.41	39287
2007	3169.26	11.82	1762.61	1394.83	45189
2008	3715.68	14.22	1912.16	1789.29	50635
2009	3816.83	14.04	1897.08	1905.70	49676
2010	4339.85	15.56	2313.00	2011.28	53959
2011	4887.26	16.55	2613.57	2257.14	57526
2012	5190.20	17.36	2713.27	2459.57	57633
2013	5740.44	18.43	2983.72	2738.29	60843
2014	6174.83	19.16	3256.18	2899.48	63065
2015	6665.34	19.92	3479.05	3166.37	66810
2016	7260.92	22.76	3859.42	3378.74	72028
2017	8079.20	22.85	4416.53	3639.82	78637
2018	8818.11	25.83	4960.40	3831.87	84708
2019	9474.43	28.85	5298.93	4146.65	90696
2020	9650.19	30.27	5193.09	4426.83	92176

注：1．2020年为初步核算数，以往年份为最终核实数。如果在开展全国经济普查，发现对地区生产总值数据有较大影响的新的基础资料，或核算方法及分类标准发生变化后，也要对年度地区生产总值数据进行修订。2005年，根据全国第一次经济普查结果，对2005年以前全市生产总值的历史数据进行了修订； 2008年，根据全国第二次经济普查结果，对2005—2008年全市生产总值进行了修订； 2013年，根据全国第三次经济普查结果，对2009—2013年全市生产总值进行了修订； 2016年， 国家统计局改革地区研发支出的核算方法，根据新的核算方法，对1995—2016年全市生产总值进行了修订； 2018年， 根据全国第三次农业普查结果， 对2006—2017年地区生产总值进行了修订；2020年，根据全国第四次经济普查，对2008—2018年全市生产总值进行了修订。本年鉴数据是修订后的数据，下同。

2．人均地区生产总值1990年及以前按户籍人口计算，1991年起按常住人口计算。2011年，根据全国第六次人口普查结果，对2006—2010年人均地区生产总值进行了修订；2021年，根据全国第七次人口普查结果，对2011—2019年人均地区生产总值进行了修订。

17 续表 2

(上年=100)

年 份	地区生产总值指数	第一产业	第二产业	第三产业	人均地区生产总值指数
1979	99.5	86.5	107.0	146.4	98.5
1980	102.7	90.3	117.3	113.9	102.0
1981	116.6	115.0	122.1	110.8	115.4
1982	116.9	105.3	131.0	117.6	115.1
1983	110.4	104.8	115.7	111.3	108.9
1984	114.2	109.0	107.0	140.9	112.9
1985	132.3	118.9	144.5	132.7	130.5
1986	126.1	111.9	110.3	174.7	124.0
1987	122.5	111.6	127.7	126.1	120.5
1988	115.7	90.6	143.7	103.0	114.0
1989	107.1	99.8	106.2	113.7	105.5
1990	123.2	104.4	127.6	128.0	120.8
1991	117.5	103.1	121.5	118.6	103.8
1992	108.3	100.0	112.6	105.1	95.1
1993	127.9	79.4	139.2	129.0	112.3
1994	122.5	107.2	124.7	122.3	107.5
1995	127.4	110.5	135.2	116.8	111.8
1996	117.5	109.4	115.5	123.6	103.2
1997	119.6	104.5	119.9	121.8	105.0
1998	121.8	100.9	122.1	124.5	106.9
1999	119.7	102.3	120.6	120.3	105.1
2000	119.7	99.8	120.7	120.0	105.1
2001	120.0	103.0	121.7	119.0	111.8
2002	120.5	97.6	122.7	119.1	119.6
2003	120.5	90.2	122.2	119.7	120.4
2004	121.1	91.2	125.7	115.8	121.0
2005	119.5	102.3	120.0	119.4	119.5
2006	119.2	55.5	121.9	117.1	116.6
2007	118.3	90.2	114.8	123.3	113.1
2008	114.0	107.0	106.2	124.1	109.0
2009	105.7	102.5	101.3	110.7	101.0
2010	110.4	101.5	117.5	103.3	105.5
2011	108.4	100.8	108.0	108.9	102.6
2012	106.3	99.9	106.9	105.7	100.3
2013	110.0	100.8	112.0	107.8	105.0
2014	108.0	103.1	109.7	106.1	104.1
2015	108.4	102.6	106.3	110.9	106.4
2016	108.0	106.0	110.9	104.8	106.8
2017	108.8	102.1	110.6	106.7	106.7
2018	107.5	108.8	108.7	106.0	106.1
2019	107.4	108.3	106.5	108.4	107.0
2020	101.1	106.0	99.1	103.5	100.9

注：本表按可比价格计算。

17 续表 3

年 份	固定资产投资增长速度(%)	房地产开发投资(万元)	一般公共预算收入(亿元)	一般公共预算支出(亿元)	居民消费价格指数(上年=100)	商品零售价格指数(上年=100)	农林牧渔业总产值(亿元)	农林牧渔业总产值指数(1978年=100)
1949							0.54	
1952			0.28	0.02			0.66	
1957			0.32	0.04			0.78	
1962			0.31	0.07			0.76	
1965			0.47	0.07			1.28	
1970			0.48	0.08			1.47	
1975			0.65	0.11			2.53	
1978			0.66	0.18		100.4	4.24	100.0
1979	-29.2		0.66	0.19		102.6	4.15	96.5
1980	45.9		0.67	0.20		110.9	4.19	98.0
1981	56.8		0.68	0.21		109.3	5.04	102.1
1982	381.9		0.81	0.26		101.2	5.59	117.6
1983	1.5		0.86	0.28		99.6	5.64	117.4
1984	63.6		0.85	0.30	99.3	98.6	7.02	126.7
1985	134.9		1.11	0.50	106.5	106.9	9.12	138.9
1986	63.1		1.61	0.99	104.2	104.4	12.30	174.6
1987	23.2		2.02	1.25	112.0	112.2	14.84	186.4
1988	16.6		2.71	1.75	136.0	132.8	20.37	182.1
1989	-69.7		3.19	2.16	122.0	122.4	22.11	181.9
1990	49.7		3.57	2.28	96.6	94.9	23.64	195.3
1991	83.2		4.44	2.75	102.4	101.4	24.26	199.5
1992	37.4		5.62	3.82	109.2	107.7	27.13	211.3
1993	73.5	52110	9.38	7.29	121.8	119.5	28.45	175.5
1994	329.6	78392	7.69	8.90	123.5	118.4	34.75	188.4
1995	-55.1	85163	11.56	12.42	113.9	109.7	42.69	207.8
1996	7.1	86258	9.65	12.41	106.8	104.7	49.72	216.3
1997	-2.6	86662	11.41	14.85	101.5	99.7	51.44	225.0
1998	16.8	95451	15.10	17.91	99.9	98.7	53.60	227.3
1999	14.7	104411	18.26	21.26	97.9	95.9	53.74	242.8
2000	16.5	112498	30.47	33.61	101.5	100.1	54.64	243.3
2001	22.0	148544	45.02	47.86	96.6	97.8	55.93	246.3
2002	52.7	268350	55.29	64.96	98.1	99.1	53.67	263.2
2003	66.7	551184	67.45	76.52	100.7	101.7	49.02	209.7
2004	42.4	1144195	72.20	94.16	103.0	103.2	44.19	213.5
2005	31.3	1444277	103.97	117.04	102.4	103.0	42.05	222.2
2006	18.1	1642398	128.94	147.90	101.2	102.8	21.26	121.0
2007	19.2	2094187	186.45	193.10	103.1	104.2	19.57	105.6
2008	12.3	2714197	209.22	218.26	105.5	107.9	24.50	118.3
2009	13.0	2776623	231.16	232.62	96.9	95.3	23.98	122.1
2010	1.9	2989853	277.84	289.83	102.8	103.2	26.35	125.6
2011	8.1	3733062	313.06	351.92	104.9	104.7	28.04	125.9
2012	9.4	3773210	356.32	385.58	102.9	102.4	29.21	126.5
2013	18.3	4976593	409.29	444.66	101.9	100.6	30.31	126.0
2014	10.0	5880630	455.21	457.68	102.3	101.2	31.13	128.2
2015	3.3	5752145	517.97	581.24	101.4	99.4	31.88	129.4
2016	7.7	6427591	544.75	599.29	102.7	100.9	35.47	134.4
2017	10.0	7021544	592.07	667.65	101.4	101.1	35.49	136.8
2018	5.8	7367857	649.91	765.41	102.5	102.7	39.21	145.9
2019	17.5	7965436	673.27	863.01	103.5	102.3	43.98	159.4
2020	13.0	8705444	694.75	840.33	102.9	101.0	46.52	169.2

注：1.农林牧渔总产值1952—1970年按1957年不变价计算，1975年按1970年不变价计算，1978年起按当年价计算。
2.根据《全国农业普查条例》，农业2007—2017年的农林牧渔业总产值、增加值和主要农产品产量等相关数据以全国第三次农业普查结果为基础做了修订，下同。

17 续表 4

年 份	农作物总播种面积(千公顷)	#粮食	粮食产量(万吨)	油料产量(万吨)	水果产量(万吨)	肉类产量(万吨)	水产品产量(万吨)
1949	141.26	127.26	21.07	0.15			0.32
1952	167.61	149.68	26.95	0.35			0.34
1957	188.98	165.53	28.80	0.33			0.42
1962	155.97	138.18	33.12	0.38			0.63
1965	158.97	121.64	43.71	0.72	4.54		0.99
1970	174.60	127.25	45.08	0.96	6.95		1.62
1975	202.00	137.03	50.72	1.11	3.68		2.19
1978	190.63	138.15	53.23	1.42	2.65	2.69	3.09
1979	172.36	129.16	53.53	1.91	2.33	2.92	2.23
1980	162.41	117.12	52.94	2.90	2.37	2.77	2.55
1981	151.17	107.13	44.75	3.55	4.69	2.80	2.49
1982	146.96	106.68	54.33	2.99	5.82	3.30	2.77
1983	146.21	109.02	56.12	1.97	7.72	3.57	3.03
1984	144.35	105.12	55.82	2.31	10.59	3.33	3.25
1985	130.01	93.05	48.87	2.10	18.94	3.33	3.26
1986	119.41	83.81	45.52	2.01	30.77	4.33	4.65
1987	119.73	83.40	46.28	1.70	36.31	4.51	6.57
1988	119.53	82.42	46.09	1.51	26.37	5.61	6.81
1989	122.27	85.61	48.76	1.37	22.14	5.86	6.23
1990	123.25	85.74	49.43	1.34	28.24	6.22	6.85
1991	119.42	81.77	47.37	1.15	34.32	6.88	6.90
1992	104.10	64.26	36.81	0.93	34.48	6.80	7.32
1993	71.20	36.74	20.21	0.56	27.13	7.66	6.50
1994	67.30	35.75	20.24	0.37	26.49	8.54	6.74
1995	71.89	39.90	22.74	0.37	24.32	9.76	7.48
1996	72.23	41.89	24.32	0.31	20.63	11.61	8.11
1997	72.17	41.61	24.69	0.29	16.50	12.90	9.19
1998	73.46	41.63	24.72	0.26	11.41	15.35	9.69
1999	72.59	41.77	24.73	0.22	13.63	15.99	9.40
2000	65.73	35.18	20.41	0.20	12.94	17.90	9.51
2001	56.95	22.56	12.84	0.16	15.01	19.84	8.96
2002	42.28	9.88	5.37	0.09	18.93	18.88	8.24
2003	33.97	5.65	3.05	0.04	14.64	15.46	7.58
2004	30.82	5.41	3.04	0.02	17.54	14.62	7.15
2005	27.38	4.14	2.00	0.01	15.13	17.17	6.74
2006	22.26	2.29	1.00	0.01	13.96	3.49	4.71
2007	19.01	2.08	1.02	0.01	13.06	0.96	4.73
2008	20.75	2.60	1.16	0.03	10.00	1.04	7.23
2009	21.51	2.59	1.12	0.03	8.95	1.11	7.33
2010	20.08	2.26	1.06	0.05	7.33	1.22	7.63
2011	20.05	2.14	1.04	0.05	7.11	1.17	7.82
2012	19.65	1.92	0.94	0.26	6.20	1.25	7.70
2013	18.86	1.60	0.78	0.32	5.80	1.07	7.45
2014	20.42	1.33	0.65	0.41	5.88	0.95	7.27
2015	20.19	1.13	0.55	0.57	5.88	0.75	6.39
2016	21.96	1.00	0.48	0.66	5.51	0.66	5.02
2017	21.75	0.97	0.48	0.02	5.46	0.66	4.55
2018	22.41	1.21	0.58	0.02	6.77	0.22	4.60
2019	23.18	1.24	0.59	0.02	5.58	0.13	4.86
2020	23.11	1.61	0.82	0.02	6.97	0.19	4.94

17 续表 5

年 份	工业企业单位数(个)	规模以上工业增加值(亿元)	总供电量(亿千瓦时)	全社会用电量(亿千瓦时)	建筑业总产值(亿元)	建筑业增加值(亿元)
1949	1					
1952	23					
1957	262					
1962	280		0.08			
1965	260		0.36			
1970	220		0.71			
1975	324		1.24			
1978	1290	1.01	1.64			
1979	1250	1.33	1.93			
1980	1293	1.46	2.17			
1981	1479	1.71	2.22			
1982	1862	2.01	2.69			
1983	1964	2.13	3.15			
1984	2329	2.43	3.26			
1985	4187	3.49	3.82			
1986	5949	4.28	3.93			3.03
1987	8106	5.67	6.43			3.49
1988	8408	7.93	9.48			3.23
1989	8757	9.36	12.09		1.03	0.75
1990	9892	13.44	18.01	18.01	1.27	1.34
1991	10094	17.63	24.05	24.05	2.19	1.98
1992	11639	25.66	32.00	32.00	3.19	2.64
1993	12449	35.05	43.62	43.62	5.39	4.42
1994	14086	56.61	58.58	58.58	7.99	8.72
1995	15215	64.99	68.00	68.00	9.49	12.78
1996	15326	84.14	80.03	80.03	9.66	11.63
1997	16857	103.90	94.93	94.83	28.73	12.50
1998	16406	168.71	109.48	109.48	35.92	14.99
1999	16877	232.15	132.78	134.37	40.73	17.52
2000	16975	259.44	178.03	179.66	40.45	20.26
2001	18094	290.67	207.72	209.17	50.13	23.48
2002	21313	466.61	258.55	259.86	65.84	26.96
2003	21935	595.48	321.65	323.53	76.48	41.01
2004	22156	800.45	372.84	375.85	77.01	48.03
2005	21868	1062.42	415.66	419.83	84.35	54.64
2006	22447	1318.58	464.45	472.01	94.58	64.92
2007	22587	1430.60	507.89	515.40	112.87	72.84
2008	25656	1689.90	507.35	514.16	108.81	82.40
2009	31160	1453.37	488.85	495.58	99.40	83.76
2010	38273	1708.31	556.89	562.00	122.06	86.88
2011	46413	1642.45	579.35	586.07	130.85	84.26
2012	57808	1978.13	600.58	604.28	157.58	86.90
2013	67332	2425.62	617.20	622.51	188.13	99.03
2014	80567	2490.84	655.72	660.99	204.21	107.15
2015	97944	2611.96	661.26	666.84	224.59	106.85
2016	121762	2968.16	695.59	702.01	267.22	112.88
2017	151533	3618.19	753.80	760.68	324.04	128.05
2018	174368	3914.38	799.17	806.64	473.84	159.98
2019	181532	4192.78	844.25	850.72	546.00	190.19
2020	190856	4477.91	866.54	873.90	664.48	224.53

17 续表 6

年 份	公路通车里程（公里）	民用汽车拥有量（万辆）	旅客周转量（万人公里）	货物周转量（万吨公里）	邮电业务总量（亿元）	邮电业务收入（万元）	固定电话用户（万户）	移动电话用户（万户）
1949	204	0.002						
1952	219	0.002	1350	139				
1957	373	0.005	2100	195				
1962	598	0.007	4120	293				
1965	882	0.010	4725	457				
1970	1134	0.012	2800	900				
1975	1173	0.025	3890	694				
1978	1259	0.06	9425	15148	0.07		0.20	
1979	1225	0.11	11162	15290	0.08		0.21	
1980	1225	0.20	13584	16353	0.09		0.31	
1981	1225	0.30	13845	15606	0.10		0.34	
1982	1225	0.34	16026	17185	0.09		0.35	
1983	1225	0.45	54075	108634	0.10		0.39	
1984	1240	0.61	62107	140113	0.13		0.48	
1985	1240	0.79	95237	171591	0.16		0.77	
1986	1248	0.86	127458	126898	0.20		0.88	
1987	1261	1.00	159117	174942	0.34		1.63	
1988	1302	1.36	173335	169112	0.57		2.52	
1989	1325	1.63	240999	186626	0.96		4.30	0.02
1990	1325	1.94	322236	184700	1.76		4.90	0.05
1991	1759	2.07	373284	194101	2.77		7.50	0.11
1992	2055	3.26	503973	232752	4.22		9.70	0.30
1993	2260	4.81	577800	248230	6.57		14.98	0.72
1994	2292	6.16	595134	273053	10.22		23.19	2.41
1995	2327	8.83	446230	264605	15.28		31.57	4.77
1996	2330	9.08	477466	267193	20.76		36.91	8.24
1997	2330	10.34	511592	278649	28.43		42.65	15.29
1998	2377	11.34	577452	285889	37.67		50.13	26.17
1999	2467	12.70	804278	300410	51.59		60.87	51.01
2000	2518	15.37	1001906	404678	74.05		78.12	123.68
2001	2570	18.36	1031579	406247	88.64		98.96	295.76
2002	2641	22.01	1091821	420684	109.45		127.93	412.39
2003	2688	25.56	1126964	422822	157.05	1051220	206.11	660.86
2004	2759	31.97	1156262	423669	245.52	1207778	281.35	856.09
2005	2871	40.66	1185290	424829	304.76	1328172	384.52	1016.41
2006	3891	48.93	1213809	336783	368.25	1466871	461.31	1216.34
2007	3924	60.89	1264982	356677	400.93	1619048	469.17	1408.23
2008	4001	70.16	2248521	1747489	525.79	1723829	439.41	1454.29
2009	4713	79.56	1053469	1016490	563.47	1563077	378.40	1409.29
2010	4751	92.08	1290692	1090340	674.09	1553352	332.42	1607.60
2011	4828	106.14	1458811	1874802	218.36	1648579	319.55	1677.77
2012	4966	120.70	1568758	2967132	250.47	1699619	330.79	1797.75
2013	5002	138.91	1559856	4322745	254.73	1758017	314.48	1850.39
2014	5145	155.96	854595	4480053	359.56	1694637	327.22	1763.09
2015	5165	184.49	771316	5048509	475.59	2489805	298.23	1756.75
2016	5265	224.62	773196	4552332	756.06	2951331	272.63	1575.08
2017	5262	262.76	681427	4836221	694.35	3351921	244.54	1680.97
2018	5262	294.69	456292	5272636	1282.22	3650139	231.27	1892.77
2019	5284	323.51	422945	4558906	1947.19	4096470	240.78	1716.02
2020	5223	340.96	114560	5287710	2562.96	4469438	218.62	1552.33

注：1．公路通车里程2006年起含专用公路和村道。
2．邮电业务总量1978—2000年按1990年不变价格计算，2001—2010年按2000年不变价格计算，2011—2016年按2010年不变价格计算；2017年起，电信业务总量按2015年不变价格计算，邮政业务总量仍按2010年不变价格计算。
3．2014年客运量和旅客周转量不含城市客运量，数据与往年不可比。

17 续表 7

年份	社会消费品零售总额(亿元)	进出口总额(亿美元)	出口总额	进口总额	协议(合同)规定外商投资额(亿美元)	实际利用外资(亿美元)	#外商直接投资
1957			0.02				
1962			0.04				
1965			0.08				
1970			0.10				
1975			0.25				
1978	2.13		0.39				
1979	2.50		0.54		0.05	0.02	
1980	3.16		0.77		0.11	0.09	
1981	4.02		0.92		0.08	0.05	0.001
1982	4.81		1.09		0.08	0.07	0.005
1983	5.23		1.19		0.16	0.09	0.003
1984	7.39		1.30		0.32	0.19	0.07
1985	9.36		1.75		0.68	0.29	0.14
1986	12.24		2.33		0.34	0.30	0.15
1987	15.05		2.68		1.85	1.13	0.21
1988	24.65		3.18		6.22	2.41	0.64
1989	27.04		3.49		2.34	2.49	0.84
1990	31.97	10.82	5.68	5.14	3.02	2.43	1.00
1991	36.50	31.75	16.52	15.23	6.45	2.62	1.47
1992	45.44	50.90	26.03	24.87	20.88	4.66	3.29
1993	66.44	67.56	32.11	35.45	35.55	9.34	7.92
1994	88.17	88.30	42.94	45.36	34.97	10.48	7.79
1995	122.98	153.91	77.99	75.92	33.09	10.57	6.72
1996	135.34	178.42	91.87	86.55	20.89	10.76	6.95
1997	159.72	212.99	113.68	99.31	12.14	12.14	8.80
1998	198.61	232.73	130.61	102.13	16.37	13.38	9.30
1999	231.63	284.63	151.54	133.09	14.72	14.57	9.71
2000	271.05	320.45	171.59	148.86	18.36	16.47	10.87
2001	319.57	344.55	189.89	154.65	20.98	18.16	11.47
2002	374.59	442.47	237.36	205.11	24.89	21.48	14.59
2003	435.10	521.06	280.02	241.04	32.56	25.63	17.54
2004	508.34	645.18	351.92	293.25	41.32	30.34	21.39
2005	608.38	743.72	409.29	334.42	47.52	37.51	14.68
2006	721.59	842.21	473.76	368.45	55.28	43.38	18.08
2007	864.79	1068.73	602.32	466.41	62.51	50.44	21.18
2008	1066.57	1132.99	655.37	477.62	39.37	32.26	24.47
2009	1246.53	941.55	551.69	389.86	20.30	29.42	25.94
2010	1456.27	1213.38	695.98	517.40	30.73	31.63	27.32
2011	1706.35	1352.24	783.29	568.95	37.02	32.18	30.51
2012	1873.85	1444.16	850.66	593.50	41.55	37.19	33.69
2013	2095.19	1530.72	908.64	622.08	41.56	40.29	39.38
2014	2309.97	1625.30	970.69	654.61	44.39	46.21	45.29
2015	2622.65	1676.73	1037.19	639.55	50.91	54.68	53.20
2016	2988.84	1723.14	990.35	732.79	47.90	39.84	39.26
2017	3313.05	1811.73	1038.61	773.12	26.18	17.60	17.19
2018	3637.37	2033.31	1204.43	828.88	22.51	13.06	12.72
2019	4003.89	2001.51	1250.85	750.66	19.79	12.91	12.91
2020	3740.14	1920.91	1195.30	725.61	24.06	11.45	11.45

注：1.出口总额1990年起为海关口径，1990年以前为外经贸口径。
2.外商直接投资2004年起为新口径，是以验资作为统计标准，与往年数不可比。
3.2016年起，主管部门对外发布的进出口相关数据采用人民币口径。2020年人民币口径的进出口总额为13303.03亿元。其中，出口总额8281.55亿元，进口总额5021.48亿元。
4.2020年，根据全国第四次经济普查，对1993—2019年社会消费品零售总额进行了修订。

17　续表 8

年　份	国际及港澳台旅游者(万人次)	旅游总收入(亿元)	国际旅游外汇收入(万美元)	接待国内游客人　次(万人次)	各项人民币存款余额(亿元)	#住户存款	各　项人民币贷款余额(亿元)
1952						0.003	0.004
1957						0.02	0.26
1962					0.08	0.04	0.75
1965					0.16	0.09	0.81
1970					0.39	0.16	0.87
1975					0.96	0.41	1.39
1978					1.05	0.54	1.96
1979					1.49	0.72	2.13
1980					2.61	1.17	3.08
1981					3.80	2.03	4.02
1982					4.51	2.77	4.55
1983					6.05	3.86	5.76
1984					11.03	6.18	12.19
1985					13.49	9.19	14.24
1986	11		554	69	19.59	13.14	20.68
1987	19		453	87	28.48	18.97	31.24
1988	20		710	105	38.05	24.91	41.58
1989	18		504	97	46.82	32.57	49.37
1990	27		1025	98	68.07	45.51	63.04
1991	37		2443	118	94.97	51.47	78.40
1992	47		2473	125	147.34	81.54	105.98
1993	52		2888	117	179.83	107.[illegible]7	134.31
1994	44		3464	75	249.78	151.54	173.44
1995	27		5679	62	383.68	232.97	254.85
1996	36		6464	139	489.65	318.02	312.81
1997	59		6778	112	671.17	425.82	382.66
1998	75		6601	141	864.01	533.75	442.74
1999	97		7055	156	1040.84	616.34	524.37
2000	106		7617	185	1228.67	672.07	630.84
2001	110	39.80	8200	217	1458.65	799.18	750.18
2002	108	72.51	11847	822	1790.18	1001.69	933.41
2003	80	79.92	13825	1006	2126.78	1231.06	1206.72
2004	149	85.70	23437	982	2462.87	1431.68	1405.25
2005	169	90.72	28189	987	2933.40	1728.28	1500.52
2006	193	96.01	33180	1170	3365.65	2013.40	1730.56
2007	248	118.88	42702	1477	3751.83	2120.74	2154.77
2008	268	128.69	45614	1604	4354.53	2638.04	2380.36
2009	286	151.49	51756	1751	4986.61	2904.57	2903.80
2010	327	191.32	67592	1924	5943.39	3386.85	3329.82
2011	357	249.37	90975	2258	6609.39	3710.99	3716.08
2012	415	306.35	126924	2329	7430.46	4204.20	4195.51
2013	418	346.43	144981	2408	8630.73	4476.43	4774.23
2014	356	374.60	157493	2435	9069.92	4606.79	5331.53
2015	373	395.18	157743	2826	9736.24	4591.38	5816.04
2016	400	445.40	153117	3392	11198.43	4882.91	6402.48
2017	404	488.90	159582	3738	11836.66	5103.42	6855.44
2018	402	529.37	163012	4032	13430.56	5601.36	7999.60
2019	405	574.16	159108	4344	15411.42	6315.90	9599.73
2020	25	358.63	11696	3852	17440.48	6951.97	12023.30

注：1.2015年起，“城乡居民储蓄存款余额”更名为“住户存款”，口径有变，数据与往年不可比。
　2.根据广东省文旅厅要求，2020年旅游相关统计数据按最新《全国文化文物和旅游统计调查制度》要求进行测算，口径与往年不可比。

17　续表 9

年　份	在校学生数(万人)			小学学龄儿童入学率(%)	高考人围人数(人)
	普通高等学校	普通中学	小学		
1949		0.20	5.28		
1952		0.34	7.04		
1957		0.67	8.80		
1962		0.97	12.00		
1965		1.05	16.09		
1970		6.02	11.81		
1975		4.96	16.82		
1978		7.60	16.11	98.36	846
1979		6.23	15.80	98.70	566
1980		5.48	15.49	98.85	222
1981		4.35	15.09	98.72	239
1982		4.17	14.48	99.06	252
1983		4.28	13.54	99.75	245
1984		4.65	13.46	99.65	619
1985		4.66	13.44	99.83	534
1986		4.94	14.07	99.90	595
1987		5.44	14.43	99.94	644
1988		5.93	15.01	99.93	925
1989		6.20	15.59	99.92	977
1990		6.12	16.27	99.94	759
1991		6.01	17.01	99.92	861
1992		6.52	17.52	99.94	994
1993	0.11	7.53	18.01	99.95	1102
1994	0.15	8.58	18.62	99.96	1823
1995	0.16	9.25	19.51	99.99	2095
1996	0.18	9.52	20.60	99.98	2160
1997	0.20	9.80	22.18	99.99	2212
1998	0.22	10.12	23.58	99.99	2348
1999	0.22	10.55	24.88	99.99	3501
2000	0.32	11.24	27.28	99.99	5017
2001	0.38	12.21	29.54	100.00	5651
2002	0.51	13.53	34.28	100.00	6873
2003	0.69	14.97	38.69	100.00	9167
2004	0.91	17.13	44.83	100.00	10756
2005	1.66	19.10	48.09	100.00	11196
2006	2.20	21.46	49.68	100.00	11359
2007	2.52	23.46	52.07	100.00	13275
2008	2.87	24.84	52.86	100.00	15047
2009	3.40	24.95	51.12	100.00	17487
2010	3.83	25.83	55.24	100.00	18845
2011	4.51	26.31	57.83	100.00	19588
2012	5.24	26.79	60.81	100.00	22127
2013	6.09	27.83	65.91	100.00	22840
2014	6.99	28.46	68.73	100.00	23900
2015	11.46	28.76	71.93	100.00	26519
2016	11.26	29.58	73.87	100.00	24094
2017	11.84	31.02	76.51	100.00	29907
2018	12.14	33.24	80.35	100.00	31672
2019	12.44	34.90	83.74	100.00	34697
2020	13.53	35.73	84.22	100.00	36412

17 续表 10

年 份	医疗机构病床床位数(张)	卫生机构技术人员数(万人)	#执业(助理)医师	每万人口拥有		年末参加基本养老保险人数(万人次)	年末参加基本医疗保险人数(万人次)
				床位数(张)	执业(助理)医师(人)		
1949	219	0.02		3.21			
1952	179	0.01		2.50			
1957	403	0.03		5.20			
1962	1376	0.13		17.28			
1965	1308	0.16		15.13			
1970	1476	0.17		14.98			
1975	1970	0.23		18.25			
1978	2257	0.26	0.08	20.29	6.90		
1979	2271	0.29	0.10	20.27	8.67		
1980	2207	0.30	0.12	19.58	10.35		
1981	2210	0.31	0.11	19.31	9.63		
1982	2292	0.33	0.11	19.73	9.44		
1983	2098	0.33	0.11	17.84	9.25		
1984	2231	0.34	0.11	18.76	9.52		
1985	2323	0.33	0.12	19.22	9.94		
1986	3054	0.35	0.12	24.83	9.58		
1987	3393	0.35	0.13	27.17	10.44		
1988	3640	0.38	0.15	28.72	12.13		
1989	3677	0.39	0.16	28.56	12.58		
1990	3866	0.39	0.17	22.01	9.80		
1991	4085	0.39	0.18	20.42	8.77		
1992	4517	0.41	0.18	19.83	8.04		
1993	4940	0.45	0.20	19.04	7.80		
1994	5365	0.49	0.22	18.16	7.52	7.55	7.77
1995	5798	0.53	0.23	17.23	6.83	8.46	7.60
1996	5288	0.58	0.24	13.80	6.39	9.16	7.65
1997	5505	0.63	0.26	12.62	5.97	7.53	8.29
1998	5892	0.71	0.30	11.86	5.95	7.84	9.05
1999	6241	0.76	0.31	11.03	5.44	8.35	9.95
2000	7081	0.81	0.33	10.98	5.13	82.95	88.21
2001	7474	0.81	0.34	11.42	5.24	83.01	84.99
2002	8641	0.90	0.39	13.20	6.01	103.19	105.19
2003	9820	0.98	0.43	14.99	6.49	104.13	105.90
2004	10797	1.05	0.49	16.47	7.43	104.44	105.95
2005	11972	1.23	0.57	18.25	8.65	182.49	189.40
2006	13293	1.93	0.86	22.21	12.58	204.08	212.16
2007	15227	2.71	1.04	21.24	14.57	227.98	236.32
2008	16778	3.31	1.19	22.35	15.81	262.63	513.25
2009	18080	3.58	1.29	23.00	16.39	315.81	536.57
2010	19980	3.75	1.32	24.29	16.07	421.84	592.27
2011	22814	3.96	1.36	26.02	15.56	481.05	602.41
2012	24617	4.06	1.40	26.63	15.19	513.29	616.86
2013	25736	4.21	1.49	26.74	15.44	521.91	618.09
2014	26704	4.31	1.51	26.82	15.15	632.03	615.69
2015	27457	4.52	1.59	27.47	15.90	670.60	601.92
2016	28138	4.77	1.67	27.68	16.41	651.66	574.57
2017	29866	5.06	1.75	28.77	16.86	694.49	566.09
2018	31059	5.43	1.95	29.76	18.70	597.24	583.30
2019	33041	5.73	2.08	31.60	19.91	593.08	615.50
2020	33720	5.89	2.18	32.16	20.81	596.94	631.19

注：每万人口拥有床位数、执业(助理)医师数按常住人口计算。

17 续表 11

年　份	全社会R&D经费支出(万元)	专　利申请量(件)	专　利授权量(件)	城镇居民最低生活保障人数(人)	城镇常住居民人均可支配收入(元)	农村常住居民人均可支配收入(元)
1978						149
1979						188
1980						272
1981						463
1982						567
1983						618
1984						691
1985					791	803
1986					1033	951
1987					1247	1142
1988					1778	1325
1989					2282	1424
1990		25	30		2508	1542
1991		86	50		3068	1673
1992		109	78		4026	2290
1993		212	90		5970	2903
1994		322	98		8270	3769
1995		412	262		9588	4769
1996		540	312		10824	5554
1997		915	321		11032	6132
1998		985	872		11506	6830
1999		1436	1110		12954	7704
2000	15176	1653	1399	1825	14142	8484
2001	26952	2914	1753	2003	16938	9383
2002	36727	3100	2680	2711	16949	10178
2003	37748	3865	2858	2876	18471	11033
2004	60319	4325	3167	4968	20526	11941
2005	82855	6694	3117	4885	22882	13076
2006	117843	9879	4872	6091	25320	14313
2007	150130	13842	6752	3129	27025	15747
2008	198422	14406	8093	3653	30275	16904
2009	413840	19106	12918	3770	33045	18098
2010	516701	21654	20397	3643	35690	20486
2011	716221	24455	19353	9415	39513	22842
2012	830190	29199	20894	6598	42944	24944
2013	1099321	29012	22595	6584	46594	27214
2014	1271741	28431	20336	6560	36764	22327
2015	1478838	38094	26820	5466	39793	24225
2016	1648344	56653	28559	3569	43096	26526
2017	1881419	81275	45204	3419	46739	29078
2018	2363205	97030	65985	2884	50721	32277
2019	2899619	83217	60419	2873	55156	35905
2020		95959	74303	3503	58052	38827

注：1.按照国家统计局的统一部署，2014年起，把原来的城市居民人均可支配收入和农民人均纯收入分别改为城镇常住居民人均可支配收入和农村常住居民人均可支配收入。
2.2020年全社会R&D经费支出数据目前国家尚在进行汇总、审核，最终数据将于《东莞统计年鉴2022》年版公布。

十八、东莞与全国、全省、部分大中城市、三角洲城市、港澳台及粤港澳大湾区主要指标比较

Comparison of Main Indicators between Dongguan and China, Guangdong Province, Large and Medium-Sized Cities, the Cities of the Pearl River Delta, Hong Kong, Macao, Taiwan and the Guangdong-Hong Kong-Marco Greater Bay Area

18-1　主要年份全国国民经济与社会发展指标

Main Indicators on National Economy and Social Development of China

指　　标	单 位	1980年	1990年	2000年	2005年	2010年	2015年	2019年	2020年
人口与劳动力									
年末总人口	万人	98705	114333	126743	130756	134091	138326	141008	141178
年末就业人员人数	万人	42361	64749	72085	74647	76105	76320	75447	75064
#城镇就业人员	万人	10525	17041	23151	28389	34687	40916	45249	46271
经济总量									
国内生产总值	亿元	4588	18873	100280	187319	412119	688858.2	985515.2	1015936.2
第一产业增加值	亿元	1360	5017	14717	21807	38431	57774.6	70473.6	77754.1
第二产业增加值	亿元	2205	7744	45665	88084	191630	281338.9	380670.6	384255.3
第三产业增加值	亿元	1023	6111	39898	77428	182059	349744.7	535371.0	553976.8
人均国内生产总值	元	468	1663	7942	14368	30808	49922	70328	72000
农业									
主要农产品产量									
粮食	万吨	32056	44624	46218	48402	55911	66060.0	66384.0	66949.2
水果	万吨	679	1874	6225	16120	20095	24524.6	27400.8	28692.4
肉类	万吨		2857	6014	6939	7994	8749.5	7758.8	7748.4
水产品	万吨	450	1237	3706	4420	5373	6211.0	6480.4	6549.0
工业									
工业增加值	亿元	2015	6905	40260	77961	165126	234968.9	311858.7	313071.1
主要工业产品产量									
移动通信手持机(手机)	万台			5248	30354	99827	181261.4	169603.4	146961.8
彩电	万台	3	1033	3936	8283	11830	14475.7	18999.1	19626.2
发电量	亿千瓦时	3006	6212	13556	25003	42072	58145.7	75034.3	77790.6
钢材	万吨	2716	5153	13146	37771	80277	103468.4	120456.9	132489.2
运输邮电									
货运量	亿吨	31.08	97.06	135.87	186.21	324.18	417.59	471.36	473.56
货物周转量	亿吨公里	11629	26208	44321	80258	141837	178356	199394	202069
客运量	亿人	34.18	77.27	147.86	184.70	326.95	194.33	176.04	96.65
旅客周转量	亿人公里	2281	5628	12261	17467	27894	30059	35349	19251
邮电业务总量	亿元	39	156	4793	12029	31979	28425	123040	157812
年末固定电话用户	万户	214	685	14483	35045	29434	23100	19103.3	18190.8
年末移动电话用户	万户		2	8453	39341	85900	127140	160134.5	159407.0

注：1.城镇就业人员1998年起为城镇在岗职工人数。
2.2014年起，客运量和旅客周转量不含城市客运量，数据与往年不可比。
3.根据第四次全国经济普查结果，对2014年及以后的国内生产总值数据进行了修订，下同。
4.2021年，根据全国第七次人口普查结果，对2011—2019年常住人口进行了修订，下同。

18-1 续表

指　　标	单　位	1980年	1990年	2000年	2005年	2010年	2015年	2019年	2020年
固定资产投资									
固定资产投资增长速度	%		2.4	10.3	22.3	20.4	8.6	5.1	2.7
#房地产开发	亿元		253	4984	15909	48259	95979	132194.3	141442.9
商业									
社会消费品零售总额	亿元	2140	8300	38447	66492	152083	286588	408017.2	391980.6
物价总指数									
商品零售价格指数	上年=100	106.0	102.1	98.5	100.8	103.1	100.1	102.0	101.4
居民消费价格指数	上年=100	107.5	103.1	100.4	101.8	103.3	101.4	102.9	102.5
外贸外经									
进出口总额	亿美元	381	1154	4743	14219	29740	39530	45778.9	46462.6
进口总额	亿美元	200	533	2251	6599	13962	16796	20784.1	20556.1
出口总额	亿美元	181	621	2492	7620	15778	22735	24994.8	25906.5
进出口总额	亿元	570	5560	39273	116922	201722	245503	315627.3	321556.9
进口总额	亿元	299	2574	18639	54274	94700	104336	143253.7	142230.6
出口总额	亿元	271	2986	20634	62648	107023	141167	172373.6	179326.4
实际利用外资	亿美元		35	407	603	1057	1263	1381.4	1443.7
财政、金融									
地方一般公共预算收入	亿元	875	1945	6406	15101	40613	83002	101080.6	100123.8
地方一般公共预算支出	亿元	562	2079	10367	25154	73884	150336	203743.2	210492.5
各项人民币存款余额	亿元	1690	13943	123804	287170	718238	1357022	1928785	2125721
#住户存款余额	亿元	400	7120	64332	141051	303302	546078	813017	925986
各项人民币贷款余额	亿元	2478	17511	99371	194690	479196	939540	1531123	1727452
人民生活									
城镇单位就业人员平均工资	元	762	2140	9333	18200	36539	62029	90501	97379
全国居民人均可支配收入	元	171	904	3721	6385	12520	21966	30733	32189
城镇居民人均可支配收入	元	478	1510	6280	10493	19109	31195	42359	43834
农村居民人均可支配收入	元	191	686	2253	3255	5919	11422	16021	17132
教育									
在校学生数									
普通高等学校	万人	114	206	556	1562	2232	2625	3032	3285
普通中学	万人	5508	4586	7369	8581	7703	6686	7241	7409
小学	万人	14627	12241	13013	10864	9941	9692	10561	10725
卫生									
医院床位数	万张	120	187	217	245	338.7	533.1	686.7	713.4
卫生技术人员	万人	280	390	449	456	587.6	800.8	1015.4	1067.1
#执业（助理）医师	万人	115	176	208	204	241.3	303.9	386.7	408.2

注：1.实际利用外资不含对外借款，2005年起为实际使用外商直接投资口径。
2.进出口总额1979年及以前为外贸数据，1980年起为海关数据。

18-2 主要年份广东省国民经济与社会发展指标

Main Indicators on National Economy and Social Development of Guangdong Province

指　　标	单　位	1980年	1990年	2000年	2005年	2010年	2015年	2019年	2020年
人口与劳动力									
年末常住人口	万人		6347	8650	9194	10441	11678	12489	12624
年末就业人员人数	万人	2368	3118	3989	5023	6051	6566.00	6995.00	7039.00
#城镇就业人员	万人	564	785	759	904	1119	1948.04	2064.59	2085.27
经济总量									
地区生产总值	亿元	250	1559	10810.21	21962.99	45944.62	74732.44	107986.92	110760.94
第一产业增加值	亿元	83	385	986.32	1395.23	2199.60	3189.76	4350.61	4769.99
第二产业增加值	亿元	103	616	5042.75	11049.21	22917.43	33913.76	43368.21	43450.17
第三产业增加值	亿元	64	559	4781.15	9518.55	20827.59	37628.92	60268.10	62540.78
人均地区生产总值	元	481	2484	12817	23997	44669	64516	86956	88210
农业									
主要农产品产量									
粮食	万吨	1682	1896	1822	1395	1249	1211.66	1240.80	1267.56
水果	万吨	29	329	644	832	1049	1298.52	1544.38	1756.16
肉类	万吨	63	202	324	384	455	454.71	412.12	400.99
水产品	万吨	63	208	593	695	729	804.14	866.40	875.81
工业									
工业增加值	亿元	90	523	4519	10231	21388	31315.46	39141.79	38903.90
主要工业产品产量									
移动通信手持机(手机)	万台			1001	5966	48627	84447.75	70502.84	61979.77
彩电	万台	1	262	1532	4090	4495	7003.58	10422.30	11233.36
发电量	亿千瓦时	109	344	1293	2163	3101	3900.21	4726.32	5225.91
成品钢材	万吨	45	134	406	1366	2919	3271.01	4510.45	4866.19
运输邮电									
货运量	万吨	14201	85809	119216	133992	205034	349832	446018	356221
货物周转量	亿吨公里	1413	2599	3065	3917	5934	14667.43	29230.88	27575.18
客运量	万人	21444	78046	164791	161357	467049	137363	155770	87777
旅客周转量	亿人公里	114	453	1219	2043	3342	3601.12	4764.98	2617.23
邮电业务总量	亿元	2	26	757	2122	4833	4397.09	16451.23	20833.11
年末固定电话用户	万户		113	1415	3443	3169	2807.11	2303.28	2131.38
年末移动电话用户	万户		1	1357	6407	9710	15009.75	16533.05	15536.92

注：1.2021年，根据全国第七次人口普查结果，对2011—2019年常住人口进行了修订，下同。
　　2.2014年客运量和旅客周转量不含城市客运量，数据与往年不可比。

18-2 续表

指　　标	单　位	1980年	1990年	2000年	2005年	2010年	2015年	2019年	2020年
固定资产投资									
固定资产投资增长速度	%	35.3	9.8	6.8	18.9	20.7	15.8	11.1	7.2
#房地产开发	亿元		33	859	1592	3660	8538	15852.16	17312.74
商业									
社会消费品零售总额	亿元	118	667	4321	7777	16991	30327	42951.75	40207.85
物价总指数									
商品零售价格指数	上年=100	108.5	95.6	99.9	101.8	103.3	99.6	101.4	100.8
居民消费价格指数	上年=100		97.5	101.4	102.3	103.1	101.5	103.4	102.6
外贸外经									
进出口总额	亿美元	26	419	1701	4280	7849	10228	10365.78	10239.02
进口总额	亿美元	4	197	782	1898	3317	3793	4071.14	3956.03
出口总额	亿美元	22	222	919	2382	4532	6435	6294.64	6282.99
进出口总额	亿元						63560	71484.39	70862.64
进口总额	亿元						23577	28068.35	27369.58
出口总额	亿元						39983	43416.04	43493.07
实际利用外资	亿美元(亿元)	2	20	146	152	210	270	1522.00	1620.29
财政、金融									
地方一般公共预算收入	亿元	38	131	911	1807	4517	9367	12654.53	12923.85
地方一般公共预算支出	亿元	27	151	1070	2289	5422	12828	17297.85	17430.79
各项人民币存款余额	亿元		1577	16920	35959	79958	153552	222962.37	257851.63
#住户存款余额	亿元	30	752	8667	19051	36319	54238	77943.89	87969.94
各项人民币贷款余额	亿元		1704	11787	20966	47192	89289	162378.43	189802.41
人民生活									
在岗职工平均工资	元	789	2929	13823	23959	40358	66296	100689	110324
全省常住居民人均可支配收入	元						27859	39014.28	41028.60
城镇常住居民人均可支配收入	元	473	2303	9762	14770	23898	34757	48117.55	50257.00
农村常住居民人均可支配收入	元	274	1043	3654	4690	7890	13360	18818.42	20143.40
教育									
在校学生数									
#普通高等学校	万人	4	10	30	87	143	186	205.40	240.02
中等职业教育学校	万人	6	45	66	71	155	117	85.97	86.68
普通中学	万人	252	234	461	612	709	561	572.77	595.82
小学	万人	749	747	930	1067	849	869	1033.43	1057.11
卫生									
医院及卫生院床位数	万张	8	11	16	19	28	40	50.39	52.39
卫生技术人员	万人	14	19	26	30	46	62	79.51	83.21
#执业（助理）医师	万人	6	8	11	12	18	23	29.21	30.73

注：2018年起，实际利用外资数据为人民币口径。

18−3　主要经济指标东莞占全国、全省的比重（2020年）

Proportion of Main Indicators of Dongguan to China and Guangdong Province (2020)

指　　　标	单 位	绝 对 值			东莞占全国的比重(%)	东莞占全省的比重(%)
		全 国	全 省	东 莞		
人口						
年末常住人口	万 人	141178	12624	1048.36	0.74	8.30
经济总量						
地区生产总值	亿 元	1015986.2	110760.94	9650.19	0.95	8.71
第一产业增加值	亿 元	77754.1	4769.99	30.27	0.04	0.63
第二产业增加值	亿 元	384255.3	43450.17	5193.09	1.35	11.95
第三产业增加值	亿 元	553976.8	62540.78	4426.83	0.80	7.08
工业						
主要工业产品产量						
移动通信手持机(手机)	万 台	146961.8	61979.77	31624.52	21.52	51.02
彩电	万 台	19626.2	11233.36	80.50	0.41	0.72
发电量	亿千瓦时	77790.6	5225.91	290.66	0.37	5.56
农业						
主要农产品产量						
粮食	万 吨	66949.2	1267.56	0.82	0.001	0.06
水果	万 吨	28692.4	1756.16	6.97	0.02	0.40
肉类	万 吨	7748.4	400.99	0.19	0.002	0.05
水产品	万 吨	6549.0	875.81	4.94	0.08	0.56
固定资产投资额						
固定资产投资增长速度	%	2.7	7.2	13.0		
运输邮电						
货物周转量	亿吨公里	202069	27575.18	528.77	0.26	1.92
旅客周转量	亿人公里	19251	2617.23	11.46	0.05	0.44
年末固定电话用户	万 户	18190.8	2131.88	218.62	1.20	10.25
年末移动电话用户	万 户	159407.0	15536.92	1552.33	0.97	9.99
财政、金融						
一般公共预算收入	亿 元	100123.8	12923.85	694.75	0.69	5.38
一般公共预算支出	亿 元	210492.5	17430.79	840.33	0.40	4.82
各项人民币存款余额	亿 元	2125721	257851.63	17440.48	0.82	6.76
#住户存款余额	亿 元	925986	87969.94	6951.97	0.75	7.90
各项人民币贷款余额	亿 元	1727452	189802.41	12023.30	0.70	6.33
外经外贸						
进出口总额	亿 元	321556.9	70862.64	13303.03	4.14	18.77
进口总额	亿 元	142230.6	27369.58	5021.48	3.53	18.35
出口总额	亿 元	179326.4	43493.07	8281.55	4.62	19.04
实际利用外资	亿元	10000.00	1620.29	79.63	0.80	4.91
商业、物价						
社会消费品零售总额	亿 元	391980.6	40207.85	3740.14	0.95	9.30
商品零售价格指数	上年=100	101.4	100.8	101.0		
居民消费价格指数	上年=100	102.5	102.6	102.9		
人民生活						
城镇在岗职工年平均工资	元	97379	110324	79601	81.74	72.15
居民人均可支配收入	元	32189	41029	56533	175.63	137.79
城镇常住居民人均可支配收入	元	43834	50257	58052	132.44	115.51
农村常住居民人均可支配收入	元	17132	20143	38827	226.64	192.75

注：国家平均工资数据为城镇单位就业人员平均工资。

18-4 主要经济指标东莞占全国、全省的比重（2019年）

Proportion of Main Indicators of Dongguan to China and Guangdong Province (2019)

指 标	单 位	绝对值			东莞占全国的比重(%)	东莞占全省的比重(%)
		全 国	全 省	东 莞		
人口						
年末常住人口	万 人	141008	12489	1045.50	0.74	8.37
经济总量						
地区生产总值	亿 元	986515.2	107986.92	9474.43	0.96	8.77
第一产业增加值	亿 元	70473.6	4350.61	28.85	0.04	0.66
第二产业增加值	亿 元	380670.6	43368.21	5298.93	1.39	12.22
第三产业增加值	亿 元	535371.0	60268.10	4146.65	0.77	6.88
工业						
主要工业产品产量						
移动通信手持机(手机)	万 台	169603.4	70502.84	40573.98	23.92	57.55
彩电	万 台	18999.1	10422.30	61.90	0.33	0.59
发电量	亿千瓦时	75034.3	4726.32	305.48	0.41	6.46
农业						
主要农产品产量						
粮食	万 吨	66384.0	1240.80	0.59	0.001	0.05
水果	万 吨	27400.8	1644.38	5.58	0.02	0.34
肉类	万 吨	7758.8	412.12	0.13	0.002	0.03
水产品	万 吨	6480.4	866.40	4.86	0.07	0.56
固定资产投资额						
固定资产投资增长速度	%	5.1	11.1	17.5		
运输邮电						
货物周转量	亿吨公里	199394	29230.88	455.89	0.23	1.56
旅客周转量	亿人公里	35349	4764.98	42.29	0.12	0.89
年末固定电话用户	万 户	19103.3	2303.28	240.78	1.26	10.45
年末移动电话用户	万 户	160134.5	16533.05	1716.02	1.07	10.38
财政、金融						
一般公共预算收入	亿 元	101080.6	12654.53	673.27	0.67	5.32
一般公共预算支出	亿 元	203743.2	17297.85	863.01	0.42	4.99
各项人民币存款余额	亿 元	1928785	222962.37	15411.42	0.80	6.91
#住户存款余额	亿 元	813017	77943.89	6316.90	0.78	8.10
各项人民币贷款余额	亿 元	1531123	162378.43	9599.73	0.63	5.91
外经外贸						
进出口总额	亿元	315627.3	71484.39	13801.65	4.37	19.31
进口总额	亿元	143253.7	28068.35	5172.87	3.61	18.43
出口总额	亿元	172373.6	43416.04	8628.78	5.01	19.87
实际利用外资	亿元	9415.00	1522.00	88.03	0.94	5.78
商业、物价						
社会消费品零售总额	亿 元	408017.2	42951.75	4003.89	0.98	9.32
商品零售价格指数	上年=100	102.0	101.4	102.3		
居民消费价格指数	上年=100	102.9	103.4	103.5		
人民生活						
城镇在岗职工年平均工资	元	90501	100689	74017	81.79	73.51
居民人均可支配收入	元	30733	39014	53657	174.59	137.53
城镇常住居民人均可支配收入	元	42359	48118	55156	130.21	114.63
农村常住居民人均可支配收入	元	16021	18818	35905	224.11	190.80

注：国家平均工资数据为城镇单位就业人员平均工资。

18-5 主要经济指标人均水平东莞与全国、全省的比较（2020年）

Comparison of Per Capita Level of Main Economic Indicators between Dongguan and China, Guangdong Province (2020)

指标	单位	人均水平			东莞相当于全国(%)	东莞相当于全省(%)
		全国	全省	东莞		
地区生产总值	元	72000	88210	92176	128.0	104.5
一般公共预算收入	元	7096	10293	6636	93.5	64.5
出口总额	元	12710	34638	79103	622.4	228.4
各项人民币存款余额	元	150570	204255	166360	110.5	81.4
住户存款余额	元	65590	69685	66313	101.1	95.2
社会消费品零售总额	元	27782	32022	35725	128.6	111.6
实际利用外资	元	709	1290	761	107.3	58.9
城镇在岗职工年平均工资	元	97379	110324	79601	81.7	72.2
城镇常住居民人均可支配收入	元	43834	50257	58052	132.4	115.5
农村常住居民人均可支配收入	元	17132	20143	38827	226.6	192.8
粮食产量	公斤	475	101	1	0.2	0.8
水产品产量	公斤	46	70	5	10.2	6.8
水果产量	公斤	203	140	7	3.3	4.8
工业发电量	千瓦时	5513	4162	2776	50.4	65.7
医院卫生院床位数	张/千人	5.05	4.15	3.22	63.7	77.5
卫生技术人员数	人/千人	7.56	6.59	5.62	74.4	85.3

注：本表人均指标时点数按年末常住人口计算，时期数按年平均常住人口计算。

18-6 主要经济指标人均水平东莞与全国、全省的比较（2019年）

Comparison of Per Capita Level of Main Economic Indicators between Dongguan and China, Guangdong Province (2019)

指标	单位	人均水平			东莞相当于全国(%)	东莞相当于全省(%)
		全国	全省	东莞		
地区生产总值	元	70328	86956	90696	129.0	104.3
一般公共预算收入	元	7180	10190	6445	89.8	63.2
出口总额	元	12245	34961	82601	674.6	236.3
各项人民币存款余额	元	136786	178527	147407	107.8	82.6
住户存款余额	元	57658	62410	60420	104.8	96.8
社会消费品零售总额	元	28984	34587	38328	132.2	110.8
实际利用外资	元	669	1226	843	126.0	68.8
城镇在岗职工年平均工资	元	90501	100689	74017	81.8	73.5
城镇常住居民人均可支配收入	元	42359	48118	55156	130.2	114.6
农村常住居民人均可支配收入	元	16021	18818	35905	224.1	190.8
粮食产量	公斤	472	100	1	0.1	0.6
水产品产量	公斤	46	70	5	10.1	6.7
水果产量	公斤	195	132	5	2.7	4.0
工业发电量	千瓦时	5330	3806	2924	54.9	76.8
医院卫生院床位数	张/千人	4.87	4.03	3.16	64.9	78.3
卫生技术人员数	人/千人	7.20	6.37	5.48	76.2	86.1

注：本表人均指标时点数按年末常住人口计算，时期数按年平均常住人口计算。

18-7 全国部分大中城市国民经济和社会发展主要指标（2020年）

指　　标	单 位	上 海 市	北 京 市	深 圳 市	广 州 市
综合					
土地面积	平方公里	6341	16411	1997	7249
年末常住人口	万人	2487.09	2189.31	1763.38	1874.03
地区生产总值	亿元	38700.58	36102.60	27670.24	25019.11
第一产业增加值	亿元	103.57	107.60	25.79	288.08
第二产业增加值	亿元	10289.47	5716.40	10454.01	6590.39
第三产业增加值	亿元	28307.54	30278.60	17190.44	18140.64
工业、用电					
规模以上工业增加值	%	1.7	2.3	2.0	2.5
全社会用电量	亿千瓦时	1775.96	1140.00	983.34	996.72
固定资产投资					
固定资产投资总额	%	10.3	2.2	8.2	10.0
#房地产开发投资额	%	11.0	2.6	16.4	6.2
交通、邮电					
民用汽车拥有量	万辆	470.43	600.30	353.26	298.12
货运量	万吨	139226	26346	41150	89191
客运量	万人	11973	36256	5266	18063
快递业务量	亿件	33.63	23.82	53.72	76.16
快递业务收入	亿元	1428.19	331.19	657.20	694.07
年末移动电话用户数	万户		3907.10	2682.07	2978.47
金融、贸易、财政					
年末金融机构本外币存款余额	亿元	155865.06	188081.60	101897.31	67798.81
年末金融机构本外币贷款余额	亿元	84643.04	84308.80	68020.54	54387.64
社会消费品零售总额	亿元	15932.50	13716.40	8664.83	9218.66
地方一般公共预算收入	亿元	7046.30	5483.90	3857.46	1722.79
地方一般公共预算支出	亿元	8102.11	7116.20	4178.42	2952.65
对外经济、科技					
进出口总额	亿元	34828.47	23215.90	30508.62	9531.92
出口总额	亿元	13725.36	4654.90	16973.87	5423.35
进口总额	亿元	21103.11	18561.00	13534.75	4108.57
实际利用外资	亿美元	202.33	141.00	86.83	70.85
专利授权量	万件	13.98	16.30	22.24	15.60
人民生活、物价					
居民人均可支配收入	元	72232	69434	64878	63289
城镇常住居民人均可支配收入	元	76437	75602	64878	68304
农村常住居民人均可支配收入	元	34911	-	-	31266
居民消费价格总指数（以上年为100）	%	101.7	101.7	102.3	102.6

注：1.深圳、广州、佛山、东莞为年末常住人口，其他各市为普查标准时点2020年11月1日零时数据，最终数以各市2021年统计年鉴为准。

Main Indicators on National Economy and Social Development in Large and Medium-Sized Cities (2020)

重庆市	苏州市	成都市	杭州市	武汉市	南京市	天津市	宁波市	青岛市
82402	8657	14335	16596	8569	6587	11966	9816	11293
3205.42	1274.83	2093.78	1193.60	1232.65	931.47	1386.60	940.43	1007.17
25002.79	20170.45	17716.68	16105.83	15616.06	14817.95	14083.73	12408.66	12400.56
1803.33	196.40	655.17	326.22	402.18	296.80	210.18	338.40	425.41
9992.21	9385.58	11643.00	4820.54	5557.47	5214.35	4804.08	5693.90	4361.56
13207.25	10588.47	11643.00	10959.07	9656.41	9306.80	9069.47	6376.38	7613.59
5.8	6.0	5.0	3.8	-6.9	6.5	1.6	5.2	5.5
1186.52	1523.34	725.43	807.97	568.79	632.94	874.59	832.15	476.60
3.9	6.6	9.9	6.8	-11.8	6.6	3.0	5.5	3.2
-2.0	-0.5	9.2	5.3	-6.4	5.2	-4.4	6.8	13.4
764.88	443.03	603.80	311.90	365.55	279.95	329.03	297.14	314.14
121390	26422	33342	41944	63644	48100	53566	71898	36016
39887	20967	16127	12183	10656	11375	11608	7513	3150
7.31	21.02	14.32	30.01	10.99	9.51	9.28	11.50	5.87
83.03	234.41	139.36	366.99	110.16	107.25	115.60	111.60	78.91
3640.08	1800.72	2876.20	1780.30	1557.37	1289.91	1711.01	1336.00	1257.00
42854.31	37683.85	43654.50	54246.50	31005.89	40056.45	34145.00	23988.18	20507.12
41908.91	35197.87	41147.90	49799.30	36885.97	38189.99	38859.42	25451.63	21064.81
11787.20	7701.98	8118.50	5972.83	6149.84	7203.03	3582.91	4238.26	5203.50
2094.80	2303.00	1520.40	2093.39	1230.29	1637.70	1923.05	1510.79	1253.82
4893.90	2263.58	2158.00	2069.66	2407.00	1754.62	3151.37	1742.03	1584.65
6513.36	22321.43	7154.20	5934.20	2704.30	5340.21	7340.66	9786.90	6407.00
4187.48	12941.49	4106.80	3693.20	1421.70	3398.92	3075.12	6407.00	3876.80
2325.88	9379.95	3047.40	2240.90	1282.60	1941.29	4265.54	3379.90	2530.20
21.01	55.40	72.78	72.02	111.65	45.15	47.35	24.68	58.50
5.54	13.89	6.55	9.24	5.89	7.63	7.54	6.10	
30824	62582	42075	61879		60606	43854	59952	47156
40006	70966	48593	68666	50362	67553	47659	68008	55905
16361	37563	26432	38700	24057	29621	25691	39132	23656
102.3	102.2	102.5	102.1	102.4	102.4	102.0	101.9	102.4

2.佛山市、泉州市实际利用外资分别为45.92亿元和46.39亿元，数据已按国家公布的平均汇率(6.8976)折算为美元口径。
3.数据为初步统计数，来自各市统计公报、网站等，最终数据以各市2021年统计年鉴为准。

18-7 续表

(2020年)

指标	单位	无锡市	长沙市	郑州市	佛山市
综合					
土地面积	平方公里	4627	11816	7446	3798
年末常住人口	万人	746.21	1004.79	1260.06	951.88
地区生产总值	亿元	12370.48	12142.52	12003.04	10816.47
第一产业增加值	亿元	128.10	423.46	156.87	164.12
第二产业增加值	亿元	5751.19	4739.27	4759.54	6095.30
第三产业增加值	亿元	6491.19	6979.79	7086.63	4557.05
工业、用电					
规模以上工业增加值	%	6.6	5.1	6.1	2.2
全社会用电量	亿千瓦时	759.53	411.68	554.10	710.30
固定资产投资					
固定资产投资总额	%	6.1	6.2	3.6	0.8
#房地产开发投资额	%	-0.6	12.0	2.4	6.7
交通、邮电					
民用汽车拥有量	万辆	220.96		409.80	290.99
货运量	万吨	21684		25819	23779
客运量	万人	5925		7976	1448
快递业务量	亿件	7.58	9.30	11.00	9.55
快递业务收入	亿元	83.24	75.58	103.07	122.27
年末移动电话用户数	万户	985.74	1320.90	1701.00	1179.45
金融、贸易、财政					
年末金融机构本外币存款余额	亿元	19400.95	23316.81	24994.30	19161.40
年末金融机构本外币贷款余额	亿元	15303.43	24261.26	28439.40	14507.62
社会消费品零售总额	亿元	2994.36	4469.76	5076.30	3289.09
地方一般公共预算收入	亿元	1075.70	1100.09	1259.21	753.56
地方一般公共预算支出	亿元	1214.92	1480.24	1721.30	1003.04
对外经济、科技					
进出口总额	亿元	6075.61	2350.46	4946.40	5060.42
出口总额	亿元	3547.07	1548.72	2948.80	4131.13
进口总额	亿元	2528.54	801.74	1997.60	929.29
实际利用外资	亿美元	36.21	72.82	46.60	6.66
专利授权量	万件	6.07	3.30	5.02	7.39
人民生活、物价					
居民人均可支配收入	元	57589	51478	36661	56245
城镇常住居民人均可支配收入	元	64714	57971	42887	57445
农村常住居民人均可支配收入	元	35750	34754	24783	33440
居民消费价格总指数（以上年为100）	%	102.3	101.8	102.3	102.7

泉州市	济南市	合肥市	南通市	西安市	福州市	东莞市	烟台市
11051	7998	11445	10549	10097	11968	2460	13865
878.23	920.24	936.99	772.66	1295.29	829.13	1048.36	710.21
10158.66	10140.91	10045.72	10036.31	10020.39	10020.02	9650.19	7816.42
226.60	361.66	332.32	458.70	312.75	560.70	30.27	572.74
5808.15	3530.67	3579.51	4765.85	3328.27	3840.77	5193.09	3192.39
4123.91	6248.58	6133.89	4811.76	6379.37	5618.55	4426.83	4051.29
3.0	12.2	8.3	7.1	7.0	5.3	-1.1	7.7
534.68	433.90	382.55	477.29	418.50	489.70	873.90	564.46
-2.4	4.0	4.7	5.8	12.8	9.6	13.0	2.9
5.0	8.3	-0.6	37.5	6.5	14.2	9.3	23.2
172.14	279.40	234.10	216.40	398.01	149.87	340.96	187.76
30887	28273	46908	20823	25713	27765	17139	24[illegible]90
3582	1239	6953	5461	14338	7235	831	3244
17.18	6.50	8.85	7.46	6.71	4.59	21.17	2.10
114.60	66.80	73.27	60.89	75.71	54.59	250.17	24.53
1036.17	1154.10	1063.02	885.43	1792.82	981.60	1552.33	812.67
8820.78	21065.00	18675.31	15535.30	26045.87	17738.03	18232.83	9997.80
8077.21	20720.20	18165.57	12154.90	25792.89	19651.44	12777.12	6661.95
5228.87	4469.10	4513.76	3370.40	4989.33	4225.61	3740.14	2799.95
454.04	906.10	762.90	639.30	724.13	675.61	694.75	610.07
711.33	1288.80	1164.80	1080.50	1352.69	950.20	840.33	845.38
1970.81	1382.70	2597.25	2627.08	3473.84	2504.80	13303.03	3243.14
1503.61	755.00	1580.76	1792.61	1775.98	1786.50	8281.55	1979.85
467.20	627.60	1016.49	834.47	1697.86	718.40	5021.48	1263.29
6.73	19.25	35.95	27.12	76.77	10.10	11.45	22.33
5.60	4.09	4.11	3.07	4.14	2.55	7.43	
40772		41519	42608	35783	40477	56533	39306
50968	53329	48283	52484	43713	49300	58052	49434
23459	20432	24282	26141	15749	22669	38827	22305
102.5	102.4	102.3	102.4	102.1	102.4	102.9	102.5

18-8 长江三角洲国民经济和社会发展主要指标（2020年）

指　　标	单 位	上海市	南京市	苏州市	无锡市	常州市	镇江市
综合							
行政区域土地面积	平方公里	6341	6587	8657	4627	4372	3840
年末常住人口	万人	2487.09	931.47	1274.83	746.21	527.81	321.04
年末户籍人口	万人	1475.63	722.57	744.33	502.83	386.63	269.25
地区生产总值	亿元	38700.58	14817.95	20170.45	12370.48	7805.32	4220.09
第一产业增加值	亿元	103.57	296.80	196.40	128.10	164.30	149.50
第二产业增加值	亿元	10289.47	5214.35	9385.58	5751.19	3616.35	1988.63
第三产业增加值	亿元	28307.54	9306.80	10588.47	6491.19	4024.87	2081.96
工业、用电							
规模以上工业增加值	%	1.7	6.5	6.0	6.6	6.6	6.3
规模以上工业企业营业务收入	亿元	39174.80	12241.06	36310.13	18347.94	11500.14	3748.23
规模以上工业企业利润总额	亿元	2831.81	690.76	2179.23	1263.95	728.31	245.24
全社会用电量	亿千瓦时	1775.96	632.94	1523.34	759.53	522.62	267.05
#工业用电量	亿千瓦时	769.46	338.88	1170.57	569.39	400.18	192.23
固定资产投资							
固定资产投资总额	%	10.3	6.6	6.6	6.1	0.2	3.0
#房地产开发投资额	%	11.0	5.2	-0.5	-0.6	16.7	-0.6
交通、邮电							
民用汽车拥有量	万辆	470.43	279.95	443.03	220.96	157.20	76.28
货运量	万吨	139226	48100	26422	21684	13756	7463
客运量	万人	11973	11375	20967	5925	4167	2045
快递业务量	亿件	33.63	9.51	21.02	7.58	3.23	1.92
快递业务收入	亿元	1428.19	107.25	234.41	83.24	50.23	21.14
年末固定电话用户数	万户		171.90	220.46	116.88	84.20	51.29
年末移动电话用户数	万户		1289.91	1800.72	985.74	658.30	369.78
金融、贸易、财政							
年末金融机构本外币存款余额	亿元	155865.06	40056.45	37683.85	19400.95	12544.59	6384.66
#住户存款	亿元	38302.45	9701.20	12194.34	7283.68	5073.00	
年末金融机构本外币贷款余额	亿元	84643.04	38189.99	35197.87	15303.43	10259.02	6133.63
社会消费品零售总额	亿元	15932.50	7203.03	7701.98	2994.36	2421.36	1141.93
地方一般公共预算收入	亿元	7046.30	1637.70	2303.00	1075.70	616.60	311.74
地方一般公共预算支出	亿元	8102.11	1754.62	2263.58	1214.92	726.30	498.91
对外经济、科技							
进出口总额	亿元	34828.47	5340.21	22321.43	6075.61	2417.25	722.44
出口总额	亿元	13725.36	3398.92	12941.49	3547.07	1796.93	512.21
进口总额	亿元	21103.11	1941.29	9379.95	2528.54	620.32	210.23
实际利用外资	亿美元	202.33	45.15	55.40	36.21	27.20	7.88
专利申请量	万件	21.46	12.09			5.82	2.81
专利授权量	万件	13.98	7.63	13.89	6.07	4.13	1.98
人民生活、物价							
居民人均可支配收入	元	72232	60606	62582	57589	52080	46180
城镇常住居民人均可支配收入	元	76437	67553	70966	64714	60529	54572
农村常住居民人均可支配收入	元	34911	29621	37563	35750	32364	28402
居民消费价格总指数（以上年为100）	%	101.7	102.4	102.2	102.3	102.5	102.4

注：1.各市常住人口为普查标准时点2020年11月1日零时数据；镇江、南通、扬州、杭州民用汽车拥有量为机动车拥有量；苏州、无锡、湖州、绍兴为汽车保有量。

Main Indicators on National Economy and Social Development of the Yangtze River Delta Economic Zone (2020)

南通市	扬州市	泰州市	杭州市	宁波市	嘉兴市	湖州市	绍兴市	舟山市	台州市
10549	6591	5787	16596	9816	4230	5820	8279	1440	9411
772.66	455.98	451.28	1193.60	940.43	540.09	336.76	527.10	115.78	662.29
756.06	454.71	497.15	813.80	613.70	367.38	268.06	447.64	96.20	606.98
10036.31	6048.33	5312.77	16105.83	12408.66	5509.52	3201.41	6000.66	1512.11	5262.72
458.70	307.10	307.10	326.22	338.43	124.18	140.54	219.26	152.94	294.78
4765.85	2786.35	2541.10	4820.54	5693.85	2861.09	1587.58	2711.76	590.15	2298.21
4811.76	2954.88	2464.57	10959.07	6376.38	2524.25	1473.29	3069.64	769.02	2669.73
7.1	6.3	6.4	3.8	5.2	4.9	5.1	4.9	60.2	4.4
8568.60	4939.99	5721.31	16016.00	17815.90	10593.08	4900.70	6366.70	1530.10	5315.47
567.17	226.70	361.48	1239.16	1552.75	625.95	355.69	519.36	91.24	384.07
477.29	264.66	306.88	807.97	832.15	549.10	302.23	453.40	103.38	348.85
323.52	174.54	221.14	409.19	603.17	431.41	217.68	343.99	64.42	224.55
5.8	-1.5	0.2	6.8	5.5	3.0	6.6	6.7	1.5	4.2
37.5	19.8	41.4	5.3	6.8	12.3	7.3	9.1	6.0	13.7
216.40	101.63	95.95	311.90	297.14	158.80	95.00	162.42	21.10	203.65
20823	12773	23106	41944	71898	27587	19743	17800	39200	27802
5461	2818	4812	12183	7513	1479	3542	1080	3642	6526
7.46	2.13	1.73	30.01	11.50	9.61	0.43	6.71	0.21	10.94
60.89	23.04	18.33	366.99	111.60	75.95	30.59	37.39	4.05	57.49
148.31	85.19	71.44	213.70	241.80	85.00	64.10	106.11	22.10	97.45
885.43	519.14	477.96	1780.30	1336.00	698.00	444.90	602.35	192.70	895.49
15535.30	7691.30	8022.45	54246.50	23988.18	10742.60	5956.58	10933.47	2540.00	10630.31
8057.80	3720.51	3734.40	14398.10	8611.10	4855.70	2794.70	5261.14	1134.70	6047.06
12154.90	6293.32	6440.66	49799.30	25451.63	10166.70	5940.01	10134.87	2773.80	9872.25
3370.40	1379.29	1333.26	5972.83	4238.26	2141.11	1424.43	2322.50	532.78	2396.07
639.30	337.27	375.20	2093.39	1510.79	598.80	336.56	543.52	159.20	401.24
1080.50	668.33	627.54	2069.66	1742.03	712.18	484.42	667.16	312.69	700.12
2627.08	770.20	1014.01	5934.20	9786.90	3052.32	1132.20	2578.28	1667.30	1898.48
1792.61	580.03	665.37	3693.20	6407.00	2273.18	1025.80	2386.36	588.10	1760.86
834.47	190.17	348.65	2240.90	3379.90	779.14	106.40	191.92	1079.20	137.62
27.12	14.70	14.94	72.02	24.68	26.47	12.06	7.21	4.02	3.63
4.61	3.90	3.28	14.39	8.00	4.33	2.93		0.29	4.02
3.07	2.85	2.03	9.24	6.10	3.50	1.77	3.56	0.28	3.48
42608	38843	24615	61879	59952	54667	51800	56600	55830	50643
52484	47202	49103	68666	68008	64124	61743	66694	63720	62598
26141	24813	24615	38700	39132	39801	37244	38696	39096	32188
102.4	102.5	102.9	102.1	101.9	102.4	102.3	102.4	101.9	102.1

2. 数据为初步统计数，来自各市统计公报、网站等，最终数据以各市2021年统计年鉴为准。

18-9 珠江三角洲国民经济和社会发展主要指标（2020年）

指　　标	单 位	广州市	深圳市	珠海市
综合				
土地面积	平方公里	7249	1997	1736
年末常住人口	万人	1874.03	1763.38	244.96
城镇人口占常住人口的比例	%	86.19	99.54	90.47
年末户籍人口	万人	985.11	584.58	139.22
地区生产总值	亿元	25019.11	27670.24	3481.94
第一产业增加值	亿元	288.08	25.79	60.02
第二产业增加值	亿元	6590.39	10454.01	1510.86
第三产业增加值	亿元	18140.64	17190.44	1911.06
人均生产总值（按常住人口计算）	元	135047	159309	145645
农村经济				
农林牧渔业总产值	亿元	514.03	48.85	93.06
粮食产量	万吨	14.22	0.73	2.89
水果产量	万吨	79.25	4.55	9.90
水产品产量	万吨	50.67	7.56	32.87
工业				
规模以上工业企业数	个	6208	11255	1492
规模以上工业增加值	亿元	4544.60	8565.79	1190.66
规模以上工业企业营业收入	亿元	20923.92	38560.07	5213.20
规模以上工业企业利润总额	亿元	1461.40	2781.07	533.09
规模以上工业产品销售率	%	99.39	97.20	95.19
固定资产投资				
固定资产投资总额	%	10.0	8.2	13.1
#房地产开发投资额	亿元	3293.95	3562.58	1075.78
商品房屋销售面积	万平方米	1539.40	929.16	481.83
商品房屋销售额	亿元	3857.08	5193.00	1119.93
交通、邮电				
民用汽车拥有量	万辆	298.12	353.26	75.71
港口货物吞吐量	万吨	63643	26506	13367
邮电业务总量	亿元	4707.38	4917.38	403.91
快递业务量	万件	761578.08	537243.13	12400.72
快递业务收入	亿元	694.07	657.20	20.00
年末固定电话用户数	万户	344.76	400.84	61.84
年末移动电话用户数	万户	2978.47	2682.07	359.03
全年总用电量	亿千瓦时	996.72	983.34	193.20

Main Indicators of National Economy and Social Development of the Pearl River Delta Economic Zone (2020)

佛山市	惠州市	肇庆市	江门市	东莞市	中山市
3798	11347	14891	9507	2460	1784
951.88	605.72	411.69	480.41	1048.36	443.11
95.20	72.80	51.02	67.63	92.15	86.96
473.77	397.76	455.41	401.59	263.88	190.88
10816.47	4221.79	2311.65	3200.95	9650.19	3151.59
164.12	219.09	437.27	274.48	30.27	71.57
6095.30	2134.36	902.19	1333.23	5193.09	1556.78
4557.05	1868.33	972.19	1593.24	4426.33	1523.25
114157	70191	56318	66984	92176	71478
368.55	345.63	675.21	500.84	46.52	117.83
4.72	60.44	121.22	97.92	0.32	1.34
4.93	93.40	198.75	40.80	6.97	9.30
75.26	15.72	51.75	80.65	4.94	35.01
8020	3055	1321	2535	11525	3868
4650.46	1689.86	653.82	1027.95	4477.91	1172.11
22234.85	7834.05	3033.32	4272.21	23084.83	5492.10
1702.96	308.46	187.51	225.24	796.91	309.73
95.69	97.23	95.76	96.67	98.98	98.58
0.8	16.0	12.1	6.9	13.0	21.5
2290.10	1253.13	523.47	783.25	870.54	453.57
2165.33	1838.14	731.67	748.57	879.57	697.65
2895.37	2126.68	476.16	594.16	2016.64	831.32
290.99	141.77	64.89	96.25	340.96	129.00
9285	9636	4789	10698	19857	1312
1336.25	786.86	342.96	462.90	2562.96	784.05
95458.22	38722.28	12760.84	12678.36	211687.31	60996.25
122.27	42.85	12.80	18.03	250.17	64.55
212.86	106.90	60.99	92.57	218.62	80.16
1179.45	685.45	387.15	522.17	1552.33	625.60
710.30	447.84	182.28	309.07	873.90	316.58

18-9 续表

(2020年)

指　　标	单 位	广州市	深圳市	珠海市
金融、贸易、财政				
年末金融机构本外币存款余额	亿元	67798.81	101897.31	9604.51
#住户存款	亿元	21177.97	19031.88	2243.02
年末金融机构本外币贷款余额	亿元	54387.64	68020.54	7626.26
社会消费品零售总额	亿元	9218.66	8664.83	921.26
地方一般公共预算收入	亿元	1722.79	3857.46	379.13
地方一般公共预算支出	亿元	2952.65	4178.42	677.62
对外经济				
进出口总额	亿元	9531.92	30508.62	2732.90
进口总额	亿元	4108.57	13534.75	1124.38
出口总额	亿元	5423.35	16973.87	1608.52
合同利用外资金额	亿元	1545.39	1623.05	803.62
实际利用外商直接投资	亿元	493.72	595.42	178.05
人民生活、物价				
在岗职工年平均工资	元	135138	139436	107284
全体常住居民人均可支配收入	元	63289	64878	55936
全体常住居民人均消费支出	元	41400	40581	36360
城镇常住居民人均可支配收入	元	68304	64878	58475
城镇常住居民人均消费支出	元	44283	40581	37778
农村常住居民人均可支配收入	元	31266		31119
农村常住居民人均消费性支出	元	22990		22498
居民消费价格总指数（以上年为100）	%	102.6	102.3	102.3
工业生产者出厂价格指数(以上年为100)	%	99.4	99.0	97.9
教育、R&D、卫生				
学校数				
中等职业技术学校	所	77	15	8
普通中学	所	539	435	80
小学	所	992	347	134
在校学生数				
中等职业技术学校	人	179515	39134	19320
普通中学	人	543203	517630	106691
小学	人	1125103	1091179	185969
规上工业企业R&D活动人员	人	105364	345344	34522
规上工业企业R&D经费内部支出	亿元	315.11	1157.31	93.94
卫生事业机构	个	5550	5231	966
#医院	个	289	145	42
医院床位数	张	93067	46794	10068
执业（助理）医师	人	62329	42579	8007

佛山市	惠州市	肇庆市	江门市	东莞市	中山市
19161.40	7235.61	2893.08	5475.45	18232.83	6921.69
9259.24	2910.72	1787.68	3394.16	6998.52	3246.66
14507.62	7183.93	2485.60	4390.98	12777.12	5711.18
3289.09	1746.08	1062.16	1162.62	3740.14	1407.22
753.56	412.25	124.51	264.00	694.75	287.57
1003.04	637.37	430.58	442.38	840.33	375.63
5060.42	2488.37	413.15	1428.94	13303.03	2203.91
929.29	800.61	113.28	303.25	5021.48	393.91
4131.13	1687.77	299.87	1125.69	8281.55	1815.00
212.79	163.95	15.08	83.02	360.68	83.91
45.92	55.67	5.85	56.62	79.63	40.54
94536	89840	90002	88219	79601	95309
56245	39745	27496	33667	56533	52754
36936	26232	16777	21899	34260	32735
57445	45475	34752	39923	58052	54737
37664	29369	20990	25478	34706	33774
33440	24925	20627	21129	38327	37533
22259	18119	12789	14727	26390	24325
102.7	102.7	102.7	103.1	102.9	102.6
99.0	97.5	99.4	98.7	99.4	99.1
28	25	17	17	28	7
216	286	192	197	254	105
419	571	236	325	335	212
62648	49061	56781	31736	83669	24604
372916	345972	243582	227945	357275	173629
638742	621791	407485	354628	842240	335628
98761	57344	10340	37269	135841	32129
238.86	115.26	21.19	70.13	308.42	68.03
2281	3230	3188	1712	3154	1079
131	81	58	53	112	68
35852	17438	14209	18399	32900	15899
21919	15005	8874	11732	21812	9859

18-10 中国香港特别行政区主要社会经济指标

Main Statistical Indicators of Hong Kong Special Administrative Region

指　　标	单 位	1990年	2000年	2010年	2019年	2020年
人口及生命统计						
年中人口	万人	570.4	666.5	702.4	750.7	748.2
粗出生率	‰	12.0	8.1	12.6	7.0	5.8@
粗死亡率	‰	5.2	5.1	6.0	6.5	6.7@
劳动、就业						
劳动人口	万人	274.8	337.4	363.1	396.6	388.8
劳动人口参与率	%	63.2	61.4	59.6	60.6	59.6
失业率	%	1.3	4.9	4.3	2.9	5.8
本地生产总值						
按2018年环比物量计算 ①						
本地生产总值年增长率	%	3.8	7.7	6.8	-1.2@	-6.1@
本地生产总值	亿港元	10237	15083	22481	27997@	26277@
人均本地生产总值	港元	179451	226303	320046	372925@	351218@
按当年价格计算						
本地生产总值年增长率	%	11.7	4.0	7.1	1.1@	-5.4@
本地生产总值	亿港元	5993	13375	17763	28657@	27107@
人均本地生产总值	港元	105050	200675	252887	381711@	362310@
政府收支、货币、金融						
政府收入总额 ②	亿港元	895	2251	3765	5909	
政府支出总额 ②	亿港元	856	2329	3014	6078	
货币供应量M_3	亿港元	12880	36928	73563	147864	156440
居民消费物价指数						
(2014年10月至2015年9月=100)						
综合消费物价指数		46.6	78.4	81.8	110.1	110.5
本地居民总收入(按当年价格计算)						
本地居民总收入	亿港元		13482	18139	30094@	28592@
人均本地居民总收入	港元		202287	258240	400855@	382147@
工业生产						
工业生产指数 ③ (2015年=100)				101.9	101.7	95.8
工业电力消费量	万亿焦耳	24934	17769	11080	10815	10672
工业煤气消费量	万亿焦耳	583	982	917	1824	1653

18-10 续表

指　　标	单　位	1990年	2000年	2010年	2019年	2020年
房屋及物业						
已登记物业买卖合约涉及的价值	亿港元		2225	6895	6924	6284
住宅	亿港元		1684	5607	5488	5482
非住宅	亿港元		541	1288	1436	802
楼宇售价指数						
私人住宅单位	1999年=100	44.8	89.6	150.9	383.0	381.2@
私人写字楼（甲级、乙级及丙级）	1999年=100	99.1	89.9	230.4	543.0	468.6@
楼宇租金指数						
私人住宅单位	1999年=100	76.7	98.1	119.7	194.4	180.3@
私人写字楼（甲级、乙级及丙级）	1999年=100	137.3	98.5	147.6	261.4	241.8@
运输、通讯						
进出香港的货物						
总卸下	万吨	6076	13035	17282	18566	18361
总装上	万吨	2997	8692	12882	10276	8892
集装箱吞吐量 ④	万标准集装箱单位	510	1810	2370	1830	1797
电话服务	万条操作线路	245	395	426	405	393
对外商品贸易						
港产品出口	亿港元	2259	1810	695	478	474
转口	亿港元	4140	13917	29615	39409	38801
进口	亿港元	6425	16580	33648	44154	42698
旅　游						
访港旅客 ⑤	万人次	658	1306	3603	5591	357
酒店入住率	%	79	83	87	79	46
教　育						
小学学生人数 ⑥	人	531090	498175	334415	377202	368255
中学学生人数 ⑥⑦	人	481830	490039	486817	342554	343543
专上教育学生人数 ⑧	人	112516	186729	306476	320041	314455

注：本表数据由香港特别行政区政府统计处提供，国家统计局整理编辑。1990年数据指原香港地区。@数据将于日后修订。

①以环比物量计算的本地生产总值及其组成部分的参照年为2018年。

②财政年度数字。指当年4月1日至第二年3月31日。

③自2005年统计年度开始，所有工业生产指数均按《香港标准行业分类2.0版》编制。

④1998年起，采用一系列新的集装箱吞吐量数字，与1998年以前的数字不可比。

⑤1996年及以后的数字包括澳门访港的非澳门居民旅客人数。

⑥数字包括特殊学校。

⑦数字包括夜校、技工级课程及毅进文凭课程。

⑧数字包括就读于大学及专上教育学院开办的专上教育课程，包括证书/文凭课程、副学士或同等学历及学士或更高的学位课程；以及与非本地机构合办，而学生在修业后可获取非本地高等学术资格的非本地注册或获豁免课程的学生数。

18-11 中国澳门特别行政区主要社会经济指标

Main Statistical Indicators of Macao Special Administrative Region

指标	单位	1990年	2000年	2010年	2019年	2020年
人口及生命统计						
年中人口	万人	33.5	43.1	53.7	67.2	68.5
出生率	‰	20.5	8.9	9.5	8.9	8.1
死亡率	‰	4.4	3.1	3.3	3.4	3.3
劳动力						
劳动人口	万人	16.9	20.9	32.4	39.5	40.5
劳动力参与率	%	66.6	64.3	72.0	70.3	70.5
失业率	%	3.2	6.8	2.8	1.7	2.5
就业不足率	%	2.3	3.0	1.7	0.5	3.5
本地生产总值 ①						
以2018年环比物量计算						
本地生产总值实际增长率（支出法）	%	8.0	5.7	25.1	-2.6	-56.3
本地生产总值	亿澳门元	895.1	1165.1	3392.3	4346.9	1899.2
人均本地生产总值	万澳门元	26.7	27.1	63.2	64.5	27.9
按当年价格计算						
本地生产总值名义增长率（支出法）	%	19.8	3.9	31.1	-0.3	-56.3
本地生产总值	亿澳门元	260.4	543.7	2260.0	4451.2	1944.0
人均本地生产总值	万澳门元	7.8	12.6	42.1	66.1	28.5
政府收支、货币、金融						
政府总收入 ①	亿澳门元	60.2	153.4	884.9	1407.3	947.0
政府总开支 ①	亿澳门元	55.1	150.2	383.9	846.8	913.0
货币供应（广义货币供应量M_2）	亿澳门元	307.4	849.2	2430.5	6875.2	6923.6
消费价格指数						
(2018年4月至2019年3月=100)						
综合消费价格指数			56.90	70.66	101.78	102.60
工业生产						
工业电力消耗量	亿千瓦小时		1.5	1.5	1.5	1.4
建　筑						
获发使用准照(建成)的私人楼宇单位数目	个	11574	3146	4527	3013	2521
获发使用准照(建成)私人楼宇总建筑面积	万平方米	105.7	37.0	127.2	47.4	28.7
获发动工批示(新动工)的私人楼宇单位数目	个		1167	870	405	233
获发动工批示(新动工)的私人楼宇总建筑面积	万平方米		20.3	18.4	44.2	88.1

18-11 续表

指　　标	单　位	1990年	2000年	2010年	2019年	2020年
楼宇单位买卖数目	个	8463	10211	29617	11022	9002
不动产买卖契约数目	宗	8559	12484	12707	10303	11589
不动产按揭贷款数目	宗	6610	7367	15127	16508	14954
房屋（期末值）						
公共房屋 ②	个	4871	9084	8174	14670	14632
运输、通讯						
进出澳门货运车辆数目 ③	万辆	26.4	45.4	35.8	34.1	29.8
领牌车辆 ④	万辆	5.1	11.3	19.6	24.1	24.4
电话线	万条	9.6	17.7	16.8	11.6	10.7
对外商品贸易						
出口	亿澳门元	136.4	203.8	69.6	128.0	108.1
本地产品出口	亿澳门元		170.8	23.9	15.1	15.6
转口	亿澳门元		33.0	45.7	112.8	92.5
进口	亿澳门元	123.4	181.0	441.2	901.3	925.6
旅　游						
访澳旅客 ⑤	万人次	594.2	916.2	2496.5	3940.6	589.7
酒店入住率	%	69	58	80	91	29
教　育 ⑥						
幼儿教育学生	人	20761	15254	10804	19265	18908
小学生	人	35514	46260	23785	33961	35450
中学生	人	18283	39673	37224	25396	27627
高等教育学生	人	8864	9000	25539	35107	39093

注：本表数据由澳门特别行政区政府统计暨普查局提供，国家统计局整理编辑。1998年及以前数据均指原澳门地区。

①数字在日后得到更多资料时会作出修订。

②不包括已出售者。

③自2000年开始包括进出关闸及路(氹)城边检站的数字。而自2007年开始亦包括进出跨境工业区边检站的数字。

④自2007年开始不包括单车。

⑤自2008年开始访澳旅客不包括外地雇员及学生等。

⑥不包括特殊教育学生。第n年的学生人数是指n/n+1学年年底学生人数。2007/2008学年起不包括回归教育学生人数 2010/2011学年起为注册学生人数。

18-12　中国台湾省主要社会经济指标

Main Statistical Indicators of Taiwan Province

指　　标	单　位	2000年	2010年	2018年	2019年	2020年
人口						
户籍登记人口数 ①	万人	2228	2316	2359	2360	2356
人口自然增加率	‰	8.08	0.91	0.37	0.06	-0.34
人口密度	人/平方公里	616	640	652	652	651
劳动、就业						
劳动力人口	万人	978	1107	1187	1195	1196
劳动参与率	%	57.7	58.1	59.0	59.2	59.1
失业率	%	3.0	5.2	3.7	3.7	3.9
国民经济核算						
本地居民生产总值	新台币亿元	104652	144761	187898	194090	203654
本地生产总值	新台币亿元	103285	140603	183750	189325	197745
人均本地居民生产总值	新台币元	471734	625560	796852	822553	863597
物价年涨跌率						
批发	%	1.81	5.46	3.63	-2.26	-7.77
消费者	%	1.26	0.97	1.35	0.56	-0.23
工　业						
工业生产指数（2016年＝100）		54.4	87.7	108.8	108.5	116.1
制造业		52.6	87.0	109.4	108.9	117.2
运输、旅游						
铁路客运人数	亿人次	4.6	7.8	11.5	11.9	10.3
公路客运人数	亿人次	11.5	11.1	12.5	12.4	10.7
航空客运人数	亿人次	0.3	0.3	0.4	0.4	0.1
港埠货物装卸量	万收费吨	56695	65540	74085	73056	70299
出岛旅客	万人次	733	942	1664	1710	234
来台湾旅客	万人次	262	557	1107	1186	138
对外贸易						
出口	亿美元	1520	2774	3340	3292	3452
进口	亿美元	1407	2557	2848	2857	2858
财政、金融及景气						
赋税实征净额 ②	新台币亿元	19298	16222	23869	24705	23987
货币供应量M_2 ①	新台币亿元	188978	309544	439052	458918	501879
存款 ①	新台币亿元	193087	310063	431958	450861	492197
放款与投资 ①	新台币亿元	166220	228037	337475	354224	378266

注：1.①为年底数。②为年度资料。
　　2.本表数据来源于台湾“行政院主计总处”。

18-13 粤港澳大湾区主要经济指标（2020年）

Main Indicators of Guangdong-Hong Kong-Marco Greater Bay Area (2020)

地 区	土地面积（平方公里）	地区生产总值			人均地区生产总值		
		绝对值（亿元）	绝对值（亿美元）	指 数（上年＝100）	绝对值（元）	绝对值（美元）	指 数（上年＝100）
广 州	7249.27	25019.11	3627.22	102.7	135047	19579	100.6
深 圳	1997.47	27670.24	4011.58	103.1	159309	23096	100.2
珠 海	1736.46	3481.94	504.80	103.0	145645	21115	97.8
佛 山	3797.72	10816.47	1568.15	101.6	114157	16550	100.2
惠 州	11347.39	4221.79	612.07	101.5	70191	10176	99.7
东 莞	2460.08	9650.19	1399.07	101.1	92176	13364	100.9
中 山	1783.67	3151.59	456.91	101.5	71478	10363	99.9
江 门	9506.92	3200.95	464.07	102.2	66984	9711	101.1
肇 庆	14891.23	2311.65	335.14	103.0	56318	8165	102.3
香港特别行政区	1110.2①	27107②	3494.52	94.6	362310②	46707	94.9
澳门特别行政区	32.9	1943.98③	243.34	43.7	285314③	35714	43.2

18-13 续表

地 区	年末人口（万人）	从业人员（万人）	港口集装箱吞吐量(万标准集装箱)	进出口总额（亿美元）		
					出口总额	进口总额
广 州	1874.03	1158.01	2350.53	1376.12	782.18	593.94
深 圳	1763.38	1292.29	2654.79	4409.01	2453.29	1955.72
珠 海	244.96	177.14	183.87	394.98	232.44	162.54
佛 山	951.88	533.85	404.97	732.39	597.85	134.54
惠 州	605.72	320.88	46.39	359.80	243.88	115.92
东 莞	1048.36	714.59	379.63	1920.91	1195.30	725.61
中 山	443.11	243.14	141.84	318.99	262.05	56.94
江 门	480.41	273.03	166.89	206.51	162.57	43.94
肇 庆	411.69	232.98	57.60	59.86	43.48	16.38
香港特别行政区	742.83	366.16	1797.00	10568.69	5505.01	5063.68
澳门特别行政区	68.31	38.78	12.14	129.39	13.53	115.86

注：本表香港、澳门统计数据来自香港政府统计处、澳门统计暨普查局。香港特别行政区和澳门特别行政区地区生产总值为“本地生产总值”，从业人员为“就业人口”。 澳门特别行政区集装箱吞吐量为载货集装箱吞吐量，其余为集装箱总吞吐量。 本表汇率按照100港币=88.93人民币元， 100澳门元=86.39人民币元，100美元=689.76人民币元计算。①香港为陆地面积。②为港币元。③为澳门元。

东莞统计

第三部分 基本单位情况

Part Three Basic Units

1-1 按行业分的法人单位、产业活动单位数（2020年）

Number of Corporate Units and Industrial Establishments by Sector (2020)

项 目	法人单位数（个）	单产业法人单位	多产业法人单位	产业活动单位数（个）	#多产业法人单位的产业活动单位
合 计	456809	451323	5486	486538	29729
农、林、牧、渔业	674	666	8	699	25
农业	318	315	3	326	8
林业	50	49	1	53	3
畜牧业	28	28		28	
渔业	118	117	1	121	3
农、林、牧、渔专业及辅助性活动	160	157	3	171	11
采 矿 业	31	31		33	2
煤炭开采和洗选业	4	4		4	
石油和天然气开采业	1	1		1	
黑色金属矿采选业	1	1		1	
有色金属矿采选业	3	3		3	
非金属矿采选业	18	18		19	1
开采专业及辅助性活动	4	4		5	1
其他采矿业					
制 造 业	176569	175606	963	178215	1646
农副食品加工业	509	491	18	521	12
食品制造业	1102	1081	21	1143	41
酒、饮料和精制茶制造业	183	179	4	192	9
烟草制品业	5	5		5	
纺织业	3528	3510	18	3550	22
纺织服装、服饰业	11204	11168	36	11245	41
皮革、毛皮、羽毛及其制品和制鞋业	6584	6556	28	6622	38
木材加工和木、竹、藤、棕、草制品业	1478	1468	10	1491	13
家具制造业	4229	4181	48	4275	46
造纸和纸制品业	6076	6056	20	6105	29
印刷和记录媒介复制业	4209	4190	19	4248	39
文教、工美、体育和娱乐用品制造业	6974	6938	36	7015	41
石油、煤炭及其他燃料加工业	221	217	4	227	6
化学原料和化学制品制造业	3843	3800	43	3898	55
医药制造业	170	164	6	179	9
化学纤维制造业	194	192	2	195	1
橡胶和塑料制品业	18453	18395	58	18569	116
非金属矿物制品业	3427	3399	28	3475	48
黑色金属冶炼和压延加工业	415	414	1	420	5
有色金属冶炼和压延加工业	757	753	4	765	8

1-1 续表 1

(2020年)

项　　目	法人单位数(个)	单产业法人单位	多产业法人单位	产业活动单位数(个)	#多产业法人单位的产业活动单位
金属制品业	27288	27207	81	27446	158
通用设备制造业	12589	12512	77	12694	105
专用设备制造业	16179	16090	89	16329	150
汽车制造业	769	756	13	788	19
铁路、船舶、航空航天和其他运输设备制造业	360	356	4	373	13
电气机械和器材制造业	10695	10584	111	10868	173
计算机、通信和其他电子设备制造业	24022	23887	135	24262	240
仪器仪表制造业	2951	2924	27	2989	38
其他制造业	7082	7066	16	7115	33
废弃资源综合利用业	188	185	3	285	97
金属制品、机械和设备修理业	885	882	3	926	41
电力、燃气及水的生产和供应业	386	365	21	513	127
电力、热力生产和供应业	114	109	5	137	23
燃气生产和供应业	84	76	8	132	48
水的生产和供应业	188	180	8	244	56
建筑业	18220	17913	307	19674	1454
房屋建筑业	2062	1976	86	2552	490
土木工程建筑业	2116	2066	50	2421	305
建筑安装业	3361	3305	56	3604	243
建筑装饰、装修和其他建筑业	10681	10566	115	11097	416
批发和零售业	130881	129964	917	140901	10020
批发业	72678	72322	356	74465	1787
零售业	58203	57642	561	66436	8233
交通运输、仓储和邮政业	8164	7959	205	10012	1848
铁路运输业	26	26		34	8
道路运输业	3020	2955	65	3360	340
水上运输业	143	139	4	155	12
航空运输业	35	34	1	42	7
管道运输业	3	3		4	1
多式联运和运输代理业	3600	3511	89	4127	527
装卸搬运和仓储业	921	913	8	987	66
邮政业	416	378	38	1303	887
住宿和餐饮业	6496	6178	318	7799	1303
住宿业	1349	1268	81	1464	115
餐饮业	5147	4910	237	6335	1188
信息传输、软件和信息技术服务业	10165	10062	103	11008	843
电信、广播电视和卫星传输服务	227	214	13	590	363
互联网和相关服务	1743	1731	12	1836	93
软件和信息技术服务业	8195	8117	78	8582	387
金融业	1186	1109	77	3448	2262
货币金融服务	475	444	31	1796	1321

1-1 续表 2

(2020年)

项目	法人单位数(个)	单产业法人单位	多产业法人单位	产业活动单位数(个)	#多产业法人单位的产业活动单位
资本市场服务	470	461	9	630	160
保险业	118	81	37	873	755
其他金融业	123	123		149	26
房地产业	11286	10778	508	13522	2236
房地产业	11286	10778	508	13522	2236
租赁与商务服务业	47274	46380	894	50870	3596
租赁业	1883	1854	29	2093	210
商务服务业	45391	44526	865	48777	3386
科学研究、技术服务业	18314	18137	177	19483	1169
研究和试验发展	4626	4607	19	4712	86
专业技术服务业	7527	7416	111	8444	917
科技推广和应用服务业	6161	6114	47	6327	166
水利、环境和公共设施管理业	1246	1215	31	1407	161
水利管理业	64	63	1	79	15
生态保护和环境治理业	258	253	5	283	25
公共设施管理业	749	729	20	861	112
土地管理业	175	170	5	184	9
居民服务、修理和其他服务业	7842	7704	138	8383	541
居民服务业	3337	3279	58	3577	240
机动车、电子产品和日用产品修理业	2659	2612	47	2825	157
其他服务业	1846	1813	33	1980	134
教育	5597	5483	114	6811	1214
教育	5597	5483	114	6811	1214
卫生和社会工作	1863	1787	76	2468	605
卫生	1657	1581	76	2256	599
社会工作	206	206		212	6
文化、体育和娱乐业	6790	6699	91	7095	305
新闻和出版业	40	40		44	4
广播、电视、电影和影视录音制作业	490	479	11	556	66
文化艺术业	1322	1312	10	1345	23
体育	690	666	24	730	40
娱乐业	4248	4202	46	4420	172
公共管理、社会保障和社会组织	3825	3287	538	4197	372
中国共产党机关	74	74		74	
国家机构	1457	1399	58	1650	193
人民政协、民主党派	15	15		15	
社会保障	17	17		21	4
群众团体、社会团体和其他成员组织	1515	1500	15	1596	81
基层群众自治组织	747	282	465	341	94
国际组织					
国际组织					

1-2　按注册类型分的法人单位、产业活动单位数（2020年）

Number of Corporate Units and Industrial Establishments by Registration Status (2020)

项　　目	法人单位数（个）	单产业法人单位	多产业法人单位	产业活动单位数（个）	#多产业法人单位的产业活动单位
合　计	456809	451323	5486	486538	29729
内资	442623	437512	5111	470372	27749
国有	2503	2384	119	3879	1376
集体	2665	2538	127	3346	681
股份合作	685	664	21	784	99
国有联营	10	9	1	18	8
集体联营	83	80	3	98	15
国有与集体联营	12	11	1	31	19
其他联营	193	191	2	219	26
国有独资公司	136	123	13	196	60
其他有限责任公司	106333	105104	1229	113915	7582
股份有限公司	2930	2810	120	5122	2192
私营独资	22909	22749	160	23452	543
私营合伙	5877	5828	49	6041	164
私营有限责任公司	280751	278177	2574	293495	12744
私营股份有限公司	3050	2956	94	3474	424
其他	14486	13888	598	16302	1816
港澳台商投资	10169	9943	226	10891	722
与港澳台商合资经营	576	553	23	686	110
与港澳台商合作经营	206	203	3	225	19
港澳台商独资	8948	8759	189	9476	528
港澳台商投资股份有限公司	185	176	9	227	42
其他港澳台投资	254	252	2	277	23
外商投资	4017	3868	149	5275	1258
中外合资经营	410	388	22	586	176
中外合作经营	58	56	2	72	14
外资企业	3111	2994	117	4070	959
外商投资股份有限公司	235	232	3	290	55
其他外商投资	203	198	5	257	54

1-3 按地域分的法人单位、产业活动单位数（2020年）

Number of Corporate Units and Industrial Establishments by District (2020)

项　　目	法　人 单位数 （个）	单 产 业 法人单位	多 产 业 法人单位	产业活动 单 位 数 （个）	#多产业法 人单位的 产业活动 单　　位
全　　市	456809	451323	5488	486538	29729
莞城街道	14119	13777	342	15315	1196
石 龙 镇	3398	3309	89	3931	533
虎 门 镇	33055	32859	196	35690	2635
东城街道	35175	34530	645	38552	3377
万江街道	15050	14910	140	15696	646
南城街道	36368	35610	758	39790	3422
中 堂 镇	5903	5823	80	6358	455
望牛墩镇	2762	2718	44	2941	179
麻 涌 镇	3520	3452	68	3879	359
石 碣 镇	8448	8339	109	8976	528
高 埗 镇	5256	5185	71	5590	334
道 滘 镇	5552	5476	76	5877	325
洪 梅 镇	1610	1577	33	1756	146
沙 田 镇	6357	6275	84	6769	412
厚 街 镇	20321	20138	183	21674	1353
长 安 镇	48088	47838	250	49710	1622
寮 步 镇	21852	21540	312	23119	1267
大岭山镇	16564	16416	148	17242	678
大 朗 镇	20279	20081	198	21335	1056
黄 江 镇	12179	12044	135	12913	734
樟木头镇	11277	11136	141	11986	709
清 溪 镇	11815	11660	155	12504	689
塘 厦 镇	27212	26928	284	28603	1391
凤 岗 镇	12910	12813	97	13696	786
谢 岗 镇	3353	3314	39	3576	223
常 平 镇	18890	18714	176	20688	1798
桥 头 镇	6999	6924	75	7469	470
横 沥 镇	8404	8333	71	8865	461
东 坑 镇	12690	12590	100	13078	338
企 石 镇	4753	4695	58	5079	326
石 排 镇	6823	6748	75	7249	426
茶 山 镇	8105	8018	87	8519	414
松 山 湖	7722	7553	169	8113	391

1−4 规模以上工业营业收入百强企业（2020年）

Top 100 Industrial Enterprises above Designated Size of Operating Income (2020)

企业名称	企业名称
华为终端有限公司	中粮新沙粮油工业（东莞）有限公司
OPPO广东移动通信有限公司	东莞迪芬尼电声科技有限公司
维沃移动通信有限公司	易事特集团股份有限公司
东莞华贝电子科技有限公司	东莞徐记食品有限公司
东莞创机电业制品有限公司	陆逊梯卡华宏（东莞）眼镜有限公司
华为机器有限公司	东莞市国丰粮油有限公司
玖龙纸业（东莞）有限公司	米亚精密金属科技（东莞）有限公司
东莞三星视界有限公司	光宝电子（东莞）有限公司
东莞路易达孚饲料蛋白有限公司	东莞理想电子有限公司
东莞富强电子有限公司	东莞市金龙珠宝首饰有限公司
广东生益科技股份有限公司	东莞新技电子有限公司
广东以诺通讯有限公司	东莞沈恒粮油有限公司
广东理文造纸有限公司	东莞明鑫电子有限公司
东莞长城开发科技有限公司	东莞市金田纸业有限公司
广东百果园农产品初加工有限公司	东莞和勤电子有限公司
东莞益海嘉里粮油食品工业有限公司	东莞南方中集物流装备制造有限公司
东莞新能德科技有限公司	东莞嘉吉饲料蛋白科技有限公司
东莞新能源科技有限公司	安世半导体（中国）有限公司
东莞东聚电子电讯制品有限公司	旭丽电子（东莞）有限公司
中粮（东莞）粮油工业有限公司	东莞华新电线电缆有限公司
东莞市富之源饲料蛋白开发有限公司	东莞技嘉电子有限公司
东莞市以纯集团有限公司	太阳诱电（广东）有限公司
东莞领杰金属精密制造科技有限公司	搜于特集团股份有限公司
东莞建晖纸业有限公司	东莞捷荣技术股份有限公司
中储粮油脂工业东莞有限公司	东莞虎门电厂
广东坚朗五金制品股份有限公司	东莞搜路研电子有限公司
东莞金洲纸业有限公司	信义超薄玻璃（东莞）有限公司
东莞高伟光学电子有限公司	群光电子（东莞）有限公司
天弘（东莞）科技有限公司	东莞市佳禾电声科技有限公司
光宝网络通讯（东莞）有限公司	日本电产（东莞）有限公司
京瓷办公设备科技（东莞）有限公司	东莞雀巢有限公司
广东小天才科技有限公司	东莞联茂电子科技有限公司
富港电子（东莞）有限公司	日本电产精密马达科技（东莞）有限公司
伟创力电源（东莞）有限公司	东莞领益精密制造科技有限公司
广东长盈精密技术有限公司	国巨电子（东莞）有限公司
东莞嘉吉粮油有限公司	东莞启益电器机械有限公司
东莞康佳电子有限公司	领益智造科技（东莞）有限公司
明门（中国）幼童用品有限公司	东莞莫仕连接器有限公司
东莞京滨汽车电喷装置有限公司	东莞明冠电子有限公司
东莞巨正源科技有限公司	快捷达通信设备（东莞）有限公司
东莞新奥燃气有限公司	卡士莫实业（东莞）有限公司
台达电子（东莞）有限公司	东莞顺裕纸业有限公司
东莞穗丰粮食集团有限公司	希克斯电子（东莞）有限公司
东莞市民兴电缆有限公司	达创科技（东莞）有限公司
东莞华科电子有限公司	东莞德龙健伍电器有限公司
东莞德永佳纺织制衣有限公司	东莞石龙京瓷有限公司
蓝思科技（东莞）有限公司	东莞市唯美陶瓷工业园有限公司
台达电子电源（东莞）有限公司	东莞市美盈森环保科技有限公司
生益电子股份有限公司	东莞中电第二热电有限公司
东莞市德普特电子有限公司	敬业（东莞）印刷包装厂有限公司

1-5　建筑业总产值30强企业（2020年）

Top 30 Construction Enterprises of Gross Output Value (2020)

企业名称	企业名称
广东省水利水电第三工程局有限公司	广东华星建设集团有限公司
岭南生态文旅股份有限公司	广东筑奥生态环境股份有限公司
广东鸿高建设集团有限公司	东莞市广渠建筑工程有限公司
东莞市建工集团有限公司	东莞市中泰建安工程有限公司
东莞市恒泰建筑工程有限公司	广东鑫天成建设工程有限公司
东莞市建安集团有限公司	东莞市莞城建筑工程有限公司
广东恒溢建筑工程有限公司	广东裕欣国建筑工程有限公司
广东华坤建设集团有限公司	东莞嘉誉诚建设基础工程有限公司
广东裕达建设集团有限公司	广东汇华建设集团有限公司
广东永铭建设工程有限公司	东莞市骏鹏建筑工程有限公司
广东信宏智慧建造工程有限公司	广东融都建设有限公司
中铁建(东莞)建设投资有限公司	东莞市园林绿化工程有限公司
广东善建建设股份有限公司	广东腾都建设基础有限公司
广东腾仁达建设有限公司	东莞市华维建设工程有限公司
中虹建设有限公司	广东华阳路桥建设有限公司

1-6　限额以上批发业销售额50强企业（2020年）

Top 50 Enterprises in Wholesale Trade above Designated Size of Sales (2020)

企业名称	企业名称
玖龙环球(中国)投资集团有限公司	东莞市华亿钢材有限公司
广东天宸网络科技有限公司	东莞华港国际贸易有限公司
东莞市思贝克电子商务有限公司	东莞市裕光进出口贸易有限公司
东莞市永盛通信科技有限公司	东莞华汇贸易有限公司
广东烟草东莞市有限公司	东莞市搜于特供应链管理有限公司
东莞市金仕达贸易有限公司	广东中亚供应链管理有限公司
东莞市宏川化工供应链有限公司	东莞市鼎立电子贸易有限公司
广东美宜佳便利店有限公司	东莞市晟世欣兴格力贸易有限公司
东莞市同舟化工有限公司	广东东泊化工有限公司
东莞市九丰能源有限公司	东莞市深粮物流有限公司
东莞市辉煌能源有限公司	广东嘉远粮油有限公司
中海油销售东莞储运有限公司	五矿物流园(东莞)有限公司
广东坚朗建材销售有限公司	广东星以达进出口有限公司
中粮贸易(广东)有限公司	东莞市东糖集团有限公司
大根(东莞)光电有限公司	广东众生医药贸易有限公司
东莞慕思寝具销售有限公司	金光纸业(东莞)有限公司
东莞市德利石油化工有限公司	广东省东莞国药集团有限公司
东莞市九丰天然气储运有限公司	广东嘉荣供应链管理有限公司
广东亿安仓供应链科技有限公司	东莞市盛腾进出口有限公司
广东铂利度能源发展有限公司	东莞市新能能源管理有限公司
东莞盛世东胜格力贸易有限公司	东莞市荣兴纸业有限公司
广东天才星网络科技有限公司	东莞市恒灏进出口有限公司
东莞市瑞丰石油化工有限公司	睿粮(广东)饲料有限公司
佳禾智能科技股份有限公司	东莞市东物剧毒化学物品有限公司
广东马可波罗陶瓷有限公司	东莞市彩华商贸有限公司

1−7 限额以上零售业销售额30强企业（2020年）

Top 30 Enterprises in Retail Trade above Designated Size of Sales (2020)

企业名称	企业名称
东莞京东利昇贸易有限公司	东莞市聚成汽车技术服务有限公司
中国石化销售股份有限公司广东东莞石油分公司	东莞市天虹商场有限公司
东莞东风南方汽车销售服务有限公司	东莞市恒信汽车销售服务有限公司
东莞市嘉荣超市有限公司	东莞市东部丰田汽车销售服务有限公司
东莞中升之星汽车销售服务有限公司	东莞市庆丰宝昌汽车销售服务有限公司
东莞市东奥汽车服务有限公司	东莞中升雷克萨斯汽车销售服务有限公司
东莞美东汽车服务有限公司	东莞市永佳丰田汽车销售服务有限公司
东莞捷运行汽车销售服务有限公司	东莞美宝行汽车销售服务有限公司
沃尔玛(东莞)商业零售有限公司	东莞市骅宝汽车销售服务有限公司
东莞市合宝汽车销售服务有限公司	东莞溢华之星汽车销售服务有限公司
东莞溢华汽车销售服务有限公司	东莞宝信汽车销售服务有限公司
东莞仁孚华星汽车服务有限公司	东莞慕思寝具电子商务有限公司
东莞市宏宝汽车销售服务有限公司	东莞市骐骏汽车销售服务有限公司
东莞庆丰汽车销售服务有限公司	东莞市昊安汽车有限公司
东莞市世奥汽车销售服务有限公司	东莞市永奥汽车贸易有限公司

1−8 限额以上住宿餐饮业营业额30强企业（2020年）

Top 30 Enterprises in Hotels and Catering Services above Designated Size of Turnover (2020)

企业名称	企业名称
东莞市鸿骏膳食管理有限公司	东莞金拱门餐饮服务有限公司
东莞肯德基有限公司	东莞市胜利饮食服务有限公司
东莞金拱门食品有限公司	东莞安朴酒店管理有限公司
广东集菜送食品科技有限公司	东莞市帝豪花园酒店有限公司
东莞市融源食品科技有限公司	东莞市尚佳膳食管理服务有限公司
东莞市康帝国际酒店有限公司	东莞天景稻香饮食有限公司
东莞市塘厦三正半山酒店有限公司	广东嘉华酒店有限公司
东莞市东城国际酒店有限公司	广东共好膳食管理有限公司
真功夫餐饮管理有限公司	东莞市绿康膳食管理服务有限公司
东莞市东华教育服务有限公司	东莞市福熙膳食管理有限公司
东莞市松山湖酒店有限公司	东莞市艾佰利餐饮管理有限公司
东莞市食唯鲜膳食管理服务有限公司	东莞市宏华饮食服务有限公司
东莞市会展国际大酒店	东莞市富盈酒店有限公司
东莞市宏远酒店有限公司	广东利群膳食管理服务有限公司
广东乡谷村膳食管理有限公司	东莞市蜀乐园膳食管理有限公司

1-9 规模以上服务业营业收入百强企业（2020年）

Top 100 Service Enterprises above Designated Size of Operating Income (2020)

企业名称	企业名称
中国移动通信集团广东有限公司东莞分公司	东莞市翰林实验学校
中国电信股份有限公司东莞分公司	东莞市众源环境投资有限公司
顺丰速运（东莞）有限公司	东莞市通淘电子商务有限公司
东莞东阳光药物研发有限公司	东莞中原物业顾问有限公司
中国联合网络通信有限公司东莞市分公司	东莞市盛源石油化工有限公司
东莞东华医院有限公司	东莞台心医院有限公司
中国邮政集团公司东莞市分公司	广东百兑通信息科技有限公司
东莞市路桥投资建设有限公司	开普云信息科技股份有限公司
广东明创软件科技有限公司	东莞广济医院有限公司
东莞康华医院有限公司	广东都市物流科技有限公司
广州港新沙港务有限公司	东莞电力设计院有限公司
中国邮政速递物流股份有限公司东莞分公司	东莞市悦客企业管理服务有限公司
东莞市信鸿人力资源管理有限公司	东莞观澜湖高尔夫球会有限公司
东莞顺丰智达物流有限公司	斯平玛斯特（东莞）玩具有限公司
东莞市家宝园林绿化有限公司	东莞市辉龙人力资源管理咨询有限公司
东莞发展控股股份有限公司	广东远迈供应链管理有限公司
中央储备粮东莞直属库有限公司	广东顶鑫农业供应链集团有限公司
广东唯一网络科技有限公司	东莞常安医院有限公司
东莞市小精灵教育软件有限公司	东莞市望牛墩镇对外经济发展公司
东莞市东信水环境投资有限公司	东莞极兔供应链有限公司
广东虹勤通讯技术有限公司	东莞市丰海海运有限公司
东莞市海昌船务有限公司	东莞港国际集装箱码头有限公司
东莞新科技术研究开发有限公司	东莞仁康医院有限公司
东莞中外运供应链管理有限公司	东莞鸿泉服装管理服务有限公司
东莞市德邦货运有限公司	东莞市新太阳企业开发有限公司
广东时捷物流有限公司	东莞市玖龙运输有限公司
中移铁通有限公司东莞分公司	广东莞泰保安服务有限公司
东莞厚街科劲机电设备有限公司	广东粤运佳富实业有限公司
东莞市跨越速运有限公司	东莞深赤湾港务有限公司
东莞市万科物业服务有限公司	东莞联丰企业管理咨询服务有限公司
广东德尔智慧工厂科技有限公司	东莞市东站粮食储备库
广东虎门大桥有限公司	东莞市盛隆物流有限公司
东莞深证通信息技术有限公司	东莞市天佑运输服务有限公司
东莞市光正实验学校	广东智通人力资源外包服务有限公司
东莞市百安石化仓储有限公司	东莞港集装箱港务有限公司
东莞市海昌实业有限公司	东莞市宏东通信技术有限公司
广东雨林木风计算机科技有限公司	陆逊梯卡商业服务（东莞）有限公司
东莞市光大物业管理有限公司	东莞爱尔眼科医院有限公司
东莞市莞泽水环境投资有限公司	东莞市城建规划设计院
东莞深赤湾码头有限公司	东莞房江湖信息科技有限公司
东莞市红海企业管理顾问有限公司	中央储备粮广东新沙港直属库有限公司
东莞市东华实业有限公司	东莞市卓越人力资源管理咨询有限公司
华为培训（东莞）有限公司	广东大旗人力资源有限公司
东莞实业投资控股集团有限公司	东莞市友谊国际劳务有限公司
广东朝阳全网通科技有限公司	广东弘邦拓先物流科技有限公司
东莞兴昂鞋业有限公司	东莞市信立实业有限公司
东莞市振安保安服务有限公司	东莞市樟村水质净化有限公司
广东东日环保股份有限公司	广东鸿福实业投资有限公司
广东中海物业服务有限公司	东莞金鹰仓储有限公司
东莞市新照投资有限公司	东莞市誉铭新精密技术股份有限公司

1-10 星级酒店名单（2020年）

List of Star-ranking Hotels (2020)

酒店名称	星级	电话	地址
豪门大饭店	五星	85117888	虎门镇虎门大道
嘉华大酒店	五星	85928888	厚街镇家具大道1号
东莞富盈酒店	五星	85888888	厚街镇赤岭路段
东莞唐拉雅秀酒店	五星	22698888	东城区迎宾路8号
东莞喜来登大酒店	五星	85988888	厚街镇S256省道莞太路段
塘厦三正半山酒店	五星	87299333	塘厦镇迎宾大道
丰泰花园酒店	五星	85708888	虎门镇S358省道大板地路段
华尔登国际酒店	五星	81028888	桥头镇广场路3号
欧亚国际酒店	五星	82838888	常平镇常东路8号（嘉骏中心）
东莞虎门美思威尔顿酒店	五星	82888888	虎门镇虎门大道黄河商业城
厚街国际大酒店	五星	85088888	厚街镇东风路与S256省道交汇处
东莞观澜湖度假酒店	五星	87288888	塘厦镇大坪林坪路
东莞宾馆	四星	22222222	莞城区东正路11号
宏远酒店	四星	22418888	南城区宏远路1号
长安酒店	四星	85532388	长安镇中心S358省道旁
方中假日酒店	四星	86866666	茶山镇茶山大道西28号
常平半岛酒店	四星	83988888	常平镇北环路
华禧酒店	四星	85383888	长安镇S358省道上沙路段
嘉辉会酒店	四星	87563388	凤岗镇官井头嘉辉路
美怡登酒店	四星	83028888	常平镇中元路
天悦酒店	四星	81812222	石碣镇崇焕路18号
华庭花园酒店	四星	81633333	厚街镇广东现代国际展览中心南侧
石龙宾馆	三星	86613333	石龙镇绿化中路2号
明苑大酒店	三星	85122918	虎门镇金龙大道南
中青旅山水设计师酒店	三星	21988888	东城区东纵大道189号
海月酒店	二星	85926888	厚街镇涌口海月公园侧

中国统计出版社有限公司最新图书简目

（仅供参考，以实际出版为准）

统计资料

中国统计年鉴　中国统计摘要　中国第三产业统计年鉴
中国第三次全国农业普查综合资料　国际统计年鉴　金砖国家联合统计手册
中国-东盟国家统计手册　中国农村统计年鉴　中国县域统计年鉴
中国农产品价格调查年鉴　中国城市统计年鉴　中国价格统计年鉴
中国贸易外经统计年鉴　中国零售和餐饮连锁企业统计年鉴　中国商品交易市场统计年鉴
大中型批发零售和住宿餐饮企业统计年鉴　中国住户调查年鉴　中国工业统计年鉴
中国环境统计年鉴　中国能源统计年鉴　中国建筑业统计年鉴
中国房地产统计年鉴　中国投资领域统计年鉴　长江经济带发展统计年鉴
中国人口和就业统计年鉴　中国劳动统计年鉴　中国社会统计年鉴
中国科技统计年鉴　中国高技术产业统计年鉴　全国企业创新调查年鉴
中国文化及相关产业统计年鉴　中国妇女儿童状况统计资料　中国青年发展状况统计年鉴
中国基本单位统计年鉴　中国教育统计年鉴　中国教育经费统计年鉴
中国民族统计年鉴　中国残疾人事业统计年鉴　中国电力统计年鉴

省级综合统计年鉴系列

北京 天津 河北 山西 内蒙古 辽宁 吉林 黑龙江 上海 江苏 浙江 安徽 福建 江西 山东 河南 湖北 湖南
广东 广西 海南 重庆 四川 贵州 云南 西藏 陕西 甘肃 青海 宁夏 新疆 新疆生产建设兵团

市（县）级综合统计年鉴系列

滨海新区 石家庄 唐山 邯郸 邢台 保定 承德 沧州 衡水 太原 大同 晋城 晋中 长治 忻州 朔州 临汾 运城
阳泉 吕梁 呼和浩特 包头 鄂尔多斯 赤峰 大连 长春 四平 延吉 延边 哈尔滨 齐齐哈尔 黑龙江垦区 浦东新区
南京 无锡 徐州 常州 苏州 南通 淮安 盐城 扬州 镇江 宿迁 江阴 丹阳 海门 张家港 通州 如东 杭州 宁波
绍兴 台州 温州 金华 嘉兴 湖州 丽水 舟山 合肥 安庆 福州 厦门 漳州 宁德 龙岩 莆田 泉州 三明 南平 思明
南昌 上饶 抚州 赣州 九江 景德镇 宁都 济南 青岛 枣庄 潍坊 聊城 郑州 洛阳 三门峡 南阳 商丘 平顶山
信阳 济源 武汉 宜昌 十堰 荆州 荆门 咸宁 黄冈 长沙 广州 东莞 惠州 深圳 汕尾 珠海 南宁 桂林 柳州
防城港 贵港 梧州 玉林 钦州 海口 三亚 儋州 成都 贵阳 毕节 黔南 昆明 文山 德宏 西安 安康 延安 汉中
渭南 商洛 榆林 银川 兰州 庆阳 乌鲁木齐

调查年鉴系列

天津 内蒙古 上海 河南 湖北 湖南 广西 重庆 四川 云南 甘肃 宁夏 南宁 桂林 贵港 昆明

统计方法应用/实用手册

Python数据分析基础（第二版）　非参数统计（第五版）　现代金融投资统计分析（第四版）
国民经济核算初级教程（第二版）　国民经济核算教程（第五版）　概率统计基础
全国统计专业技术资格考试系列考试用书：统计业务知识（第四版修订版）　统计业务知识学习指导与习题
全国统计专业技术资格考试系列考试用书：统计相关知识（第四版）　统计相关知识学习指导与习题

统计通俗读物/统计科普图书

领导干部统计知识问答（第二版）　统计公文写作及会议办理实用手册　大数据在统计工作中的应用案例汇编
中国国民经济核算知识问答（修订版）　地区生产总值核算国际比较研究　新中国统计制度方法的发展与改革

重点图书

第七次全国人口普查年鉴　第四次全国经济普查地图集　中国经济普查年鉴2018
新编英汉汉英统计大词典　中国国民经济核算体系2016　国民经济行业分类注释
挑大学选专业2020—考研择校指南　挑大学选专业2020—高考志愿填报指南　中华医学统计百科全书

发行部电话：（010）63376907　63376908　63376909　同椬行书店电话：（010）68783171　68783172
地址：北京市丰台区西三环南路甲6号　邮政编码：100073　网址：http://www.zgtjcbs.com